みんなが欲しかった!

公務員 民法の教科書&問題集

早川兼紹 著

JN015501

TAC出版
TAC PUBLISHING Group

はしがき

独学者も楽しく読めて、しっかり解ける！
20年以上の過去問対策がこれ１冊！

このシリーズは、学習経験のない受験生が、独学で、
公務員試験の合格を目指せるように編集された教科書＆問題集です。

「公務員試験って、科目が多くて大変…」
➡だから、１冊で知識のインプットと問題演習が両方できるようにしました！

「そもそも学習に苦手意識があって、最後まで続けられるか心配…」
➡だから、フルカラーの教科書で楽しく、わかりやすく学べるようにしました！

「文字ばかり読んでいると、眠くなってきてしまう…」
➡だから、図解を豊富に取り入れた解説を心掛けました！

「あまり試験に出ないところは避けて、効率よく合格を目指したい…」
➡だから、過去の出題データから合格に必要ない部分を大胆にカットしました！

「そうは言っても、きちんと合格できるレベルは確保してほしい…」
➡だから、合格に十分な論点はきちんとカバーしました！

時間がない、お金を掛けたくない、初学者にとってわかりやすい解説がほしい…
そんな受験生のことを第一に考え、徹底的に寄り添って作られたのがこのシリーズです。

「みんなが欲しかった！」シリーズは独学で公務員試験合格を目指す受験生の味方です。
ぜひ本書を利用して、楽しく、効率よく合格を勝ち取りましょう！

2023年８月
早川 兼紹（はやかわ けんしょう）

本書の特徴と使い方

❶ 教科書と問題集が合体！　でもセパレートできて学習に便利！

科目の多い公務員試験だからこそ、各科目１冊で知識のインプットと十分な問題演習ができるようにしました。これ１冊で科目学習は十分です。

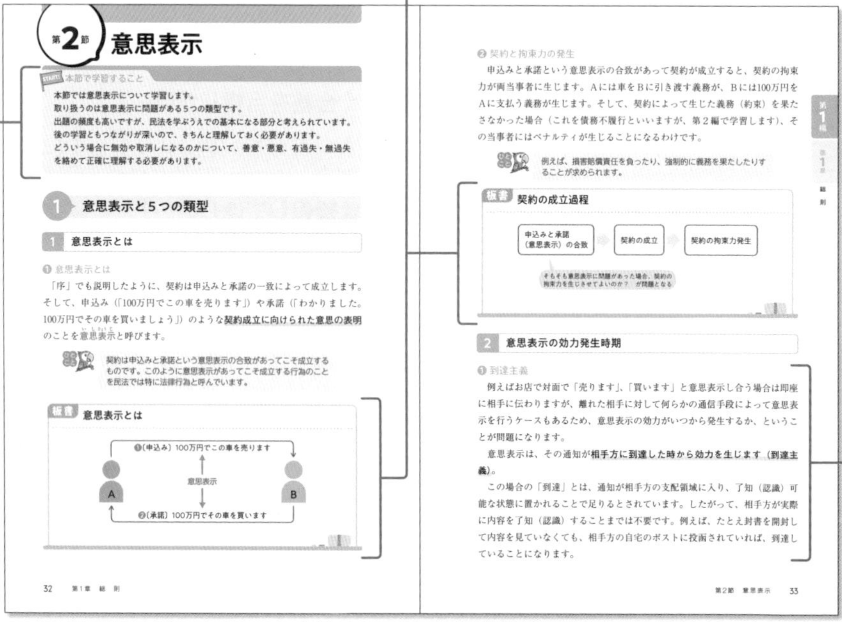

また、「教科書」と「問題集」は別々の冊子に分割でき、学習しやすい仕様としました。

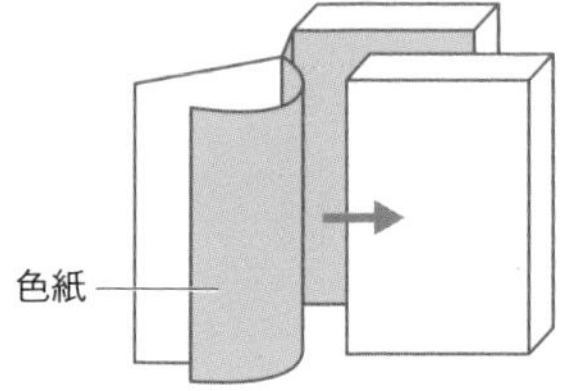

❷ まずはフルカラーの「教科書」で、見やすく、わかりやすく、楽しく学習！

初めて学習する内容は、新しい情報ばかりで頭がパンクしそうになってしまうこともあるかもしれません。そのような負担を少しでも減らすため、教科書部分はフルカラーの誌面で図解を豊富に配置し、初学者の方が少しでも楽しく学習できるように配慮しました。

まずは「教科書」の本文をじっくり読んで、板書の図解と合わせて重要事項をチェックしましょう。

❸ かゆいところに手が届く！「ひとこと」解説で理解度アップ！

過去問を解く際に重要なポイントが特に印象に残りやすいよう、「ひとこと」解説で強調しています。「教科書」を読んでいるだけで**自然と肝心な部分が頭に入ります**。

ここに**問題を解くためのヒント**やわかりづらい部分の**補足**、より**印象に残るようにするための説明**を乗せています。本文と合わせてチェックしましょう。

❹ 複雑なシチュエーションも具体例でスッキリ！

民法では特に、複数の当事者が現れる**込み入ったシチュエーション**が多く出てきます。また出題もそのような複雑な場合を取り上げることが多いです。このような論点を頭に入れるには、**具体例**を参考にしながら納得感を持って読み進めるのが効果的。「教科書」では随所にケース学習用の記事を設け、みなさんの理解を助けています。

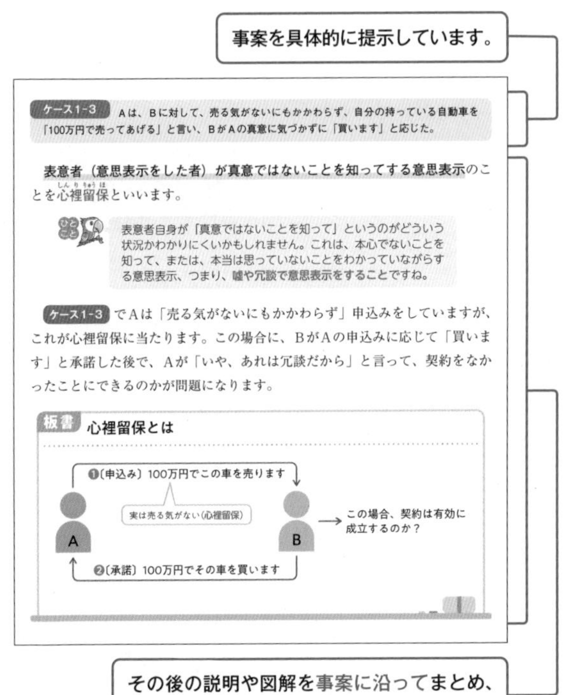
事案を具体的に提示しています。

ケース1-3　Aは、Bに対して、売る気がないにもかかわらず、自分の持っている自動車を「100万円で売ってあげる」と言い、BがAの真意に気づかずに「買います」と応じた。

表意者（意思表示をした者）が真意ではないことを知ってする意思表示のことを心裡留保（しんりりゅうほ）といいます。

ひとこと　表意者自身が「真意ではないことを知って」というのがどういう状況かわかりにくいかもしれません。これは、本心でないことを知って、または、本当は思っていないことをわかっていながらする意思表示、つまり、嘘や冗談で意思表示をすることですね。

ケース1-3 でAは「売る気がないにもかかわらず」申込みをしていますが、これが心裡留保に当たります。この場合に、BがAの申込みに応じて「買います」と承諾した後で、Aが「いや、あれは冗談だから」と言って、契約をなかったことにできるのかが問題になります。

板書　心裡留保とは

その後の説明や図解を事案に沿ってまとめ、具体例で学ぶことでわかりやすくしています。

❺ ここが重要! で 重要ポイントの振り返り！

各節の終わりには ここが重要! を設けています。これはその節で学習した内容のダイジェストなので、インプットの振り返りとして利用しましょう。

本編で扱った順番にまとめをしています。
節の学習内容のダイジェストに利用しましょう。

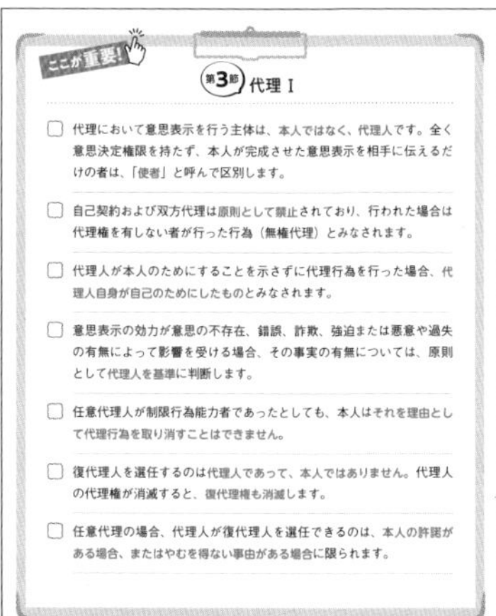

ここが重要!

第3節 代理Ⅰ

- □ 代理において意思表示を行う主体は、本人ではなく、代理人です。全く意思決定権限を持たず、本人が完成させた意思表示を相手に伝えるだけの者は、「使者」と呼んで区別します。
- □ 自己契約および双方代理は原則として禁止されており、行われた場合は代理権を有しない者が行った行為（無権代理）とみなされます。
- □ 代理人が本人のためにすることを示さずに代理行為を行った場合、代理人自身が自己のためにしたものとみなされます。
- □ 意思表示の効力が意思の不存在、錯誤、詐欺、強迫または悪意や過失の有無によって影響を受ける場合、その事実の有無については、原則として代理人を基準に判断します。
- □ 任意代理人が制限行為能力者であったとしても、本人はそれを理由として代理行為を取り消すことはできません。
- □ 復代理人を選任するのは代理人であって、本人ではありません。代理人の代理権が消滅すると、復代理権も消滅します。
- □ 任意代理の場合、代理人が復代理人を選任できるのは、本人の許諾がある場合、またはやむを得ない事由がある場合に限られます。

❻「○×スピードチェック」で過去問演習の肩慣らし！

いきなり問題集に挑むのではなく、まずはその節の学習内容が過去問でどう問われるのか、選択肢ごとに分解した正誤問題で確認してみましょう。

解けなくても大丈夫！「教科書」の本文中で、その問題に関する知識がどこに載っているかを探しやすいよう、参照マークを設けています。

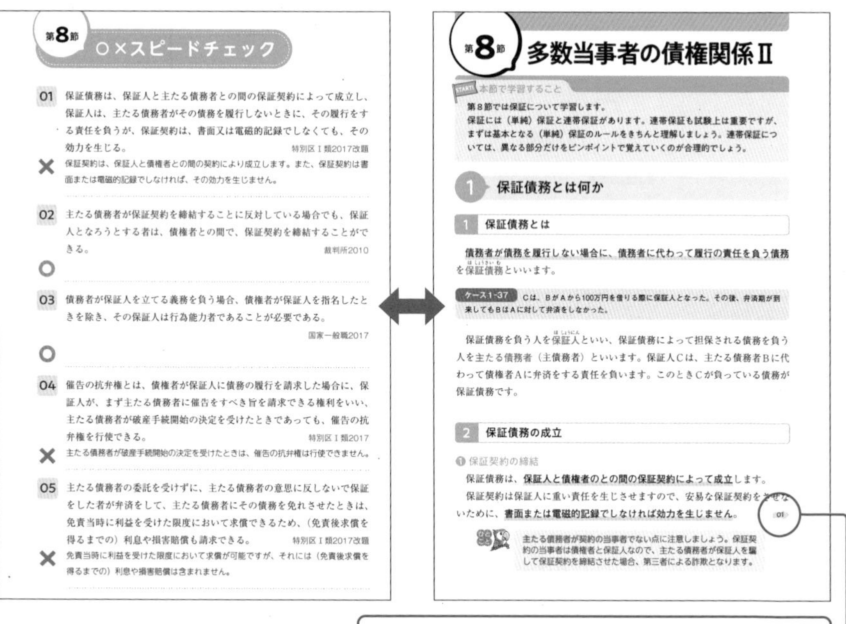

第8節 ○×スピードチェック

01 保証債務は、保証人と主たる債務者との間の保証契約によって成立し、保証人は、主たる債務者がその債務を履行しないときに、その履行をする責任を負うが、保証契約は、書面又は電磁的記録でしなくても、その効力を生じる。 特別区Ⅰ類2017改題

× 保証契約は、保証人と債権者との間の契約により成立します。また、保証契約は書面または電磁的記録でしなければ、その効力を生じません。

02 主たる債務者が保証契約を締結することに反対している場合でも、保証人となろうとする者は、債権者との間で、保証契約を締結することができる。 裁判所2010

○

03 債務者が保証人を立てる義務を負う場合、債権者が保証人を指名したときを除き、その保証人は行為能力者であることが必要である。 国家一般職2017

○

04 催告の抗弁権とは、債権者が保証人に債務の履行を請求した場合に、保証人が、まず主たる債務者に催告をすべき旨を請求できる権利をいい、主たる債務者が破産手続開始の決定を受けたときであっても、催告の抗弁権を行使できる。 特別区Ⅰ類2017

× 主たる債務者が破産手続開始の決定を受けたときは、催告の抗弁権は行使できません。

05 主たる債務者の委託を受けずに、主たる債務者の意思に反しないで保証をした者が弁済をして、主たる債務者にその債務を免れさせたときは、免責当時に利益を受けた限度において求償できるため、（免責後求償を得るまでの）利息や損害賠償も請求できる。 特別区Ⅰ類2017改題

× 免責当時に利益を受けた限度において求償が可能ですが、それには（免責後求償を得るまでの）利息や損害賠償は含まれません。

第8節 多数当事者の債権関係Ⅱ

START! 本節で学習すること

第8節では保証について学習します。
保証には（単純）保証と連帯保証があります。連帯保証も試験上は重要ですが、まずは基本となる（単純）保証のルールをきちんと理解しましょう。連帯保証については、異なる部分だけをピンポイントで覚えていくのが合理的でしょう。

1 保証債務とは何か

1 保証債務とは

債務者が債務を履行しない場合に、債務者に代わって履行の責任を負う債務を保証債務といいます。

ケース1-37 Cは、BがAから100万円を借りる際に保証人となった。その後、弁済期が到来してもBはAに対して弁済をしなかった。

保証債務を負う人を保証人といい、保証債務によって担保される債務を負う人を主たる債務者（主債務者）といいます。保証人Cは、主たる債務者Bに代わって債権者Aに弁済をする責任を負います。このときCが負っている債務が保証債務です。

2 保証債務の成立

❶ 保証契約の締結

保証債務は、保証人と債権者のとの間の保証契約によって成立します。

保証契約は保証人に重い責任を生じさせますので、安易な保証契約をさせないために、書面または電磁的記録でしなければ効力を生じません。 01

主たる債務者が契約の当事者でない点に注意しましょう。保証契約の当事者は債権者と保証人なので、主たる債務者が保証人を騙して保証契約を締結させた場合、第三者による詐欺となります。

「○×スピードチェック」との対応箇所を示しています。

❼「教科書」と完全リンクした「問題集」で少しずつ演習を進められる！

節の学習の仕上げに、問題集にチャレンジしましょう。長く学習を続けるには、「過去問が解けた！」という実感が絶対に必要です。「みんなが欲しかった！」では手ごたえを感じながら進めてもらえるよう、「教科書」と「問題集」を完全リンクさせ、「教科書」が少し進んだら「問題集」で確認ができるような構成にしています。

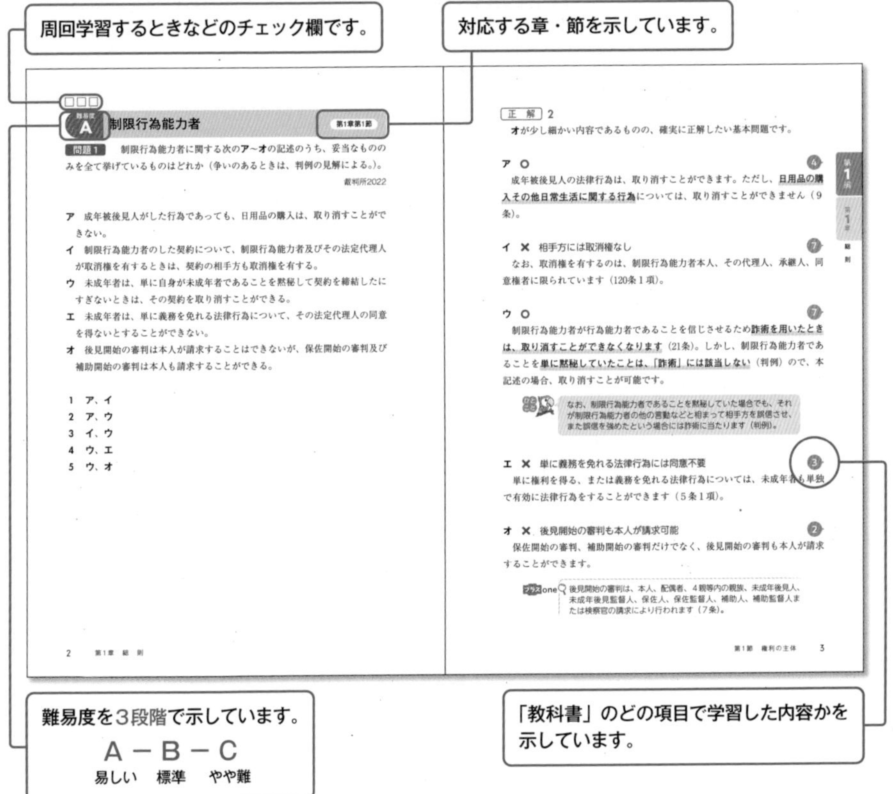

周回学習するときなどのチェック欄です。

対応する章・節を示しています。

難易度 A 制限行為能力者 第1章第1節

問題 1 制限行為能力者に関する次のア～オの記述のうち、妥当なもののみを全て挙げているものはどれか（争いのあるときは、判例の見解による。）。

裁判所2022

ア 成年被後見人がした行為であっても、日用品の購入は、取り消すことができない。
イ 制限行為能力者のした契約について、制限行為能力者及びその法定代理人が取消権を有するときは、契約の相手方も取消権を有する。
ウ 未成年者は、単に自身が未成年者であることを黙秘して契約を締結したにすぎないときは、その契約を取り消すことができる。
エ 未成年者は、単に義務を免れる法律行為について、その法定代理人の同意を得ないとすることができない。
オ 後見開始の審判は本人が請求することはできないが、保佐開始の審判及び補助開始の審判は本人も請求することができる。

1 ア、イ
2 ア、ウ
3 イ、ウ
4 ウ、エ
5 ウ、オ

2 第1章 総 則

正 解 2

オが少し細かい内容であるものの、確実に正解したい基本問題です。

ア ○ 4

成年被後見人の法律行為は、取り消すことができます。ただし、日用品の購入その他日常生活に関する行為については、取り消すことができません（9条）。

イ ✕ 相手方には取消権なし 7

なお、取消権を有するのは、制限行為能力者本人、その代理人、承継人、同意権者に限られています（120条1項）。

ウ ○ 7

制限行為能力者が行為能力者であることを信じさせるため詐術を用いたときは、取り消すことができなくなります（21条）。しかし、制限行為能力者であることを単に黙秘していたことは、「詐術」には該当しない（判例）ので、本記述の場合、取り消すことが可能です。

なお、制限行為能力者であることを黙秘していた場合でも、それが制限行為能力者の他の言動などと相まって相手方を誤信させ、また誤信を強めたという場合には詐術に当たります（判例）。

エ ✕ 単に義務を免れる法律行為には同意不要 3

単に権利を得る、または義務を免れる法律行為については、未成年者も単独で有効に法律行為をすることができます（5条1項）。

オ ✕ 後見開始の審判も本人が請求可能 2

保佐開始の審判、補助開始の審判だけでなく、後見開始の審判も本人が請求することができます。

プラスone 後見開始の審判は、本人、配偶者、4親等内の親族、未成年後見人、未成年後見監督人、保佐人、保佐監督人、補助人、補助監督人または検察官の請求により行われます（7条）。

第1節 権利の主体 3

第1章 第1節 総則

難易度を3段階で示しています。
A － B － C
易しい　標準　やや難

「教科書」のどの項目で学習した内容かを示しています。

収録された問題は「教科書」の知識で必ず解けるので、学習しながら自信を付けられます。

2周目以降は、「問題集」をひたすら解くのもよし、「教科書」の苦手なところだけ振り返りながら「問題集」に取り組むのもよし。本書をうまく活用して科目学習を進めましょう！

その他のお役立ちポイント

●「語句」説明 教科書

ちょっとした用語の説明を行うコーナーです。１周目の学習のとき、特に参考にしてください。

> 語句 **意思の不存在**／表示に対応する内心の意思が存在しない類型です。
> **瑕疵ある意思表示**／表示に対応する内心の意思は存在しているものの、それが外部からの不当な影響によって形成された類型です。

●プラスone 教科書 問題集

やや上級者向け、発展的な内容だけれど、難しめの問題を解くときには役立つ内容をまとめています。

> プラスone また、一定期間（山林10年、山林以外の土地５年、建物３年）を超える賃貸借契約の締結には、全員の同意が必要です。

● Skip ▶| アイコン 問題集

「教科書」で扱っていない論点であることを示すアイコンです。発展的な内容で、これがわからなくても問題を解くこと自体は可能です。また合格を目指すに当たって必ずしも必要ではない内容ですが、問題集では解説を設けていますので、参考にはしてみてください。

> **5 ✕** Skip ▶| 日用品の購入その他日常生活に関する行為は審判の対象外
> 家庭裁判所は、保佐監督人等の請求により、13条１項に列挙された行為以外の行為でも、追加する形で、保佐人の同意を得なければならないとする旨の審判をすることができます。しかし、用品の購入その他日常生活に関する行為については、その対象とすることができません（13条２項、９条ただし書）。

●（電球）アイコン 問題集

問題を解くに当たって正解・不正解の分かれ目となる重要論点であることを示すアイコンです。正確に理解しておくようにしましょう。

> **4 ✕** 保護者が期間内に確答しなかった場合は「追認」 7
> 催告を受けた保佐人が期間内に確答をしなかった場合、**追認したもの**とみなされます（20条１項、２項）。

民法について

● 民法の出題数について

主要な試験における「民法」の出題は次の表のとおりです。

	法律系						経済系					政治系							その他									合計出題数	合計解答数
	憲法	民法	行政法	刑法	労働法	商法	経済学	財政学	経済事情	経済政策	労働経済	政治学	行政学	社会学	社会政策	国際関係	社会事情	社会保障	経営学	会計学	労働事情	英語	情報工学	情報数学	統計学	心理学	教育学		
国家一般職［大卒／行政］	5	10	5	-	-	-	10	5		-	-	5	5	5	-	5	-	-	5	-	-	10	-	-	-	5	5	80	40
国税専門官［国税専門A］	3	6	3	-	-	2	4	6	2	-	-	3	-	2	-	-	1	-	6	8	-	12	-	-	-	-	-	58	40
財務専門官	6	5	8	-	-	1	6	6	2	-	-	3	-	3	-	-	-	-	6	6	-	6	6	6	6	-	-	76	40
労働基準監督官［労働基準監督A］	4	5	4	3	7	-	8	1	4	-	3	-	-	2	-	-	-	2	-		5	-	-	-	-	-	-	48	40
裁判所職員［一般職／大卒］	7	13	-	10	-	-	10	-	-	-	-	-	-	-	-	-	-	-	-	-	-	-	-	-	-	-	-	40	30
特別区Ⅰ類［事務］	5	10	5	-	-	-	10	5	-	-	-	5	5	5	-	-	-	-	5	-	-	-	-	-	-	-	-	55	40
地方上級［全国型］	4	4	5	2	2	-	9	3	-	-	-	2	2	-	3	2	-	-	2	-	-	-	-	-	-	-	-	40	40
地方上級［関東型］	4	6	5	2	2	-	12	4	-	3	-	2	2	-	3	3	-	-	2	-	-	-	-	-	-	-	-	50	40

専門科目は受験先によって出題科目が大きく異なりますが、**民法はどの試験でも安定的に出題がある**という特徴があります。

● 民法をしっかり学習すれば試験を有利に戦える！

上記のようにほとんどの試験で出題されるうえ、憲法よりも出題数の多い民法を制することで、次のようなメリットがあります。

❶ 必要な解答数を満たしやすくなる！

民法は条文数も多く、とても広い範囲を扱っている法律です。このため、民法全体を学習することで、専門試験に必要な解答数を満たしやすくなります。確かに学習分量は多くなりますが、**本書では可能な限り必要な論点を絞りましたので、ぜひ得意科目にしましょう**。

❷ 他の法律科目の理解がくっきりする！

法律の主要科目は「**憲法⇒民法⇒行政法**」の順に学習するのがよいといわれますが、民法は憲法とも行政法とも関わりのある内容をはらんでいます。憲法と関わりのあった内容を改めて確認するとともに、行政法にも通じる基本的な考え方を身に付けることができます。

著者

早川 兼紹

慶應義塾大学文学部卒。

長年の大手資格試験予備校での講師経験により培った受験指導のノウハウを生かして教材制作・講師派遣の㈱FirstRiverを設立し、現在同社代表取締役。

主な著書には、『行政書士試験 肢別問題集』、『行政書士試験 過去問ゼミナールシリーズ（全４冊）』、『みんなが欲しかった！ 公務員 憲法の教科書＆問題集』（TAC出版）などがある。

カバーデザイン／黒瀬 章夫（ナカグログラフ）

みんなが欲しかった！ 公務員 民法の教科書＆問題集

2023年８月25日　初　版　第１刷発行

著　者	早　川　兼　紹
発行者	多　田　敏　男
発行所	ＴＡＣ株式会社　出版事業部（TAC出版）

〒101-8383
東京都千代田区神田三崎町3-2-18
電話　03(5276)9492(営業)
FAX　03(5276)9674
https://shuppan.tac-school.co.jp

組　版	株式会社　明　昌　堂
印　刷	株式会社　光　邦
製　本	東京美術紙工協業組合

© Kenshow Hayakawa 2023　Printed in Japan

ISBN 978-4-300-10575-7
N.D.C. 317

本書は，「著作権法」によって，著作権等の権利が保護されている著作物です。本書の全部または一部につき，無断で転載，複写されると，著作権等の権利侵害となります。上記のような使い方をされる場合，および本書を使用して講義・セミナー等を実施する場合には，あらかじめ小社宛許諾を求めてください。

乱丁・落丁による交換，および正誤のお問合せ対応は，該当書籍の改訂版刊行月末日までといたします。なお，交換につきましては，書籍の在庫状況等により，お受けできない場合もございます。
また，各種本試験の実施の延期，中止を理由とした本書の返品はお受けいたしません。返金もいたしかねますので，あらかじめご了承くださいますようお願い申し上げます。

公務員講座のご案内

大卒レベルの公務員試験に強い!

2022年度 公務員試験

公務員講座生※1
最終合格者延べ人数※2

5,314名

国家公務員（大卒程度）	計2,797名
地方公務員（大卒程度）	計2,414名
国立大学法人等 大卒レベル試験	61名
独立行政法人 大卒レベル試験	10名
その他公務員	32名

※1 公務員講座生とは公務員試験対策講座において、目標年度に合格するために必要と考えられる、講義、演習、論文対策、面接対策等をパッケージ化したカリキュラムの受講生です。単科講座や公開模試のみの受講生は含まれておりません。
※2 同一の方が複数の試験種に合格している場合は、それぞれの試験種に最終合格者としてカウントしています。(実合格者数は2,843名です。)
＊2023年1月31日時点で、調査にご協力いただいた方の人数です。

1位 全国の公務員試験で合格者を輩出!

詳細は公務員講座（地方上級・国家一般職）パンフレットをご覧ください。

2022年度 国家総合職試験

公務員講座生※1

最終合格者数 **217名**

法律区分	41名	経済区分	19名
政治・国際区分	76名	教養区分※2	49名
院卒/行政区分	24名	その他区分	8名

※1 公務員講座生とは公務員試験対策講座において、目標年度に合格するために必要と考えられる、講義、演習、論文対策、面接対策等をパッケージ化したカリキュラムの受講生です。単科講座や公開模試のみの受講生は含まれておりません。
※2 上記は2022年度目標の公務員講座最終合格者のほか、2023年度目標公務員講座生の最終合格者40名が含まれています。
＊ 上記は2023年1月31日時点で調査にご協力いただいた方の人数です。

2022年度 外務省専門職試験

最終合格者総数55名のうち
54名がWセミナー講座生※1です。

合格者占有率※2 **98.2%**

外交官を目指すなら、実績のWセミナー

※1 Wセミナー講座生とは、公務員試験対策講座において、目標年度に合格するために必要と考えられる、講義、演習、論文対策、面接対策等をパッケージ化したカリキュラムの受講生です。各種オプション講座や公開模試など、単科講座のみの受講生は含まれておりません。また、Wセミナー講座生はそのボリュームから他校の講座生と掛け持ちすることは困難です。
※2 合格者占有率は「Wセミナー講座生(※1)最終合格者数」を、「外務省専門職採用試験の最終合格者総数」で除して算出しています。また、算出した数字の小数点第二位以下を四捨五入して表記しています。
＊ 上記は2022年10月10日時点で調査にご協力いただいた方の人数です。

Wセミナーは TACのブランドです

合格できる3つの理由

1 必要な対策が全てそろう！ ALL IN ONEコース

TACでは、択一対策・論文対策・面接対策など、公務員試験に必要な対策が全て含まれているオールインワンコース（＝本科生）を提供しています。地方上級・国家一般職／国家総合職／外務専門職／警察官・消防官／技術職／心理職・福祉職など、試験別に専用コースを設けていますので、受験先に合わせた最適な学習が可能です。

カリキュラム例：地方上級・国家一般職 総合本科生

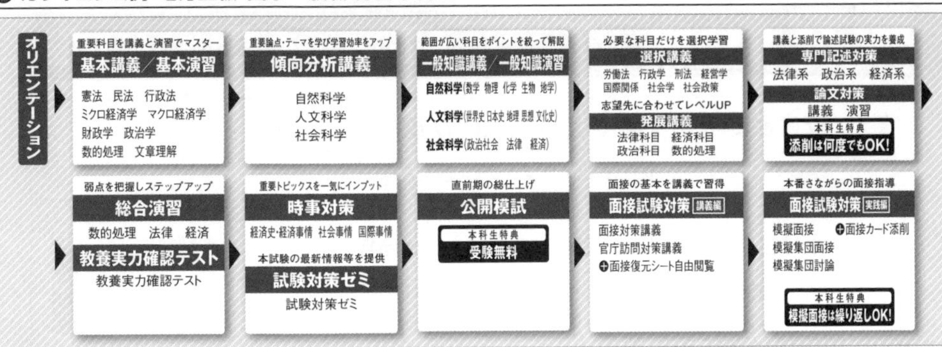

※上記は2024年合格目標コースの内容です。カリキュラム内容は変更となる場合がございます。

2 環境に合わせて選べる！ 多彩な学習メディア

フォロー制度も充実！
受験生の毎日の学習をしっかりサポートします。

欠席・復習用フォロー
クラス振替出席フォロー
クラス重複出席フォロー

質問・相談フォロー
担任講師制度・質問コーナー
添削指導・合格者座談会

最新の情報提供
面接復元シート自由閲覧
官公庁・自治体業務説明会 など

※上記は2024年合格目標コースの一例です。年度やコースにより変更となる場合がございます。

3 頼れる人がそばにいる！ 担任講師制度

TACでは教室講座開講校舎と通信生専任の「担任講師制度」を設けています。最新情報の提供や学習に関する的確なアドバイスを通じて、受験生一人ひとりを合格までアシストします。

担任カウンセリング

学習スケジュールのチェックや苦手科目の克服方法、進路相談、併願先など、何でもご相談ください。担任講師が親身になってお答えします。

ホームルーム（HR）

時期に応じた学習の進め方などについての「無料講義」を定期的に実施します。

パンフレットのご請求は

TAC カスタマーセンター 0120-509-117（ゴウカク イイナ）

受付時間
平日 9:30〜19:00
土曜・日曜・祝日 9:30〜18:00

※受付時間は、変更させていただく場合がございます。詳細は、TACホームページにてご確認いただきますようお願い申し上げます。

TACホームページ https://www.tac-school.co.jp/

公務員講座のご案内

無料体験入学のご案内

3つの方法でTACの講義が体験できる!

教室で体験　迫力の生講義に出席

予約不要!　最大3回連続出席OK!

1. 校舎と日時を決めて、当日TACの校舎へ

TACでは各校舎で毎月体験入学の日程を設けています。

2. オリエンテーションに参加(体験入学1回目)

初回講義「オリエンテーション」にご参加ください。体験入学ご参加の際に個別にご相談をお受けいたします。

3. 講義に出席(体験入学2・3回目)

引き続き、各科目の講義をご受講いただけます。参加者には体験用テキストをプレゼントいたします。

- 最大3回連続無料体験講義の日程はTACホームページと公務員講座パンフレットでご覧いただけます。
- 体験入学はお申込み予定の校舎に限らず、お好きな校舎でご利用いただけます。
- 4回目の講義前までにご入会手続きをしていただければ、カリキュラム通りに受講することができます。

※地方上級・国家一般職、理系(技術職)、警察・消防以外の講座では、最大2回連続体験入学を実施しています。また、心理職・福祉職はTAC動画チャンネルで体験講義を配信しています。
※体験入学1回目や2回目の後でもご入会手続きは可能です。「TACで受講しよう!」と思われたお好きなタイミングで、ご入会いただけます。

ビデオで体験　校舎のビデオブースで体験視聴

TAC各校のビデオブースで、講義を無料でご視聴いただけます。(要予約)

各校のビデオブースでお好きな講義を視聴できます。視聴前日までに視聴する校舎受付までお電話にてご予約をお願い致します。

ビデオブース利用時間 ※日曜日は④の時間帯はありません。

① 9:30～12:30　② 12:30～15:30
③ 15:30～18:30　④ 18:30～21:30

※受講可能な曜日・時間帯は一部校舎により異なります。
※年末年始・夏期休業・その他特別な休業以外は、通常平日・土日祝祭日にご覧いただけます。
※予約時にご希望日とご希望時間帯を合わせてお申込みください。
※基本講義の中からお好きな科目をご視聴いただけます。(視聴できる科目は時期により異なります)
※TAC提携校での体験視聴につきましては、提携校各校へお問合せください。

Webで体験　スマートフォン・パソコンで講義を体験視聴

TACホームページの「TAC動画チャンネル」で無料体験講義を配信しています。時期に応じて多彩な講義がご覧いただけます。

TACホームページ　https://www.tac-school.co.jp/

※体験講義は教室講義の一部を抜粋したものになります。

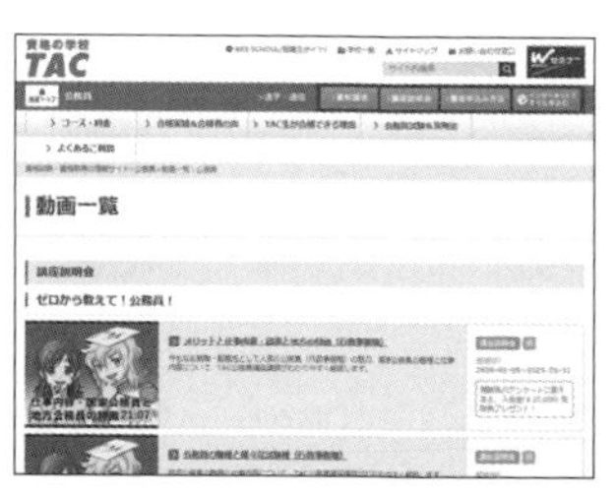

資格の学校 TAC

2023年度 本試験データリサーチ

参加無料!

10試験種以上実施予定!

スマホ P.C. 対応!

本試験結果がわかります!

本試験データリサーチとは?

Web上でご自身の解答を入力(選択)いただくと、全国の受験者からのデータを集計・分析した試験別の平均点、順位、問題別の正解率が確認できるTAC独自のシステムです。多くの受験生が参加するTACのデータリサーチによる詳細なデータ分析で、公務員試験合格へ近づきましょう。

※データリサーチは択一試験のみ対応しております。論文・専門記述・面接試験等の結果は反映されません。予めご了承ください。
※順位判定・正解率等の結果データは、各本試験の正答公表日の翌日以降に閲覧可能の予定です。 ※上記画面はイメージです。

2022年度
データリサーチ参加者
国家一般職(行政)
2,003名

多彩な試験種で実施予定!

国家総合職/東京都I類B(行政[一般方式・新方式])/特別区I類/裁判所一般職(大卒)
国税専門官/財務専門官/労働基準監督官A/国家一般職(行政・技術職)/外務省専門職
警視庁警察官I類/東京消防庁消防官I類

※実施試験種は諸般の事情により変更となる場合がございます。
※上記の試験種内でもデータリサーチが実施されない区分もございます。

本試験データリサーチの活用法

■ 相対的な結果を知る!

「手応えは悪くないけれど、周りの受験生はどうだったんだろう?」そんなときに本試験データリサーチを活用すれば、自分と他の受験生の結果を一目瞭然で比べることができます。

■ 併願対策に!

問題ごとの正解率が出るため、併願をしている受験生にとっては、本試験結果を模試のように参考にすることができます。自分の弱点を知って、その後の公務員試験対策に活用しましょう。

データリサーチの詳細は、

➡TACホームページ https://www.tac-school.co.jp/
➡TAC WEB SCHOOL https://portal.tac-school.co.jp/

クリック

等で各種本試験の1週間前から告知予定です。

TAC出版 書籍のご案内

TAC出版では、資格の学校TAC各講座の定評ある執筆陣による資格試験の参考書をはじめ、資格取得者の開業法や仕事術、実務書、ビジネス書、一般書などを発行しています！

TAC出版の書籍

＊一部書籍は、早稲田経営出版のブランドにて刊行しております。

資格・検定試験の受験対策書籍

- 日商簿記検定
- 建設業経理士
- 全経簿記上級
- 税　理　士
- 公認会計士
- 社会保険労務士
- 中小企業診断士
- 証券アナリスト
- ファイナンシャルプランナー(FP)
- 証券外務員
- 貸金業務取扱主任者
- 不動産鑑定士
- 宅地建物取引士
- 賃貸不動産経営管理士
- マンション管理士
- 管理業務主任者
- 司法書士
- 行政書士
- 司法試験
- 弁理士
- 公務員試験(大卒程度・高卒者)
- 情報処理試験
- 介護福祉士
- ケアマネジャー
- 社会福祉士　ほか

実務書・ビジネス書

- 会計実務、税法、税務、経理
- 総務、労務、人事
- ビジネススキル、マナー、就職、自己啓発
- 資格取得者の開業法、仕事術、営業術
- 翻訳ビジネス書

一般書・エンタメ書

- ファッション
- エッセイ、レシピ
- スポーツ
- 旅行ガイド（おとな旅プレミアム/ハルカナ）
- 翻訳小説

(2021年7月現在)

書籍のご購入は

1 全国の書店、大学生協、ネット書店で

2 TAC各校の書籍コーナーで

資格の学校TACの校舎は全国に展開!
校舎のご確認はホームページにて

資格の学校TAC ホームページ
https://www.tac-school.co.jp

3 TAC出版書籍販売サイトで

CYBER BOOK STORE TAC出版書籍販売サイト

24時間ご注文受付中

TAC 出版 で 検索

https://bookstore.tac-school.co.jp/

新刊情報をいち早くチェック!

たっぷり読める立ち読み機能

学習お役立ちの特設ページも充実!

TAC出版書籍販売サイト「サイバーブックストア」では、TAC出版および早稲田経営出版から刊行されている、すべての最新書籍をお取り扱いしています。
また、無料の会員登録をしていただくことで、会員様限定キャンペーンのほか、送料無料サービス、メールマガジン配信サービス、マイページのご利用など、うれしい特典がたくさん受けられます。

サイバーブックストア会員は、特典がいっぱい!(一部抜粋)

通常、1万円(税込)未満のご注文につきましては、送料・手数料として500円(全国一律・税込)頂戴しておりますが、1冊から無料となります。

専用の「マイページ」は、「購入履歴・配送状況の確認」のほか、「ほしいものリスト」や「マイフォルダ」など、便利な機能が満載です。

メールマガジンでは、キャンペーンやおすすめ書籍、新刊情報のほか、「電子ブック版TACNEWS(ダイジェスト版)」をお届けします。

書籍の発売を、販売開始当日にメールにてお知らせします。これなら買い忘れの心配もありません。

公務員試験対策書籍のご案内

TAC出版の公務員試験対策書籍は、独学用、およびスクール学習の副教材として、各商品を取り揃えています。学習の各段階に対応していますので、あなたのステップに応じて、合格に向けてご活用ください!

INPUT

『みんなが欲しかった!
公務員
合格へのはじめの一歩』

A5判フルカラー

- ●本気でやさしい入門書
- ●公務員の"実際"をわかりやすく紹介したオリエンテーション
- ●学習内容がざっくりわかる入門講義

・数的処理(数的推理・判断推理・空間把握・資料解釈)
・法律科目(憲法・民法・行政法)
・経済科目(ミクロ経済学・マクロ経済学)

『みんなが欲しかった!
公務員 教科書&問題集』

A5判

- ●教科書と問題集が合体!
でもセパレートできて学習に便利!
- ●「教科書」部分はフルカラー!
見やすく、わかりやすく、楽しく学習!

・憲法
・【刊行予定】民法、行政法

『新・まるごと講義生中継』

A5判
TAC公務員講座講師
郷原 豊茂 ほか

- ●TACのわかりやすい生講義を誌上で!
- ●初学者の科目導入に最適!
- ●豊富な図表で、理解度アップ!

・郷原豊茂の憲法
・郷原豊茂の民法Ⅰ
・郷原豊茂の民法Ⅱ
・新谷一郎の行政法

『まるごと講義生中継』

A5判
TAC公務員講座講師
渕元 哲 ほか

- ●TACのわかりやすい生講義を誌上で!
- ●初学者の科目導入に最適!

・郷原豊茂の刑法
・渕元哲の政治学
・渕元哲の行政学
・ミクロ経済学
・マクロ経済学
・関野喬のパターンでわかる数的推理
・関野喬のパターンでわかる判断整理
・関野喬のパターンでわかる空間把握・資料解釈

要点まとめ

『一般知識
出るとこチェック』

四六判

- ●知識のチェックや直前期の暗記に最適!
- ●豊富な図表とチェックテストでスピード学習!

・政治・経済
・思想・文学・芸術
・日本史・世界史
・地理
・数学・物理・化学
・生物・地学

記述式対策

『公務員試験論文答案集
専門記述』

A5判
公務員試験研究会

- ●公務員試験(地方上級ほか)の専門記述を攻略するための問題集
- ●過去問と新作問題で出題が予想されるテーマを完全網羅!

・憲法〈第2版〉
・行政法

地方上級・国家一般職（大卒程度）・国税専門官 等 対応 TAC出版

過去問学習

『ゼロから合格 基本過去問題集』
A5判
TAC公務員講座
●「解ける」だから「つづく」／充実の知識まとめでこの1冊で知識「ゼロ」から過去問が解けるようになる、独学で学習を始めて完成させたい人のための問題集です。

全12点
・判断推理　・数的推理　・空間把握・資料解釈
・憲法　・民法Ⅰ　・民法Ⅱ
・行政法　・ミクロ経済学　・マクロ経済学
・政治学　・行政学　・社会学

『一問一答で論点総チェック』
B6判
TAC公務員講座講師 山本 誠
●過去 20 年の出題論点の 95%以上を網羅
●学習初期の確認用にも直前期のスピードチェックにも

全4点
・憲法　・民法Ⅰ
・民法Ⅱ　・行政法

『出るとこ過去問』 A5判
TAC出版編集部
●本試験の難問、奇問、レア問を省いた効率的なこの1冊で、合格ラインをゲット！ 速習に最適

全16点
・憲法　・民法Ⅰ　・民法Ⅱ
・行政法　・ミクロ経済学　・マクロ経済学
・政治学　・行政学　・社会学
・国際関係　・経営学　・数的処理（上・下）
・自然科学　・社会科学　・人文科学

直前対策

『小論文の秘伝』
A5判
年度版
TAC公務員講座講師 山下 純一
●頻出 25 テーマを先生と生徒のブレストで噛み砕くから、解答のツボがバッチリ！
●誌上「小論文道場」で答案作成のコツがわかる！
●合格者のアドバイスも掲載！

『面接の秘伝』
A5判
年度版
TAC公務員講座講師 山下 純一
●面接で使えるコア（自分の強み）を見つけられる「面接相談室」で自己分析が進む！
●集団討論のシミュレーション、官庁訪問のレポートも掲載！

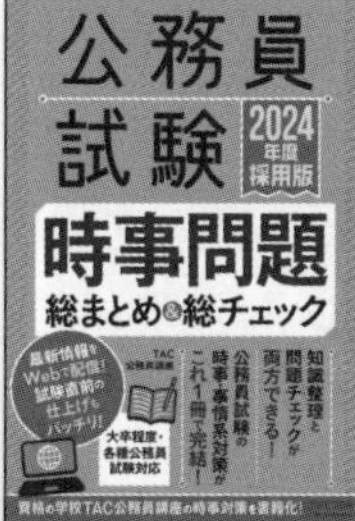

『時事問題総まとめ&総チェック』
A5判
年度版
TAC公務員講座
●知識整理と問題チェックが両方できる！
●試験種別の頻出テーマが一発でわかる！

『科目別・テーマ別過去問題集』
B5判 年度版
TAC出版編集部
●試験ごとの出題傾向の把握と対策に最適
●科目別、学習テーマ別の問題掲載なので、学習のどの段階からも使えます

・東京都Ⅰ類B（行政／一般方式）
・特別区Ⅰ類（事務）
・裁判所（大卒程度／一般職）
・国税専門官（国税専門A）
・国家一般職（大卒程度／行政）

TAC出版の書籍はこちらの方法でご購入いただけます

1 全国の書店・大学生協
2 TAC各校 書籍コーナー
3 インターネット CYBER BOOK STORE TAC出版書籍販売サイト
アドレス https://bookstore.tac-school.co.jp/

（2023年3月現在・刊行内容、刊行月、表紙等は変更になることがあります／年度版 マークのある書籍は、毎年、新年度版が発行される予定です）

書籍の正誤に関するご確認とお問合せについて

書籍の記載内容に誤りではないかと思われる箇所がございましたら、以下の手順にてご確認とお問合せをしてくださいますよう、お願い申し上げます。
なお、正誤のお問合せ以外の**書籍内容に関する解説および受験指導などは、一切行っておりません。**
そのようなお問合せにつきましては、お答えいたしかねますので、あらかじめご了承ください。

1 「Cyber Book Store」にて正誤表を確認する

TAC出版書籍販売サイト「Cyber Book Store」のトップページ内「正誤表」コーナーにて、正誤表をご確認ください。

CYBER BOOK STORE TAC出版書籍販売サイト

URL:https://bookstore.tac-school.co.jp/

2 1の正誤表がない、あるいは正誤表に該当箇所の記載がない
⇒ 下記①、②のどちらかの方法で文書にて問合せをする

★ご注意ください★

お電話でのお問合せは、お受けいたしません。
①、②のどちらの方法でも、お問合せの際には、「お名前」とともに、
「対象の書籍名(○級・第○回対策も含む)およびその版数(第○版・○○年度版など)」
「お問合せ該当箇所の頁数と行数」
「誤りと思われる記載」
「正しいとお考えになる記載とその根拠」
を明記してください。
なお、回答までに1週間前後を要する場合もございます。あらかじめご了承ください。

① ウェブページ「Cyber Book Store」内の「お問合せフォーム」より問合せをする

【お問合せフォームアドレス】

https://bookstore.tac-school.co.jp/inquiry/

② メールにより問合せをする

【メール宛先 TAC出版】

syuppan-h@tac-school.co.jp

※土日祝日はお問合せ対応をおこなっておりません。
※正誤のお問合せ対応は、該当書籍の改訂版刊行月末日までといたします。

乱丁・落丁による交換は、該当書籍の改訂版刊行月末日までといたします。なお、書籍の在庫状況等により、お受けできない場合もございます。
また、各種本試験の実施の延期、中止を理由とした本書の返品はお受けいたしません。返金もいたしかねますので、あらかじめご了承くださいますようお願い申し上げます。

TACにおける個人情報の取り扱いについて
■お預かりした個人情報は、TAC(株)で管理させていただき、お問合せへの対応、当社の記録保管にのみ利用いたします。お客様の同意なしに業務委託先以外の第三者に開示、提供することはございません(法令等により開示を求められた場合を除く)。その他、個人情報保護管理者、お預かりした個人情報の開示等及びTAC(株)への個人情報の提供の任意性については、当社ホームページ(https://www.tac-school.co.jp)をご覧いただくか、個人情報に関するお問い合わせ窓口(E-mail:privacy@tac-school.co.jp)までお問合せください。

(2022年7月現在)

分冊冊子の使い方

次の図のように、色紙から各分冊の冊子を取り外してご利用ください。

※色紙と各分冊の冊子が、のりで接着されています。乱暴に扱いますと、破損する危険性がありますので、丁寧に取り外すようにしてください。

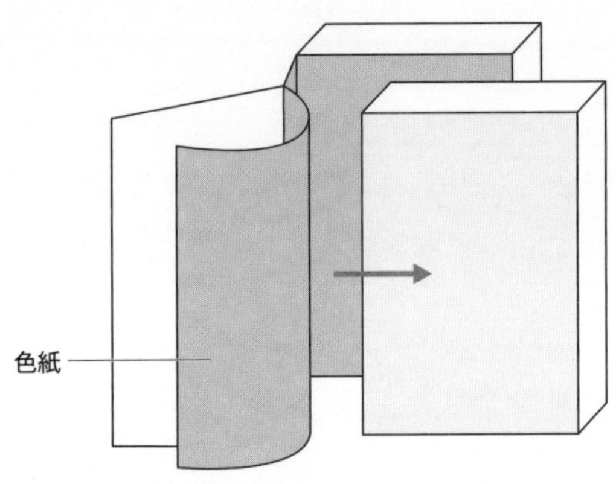

※抜き取る際の損傷についてのお取替えはご遠慮願います。

10575-7　みんなが欲しかった！ 公務員 民法の教科書＆問題集
教科書分冊

民法の
教科書&問題集

教科書編

目次

序

民法のアウトライン

序 民法のアウトライン

START! 本節で学習すること

「民法」とは、そもそもどのような法律なのでしょうか？
民法の学習を本格的に始める前に、押さえておくべき基本的な考え方や用語、原則等について概観しておきましょう。

1 民法とは

1 民法は「私法の一般法」

法律は、その適用される対象によって大きく公法と私法に分けることができます。公法とは、**国・地方公共団体の内部ルールや国・地方公共団体と国民との関係を規律するルール**です。それに対して私法は、**私人、つまり一般市民や民間の会社（法人）どうしの関係を規律するルール**です。これから学習する民法は、この私法に属する法律です。

板書 公法と私法

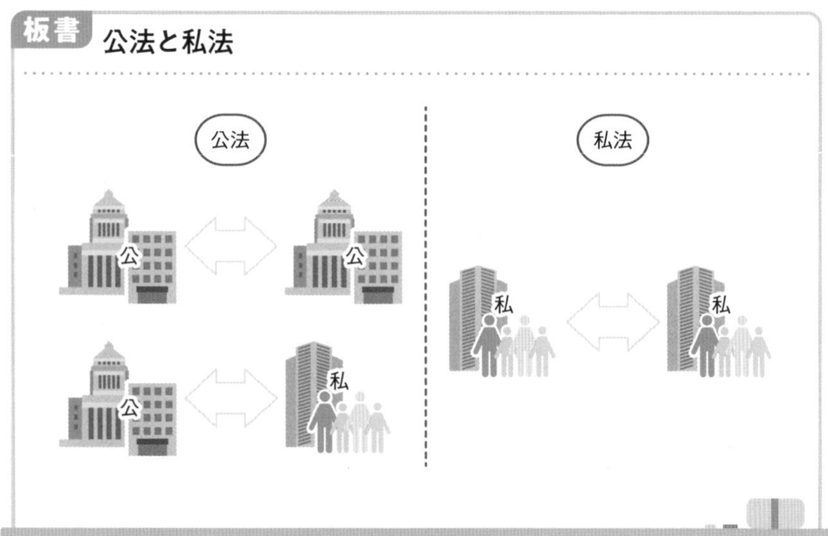

さらに、民法は、私人の法律関係を幅広く規律するものなので、一般法と呼ばれます。これに対して、適用される対象が限定されている法律は特別法と呼

ばれます。商法や借地借家法は、特別法です。

つまり民法は、「**私法の一般法**」という位置づけとなります。

2 一般法と特別法の関係

同じ分野において一般法と特別法の両方が存在している場合、どちらが優先して適用されるのでしょうか？

例えば、一般法である民法には賃貸借契約について定めた部分がありますが、特別法である借地借家法も賃貸借契約について定めた法律です。

このように**一般法と特別法が併存している場合、特別法が一般法に優先**します（**特別法優位原則**）。したがって、賃貸借契約の分野では、**まず借地借家法が優先して適用され、借地借家法に規定がない部分については、民法が適用される**ことになります。

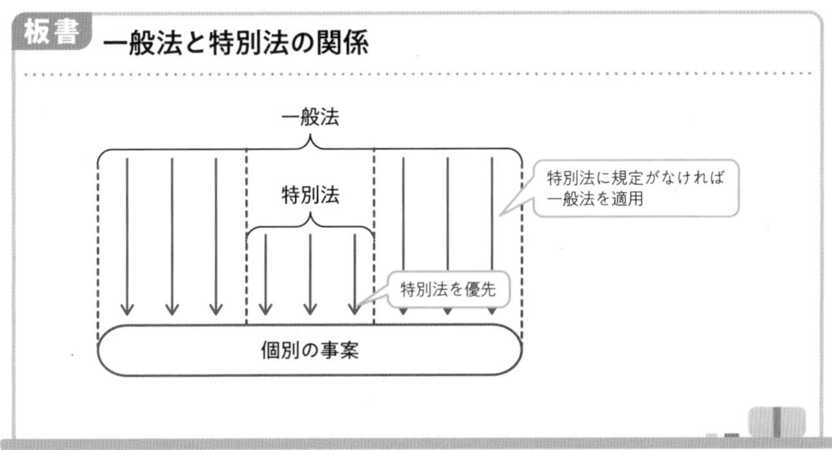

3 強行規定と任意規定

民法の規定の中には、公の秩序に関する規定である**強行規定**（きょうこうきてい）と公の秩序に関しない規定である**任意規定**（にんいきてい）があります。

強行規定は当事者の意思に関わりなく適用されるので、この規定と異なる取決め（特約）を結ぶことはできません。一方、任意規定は当事者間でこれと異なる取決め（特約）を締結することができます。

つまり、民法の規定（条文）が強行規定の場合、その規定が常に適用されます。一方、民法の規定（条文）が**任意規定の場合には、当事者間の取決め（特約）があればそれが優先され、ない場合のみ民法の規定が適用されます**。

2 民法の構成

民法は、大きく分けて、財産に関して規律する**財産法**（ざいさんほう）と家族関係に関して規律する**家族法**（かぞくほう）の分野から構成されています。

さらに、財産法の分野は、**総則**（そうそく）、**物権**（ぶっけん）、**債権**（さいけん）に分けられ、家族法の分野は**親族**（しんぞく）、**相続**（そうぞく）に分けられます。

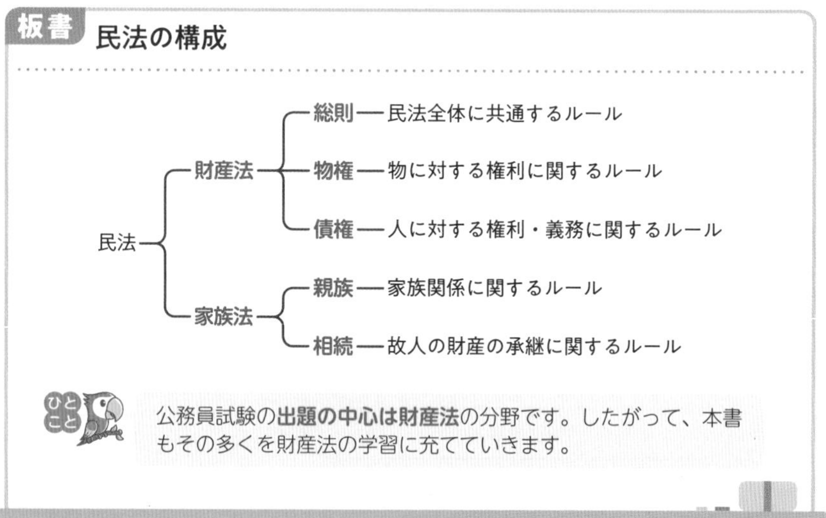

3 学習の前提となる概念

1 物権と債権・債務

❶ 物権と債権

民法が扱っているのは、私人間における法律関係であり、具体的には**権利や**

義務という形で表れます。この権利、義務を言い換えた言葉として、物権と債権・債務という言葉が使われています。

まず、**権利が何を対象にするか**という観点から呼び分けており、物に対する権利を**物権**、特定の人に対する請求権を**債権**と呼びます。

❷ 債権と債務

特定の人に対する請求権である債権は、具体的には、「AがBに対して…を請求することができる」という形で表れます。したがって、一方にはBのように請求される人がおり、Aにとっての請求権はBにとっては「…をしなければならない」という義務の形で表れます。

このように債権に対応して生じる義務のことを**債務**（さいむ）と呼んでいます。そして、債権を有している者（A）を**債権者**（さいけんしゃ）、債務を負っている者（B）を**債務者**（さいむしゃ）と呼びます。

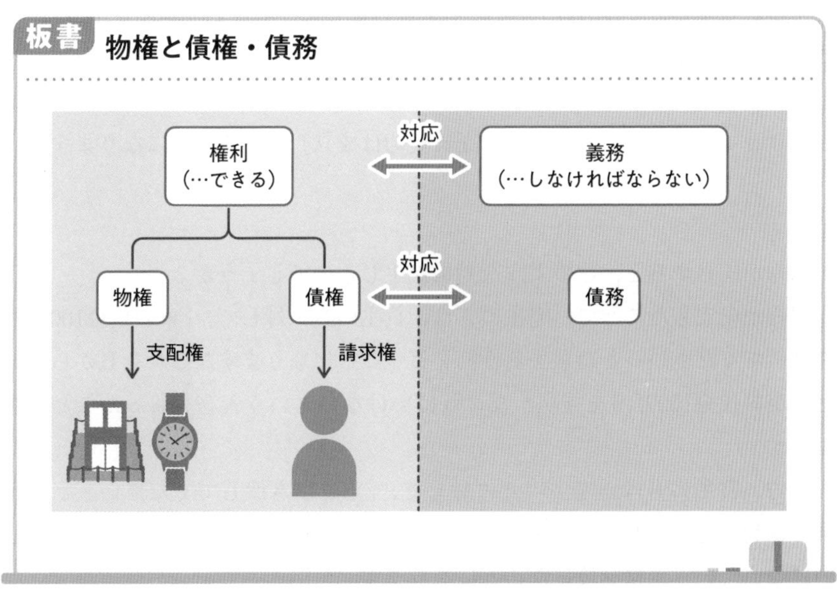

2 契　約

❶ 契約の成立要件

民法で取り扱うほとんどの内容は契約に関わるものです。

契約（けいやく）とは、簡単にいえば約束のことですが、単なる約束と異なり**法的な拘束力**があります。つまり守らなければいけない義務が発生するということです。

では、契約はどうすれば成立するのでしょうか？　成立のために必要な事柄を成立要件といいますが、最も典型的な契約である売買契約を例に、契約の成立要件を考えてみましょう。

ケース0-1　AがBに対して車を100万円で売ろうとしている。Aが「100万円でこの車を売ります」とBに申し出て、Bが「わかりました。100万円でその車を買いましょう」と応じた。

この場合、Aの「100万円でこの車を売ります」という申込みに対して、Bの「わかりました。100万円でその車を買いましょう」という承諾があります。この**申込みと承諾という意思表示の合致が契約の成立要件**です。

したがって、このケースでは契約書等は作成されていませんが、この口頭でのやりとり（意思表示の合致）で売買契約は成立していることになります。

❷ 契約の効果

契約が成立すると、どのような効果が生じるのでしょうか？

契約が成立したことで、売主のAは、買主のBに対して、「車の代金100万円を払ってください」と請求する権利を持つことになります。これをBから見ると、車の代金100万円を支払わなければいけないという義務を負ったことになります。

一方、買主のBは、売主のAに対して、「車を引き渡してください」と請求する権利を持つことになります。これをAから見ると、車を引き渡さなければいけないという義務を負ったことになります。

このように、契約によって当事者に権利や義務、つまり**債権や債務が発生する**ことになるのです。

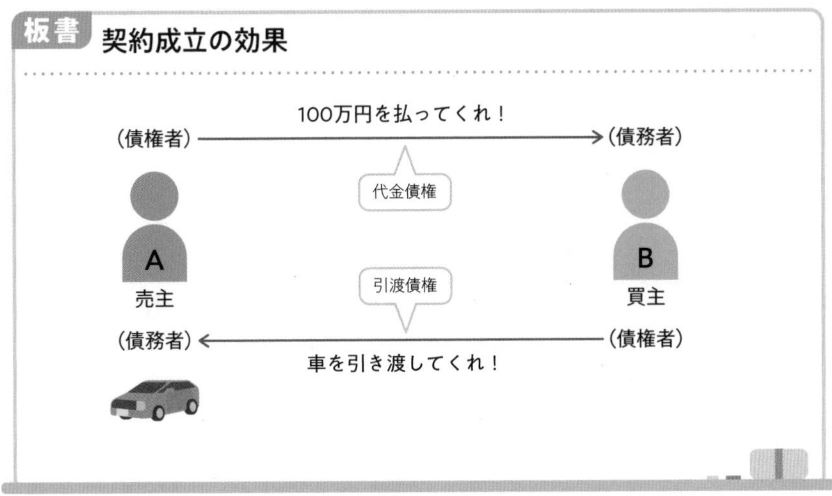

3 善意・悪意と過失の有無

❶ 善意と悪意

ケース0-2 AはBから騙されて、時計を安価でBに売却した。Bはその時計をCに転売した。

その事例において問題になっている**ある事実を知らないこと**を善意（ぜんい）、**ある事実を知っていること**を悪意（あくい）といいます。

日常用語では、善意や悪意という言葉は倫理的な意味で用いることが多いですが、法律の世界では**認識の有無を表す言葉**として使われます。

善意や悪意は民法の条文にたびたび登場する重要概念ですが、認識の有無がなぜこれほど重要とされるのでしょうか？　それは、民法が**取引の安全を図るためのルール**を規定している法律だからです。

あとで学習することになりますが、**ケース0-2** でBがAを騙したことは詐欺に当たります。Aが詐欺に遭ったことに気づいたら、この売買を取り消してBに売った時計を取り戻すことができるという規定がありますが、一方でCという第三者にも配慮が必要です。

「BがAを騙して時計を入手したこと」をCが知らなかった（善意）場合の

ほうが、Cが知っていた（悪意）場合よりもCを保護してあげる必要性が高いのではないかと考えるわけです。

このように、**ある人物がある事実について善意か悪意かによって、民法がどちらに味方するかが変わる**場面が多くあります。

❷ 過失の有無

知らなかった（善意）というだけで保護してしまうのは不当と思われる場合もあります。そこで、場合によっては、**過失の有無**も保護されるかどうかの判断の際に考慮していきます。

「過失がある」とは、**知らないこと（善意）に落ち度があった、注意すればわかったのに不注意でわからなかった**、ということを意味しています。

知らないことに落ち度がなかった、注意してもわからなかった場合を**善意かつ無過失**といい、民法に守ってもらうために善意かつ無過失であることが求められる場合もあります。一方、「善意かつ無過失ではない場合」をまとめて**悪意または有過失**と表現します。

ケース0-2 では、Cの取引が保護されるのに、Cが善意かつ無過失であることが必要です。

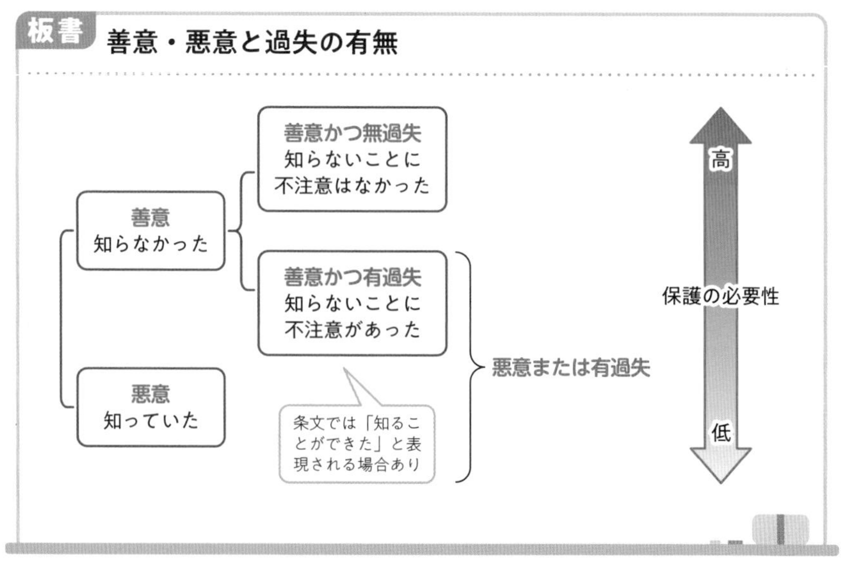

4 事前に押さえておきたい用語や仕組み

●契約について

売買契約	・売主が買主に財産を移転し、買主が売主に代金を支払うことを約束することで生じる契約
賃貸借契約	・賃貸人（貸主）が賃借人（借主）に対し物の使用、収益をさせ、賃借人が賃貸人に対しその賃料を支払うことを約束することで生じる契約

●不動産・動産・登記について

不動産	・権利の対象となる物のうち、土地とその定着物（建物や石垣など）
動産	・不動産以外の物
登記	・不動産の所在地や面積、権利について、国の管理する登記簿に記録すること ・所有者が誰なのか、どのような方法で手に入れたのか、などが記録される ・不動産についての権利の移転や、抵当権など、その不動産に関係する他の権利を確認できる

●代理制度について

代理	・契約等の締結を他人（代理人）に任せてしてもらうこと ・代理によって有効に締結された契約等の効果は、本人と相手方の間に発生する
本人	・代理人に代理行為をしてもらう人
代理人	・本人から代理権を付与されて、代理行為を行う人

●債権・債務の実現について

弁済 （履行）	・債務がその内容どおりに実現されること ・借りていた物やお金を返す、売主が買主に物を引き渡す、など
弁済期 （履行期）	・弁済を約束した期日

●債権の回収について

債務不履行	・債務がその内容どおりに実現されないこと（約束違反） ・債務不履行となると、債権者は債務者に対して、損害賠償の請求や強制執行が可能となる
損害賠償	・債務不履行などで相手に損害を与えた人が、その損害を補償すること
強制執行	・裁判所の手を借りて、強制的に債務者の財産から債権の回収を図ること ・債務者の財産を差し押さえて、競売によって換価を行う
差押え	・裁判所が債務者に対してその財産の処分を禁止する行為
競売	・差押えによって確保した債務者の財産をオークションにかけ、最も高い値を付けた人に売却すること ・売却で得られた金銭によって、債権者が債権の回収を図る

●債権の担保について

担保	・債務が弁済されない場合に備えて、弁済を確保するために何らかの保証を付けておくこと ・抵当権などの担保物権を事前に設定しておく、保証人を確保しておく、などの方法がある
抵当権	・債務が弁済されない場合、債務者の有する財産（不動産）を競売にかけて換価する権利
抵当権者	・抵当権を有する債権者
抵当権設定者	・自分の財産（不動産）に抵当権を設定される人（債務者など）
保証人	・債務者が弁済できない場合に、代わりに弁済することを約束した人

●不法行為について

不法行為	・他人の財産や権利を違法に侵害すること（車の運転を誤り人をはねる、など） ・被害者は加害者に対し、不法行為に基づく損害賠償を請求できる
加害者	・不法行為で他人に被害を与えた人
被害者	・不法行為で被害を受けた人

●相続について

相続	・死亡した人の財産等を遺族の人たちが受け継いでいく仕組み ・死亡した人の権利（プラスの財産）だけでなく、義務（借金などのマイナスの財産）も受け継ぐ
被相続人	・財産を相続される人（死亡した人）
相続人	・財産を相続する人（配偶者、子など）

第1編

総則・物権

第1章

総　則

第1節 権利の主体

START! 本節で学習すること

ここでは権利の主体である「人」について、契約等を有効に行うためにはどのような能力が必要かを学習します。
学習の中心は、制限行為能力者制度です。4つの類型がそれぞれどのような仕組みになっているかをきちんと理解する必要がありますが、未成年者を基本形としてしっかり押さえることが大切です。まずは、各類型ごとに、制限される行為か否かを判別できるようにしていきましょう。

1 3つの能力

1 権利能力

権利能力(けんり)とは、**権利・義務の主体となる能力**をいいます。これがないとそもそも民法の世界の登場人物となることができません。

権利能力を有しているのは、**自然人**(しぜんじん)と**法人**(ほうじん)です。自然人とは普通の人間のこと、法人とは団体の中で法によって法律上の人格を認められている株式会社や財団法人などのことです。

自然人は、出生から死亡まで当然に権利能力を有するものとされています。

2 意思能力

意思能力(いし)とは、**行為の結果を弁識**(べんしき)**するに足りるだけの精神能力**のことをいいます。意思能力が欠ける者のことを**意思無能力者**(いしむのうりょくしゃ)といいます。幼児や重度の精神病の人が意思無能力者の例です。意思無能力者の行った行為は**無効**(むこう)となります。

「弁識する」とは、理解すること、わかることです。

3 行為能力

行為(こうい)能力とは、**法律上、単独で有効な法律行為を行うことができる能力**をいいます。

行為能力がない者は**制限行為能力者**(せいげんこういのうりょくしゃ)と呼ばれ、民法の規定で４種類が類型化されています。

制限行為能力者が行為能力を制限された行為を単独で行った場合、**取消し**(とりけ)の対象となります。

板書 3つの能力概念の比較

	権利能力	意思能力	行為能力
定義	私法上の権利義務の主体となる資格	行為の結果を弁識するに足りるだけの精神能力	単独で有効な法律行為を行うことができる能力
有する者	自然人、法人	だいたい７～10歳以上	未成年者、成年被後見人、被保佐人、被補助人以外
欠ける場合	権利義務の帰属主体になれない	無効	取り消すことができる

2 制限行為能力者制度の概要と類型

1 概　要

子どもや精神的な疾患を持つ人が判断能力の欠けた状態、弱い状態で契約を締結してしまうと、必要でない物を購入してしまう、また、不当に高い金額で購入してしまう、不当に安い金額で売却してしまう等の不利益を受ける可能性があります。

判断能力の欠ける人や不十分な人がこのような不利益を受けずに済むように保護するために設けられたのが、制限行為能力者制度です。

2 類　型

民法では、**未成年者**(みせいねんしゃ)、**成年被後見人**(せいねんひこうけんにん)、**被保佐人**(ひほさにん)、**被補助人**(ひほじょにん)を「制限行為能力者」としています。

未成年者は年齢によって決まるものですが、それ以外は精神的な疾患を持つ人が類型化されており、成年被後見人が最も症状が重篤な類型です。被保佐人、被補助人と順に軽い症状の人を想定した類型になっていきます。

板書　制限行為能力者の４類型

類型	未成年者	成年被後見人	被保佐人	被補助人
対象	18歳未満の者	精神上の障害により事理を弁識する能力を**欠く常況**にある者	精神上の障害により事理を弁識する能力が**著しく不十分**な者	精神上の障害により事理を弁識する能力が**不十分**な者
手続	特になし	家庭裁判所の審判		
保護者	親権者（未成年後見人）	成年後見人	保佐人	補助人

重 ←　精神上の障害の程度　→ 軽

精神的な疾患を原因とする３つの類型では、共通の手続として**家庭裁判所の審判**が必要とされています。

審判は本人、配偶者、４親等内の親族、検察官等の一定の者の請求に基づいてなされます。

保護者である未成年後見人、成年後見人、保佐人、補助人は、家庭裁判所が選任しますが、**複数選任**することも**法人を選任**することも可能です。

3 未成年者

1 未成年者とは

未成年者とは18歳未満の者をいいます（4条）。

未成年者を保護する者は、一次的には**親権者**（しんけんしゃ）ですが、親権者がいないときは**未成年後見人**（みせいねんこうけんにん）となります（親権者と未成年後見人をまとめて**法定代理人**（ほうていだいりにん）と表現します）。

2 行為能力の制限を受けない行為

未成年者が法律行為を行うためには、**原則として法定代理人の同意が必要**ですが、未成年者でも単独で有効にできる行為（つまり行為能力を制限されていない行為）があります。

次の3つの行為です。

板書 未成年者が行為能力の制限を受けない行為

❶単に権利を得る、義務を免れる法律行為
（例：負担のない贈与を受ける行為、債務を免除してもらう行為）

負担付きの贈与（例：老後の面倒を見てもらう代わりに家をあげる）は含まれません

01

❷処分を許された財産の処分
(a)「目的を定めて処分を許された財産」（例：塾の月謝として渡された金銭）
⇒その目的の範囲で処分可能
(b)「目的を定めないで処分を許された財産」（例：おこづかい）
⇒自由に処分可能

❸許可された営業に関する行為
（例：親権者から商売をすることを許可された未成年者がその営業に関して行う契約）

これらの行為については例外的に未成年者も行為能力が認められていますので、**単独で有効な行為を行うことが可能**です。

3 行為能力を制限された行為の取消し

❶ 取消権の行使

先ほど示した３つ以外の行為を未成年者が行うためには、**法定代理人（親権者もしくは未成年後見人）の同意**を受ける必要があります。法定代理人の同意を受けずに行った行為は**取り消すことができます**（５条１項）。

取消しは、**法定代理人だけでなく、未成年者自身も単独で**することが可能です。

02

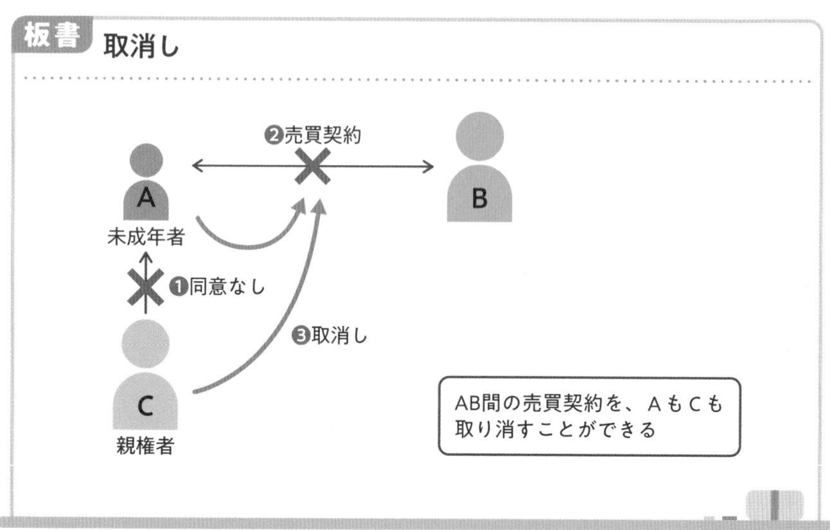

❷ 取消しの効果

取消しがされると**初めから無効**であったものとみなされます（121条）。その結果、両当事者には受け取った金品等の返還義務（**原状回復義務**）が発生します。この場合、未成年者の返還する範囲は「現に利益の存する限度」（**現存利益**（げんぞんりえき））でよいとされています。

ケース1-1 未成年者Aが、親権者Cの同意がないまま、Bからパソコンを10万円で買う契約を締結した。その後、そのことを知った親権者Cが当該売買契約を取り消した。

板書 取消しと原状回復義務

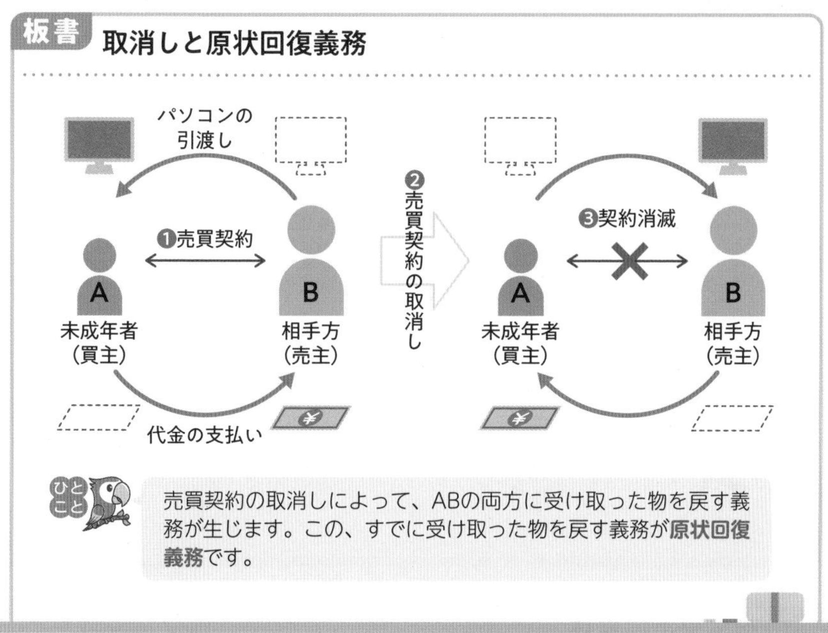

売買契約の取消しによって、ABの両方に受け取った物を戻す義務が生じます。この、すでに受け取った物を戻す義務が**原状回復義務**です。

「現に利益の存する限度」（現存利益）とは、受けた利益のうち、現在もなお存続しているものをいいます。つまり、**手元に残ったものを返せばいい**、とここでは理解しておきましょう（詳しくは第5節で学習します）。なお、取消しがされた場合の返還義務の発生および返還の範囲が現存利益に限定されるのは、**すべての制限行為能力者に共通**です。

4 取消しが可能な行為の追認

取消しが可能な行為であっても未成年者側に取り消す義務があるわけではありません。取消しをしなければ契約はそのまま有効なものとして存続します。さらに、自分たちに有利なので有効な行為として確定させたいと思った場合には、**追認**（ついにん）を行えば、有効な契約として確定します。

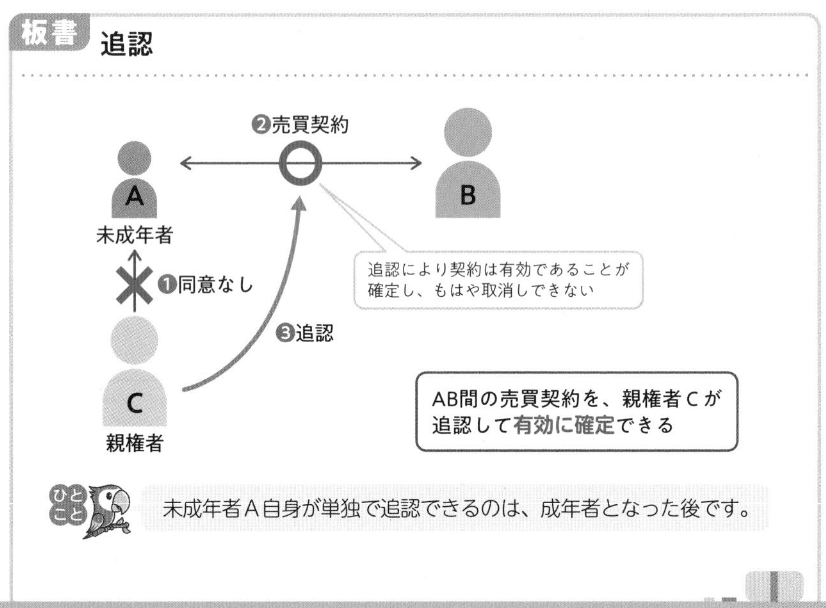

5 保護者の同意権

未成年者が、行為能力を制限された行為を行う際、**事前に法定代理人（親権者もしくは未成年後見人）の同意**を受けていれば、その行為は有効であり、取り消すことはできません。このように事前に同意を与えることで有効な行為をさせられる権限を**同意権**といいます。

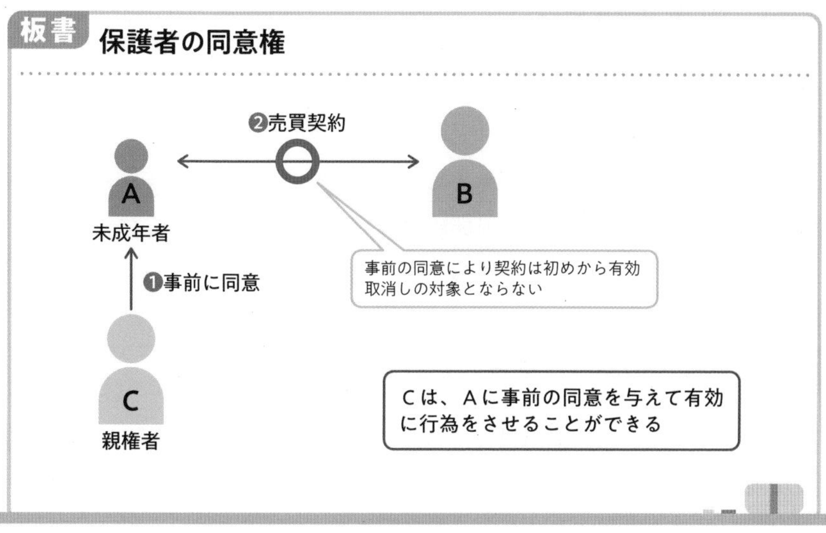

6 保護者の代理権

親権者、未成年後見人には、民法の規定によって未成年者を全般的に**代理する権限**が与えられています。これを**代理権**（だいりけん）といいます。

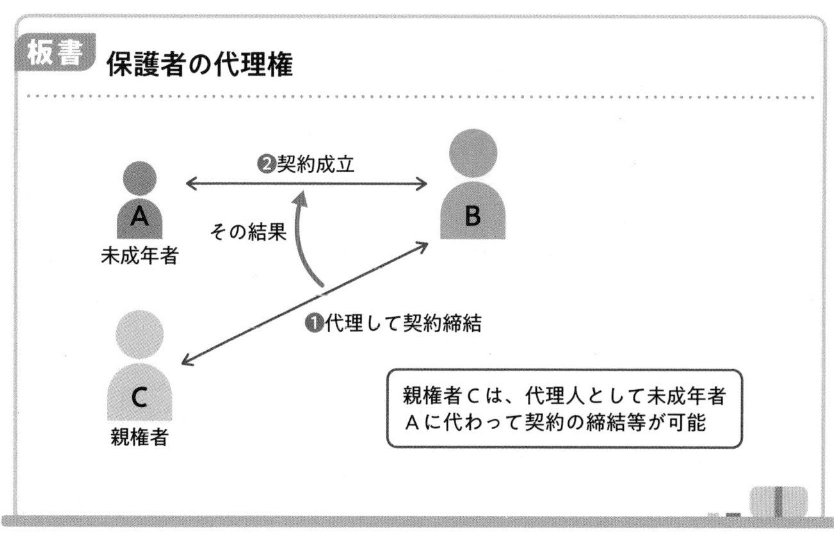

4 成年被後見人

1 成年被後見人とは

成年被後見人とは、精神上の障害により**事理を弁識する能力を欠く常況にある者**であって、家庭裁判所の**後見開始の審判**を受けた者をいいます（7条）。

成年被後見人の保護者は、**成年後見人**と呼ばれています。

2 行為能力の制限を受けない行為

成年被後見人は、**日用品の購入その他日常生活に関する行為**を除き、行為能力の制限を受けます。日常生活に関する行為についてまで行為能力を制限してしまうと、成年被後見人が生活するのに困難を来すからです。

3 行為能力を制限された行為の取消し

成年被後見人の行った法律行為は、**取り消すことができます**（9条）。

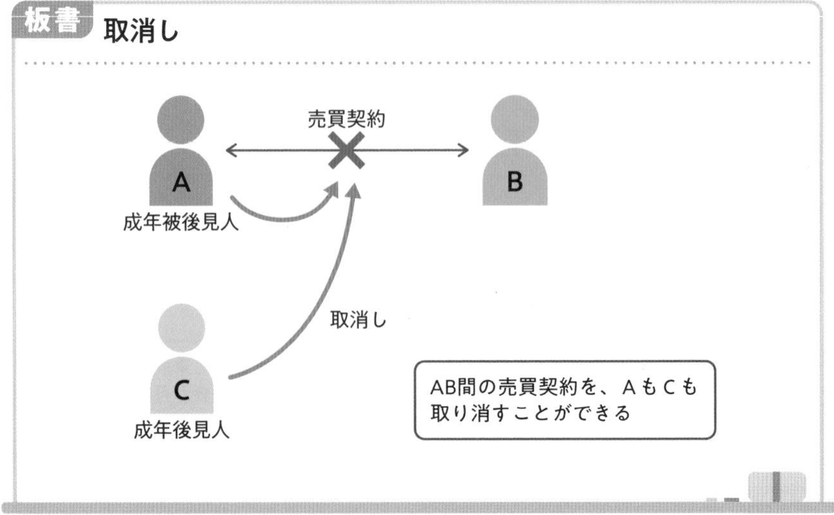

ただし、**日用品の購入その他日常生活に関する行為**については、成年被後見人であっても行為能力が認められていますので、取り消すことができません。

03

4 取消しが可能な行為の追認

取消しが可能な行為について、成年後見人は**追認**することもできます。

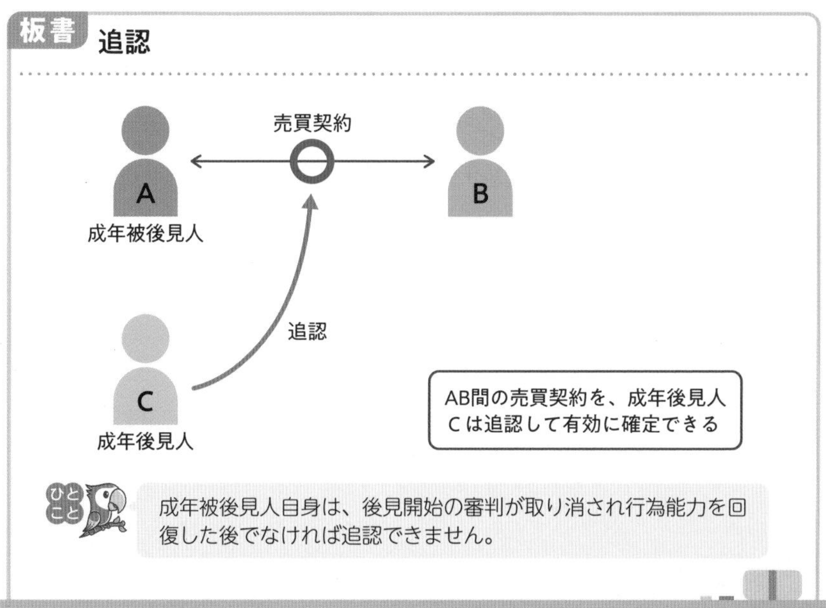

5 保護者の同意権

成年被後見人は意思能力を欠く常況にあるので、たとえ事前に成年後見人が同意を与えていたとしても単独行動させるのは危険と考えられています。したがって、成年被後見人は、成年後見人の同意を得ても有効な法律行為をすることはできず、**成年後見人の同意を得て行った行為であっても取消しが可能**です。

つまり、未成年者における親権者とは異なり、**成年後見人に同意権はない**ということになります。

03

6 保護者の代理権

成年後見人には、民法の規定によって成年被後見人を全般的に**代理する権限（代理権）**が与えられています。つまり、成年後見人は**法定代理人**です。

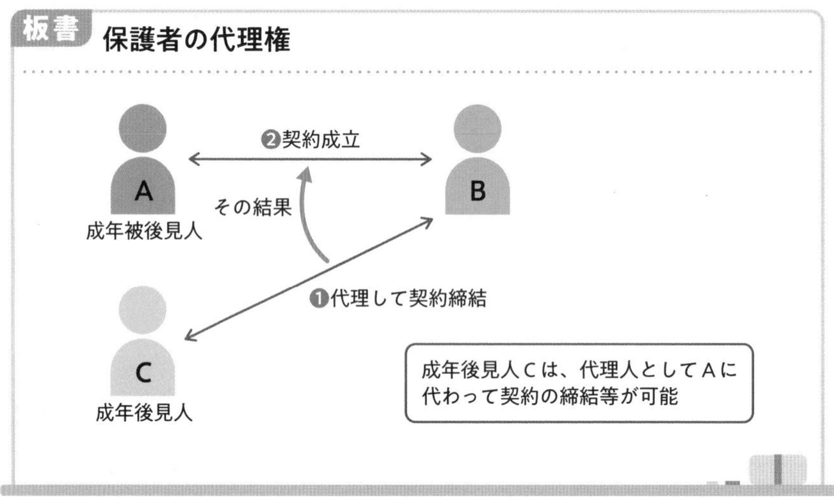

成年後見人には同意権がないので、成年被後見人が「日常生活に関する行為」以外の行為を行うためには、成年後見人に代理して行ってもらうしかありません。

5 被保佐人

1 被保佐人とは

被保佐人とは、精神上の障害により**事理を弁識する能力が著しく不十分である者**であって、家庭裁判所の**保佐開始の審判**を受けた者をいいます（11条）。

被保佐人の保護者は、保佐人（ほさにん）と呼ばれます。

本人以外の者が保佐開始の審判を申し立てる場合、**本人の同意は不要**です。

2 行為能力の制限を受ける行為

被保佐人は判断能力がある程度残っているので、行為能力の制限を受ける行為が限定的に列挙されており、**民法13条１項に列挙されている重要度の高い財産行為についてのみ行為能力が制限**されています。

さらに、13条１項列挙事由以外の行為についても審判により保佐人の同意を必要とすることは可能です（つまり、追加ができます）。

ただし、「日用品の購入その他日常生活に関する行為」に該当するものは行為能力を制限することはできません。

より判断能力の乏しいと考えられる成年被後見人でも単独でできる行為を、被保佐人について制限することは不当と考えられるからです。

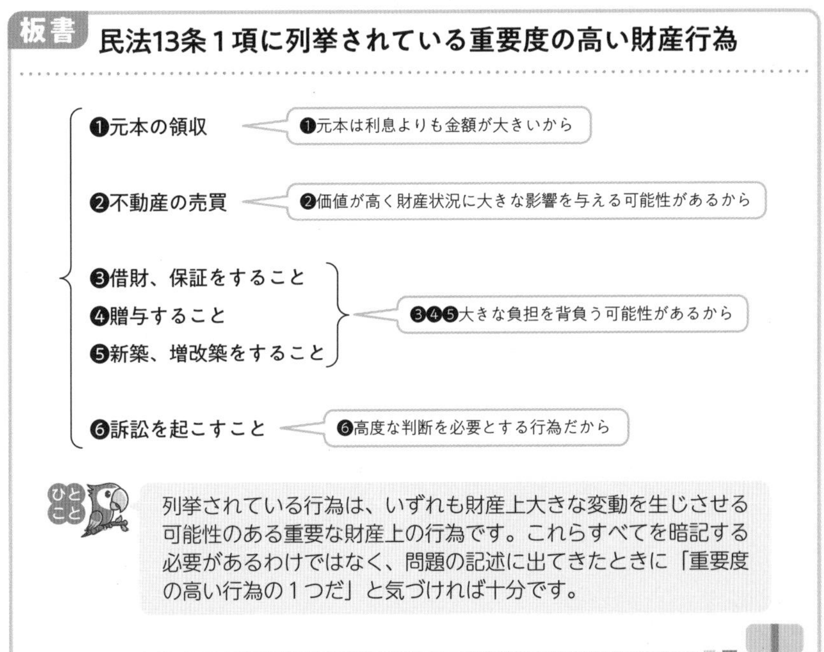

したがって、被保佐人が行為能力の制限を受けた上記の行為を行うためには、**保佐人の同意が必要**になります。

3 行為能力を制限された行為の取消し

行為能力の制限を受けた行為を、被保佐人が保佐人の同意を受けずに行った場合、被保佐人本人および保佐人は**取り消すことができます**。

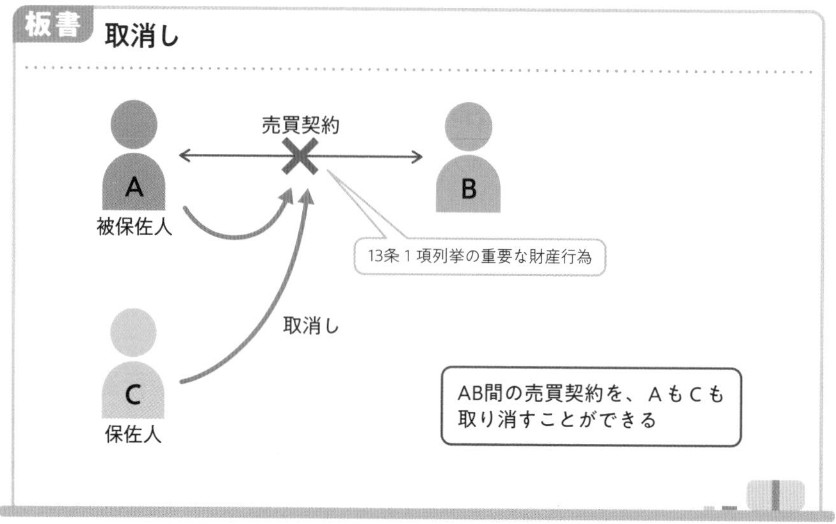

4 取消しが可能な行為の追認

取消しが可能な行為について、保佐人は**追認**することもできます。

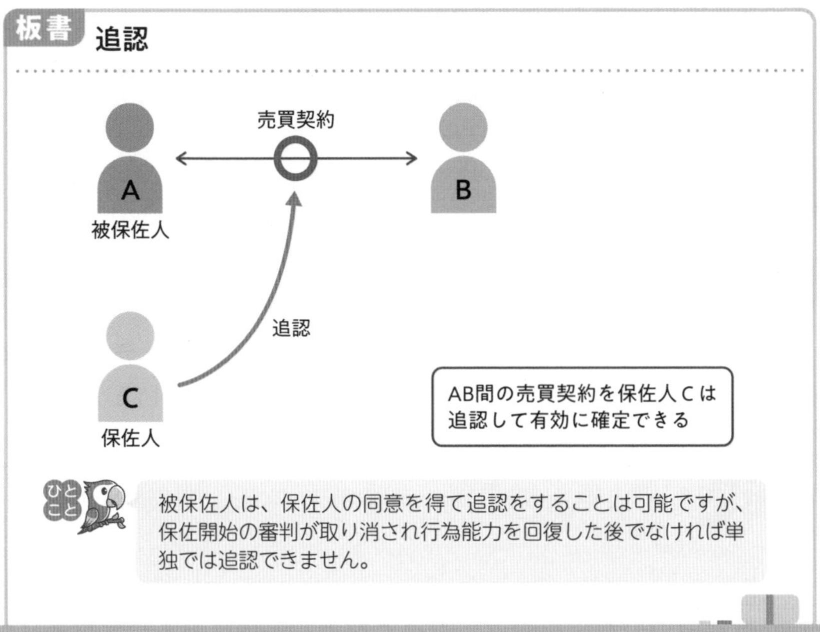

5 保護者の同意権

被保佐人が、行為能力を制限された行為を行う際、**事前に保佐人の同意**を受けていれば、その行為は有効であり、取り消すことはできません。

被保佐人の利益を害するおそれがないにもかかわらず、保佐人が同意をしない場合、家庭裁判所は、被保佐人の請求により、**保佐人の同意に代わる許可**を与えることができます。それによって被保佐人は有効に行為をすることが可能となります。 04

この「同意に代わる許可」の仕組みはこの後で説明する被補助人においても共通です。

6 保護者の代理権

保佐人は法定代理人ではありませんが、家庭裁判所は、被保佐人の申立てまたはその同意を要件として、当事者等の申し立てた**特定の法律行為について、保佐人に審判で代理権を付与**することができます。

本人以外の申立てにより代理権付与の審判をする場合、**被保佐人本人の同意が必要**です。

6 被補助人

1 被補助人とは

被補助人とは、精神上の障害により**事理を弁識する能力が不十分である者**であって、家庭裁判所の補助開始の審判を受けた者をいいます（15条）。

被補助人の保護者は、補助人（ほじょにん）と呼ばれます。

本人以外の者が補助開始の審判を申し立てる場合、**本人の同意が必要**です。

2 行為能力の制限を受ける行為と取消し・追認および代理権

被補助人は判断能力がかなりあるので、行為能力の制限を受ける行為が被保佐人よりも限定されており、**民法13条１項に列挙されている重要度の高い財産行為の中で補助人の同意を得なければならない旨の審判を受けた行為**について、行為能力の制限を受けています。

行為能力の制限を受ける行為に対する取消し・追認については被保佐人と同様です。

また、補助人も保佐人同様、法定代理人ではありませんが、家庭裁判所は、被補助人の申立てまたはその同意を要件として、当事者等の申し立てた**特定の法律行為について、補助人に審判で代理権を付与**することができます。

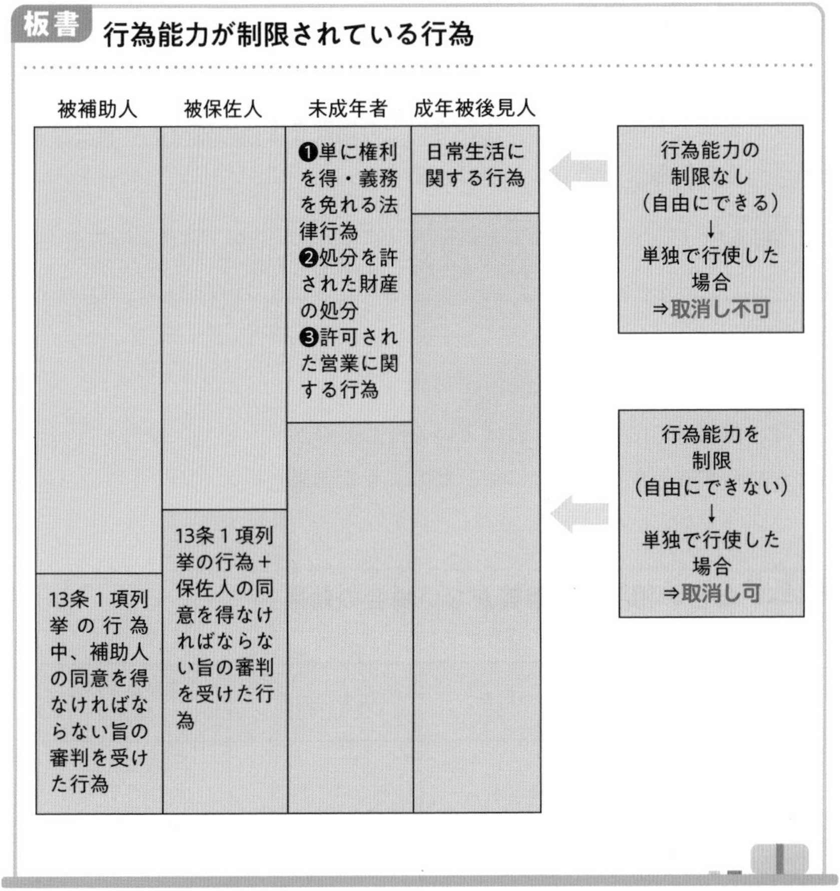

板書 行為能力が制限されている行為

	被補助人	被保佐人	未成年者	成年被後見人
行為能力の制限なし（自由にできる）↓ 単独で行使した場合 ⇒**取消し不可**			❶単に権利を得・義務を免れる法律行為 ❷処分を許された財産の処分 ❸許可された営業に関する行為	日常生活に関する行為
行為能力を制限（自由にできない）↓ 単独で行使した場合 ⇒**取消し可**	13条1項列挙の行為中、補助人の同意を得なければならない旨の審判を受けた行為	13条1項列挙の行為＋保佐人の同意を得なければならない旨の審判を受けた行為		

7 制限行為能力者の相手方の保護

ここまで、制限行為能力者が契約などの法律行為を行った場合に、本人や保護者がそれを取り消すことができることを見てきました。

一方で、**制限行為能力者の契約の相手方となった側からは契約を取り消すことができません**。相手方は、制限行為能力者側がどのような判断（取消し・追認）をするのかを待たねばならないという不安定な立場に置かれます。

そこで、民法は、相手方保護の観点から、催告権および詐術による取消権の否定という仕組みを設けています。

1 相手方の催告権

❶ 相手方の催告権とは

制限行為能力者の**相手方は、1か月以上の期間を定めて追認するかどうかを確答(かくとう)すべき旨の催告(さいこく)**をすることができます。

「確答」とは確定した返答のことです。つまり、この催告権とは、「取り消すのか追認するのかはっきりしてください」と相手方が求めるものです。

❷ 催告の相手方と確答がない場合の効果

では、誰に対して催告をすればよいのでしょうか？　また、催告を行ったにもかかわらず確答がない場合には、どのような効果が生じるのでしょうか？

板書 催告の相手方と確答がない場合の効果

	催告の相手方	催告の内容	確答がなかった場合
制限行為能力者が行為能力者となった後	❶本人	追認するかどうかを確答すべき旨の催告	**追認したものとみなされる**
制限行為能力者が行為能力者とならない間	❷保護者（法定代理人、保佐人、補助人）	追認するかどうかを確答すべき旨の催告	**追認したものとみなされる**
制限行為能力者が行為能力者とならない間	❸未成年者、成年被後見人	－	催告自体が**無効**
制限行為能力者が行為能力者とならない間	❹被保佐人、被補助人	保佐人・補助人の追認を得るべき旨の催告	**取り消したものとみなされる**

05

❶、❷のように単独で返答が可能な者に催告がされた場合、返答をしないと追認したものとみなされもはや取消しができなくなりますが、❹のように単独で返答ができない者に対して催告がされた場合、たとえ返答がなかったとしても取り消したものとみなされるので、**制限行為能力者側に不利益が生じない処理**になっています。

なお、❸未成年者と成年被後見人は催告を受け取る能力がないと考えられているので、**未成年者と成年被後見人に対して行った催告は無効**です。

2 詐術による取消権の否定

ケース1-2 17歳の未成年者Aは、Bと売買契約を締結する際に、年齢を証明する書類の提示を求められたが、19歳であるとする証明書を偽造し、成年者と偽って契約を締結した。

このような場合にまで、取消しの主張を認めることは不当に思えます。そこで、制限行為能力者が**行為能力者であることを信じさせるため詐術(さじゅつ)を用いたときは、その行為を取り消すことができない**ことになっています。

したがって、未成年者Aおよびその親権者はBとの契約を取り消すことができません。

板書 詐術に該当するケース

詐術に該当するかが問題となるケース	詐術に該当するか	取消し
・制限行為能力者であるのに行為能力者であると偽る行為 ・法定代理人等の同意を得ていないのに同意を得ていると偽る行為 ・制限行為能力者であることを単に黙秘していただけにとどまらず、**行為能力者であるかのような言動をして相手方を誤信させた行為**	該当する	できない
・制限行為能力者であることを**単に黙秘していた行為**	該当しない	できる

第1節 権利の主体

- [ ] 幼児等の**意思能力がない者**（**意思無能力者**）が行った行為は**無効**です。
- [ ] 制限行為能力者には、民法に規定されている**未成年者**、**成年被後見人**、**被保佐人**、**被補助人**の４つの**類型**があります。
- [ ] 成年被後見人、被保佐人、被補助人の保護者をそれぞれ**成年後見人**、**保佐人**、**補助人**といい、**複数選任**することも**法人を選任**することもできます。
- [ ] 未成年者が、親権者の同意を得ずに、**単に権利を得る法律行為**を行った場合、親権者は**取り消すことができません**。
- [ ] 成年被後見人が行った法律行為は、原則として、取り消すことができます。ただし、**日用品の購入その他日常生活に関する行為**については、取り消すことができません。
- [ ] 成年被後見人が事前に**成年後見人の同意を得て**法律行為を行ったとしても、**成年後見人は取り消すことが可能**です。
- [ ] 被保佐人が**不動産の売買や保証人となること**を単独で行った場合、被保佐人本人および保佐人は取り消すことができます。
- [ ] 被保佐人が行った行為が取消しできる場合、その行為の相手方が**保佐人**に対して催告をし、確答がない場合は**追認したもの**とみなされますが、**被保佐人**に対して催告をし、確答がない場合は**取り消したもの**とみなされます。
- [ ] 制限行為能力者が行為能力者であることを信じさせるため**詐術を用いた**ときは、その行為を**取り消すことができなくなります**。

第1節 ○×スピードチェック

01 未成年者は、法定代理人の同意がなければ、自らを受贈者とする負担のない贈与契約を締結することができない。 裁判所2010

× 負担のない贈与契約は法定代理人の同意不要なので締結できます。

02 法定代理人の同意を得ない未成年者の契約は取り消すことができるが、この取消しは、未成年者は単独で行うことができず法定代理人の同意が必要となる。 国家専門職2010

× 未成年者は、法定代理人の同意がなくても有効に取消しができます。

03 成年後見人の同意を得て行った成年被後見人の法律行為は、取り消すことができないが、日用品の購入その他日常生活に関する行為については、取り消すことができる。 特別区Ⅰ類2008

× 成年後見人には同意権がなく、同意を得て行った行為も取消しできますが、日用品の購入その他日常生活に関する行為については取消しできません。

04 保佐人の同意を得なければならない行為について、保佐人が被保佐人の利益を害するおそれがないにもかかわらず同意をしないときは、家庭裁判所は、被保佐人の請求により、保佐人の同意に代わる許可を与えることができる。 特別区Ⅰ類2008

○

05 未成年者がした契約の相手方は、その未成年者が成年者となった後、期間を定めて、当該契約を追認するか否かについて確答すべき旨の催告をすることができる。この場合において、当該期間内に確答が発せられなかったときは、当該契約は取り消されたものとみなされる。

国家専門職2010

× 取り消されたものではなく、追認したものとみなされます。

第2節 意思表示

START! 本節で学習すること

本節では意思表示について学習します。
取り扱うのは意思表示に問題がある5つの類型です。
出題の頻度も高いですが、民法を学ぶうえでの基本になる部分と考えられています。
後の学習ともつながりが深いので、きちんと理解しておく必要があります。
どういう場合に無効や取消しになるのかについて、善意・悪意、有過失・無過失を絡めて正確に理解する必要があります。

1 意思表示と5つの類型

1 意思表示とは

❶ 意思表示とは

「序」でも説明したように、契約は申込みと承諾の一致によって成立します。そして、申込み（「100万円でこの車を売ります」）や承諾（「わかりました。100万円でその車を買いましょう」）のような**契約成立に向けられた意思の表明**のことを意思表示（いしひょうじ）と呼びます。

契約は申込みと承諾という意思表示の合致があってこそ成立するものです。このように意思表示があってこそ成立する行為のことを民法では特に**法律行為**と呼んでいます。

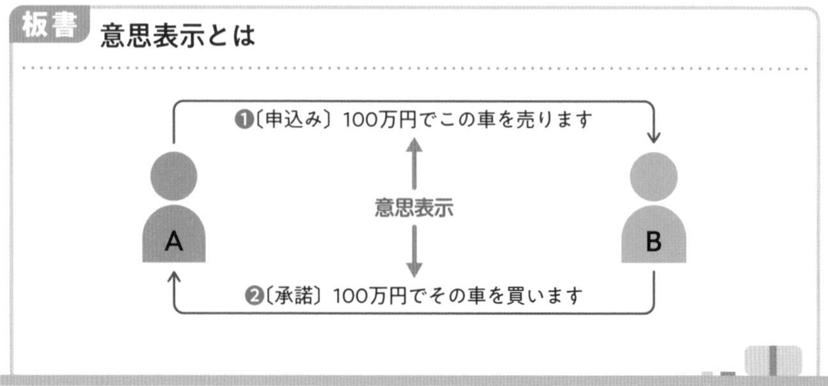

❷ 契約と拘束力の発生

申込みと承諾という意思表示の合致があって契約が成立すると、契約の拘束力が両当事者に生じます。Ａには車をＢに引き渡す義務が、Ｂには100万円をＡに支払う義務が生じます。そして、契約によって生じた義務（約束）を果たさなかった場合（これを債務不履行といいますが、第２編で学習します）、その当事者にはペナルティが生じることになるわけです。

例えば、損害賠償責任を負ったり、強制的に義務を果たしたりすることが求められます。

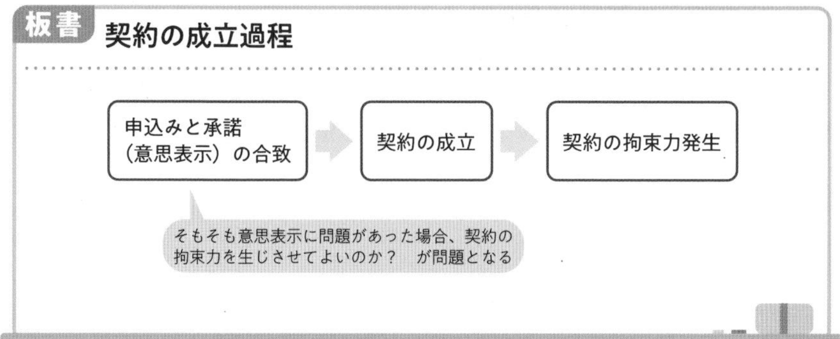

2 意思表示の効力発生時期

❶ 到達主義

例えばお店で対面で「売ります」、「買います」と意思表示し合う場合は即座に相手に伝わりますが、離れた相手に対して何らかの通信手段によって意思表示を行うケースもあるため、意思表示の効力がいつから発生するか、ということが問題になります。

意思表示は、その通知が**相手方に到達した時から効力を生じます（到達主義）**。

この場合の「到達」とは、通知が相手方の支配領域に入り、了知（認識）可能な状態に置かれることで足りるとされています。したがって、相手方が実際に内容を了知（認識）することまでは不要です。例えば、たとえ封書を開封して内容を見ていなくても、相手方の自宅のポストに投函されていれば、到達していることになります。

❷ 公示の方法

また、意思表示の相手方を知ることができない場合やその所在が不明の場合、**公示の方法によることも可能**です。

「官報」という政府が出す新聞のような広報物がありますが、ここでいう「公示の方法」とは、民事訴訟法の規定に従い、裁判所で掲示がされ、それが官報に掲載された日から２週間を経過した時に相手方に到達したとみなされるものです（これを「公示送達」と呼びます）。

3 意思表示に問題がある５つの類型

民法では、意思表示に問題があるケースとして、**心裡留保、虚偽表示、錯誤、詐欺、強迫**の５つの類型についてのルールを規定しています。

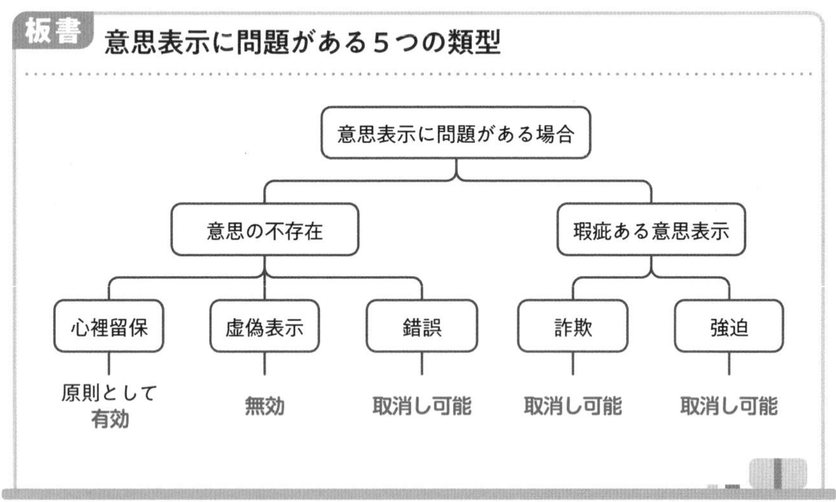

語句
意思の不存在／表示に対応する内心の意思が存在しない類型です。
瑕疵ある意思表示／表示に対応する内心の意思は存在しているものの、それが外部からの不当な影響によって形成された類型です。

2 心裡留保

1 心裡留保とは

ケース1-3 Aは、Bに対して、売る気がないにもかかわらず、自分の持っている自動車を「100万円で売ってあげる」と言い、BがAの真意に気づかずに「買います」と応じた。

表意者（意思表示をした者）が真意ではないことを知ってする意思表示のことを**心裡留保**（しんりりゅうほ）といいます。

表意者自身が「真意ではないことを知って」というのがどういう状況かわかりにくいかもしれません。これは、本心でないことを知って、または、本当は思っていないことをわかっていながらする意思表示、つまり、**嘘や冗談で意思表示をすること**ですね。

ケース1-3 でAは「売る気がないにもかかわらず」申込みをしていますが、これが心裡留保に当たります。この場合に、BがAの申込みに応じて「買います」と承諾した後で、Aが「いや、あれは冗談だから」と言って、契約をなかったことにできるのかが問題になります。

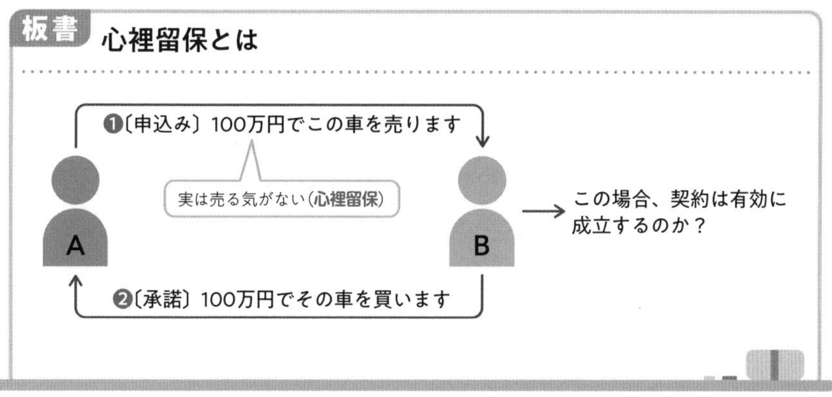

2 心裡留保の効果

❶ 原　則

表意者が**その真意ではないことを知ってしたとき（心裡留保の場合）であっても、意思表示の効力は妨げられません**（93条１項本文）。つまり、心裡留保による意思表示は有効です。 01

ケース1-3 の相手方Ｂは、表意者Ａの申込みを信じ100万円で自動車を買えるものと思っているでしょう。その信頼を保護し**取引の安全を図る必要**があることから有効とされています。

したがって、ケース1-3 では、**契約が有効に成立**していることから、Ａは、「冗談でした」で済ませることはできず、Ｂに対して100万円で自動車を売る義務を負うことになります。

❷ 例　外

仮に相手方Ｂが、Ａが言っていることが冗談であると知っていた場合はどうでしょうか。この場合、Ｂを保護する必要はないように思えます。

そこで、**相手方が、表意者が嘘や冗談で言っていることを知っていた場合（悪意）や注意すれば知ることができた場合（善意かつ有過失）**には、意思表示は無効となり（93条１項ただし書）、契約は成立しなかったことになります。

01

ケース1-3 のＢが、Ａにその気がないことに気づいていた場合は悪意、ＢはＡの本心に気づけなかったものの周りにいた誰もがＡにはその気がないことがわかった場合は、Ｂは善意だが過失があった（善意かつ有過失）ということになるでしょう。

したがって、ケース1-3 のＡが悪意または（善意かつ）有過失の場合は、契約は成立しておらず、Ａは、Ｂに対して100万円で自動車を売る義務を負わないことになります。

例外的に無効となるのが、相手方が悪意または（善意かつ）有過失の場合とすると、原則として**有効となるのは、相手方が善意かつ無過失の場合**ということになりますね。

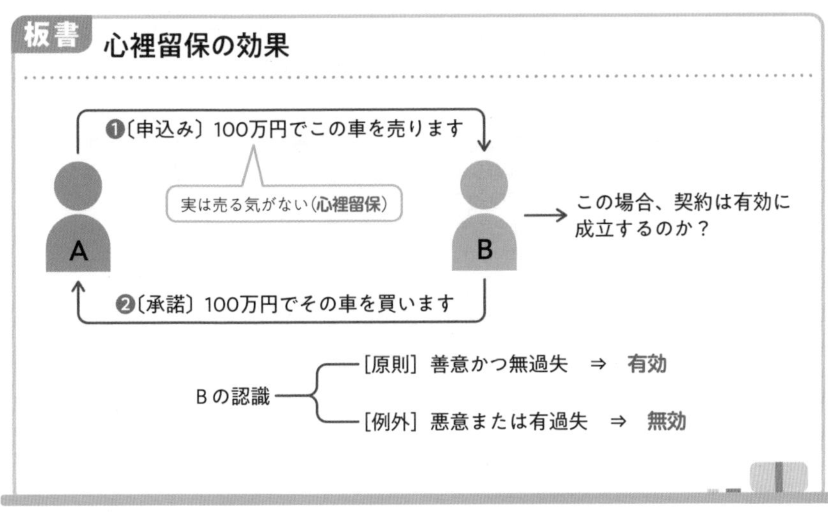

❸ 第三者との関係

ケース1-4 Aは、Bに対して、売る気がないにもかかわらず、自分の持っている自動車を「100万円で売ってあげる」と言い、BはAが冗談で言っていることを認識しながら「買います」と応じた。その後、Bはこの自動車をCに転売した。

ケース1-4 のBはAが冗談で言っていることを認識しています（悪意）ので、先ほど見たようにAB間の契約は無効です。では、AB間の契約が無効であることを、Bからこの自動車を購入した第三者Cにも主張できるでしょうか。

自動車はBの手元にないのにどうしてCに転売できたのか不思議に感じるかもしれません。民法では、原則として、売買契約の成立によって所有権（物に対する完全な支配権）は買主に移転します。したがって、手元になくてもこの自動車の所有者はBになっており、これを転売することは可能なのです。

心裡留保による意思表示の無効は、善意の第三者に対抗することができません（93条２項）。

この「**対抗**」という言葉は、「主張できること、そしてその主張が正当なものとして通用すること」を指します。したがって、「対抗することができない」というのは「主張することができない、主張が通らない」という意味になります。
今後も類似の表現が登場しますが、「●●による意思表示の無効は××に対抗できない」という表現が出てきたら、「●●ということで意思表示が無効であることを、××に主張できない、××にはその主張は通らない」という意味と考えてください。

ケース1-4 において、CがAの意思表示が心裡留保であったことを知らない場合（善意）には、AはAB間の契約が無効であることをCに対して主張できないことになります。その結果として、Cは有効に権利を取得したことになり、AはCから自動車を取り返すことはできません。

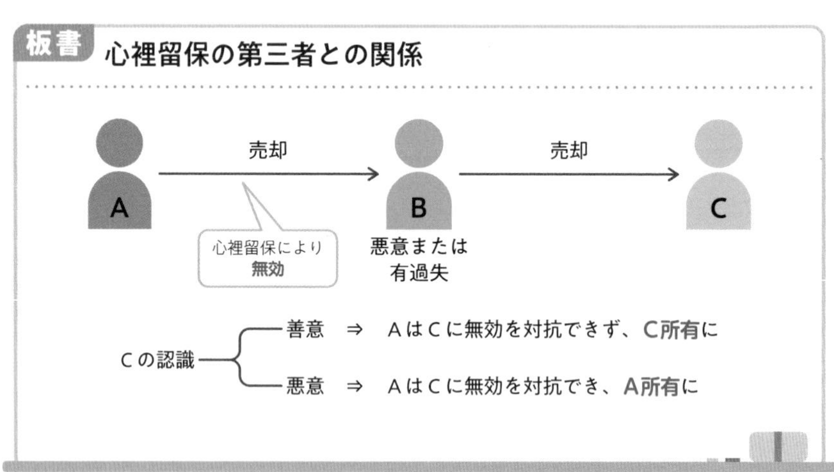

3 虚偽表示

1 虚偽表示とは

ケース1-5 Aは以前Xから１億円を借りたが、事業に行き詰まり返済が難しい状況になってきた。やがて債権者XがAの唯一残った財産である甲土地に強制執行をしてくるだろうと予想されたので、甲土地を友人のBに売ったことにして、Xによる強制執行を免れようと考えた。そこで、Bと相談のうえで、売買契約が成立したかのように装い、土地の所有権の登記をBに移転した。

ケース1-5 ではABともに売る気も買う気もありません。それにもかかわらず相談したうえで売買をしたことにしています。このような**表意者が相手方と通じ合って行った虚偽の意思表示**のことを**虚偽表示**（きょぎひょうじ）（通謀（つうぼう）虚偽表示）といいます。

問題文では「仮装譲渡」という表現が使われます。「仮装譲渡」と出てきたら「虚偽表示のことだな」と気づけるようにしておきましょう。また虚偽表示の相手方Bを「仮装譲受人」と表現することもあります。

2 虚偽表示の効果

❶ 当事者間

虚偽表示の場合、当事者双方ともに本当に売買契約を締結しようとは思っていませんので、この契約に法的拘束力を生じさせる根拠がありません。

したがって、**虚偽表示による意思表示は無効**であり（94条１項）、契約は成立していないことになります。

ケース1-5 においてAB間の売買契約が無効であることから、甲土地の真の所有者はいまでもAということになります。

第1編 第1章 総則

❷ 第三者との関係

ケース1-6 その後、仮装譲受人のBはAを裏切り、甲土地を自分の土地としてCに売却してしまった。

虚偽表示は無効ですが、これを第三者に対してまで貫くと取引の安全が害されてしまいます。そこで、虚偽表示による意思表示の無効は、(虚偽表示であることを知らない) **善意の第三者に対抗することができません** (94条2項)。02

ケース1-6 では、第三者Cが善意の場合には、Aは、Cに対して、AB間の売買契約が無効であることを主張することができません。その結果として、土地の所有権はA→B→Cと譲渡されてCが所有者ということになります。

第三者についてのこの規定が94条2項で定められていることから、こうした第三者のことを「94条2項の第三者」と呼ぶことがあります。このように、民法の特定の条文を根拠にした「第三者」について、「●●の第三者」などと呼ぶことがあります。

さらに、94条2項の第三者として保護されるためには、**善意でさえあればよく、無過失である必要もありません**。また、**ケース1-6** のように**土地の売買の場合、登記を備えている必要もありません**。

なお、善意か否かは、**第三者が利害関係を持つに至った時点** (売買契約時等) を基準に判定されます。

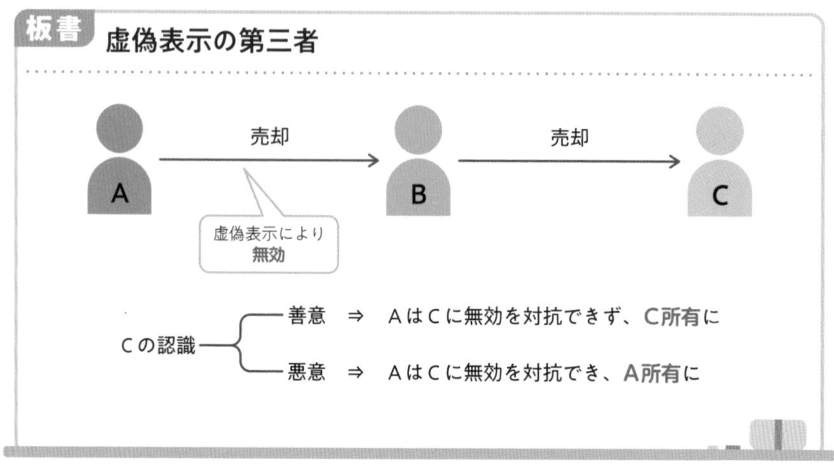

3 虚偽表示（94条２項）の第三者

ケース1-6 のＣのように、94条２項の第三者となり得るのはどのような人でしょうか。

板書 虚偽表示（94条２項）の第三者

第三者に該当する	第三者に該当しない
❶仮装譲受人から虚偽表示の目的物を譲り受けた者 ❷仮装譲受人に金銭を貸していて虚偽表示の目的物を差し押さえた者（**差押債権者**）	❸虚偽表示の目的である土地に仮装譲受人が建物を建築し、その建物を借りた者（**土地上の建物賃借人**） ❹仮装譲受人に金銭を貸していて、まだ差押えをしていない債権者（**一般債権者**） ❺虚偽表示の当事者の相続人

94条２項の第三者となるためには、虚偽表示として行われた売買契約等の対象となった物（目的物）に、**法律上の利害関係を有していること**が必要です。

したがって、❹の**一般債権者**はまだ虚偽表示の目的物に直接的には利害関係を有していませんので、第三者には該当しないのですが、差押えに着手すると❷の**差押債権者**（さしおさえさいけんしゃ）となり、第三者に該当します。

❸について、次の板書で説明します。

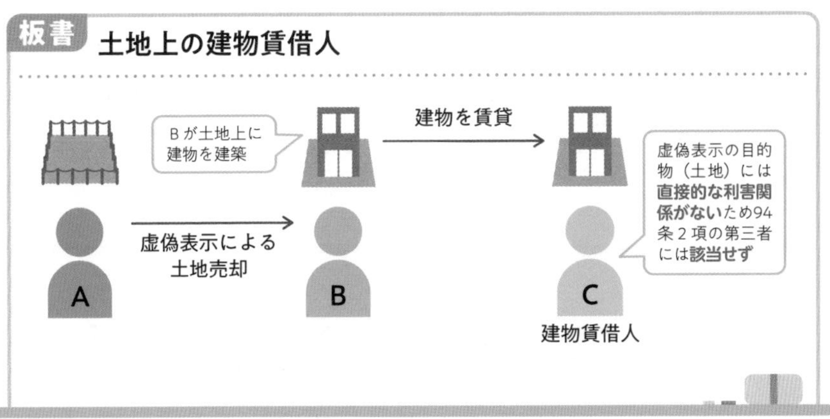

第1編 第1章 総則

4 錯　誤

1 錯誤とは

ケース1-7 Aは、自分が所有する土地を1,000万円で売却するつもりであったにもかかわらず、書面にはゼロを１つ付け忘れて100万円と表示してしまい、それに対してBが購入の意思表示をした。

意思表示をした者（表意者）が、**内心の意思と表示が食い違っていることに気づかずに意思表示をすること**を**錯誤**（さくご）といいます。言い間違いや勘違い等により意思表示をしてしまう場合です。

わかったうえでやっていると心裡留保になります。錯誤はあくまでも本人が気づいていない、わかっていない場合です。

ケース1-7 では、Aは1,000万円で売るつもりなのに、誤って100万円で売ると表示してしまっています。これはAが錯誤により意思表示していることになります。

条文（95条１項）では錯誤を２つの種類に区分して規定しています。

板書 **錯誤の種類**

表示の錯誤：意思表示に対応する意思を欠く錯誤
- １万ドルと１万円を言い間違えて申込む
- 一丁目一番地を二番地の土地と勘違いして承諾する

基礎事情の錯誤：表意者が法律行為の基礎とした事情についてのその認識が真実に反する錯誤
- 新幹線の駅が近くにできるので値上がりするだろうと思って土地の購入の申込みをする

「基礎事情の錯誤」のほうは条文上の表現がわかりにくいですが、いわゆる**動機に勘違いがある場合**です（動機の錯誤）。

2 錯誤の効果

❶原　則

意思表示に錯誤がある場合、それが法律行為の目的および取引上の社会通念に照らして**重要なものであるときは、取り消すことができます**（95条1項）。

❷例　外

ただし、錯誤が表意者の**重大な過失（重過失）**によるものであった場合には原則として**取消しはできなくなります**。

ケース1-7 では、Aが書き間違いをしたことについて重過失がなければ、取消しが可能です。

この重大な過失（重過失）か否かはケースバイケースで判断されるものであり、目安や基準があるわけではありません。通常の判断能力がある者がその状況で間違えるわけはない、というようなミスと考えておきましょう。

また、基礎事情の錯誤であった場合は、**その事情（動機）が法律行為の基礎とされていることが表示されていたときに限り、取消し可能**となります。

ケース1-8 Aは、新幹線の駅が近くにできるので値上がりするだろうと思って、B所有の土地の購入を高い金額を提示して申し込み、その申込みをBが承諾した。しかし、新幹線の駅が近くにできるというのは嘘の情報だった。

ケース1-8 は、基礎事情の錯誤のケースです。Aはこの場合、「新幹線の駅が近くにできるので値上がりするだろうと思って申し込んだこと」を契約のやり取りの中でBに表示していれば、錯誤による取消しが可能です。

第1編 第1章 総則

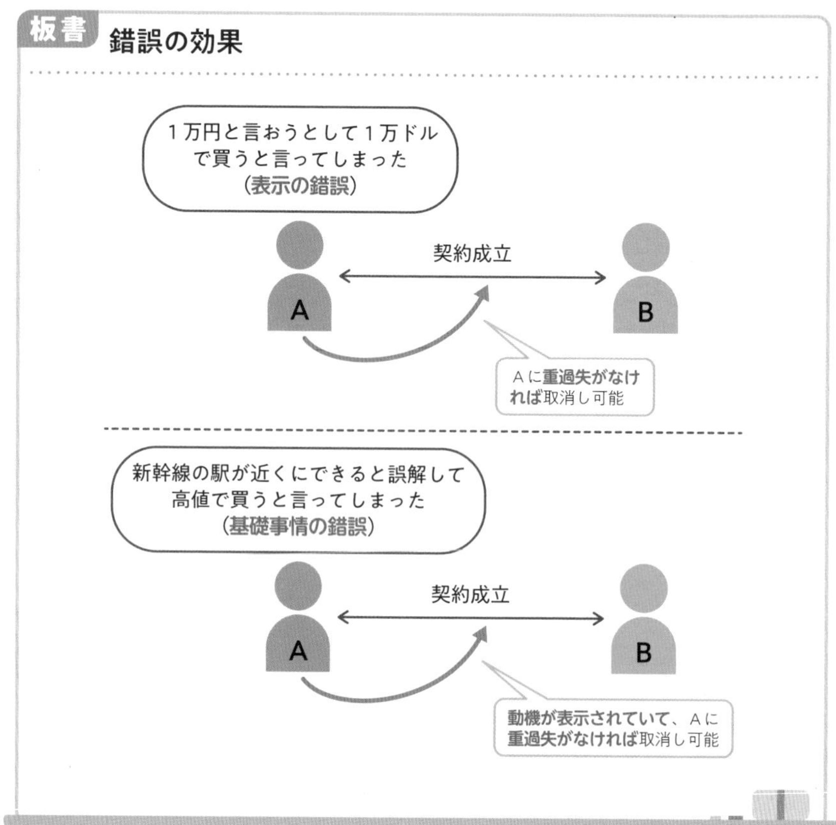

3 錯誤による取消しと第三者

❶ 錯誤による取消しと第三者

ケース1-9 Aは錯誤によりBに土地を売却してしまったが、Aが取消しをする前にBはその土地をCに転売してしまった。

錯誤による取消しは、**善意かつ無過失の第三者に対抗することができません**（95条4項）。

❷「取消し前の第三者」と「取消し後の第三者」

取消しの効果はさかのぼって生じますが（遡及効）、95条4項は、すでに法律上の利害関係を持った第三者をこのことから保護するための規定と考えられています。このため、ここでの第三者は**錯誤による取消しより前に法律上の利害関係を持った**「取消し前の第三者」であることが必要です。

したがって、95条４項の「第三者」には、錯誤による取消しの後に法律上の利害関係を持った「取消し後の第三者」は含まれません。

「取消し後の第三者」は別の規定である177条で処理されることになります。このように第三者が法律上の利害関係に入ったタイミングが重要となる場面はしばしばあり、同様に「●●前／後の第三者」と呼ぶことがあります。

ケース1-9 のCは、Aが錯誤による取消しをする前にBとの売買契約を行って法律上の利害関係を持っていますので、「取消し前の第三者」になります。したがって、Cが善意かつ無過失の場合、AはCに対して取消しを対抗できません。

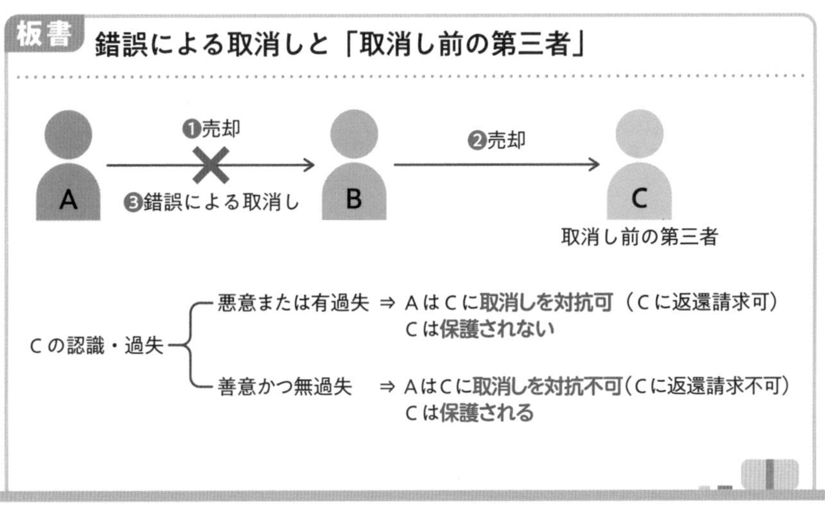

BからCへの売却（❷）とAの取消し（❸）の順番がとても重要です。もしこの順序が逆転すると次の「取消し後の第三者」のケースになるので注意しましょう。

「取消し後の第三者」の場合は次のようになりますが、詳しくは第２章で学習します（次の詐欺・強迫も全く同じ処理になります）。

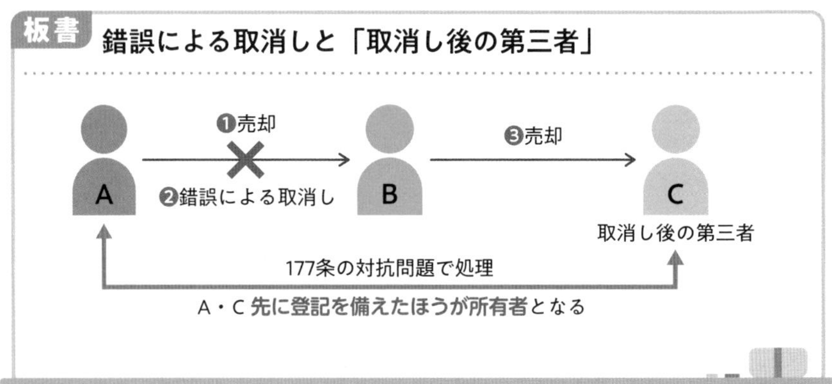

5 詐 欺

1 詐欺とは

詐欺（欺罔行為）とは、人を騙して意思表示をさせることです。

2 詐欺による意思表示の効果

ケース1-10 AはBから、「あなたの土地は祟られている。私が買ってあげるから早く転居しなさい」と言われ、Bに安価で土地を売却した。その後、Bの発言は詐欺だとわかった。

詐欺による意思表示は**取り消すことができます**（96条1項）。

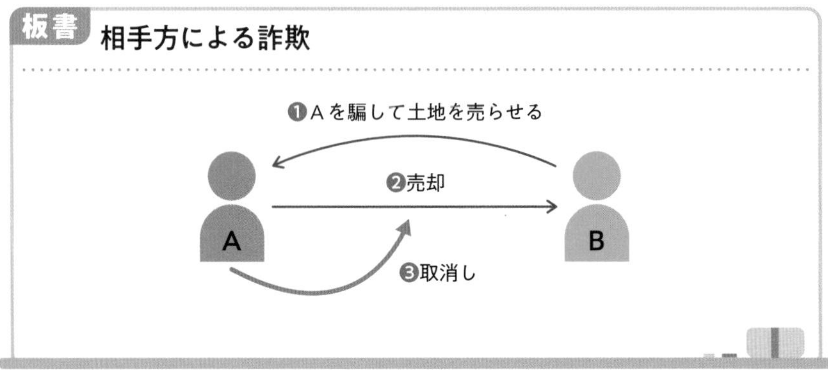

意思表示の相手方が詐欺を行った当人である場合、取消しを認めることに問題はありません。詐欺を行った者を保護する必要はないからです。

しかし、詐欺を行ったのが意思表示の相手方ではない場合（第三者による詐欺のケース）や善意の第三者が登場してきた場合には、取引の安全に配慮する必要があります。

3 第三者による詐欺

Ａが第三者Ｃに騙された結果、Ｂに対して売る意思表示をしてしまった場合（第三者の詐欺のケース）では、相手方Ｂの取引の安全にも配慮する必要があります。そこで、第三者の詐欺の場合、**相手方がその事実（ＡがＣに騙されていること）を知り（悪意）、または知ることができたとき（善意かつ有過失）に限り**、取り消すことができます（96条２項）。 03

ケース1-11 ＡはＣから、「あなたの土地は祟られている。早く誰かに売って転居しなさい」と言われ、たまたま土地を欲しがっていたＢに安価で売却した。その後、Ｃの発言は詐欺だとわかった。

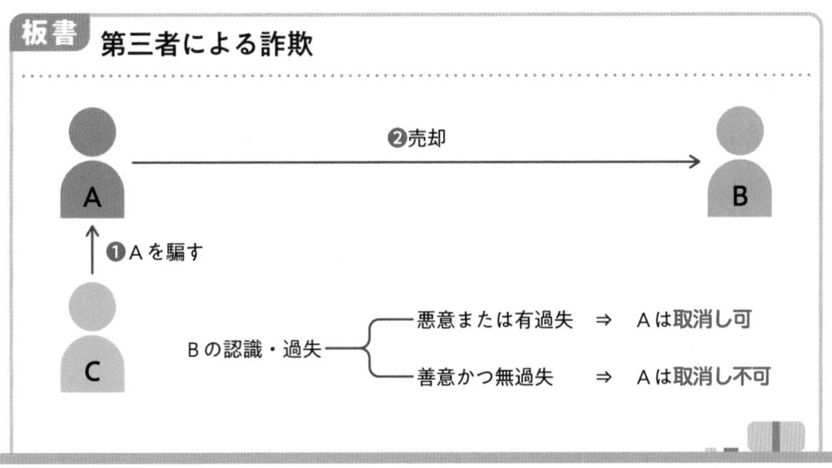

4 詐欺による取消しと第三者

ここは錯誤で学習したのと全く同じ処理になります。

ケース1-12 AはBから、「あなたの土地は祟られている。私が買ってあげるから早く転居しなさい」と言われ、Bに安価で土地を売却した。BがCにその土地を転売した後に、AはBの発言が詐欺であると知った。

詐欺による取消しは、**善意かつ無過失の（取消し前の）第三者に対抗することができません**（96条3項）。このケースでは、Cが悪意または有過失であればAはCに取消しを対抗でき、Cが善意かつ無過失であればAはCに取消しを対抗できません。

なお、取消し後の第三者についても錯誤で学習したのと同じ処理になります。

04

6 強 迫

強迫（きょうはく）とは、**人に害意を示して怖れさせ意思表示をさせること**です。

強迫による意思表示は**取り消すことができます**（96条1項）。

強迫を受けた人は詐欺された人と比較した場合、保護する必要性がより高いと考えられています（詐欺の場合、詐欺された人にも落ち度がある場合もあるためです）。

したがって、第三者による強迫の場合でも、相手方の善意・悪意にかかわりなく、取り消すことができます。**善意かつ無過失の第三者にも取消しを対抗できます**。

ケース1-13　AはCから脅しを受け、身の危険を感じて土地をBに売却した。

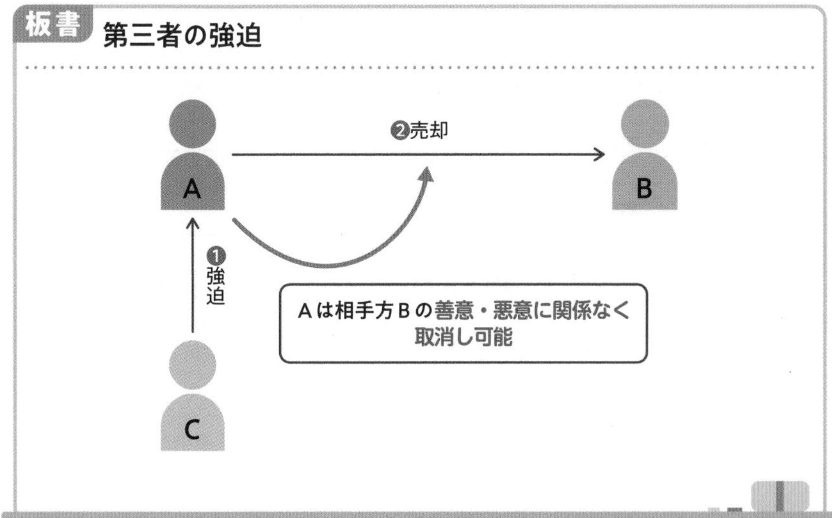

さらに、強迫による取消しは、**取消し前の「善意かつ無過失の第三者」にも対抗できます**。 05

ケース1-14　AはBから脅しを受け、身の危険を感じて土地をBに売却した。BがCにその土地を転売した後に、Aは強迫による畏怖状態を脱した。

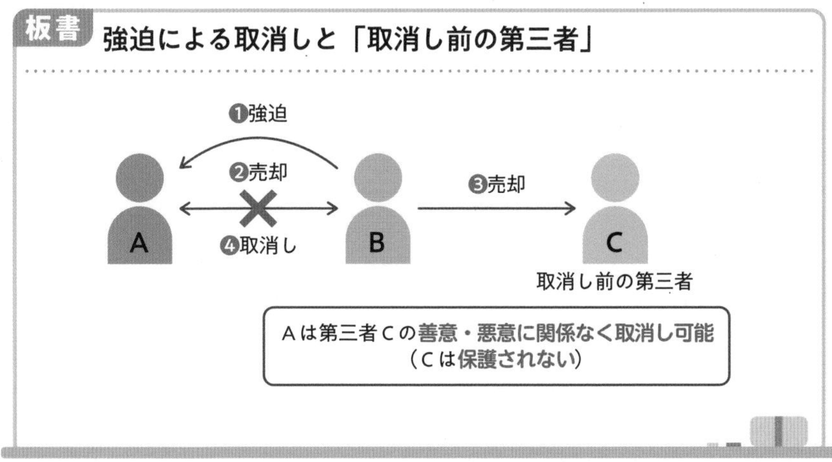

なお、取消し後の第三者については錯誤で学習したのと同じ処理になります。

板書 意思表示の５類型の整理

	原則	例外	対第三者
心裡留保	有効	相手方が悪意または有過失の場合無効	善意の第三者には無効を対抗できない
虚偽表示	無効	ー	
錯誤	取消し可能	重過失ある錯誤者は原則として取消し不可	善意かつ無過失の第三者には取消しを対抗できない
詐欺		第三者による詐欺の場合相手方が善意かつ無過失のときは取消し不可	
強迫		ー	取消し可能

心裡留保、虚偽表示は**有効か無効か**が問題となる一方、錯誤、詐欺、強迫は**取消しができるのかどうか**が問題となります。

第2節 意思表示

- [ ] 表意者（意思表示をした者）が真意ではないことを知ってする意思表示のことを**心裡留保**といい、その意思表示は**原則として有効**です。

- [ ] 心裡留保の相手方が、表意者が嘘や冗談で言っていることを知っていた場合（=**悪意**）や注意すれば知ることができた場合（=**善意かつ有過失**）には、意思表示は**無効**となります。

- [ ] 心裡留保による意思表示の無効は、**善意の第三者に対抗することができません**。

- [ ] 表意者が相手方と通じ合って行った虚偽の意思表示のことを（通謀）**虚偽表示**といい、虚偽表示による意思表示は**無効**です。

- [ ] 虚偽表示による意思表示の無効は、虚偽表示であることを知らない**善意の第三者に対抗することができません**。

- [ ] 94条2項の第三者として保護されるためには、**無過失**であることや**登記を備える**ことは要求されていません。

- [ ] 錯誤による意思表示は取消しの対象となりますが、表意者に**重過失がある場合には、原則として取消しの主張はできません**。

- [ ] 錯誤による取消しおよび詐欺による取消しは、**善意かつ無過失の取消し前の第三者に対抗することができません**。

- [ ] 第三者による詐欺の場合、相手方が善意かつ無過失の場合には、取消しをすることができませんが、第三者による強迫の場合、相手方の善意・悪意に関係なく、取消しができます。

第2節 ○×スピードチェック

01 心裡留保による意思表示は、その意思表示の効果に影響を及ぼすので無効となるが、相手方が表意者の表示と内心の意思の不一致を過失により知らない場合は、その意思表示は有効となる。 特別区Ⅰ類2011

× 原則有効ですが、相手方が悪意または有過失の場合に例外的に無効となります。

02 相手方と通じてした虚偽の意思表示は、当然無効となり、虚偽表示が無効だという効果を、当該行為が虚偽表示であることを知らない善意の第三者に対しても主張することができる。 特別区Ⅰ類2015改題

× 虚偽表示が無効だという効果を善意の第三者に対して主張することはできません。

03 表意者は、詐欺による意思表示を取り消すことができ、第三者が詐欺を行った場合には、相手方がその事実を知っていたときは、意思表示を取り消すことができる。 特別区Ⅰ類2011

○ 相手方が悪意または有過失の場合には取り消すことができます。

04 Aは、Bにだまされて、自己所有の甲土地をBに売却した。AはBの詐欺を理由にBとの売買契約を取り消したが、その後、まだ登記名義がBである間に、Bは甲土地を詐欺の事実を知らないCに転売し、Cへ登記を移転した。この場合、Cは民法第96条第３項の「第三者」として保護される。 国家専門職2014

× 取消し後の第三者は96条３項の「第三者」に含まれません。

05 Aは、Bに強迫されて、自己所有の甲土地をBに売却した。Bは甲土地を強迫の事実を知らないCに転売し、Cへ登記を移転した。その後、AがBの強迫を理由にBとの売買契約を取り消した場合、AはCに甲土地の返還を請求することができる。 国家専門職2014

○ 強迫を理由とした取消しは、善意の第三者に対抗できます。

第3節 代理Ⅰ

START! 本節で学習すること

ここでは他人に代わって法律行為を行ってもらう代理という仕組みについて学習します。
本節で学習するのは、代理に関する条文知識が中心になります。
単純な暗記物が多くなりますが、整理して覚えていきましょう。

1 代理とは

1 代理制度の趣旨

契約等の法律行為は、本来、本人が意思表示等に基づき自ら行うものです。しかし、もし契約等の法律行為をすべて本人が自ら行わなければならないとするとやっかいです。

例えば、自分の土地を売りたいと思った場合、普段仕事もあるし、不動産取引の専門家でもない、ということになれば、誰か自分に代わってうまく土地を売却してくれる人に頼みたいと思うでしょう。また、未成年に代わって親権者が法律行為をできるようにする仕組みも必要です。

このような場合のために用意されているのが**代理**(だいり)という制度です。

2 代理の機能

代理制度を使えば、自分が所有している土地を売却してもらいたいAは、不動産取引に精通している知人のBを代理人として立てて、よい条件で売買契約を締結してもらうことができます。そして、BがCを買い手として売買契約を締結すると、その売買契約の効果がAC間に生じることになります。

契約の当事者はAとCであり、Aを売主、Cを買主とする売買契約が成立します。

このとき、Aのように代理行為をしてもらう人を**本人**(ほんにん)、Bのように代理行為を行う人を**代理人**(だいりにん)、Cのような取引の相手を**相手方**(あいてかた)と呼びます。

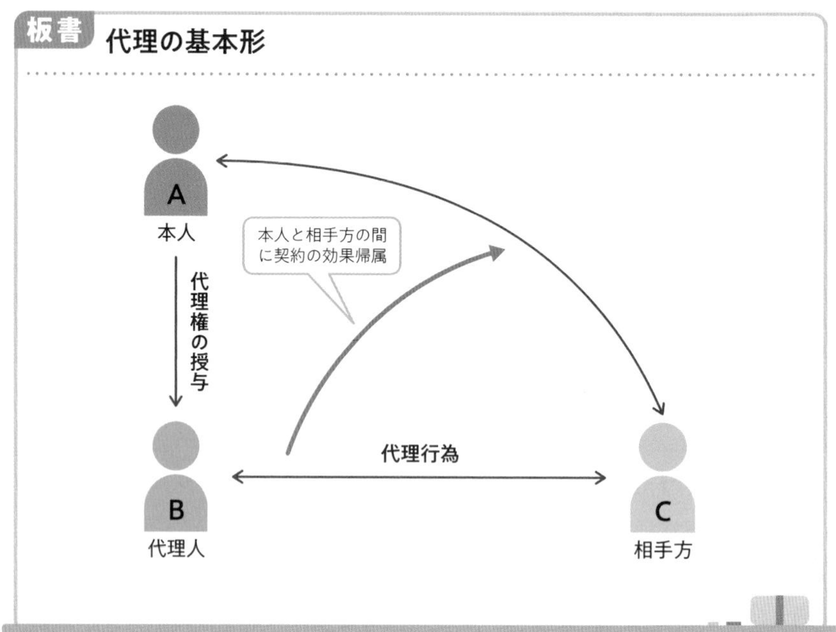

3 代理と使者

全く意思決定権限を持たず、本人が完成させた意思表示を相手に伝えるだけの者は、民法上は代理人とは呼ばず使者（ししゃ）と呼んで区別します。

代理において意思表示を行う主体は、本人ではなく代理人です。したがって、**意思表示の問題（錯誤等の有無）も代理人を基準に考える**のが原則です。一方、使者の場合、意思表示を行っているのは本人なので、**意思表示の問題（錯誤等の有無）も本人を基準に考えます**。

4 代理の成立要件

有効な代理行為として、代理人が行った行為の効果が本人に帰属する（効果が発生する）ためには、次の３つの代理の成立要件を満たしている必要があります。

板書 有効な代理となるための要件

❶代理人に代理権があること（**代理権の存在**）
❷本人のためにすることを示すこと（**顕名**）
❸有効な代理行為がなされること（**有効な代理行為**）

上記３つの要件を満たすと、**有効な代理として、本人と相手方との間に効果が帰属します**。つまり、本人、相手方がそれぞれ売主・買主の地位を取得し、代金を受け取る権利や支払いの義務、物を受け取る権利や引渡しの義務を負うことになります。

取消原因がある場合の取消権も本人に帰属します。したがって、相手方から代理人が詐欺された場合に、詐欺を理由として取消しができるのは**代理人ではなく、本人**です。

2 代理権の存在

代理権がなければ有効な代理にはなり得ません。

ここでは、代理権がきちんと存在しているのかが問題となるケースを、順に詳しく見ていきます。

仮に代理権がない者が代理人と名乗って行為をした場合、これを**無権代理**と呼び、本人には効果は帰属しません。このような自称の代理人を**無権代理人**と呼びます（次節で詳しく扱います）。

1 代理の種類（法定代理と任意代理）

代理権の発生原因には、法定代理と任意代理があります。

法定代理（ほうてい）とは、**法律や裁判所によって代理権が与えられる場合**であり、未成年者における親権者の代理権などです。

任意代理（にんい）とは、**本人の意思によって代理人に代理権が授与されて発生する代理**です。

なお、任意代理の場合は、本人が代理人に代理権を与える前提として、本人・代理人間には、土地の売却など何かを依頼する委任契約などが存在しているのが通常です。そのため、問題文では任意代理のことを**「委任による代理」**と表現することがあります。

2 代理権の範囲

法定代理の場合は、代理権の範囲は法律の規定等で決まっています。

任意代理の場合は、本人の意思によって決まりますが、ときにそれが明確でない場合があります。このような**権限の定めのない代理人**の場合は、次の❶❷❸の行為のみができます。

板書 権限の定めのない代理人の代理権

- 法定代理 ⇒ 法律の規定によって決まる
- 任意代理 ⇒ 本人の意思（委任契約内容）によって決まる

⇩ 内容が不明確な場合

- ❶ 保存行為：財産の現状を維持する行為
  （例：家屋の修繕）
- ❷ 利用行為：財産の収益を図る行為
  （例：更地のまま駐車場として賃貸）
- ❸ 改良行為：財産の使用・交換価値を増加させる行為
  （例：賃貸家屋にエアコンを設置する）

（❷❸：性質を変えない範囲）

01

ひとこと

例えば、「海外に長期出張の間、所有する家屋の管理を任せる」というような曖昧な依頼だった場合、代理権の範囲が定かではありませんが、それでも❶❷❸は有効に代理できるということです。

3 自己契約・双方代理

❶ 原　則

自己契約(じこけいやく)とは、**代理人自身が代理行為の相手方になって締結される契約**です。**双方代理**(そうほうだいり)とは、**同一人物が当事者双方の代理人となって締結される契約**です。

いずれも本人が害される可能性があるため、**原則として禁止**されており、行われた場合は代理権を有しない者がした行為（無権代理）とみなされます。

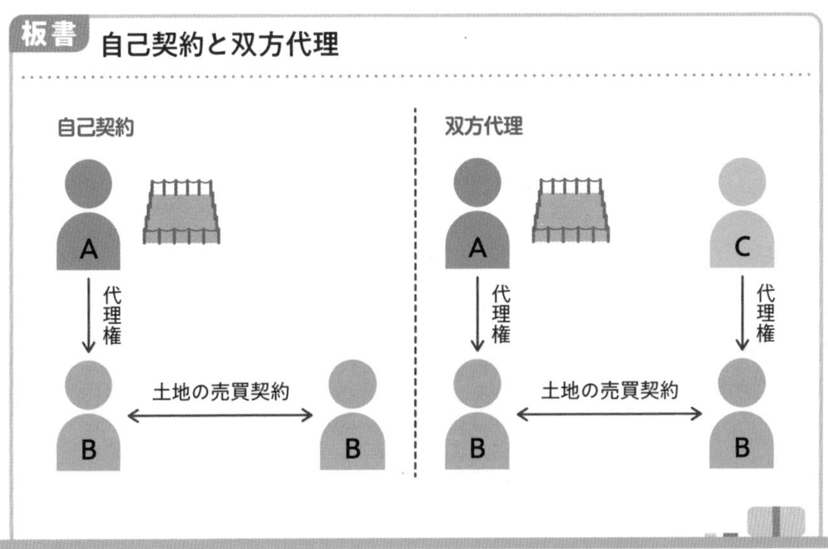

民法における代理人は意思決定をある程度任されている者を指していますので、条件等を決めていくのは代理人であることが想定されています。自己契約では代理人Bが自分に有利に、双方代理では、A・Cのうち親しいほうに有利に、条件を決めてしまう可能性があります。

❷例　外

自己契約・双方代理であっても、❶本人があらかじめ許諾した行為、❷すでに成立した契約等の債務の履行のみをする行為は、**本人を害する可能性が低いことから例外的に可能となっており、有効な代理**となります。　02

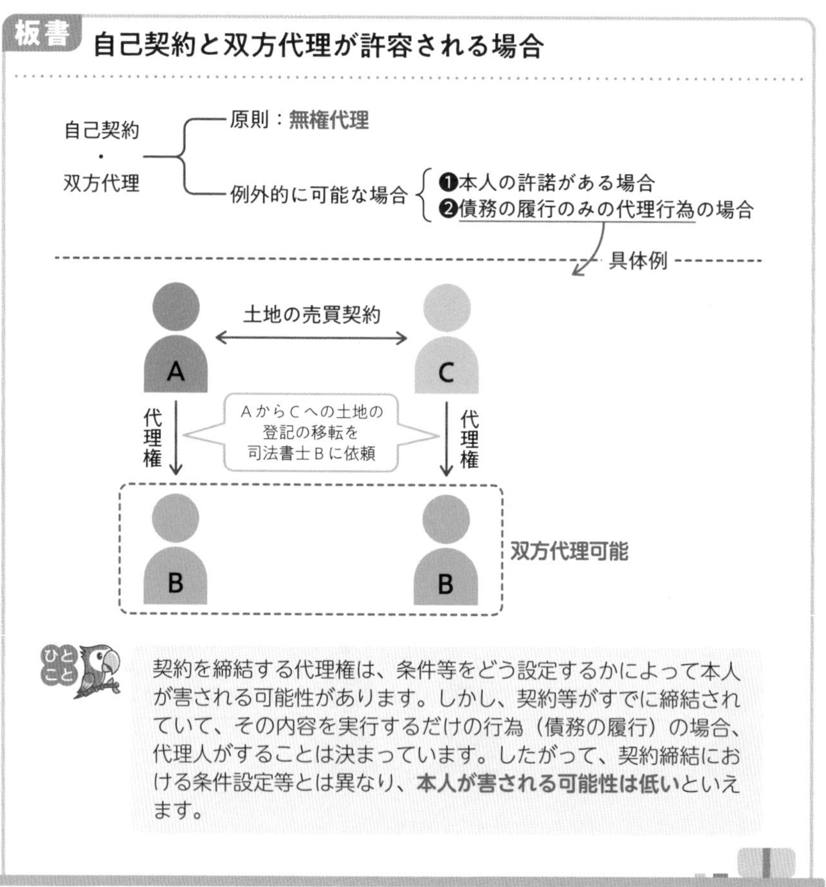

契約を締結する代理権は、条件等をどう設定するかによって本人が害される可能性があります。しかし、契約等がすでに締結されていて、その内容を実行するだけの行為（債務の履行）の場合、代理人がすることは決まっています。したがって、契約締結における条件設定等とは異なり、**本人が害される可能性は低い**といえます。

プラスone 他にも❷の例として、**すでに合意されている契約条項に基づいて、代理人が双方の当事者を代理して公正証書を作成する場合**などがあります。

4 代理権の濫用

代理人が、自己（または第三者）の利益を図るために本人を害する行為を、代理権の範囲内で行った場合を代理権の濫用（らんよう）と呼んでいます。

例えば、土地売却の代理権を与えられた代理人が代金を横領するつもりで代理行為をし、受領した代金を自分の借金弁済に充ててしまったような場合です。

このような場合も代理権の範囲内で行われた行為なので、原則としては有効な代理として本人に効果が帰属します。しかし、**相手方が、代理人の目的について知りまたは知ることができたとき（悪意または有過失の場合）**、相手方を保護する必要はないので、**無権代理**とみなされます。

5 代理権の消滅原因

代理権は次のような場合に消滅します。

板書 代理権の消滅原因

	本人	代理人
法定代理	❶死亡 ⇒当事者間で事前に、**本人死亡によって代理権が消滅しない合意**があれば消滅しません	❶死亡 ❷破産手続開始の決定 ❸後見開始の審判（成年被後見人になった場合） ⇒保佐開始の審判が開始されても**代理権は消滅しません**
任意代理	❷破産手続開始の決定	❹委任契約の終了

❷❸の状況になると、代理人としての役割を遂行するのが困難

本人についての終了原因として、**任意代理のみに❷破産手続開始の決定がある**点に注意しましょう。
なお、委任契約は当事者の意思で終了可能です。つまり、本人・代理人ともに任意に解任・退任可能です。

3 顕　名

1 顕名とは

顕名（けんめい）とは、**代理人が本人のためにすることを示すこと**です。

具体的には、「Aの代理人であるB（**A代理人B**）」と表示して契約を締結することを指します。これがあることで、相手方は**契約の当事者が誰かを認識することができる**わけです。

したがって、有効な代理となるためには、顕名があることが要件となります。

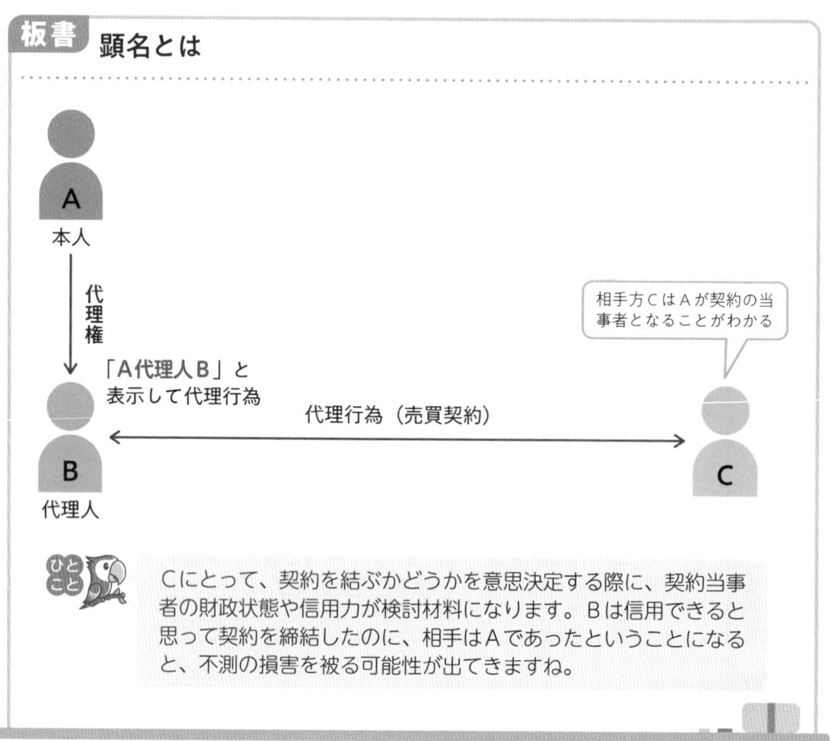

2 顕名が欠けた場合

❶原　則

代理人が顕名をせずに代理行為を行った場合、**代理人自身が自己のためにしたもの**とみなされます。したがって、契約は**代理人と相手方との間で成立した**ことになります。 03

内心と表示に不一致がありますが錯誤とはみなされません。

❷例　外

ケース1-15 BはAから土地購入の代理権を与えられ、AのためにCの土地を購入する契約を締結したが、その際、自分がAの代理人であることを示さずに契約を締結していた。しかし、Cはこれまでの交渉過程において、BがAの代理人として行動していることを知っており、契約の当事者はAだと認識していた。

顕名がないので、原則に従うとBC間で契約が成立したことになります。

しかし、代理人が「自己のためにしたものとみなす」ことにしたのは、あくまでも相手方保護のためです。そこで、相手方が、**代理人が本人のためにすることを知り、または知ることができたとき（悪意または有過失の場合）**には、相手方を保護する必要はないので、**有効な代理として、本人と相手方との間で効果を生じる**ことにしています。

板書 顕名がなかった場合（代理人が自己の名で契約した場合）

顕名がなかった場合
- 原則：代理人と相手側の間（BC間）に効力が生じる
  ⇒本人は無関係
- 例外：**相手方が悪意または有過失**の場合、本人と相手方の間（AC間）に効力が生じる

ケース1-15 の場合、顕名はありませんが、相手方Cが、代理人Bが本人Aのために代理人として行為をしていることを知っている（悪意）ため、有効な代理として、本人Aと相手方Cの間で契約が成立したことになります。

4 有効な代理行為

1 「有効な代理行為」とは

代理の３つ目の成立要件である**有効な代理行為**という要件は、代理行為が**取消し原因や無効原因等がなく有効に行われたこと**を意味しています。

例えば、第２節で学習した心裡留保、虚偽表示、錯誤などの意思の不存在や詐欺、強迫の瑕疵ある意思表示などがあると、代理行為で行われた契約は無効もしくは取消しとなってしまい、当然ながら本人にも効果は帰属しません。

2 意思表示に問題がある場合

ケース1-16 AはBに土地の購入を依頼し、代理権を付与した。BはAの代理人としてC所有の甲土地を購入する契約を締結した。しかし甲土地は、CがDから仮装譲渡された土地であった。

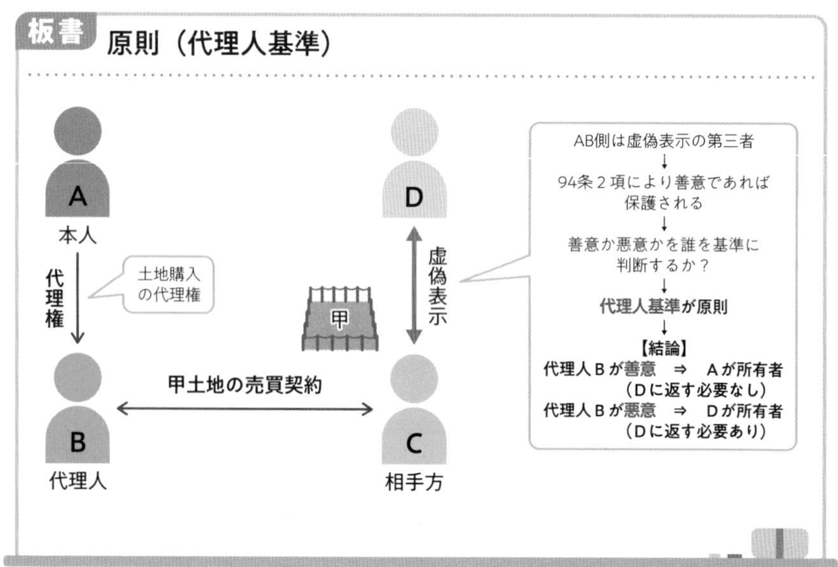

第２節で学習したように意思表示に問題のある場合、または悪意や過失の有無によって影響を受ける場合、その事実の有無については、**代理人を基準**に判断します（101条１項）。

ひとこと　代理においては、**意思表示を行っている者は代理人だから**です。ただし、代理人を基準に取消権が認められた場合、その**取消権が帰属するのはあくまでも本人**になります。

しかし、本人ＡがCD間の虚偽表示の事実につき悪意のような場合、代理人基準によって本人Ａが保護されてしまうのは不当です。そこで例外的に本人を基準にする場合もあります。

3　代理人に行為能力は必要か

❶ 原則（任意代理の場合）

任意代理の場合、代理人は行為能力者であることを必要としませんので（102条）、**制限行為能力者を代理人にすることは禁止されていません**。

したがって、たとえ**代理人が制限行為能力者であったとしても、本人はそれを理由として代理行為を取り消すことはできません**。　04

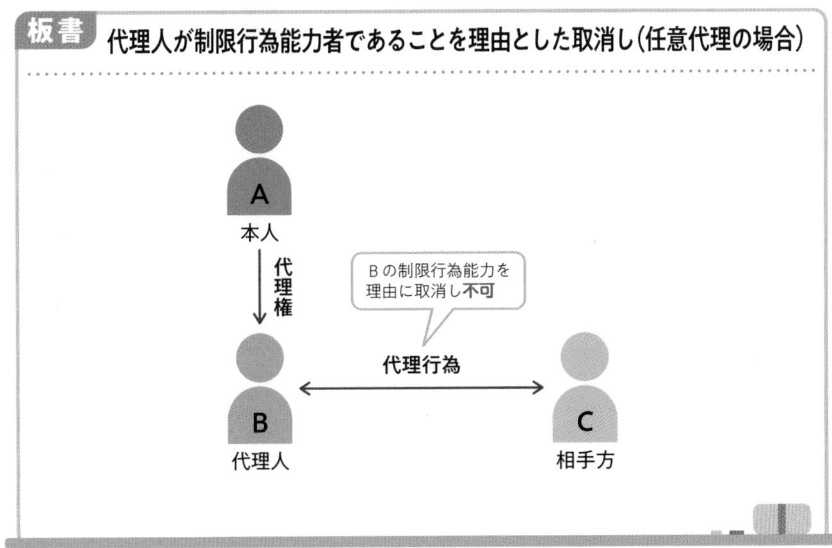

第1編 第1章 総則

制限行為能力者制度が、判断能力に欠ける人を保護する趣旨だったことを踏まえると、代理人に行為能力が不要である理由を理解しやすくなります。すなわち、制限行為能力者が代理人として行動をして、その判断能力ゆえに不利益な行為を行ってしまったとしても、その効果が生じるのは本人であり、制限行為能力者には不利益は生じないからです。

❷ 例外（法定代理の場合）

任意代理と異なり、**制限行為能力者が他の制限行為能力者の法定代理人としてした行為については取消しが可能**です。

未成年者の法定代理人である親権者が被保佐人であるようなケースです。

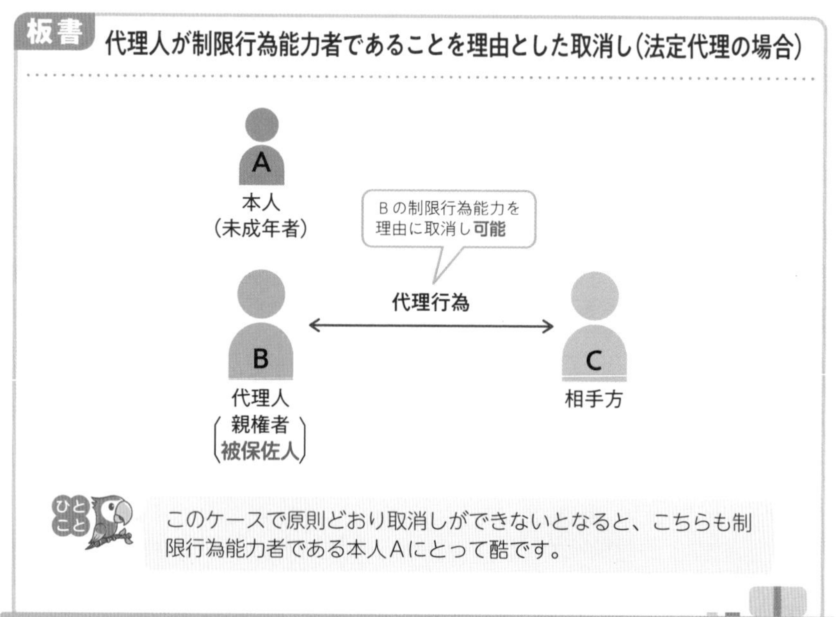

5 復代理

1 復代理とその特徴

復代理(ふくだいり)とは、代理人がさらに代理人（復代理人）を選任して、自分の代わりに本人のために代理行為をさせることをいいます。

復代理が使われる事情はさまざまですが、代理人自身が病気になって動けない場合や、ある特定の行為について適任者がいる場合にその部分を任せるケースなどが考えられます。

板書 復代理とその特徴

- 復代理人を選任するのは**代理人**である（**本人ではない**）
- 復代理人は、**本人の代理人**であって、**代理人の代理人**ではない（「Aの代理人X」であって、「『Aの代理人B』の代理人X」）ではない）
- 復代理人を選任しても、代理人の代理権は消滅せず、**両方の代理権が併存**する（代理人Bも有効に代理行為を行うことが可能）
- 代理人の代理権が消滅すると、**復代理権も消滅**する

2 復代理人が選任できる場合

代理人が復代理人を選任できるのは次の場合です。

板書 復代理人選任の要件と代理人の責任

	選任要件	本人に対する代理人の責任
法定代理	常に可能	原則：全責任を負う 例外：やむを得ない事由によって選任した場合 ⇒選任・監督についての責任のみを負う
任意代理	❶本人の許諾がある場合 ❷やむを得ない事由がある場合	(債務不履行の一般原則によって判断される)

明文の規定は特にありませんが、任意代理の場合、本人・代理人間には、依頼をする契約（委任契約など）が存在すると想定されますので、その契約の違反といえるか否かで判断されます

「全責任」や「選任・監督責任」は、責任を負う金額等（損害額100万円なのか10万円なのか）ではなく、責任を負うケースを問題にしています。
全責任⇒あらゆるケースで責任を負う
選任・監督責任⇒選任や監督に落ち度があった場合にのみ責任を負う

05

表の右欄の「本人に対する代理人の責任」というのは、復代理人が何らかの失敗で本人に損害を与えてしまった場合には、代理人が本人に対して責任を負うか否かということです。

法定代理人は自己の責任で自由に復代理人を選任できる一方、その復代理人が本人に損害を与えてしまった場合は、**代理人は本人に対して原則として全面的に責任を負う**ことになります。

ここが重要!

第3節 代理 I

- [ ] 代理において意思表示を行う主体は、**本人ではなく、代理人**です。全く意思決定権限を持たず、本人が完成させた意思表示を相手に伝えるだけの者は、「**使者**」と呼んで区別します。

- [ ] 自己契約および双方代理は**原則として禁止**されており、行われた場合は代理権を有しない者が行った行為（無権代理）とみなされます。

- [ ] 代理人が本人のためにすることを示さずに代理行為を行った場合、**代理人自身が自己のためにしたもの**とみなされます。

- [ ] 意思表示の効力が意思の不存在、錯誤、詐欺、強迫または悪意や過失の有無によって影響を受ける場合、その事実の有無については、原則として**代理人を基準**に判断します。

- [ ] 任意代理人が制限行為能力者であったとしても、本人は**それを理由として代理行為を取り消すことはできません**。

- [ ] 復代理人を選任するのは**代理人であって、本人ではありません**。代理人の代理権が消滅すると、**復代理権も消滅**します。

- [ ] 任意代理の場合、代理人が復代理人を選任できるのは、**本人の許諾がある場合、またはやむを得ない事由がある場合**に限られます。

第3節 ○×スピードチェック

01 権限の定めのない代理人は、保存行為をする権限を有するが、代理の目的である物又は権利の性質を変えない範囲内において、その利用又は改良を目的とする行為をする権限は有しない。 特別区Ⅰ類2016

× 後半の行為をする権限も有しています。

02 代理人による自己契約及び双方代理は、本人の利益を害するおそれが大きいので禁じられており、本人は、これらの行為をあらかじめ許諾することができない。 特別区Ⅰ類2012

× 本人は自己契約や双方代理をあらかじめ許諾できます。

03 代理人が本人のためにすることを示さないでした意思表示は錯誤とみなされ、その効果は、本人にも代理人にも帰属しない。 特別区Ⅰ類2012

× 錯誤とはみなされず、代理人自身に帰属します。

04 任意代理における代理人は、意思能力を有している必要はあるが、行為能力は要しないとされていることから、本人が制限行為能力者を代理人とした場合は、本人は、代理人の行為能力の制限を理由に代理行為を取り消すことはできない。 国家一般職2018

○

05 法定代理人は、本人の許諾を得たとき、又はやむを得ない事由があるときでなければ、復代理人を選任することができない。 特別区Ⅰ類2012

× 法定代理人はいつでも復代理人を選任できます。

第4節 代理Ⅱ

START! 本節で学習すること

本節では代理の後半部分として無権代理と表見代理を学習します。どちらも重要な内容です。
双方とも、条文上の規定をしっかり押さえていきましょう。

1 無権代理

1 無権代理とは

代理権を有しない者（無権代理人）が代理人としてした行為を**無権代理**（むけんだいり）といいます。無権代理人が行った無権代理行為の効果は、本人には帰属しないのが原則です。したがって、無権代理人が売買契約を行っても、**本人と相手方の間に契約上の効果は何ら発生しません**。

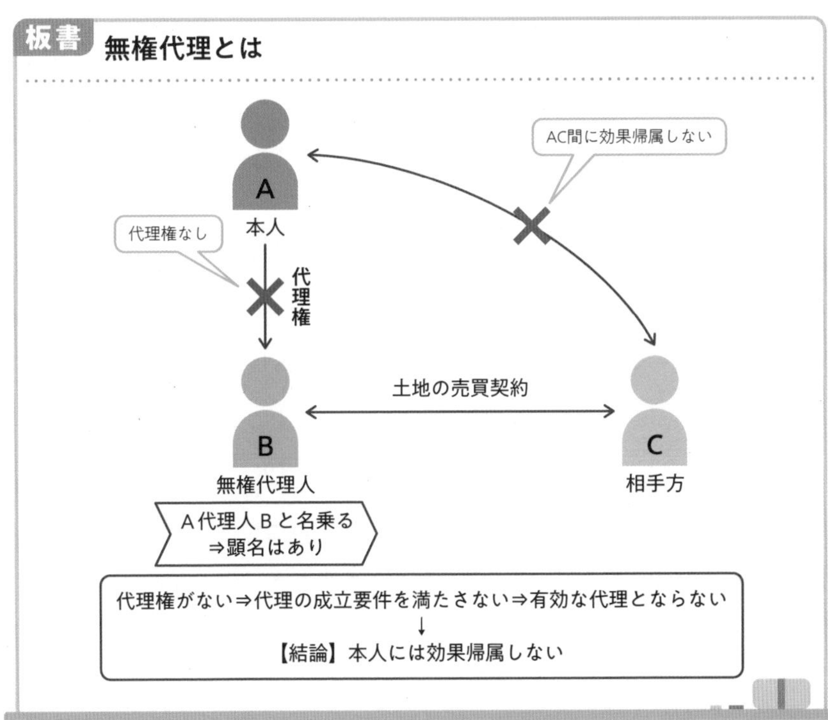

この結論を前提に、民法では、無権代理行為が行われた場合の事後処理的ルールを定めています。

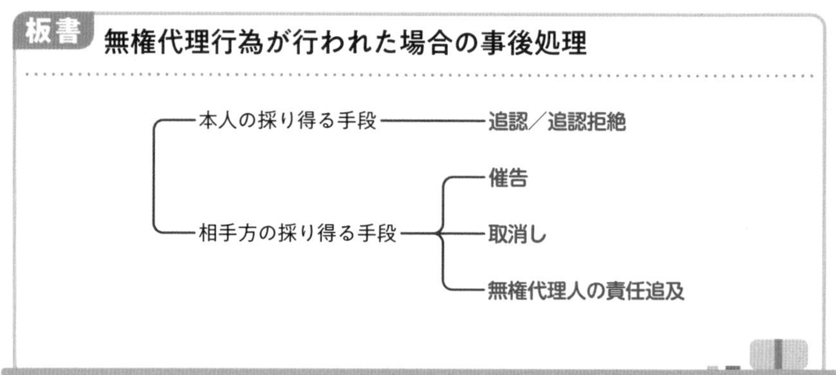

2 本人の採り得る手段

❶ 追認または追認拒絶

本人は事後的に自分への効果帰属を認めることができます。これが「追認」です。

追認は第１節の制限行為能力者のところでも学習しましたね。

本人による追認がされると、**契約の時にさかのぼって**本人に効果が帰属し、代理行為は有効なものとして確定します。 01

一方、本人は追認をしないと意思表示することもできます（追認拒絶）。本人が追認拒絶をすると、代理行為の効果は本人に帰属しないことが確定します。

❷ 追認（追認拒絶）の方法

追認・追認拒絶は、相手方、無権代理人のどちらに対して行ってもよいことになっています。ただし、無権代理人に対してした場合は、**相手方が追認・追認拒絶の事実を知るまでは、相手方に対抗できません**（相手方が知った後は対抗できます）。

3　相手方の採り得る手段

❶催　告

無権代理の相手方は、**本人に対し、相当の期間を定めて、その期間内に追認をするかどうかを確答すべき旨の催告**をすることができます。

「追認するか、追認拒絶をするか確定した返答をください」と本人に求めることです。この催告権は、相手方が無権代理であることにつき**善意か悪意かを問わず、行使することができます。**

不安定な状態に置かれている無権代理の相手方が自ら積極的に動いて無権代理の効果を確定することができるようにしているのです。

この催告に対して、その期間内に本人が確答をしない場合は、**追認を拒絶したもの**とみなされます。　02

無権代理行為は本人が全く知らずに行われる場合もあるため、催告を受けた本人にとっては何のことかもわからない場合もあります。このため本人が返答をしなくても全く不利益が生じないようにしているのです。
保護すべき人が不利益を被らないようになっている点は制限行為能力者のときと同じですね。

❷取消し

相手方は、**本人が追認しない間、取消権を行使**することができます。この取消権の行使は、契約の時に代理権がないことを知らない**善意の相手方**だけに認められています。　03

❸無権代理人の責任追及

無権代理行為において、最も悪いのは代理権もないのに代理人であるかのように行動している無権代理人です。そこで、相手方は、**無権代理人に対して責任を追及**することも可能です。

無権代理人は、相手方の選択に従い、**❶履行の責任**または**❷損害賠償の責任**を負います。

板書 **無権代理人の責任追及**

無権代理人の責任追及
- ❶無権代理行為によって締結された契約等を無権代理人が**履行するよう請求**する
- ❷無権代理行為によって生じた**損害の賠償を請求**する

しかし、無権代理人の責任追及は、**無権代理人が制限行為能力者であった場合**にはできません。また、**原則として、相手方が悪意または有過失であった場合**にもできません。

2 表見代理

1 表見代理とは

表見代理（ひょうけんだいり）とは、無権代理であるにもかかわらず、**本人と無権代理人との間に一定の事情がある場合に、無権代理人に代理権があると信じた相手方を保護して取引の安全を図る**ための制度です。

表見代理が成立すると**有効な代理と同様に扱われ、本人－相手方間に効果が帰属します**。

表見代理は、あくまでも無権代理の一種であることに注意してください。ただ、その効果は正反対になります。

民法上、次の３種類の表見代理が規定されています。

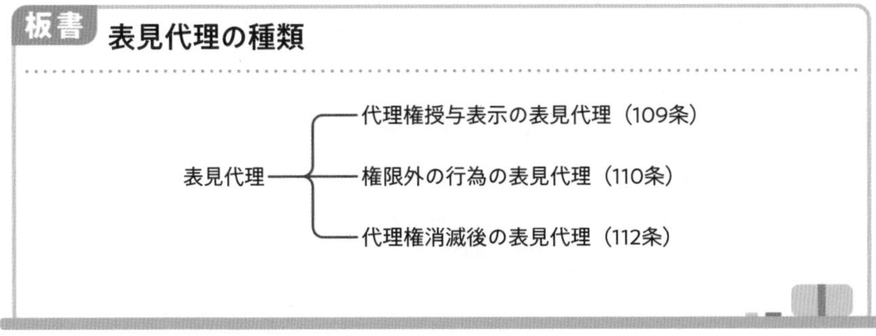

2 代理権授与表示の表見代理

❶ 代理権授与表示の表現代理とは

代理権授与表示の表見代理（109条）は、本人が第三者に対して他人に代理権を与えた旨を表示した場合に、その他人が第三者との間でした無権代理行為について成立する表見代理です。

ケース1-17 Aは B に対して A 所有土地の売却についての代理権を与えていなかったが、代理権があることを示す委任状を B に交付していた。Bは、この委任状を C に示して、A の代理人として C との間で A 所有土地の売買契約を締結した。

例えば、代理権を与えてもいないのに、何らかの事情から代理権を与えたことを示す委任状などを渡すことがあります（借金をするなど何か相手に弱みがある場合に、白紙の委任状を交付する等）。

ケース1-17 では、代理権を授与していないにもかかわらず、代理権を示す委任状をAがBに交付しています。このような場合、第三者は、Bが正当な代理人と信じる可能性が高いため、そう信じた第三者を保護すべく表見代理の一種として規定されています。

❷ 成立要件

代理権授与表示の表見代理の成立要件は以下の３つです。

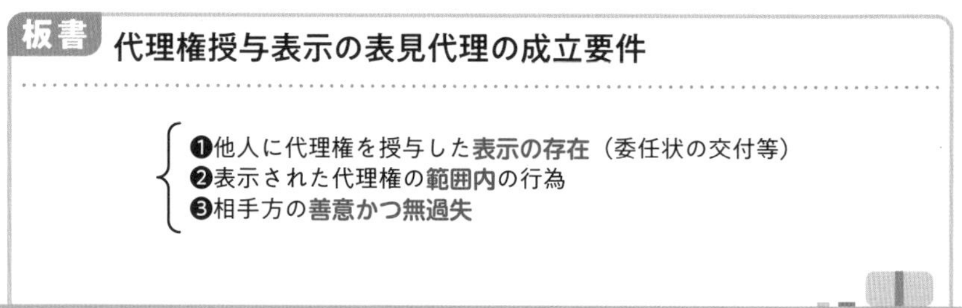

ケース1-17 の相手方Ｃが、**代理権の不存在について善意かつ無過失**である場合、ＣはＡに対して、**表見代理の成立**を主張して、土地の引渡しを求めることができます。

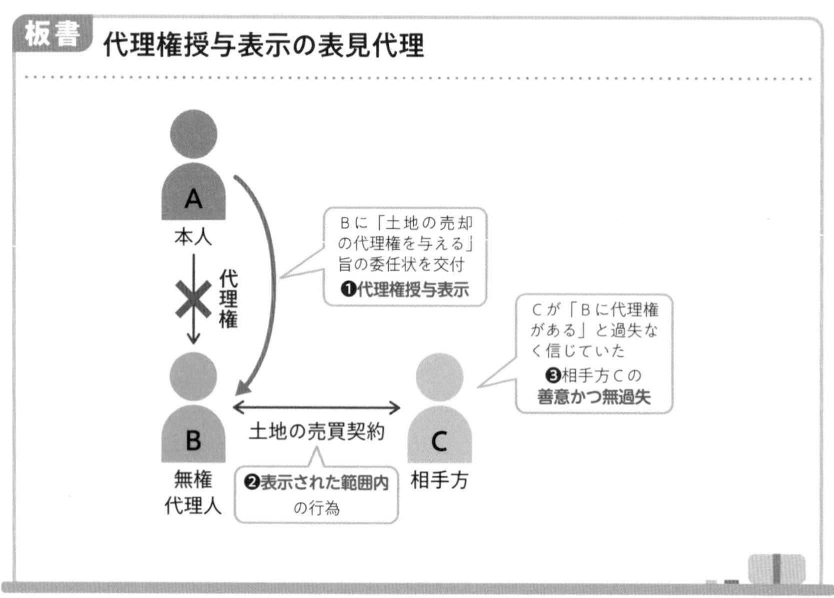

「他人に代理権を与えた旨を表示」には、委任状を交付することのほか、他人に自己の名称、商号等の使用を許すことも含まれます。

3 権限外の行為の表見代理

❶ 権限外の行為の表見代理とは

権限外の行為の表見代理（110条）は、何らかの代理権（基本代理権）を有する者が、その代理権を超えて代理行為（越権代理）をした場合に成立する表見代理です。

ケース1-18 Aから A所有土地の賃貸借契約についてのみ代理権を与えられていたBが、Aの代理人としてA所有の土地を売却する契約をCとの間で締結した。

このように、何らかの代理権（基本代理権）を与えられている者は、第三者から見て正当な代理人らしく見えてしまう可能性が高いですね。そこで、表見代理の一種として規定されています。

❷ 成立要件

権限外の行為の表見代理の成立要件は以下の３つです。

板書 権限外の行為の表見代理の成立要件

❶基本代理権の存在
❷基本代理権の範囲を超えて代理行為をしたこと
❸権限があると信じるべき正当な理由が相手方にあること（相手方の善意かつ無過失）

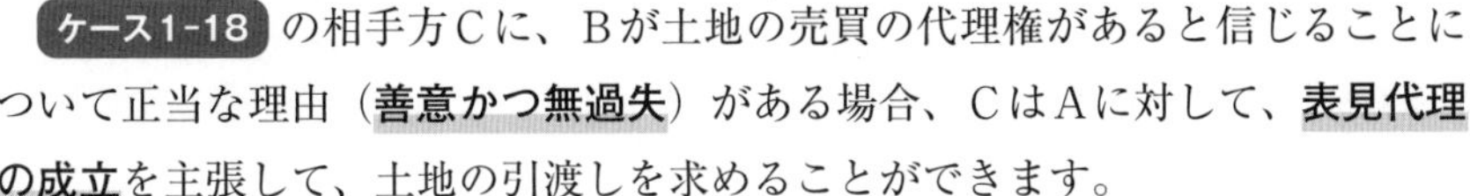

ケース1-18 の相手方Cに、Bが土地の売買の代理権があると信じることについて正当な理由（**善意かつ無過失**）がある場合、CはAに対して、**表見代理の成立**を主張して、土地の引渡しを求めることができます。

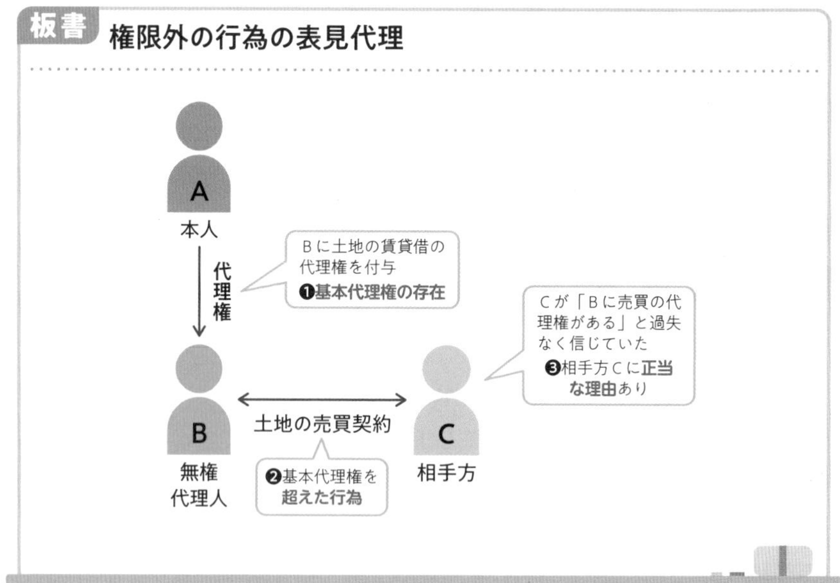

4 代理権消滅後の表見代理

❶ 代理権消滅後の表見代理とは

代理権消滅後の表見代理（112条）は、以前代理人であった者が代理権が消滅した後、なお代理人として代理行為（無権代理行為）を行った場合に成立する表見代理です。

ケース1-19 Bは Aから、A所有土地の売却についての代理権を与えられていたが、Bを信頼できなくなったAがBを解任した。その後、Bは、Aの代理人としてA所有の土地を売却する契約をCとの間で締結した。

このケースでは、以前、土地の売買について代理権を与えられていた者を第三者はいまだに代理人だと思ってしまう可能性が高いです。そこで、表見代理の一種として規定されています。

❷ 成立要件

代理権消滅後の表見代理の成立要件は以下の３つです。

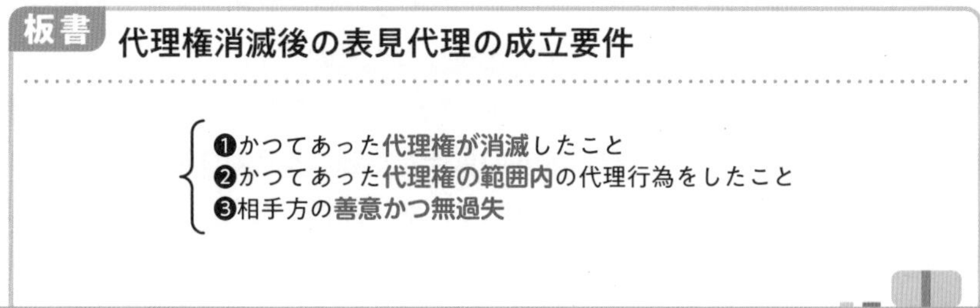

ケース1-19 の相手方Ｃが、Ｂがすでに代理人を解任されていることについて**善意かつ無過失**である場合、ＣはＡに対して、**表見代理の成立**を主張して、土地の引渡しを求めることができます。

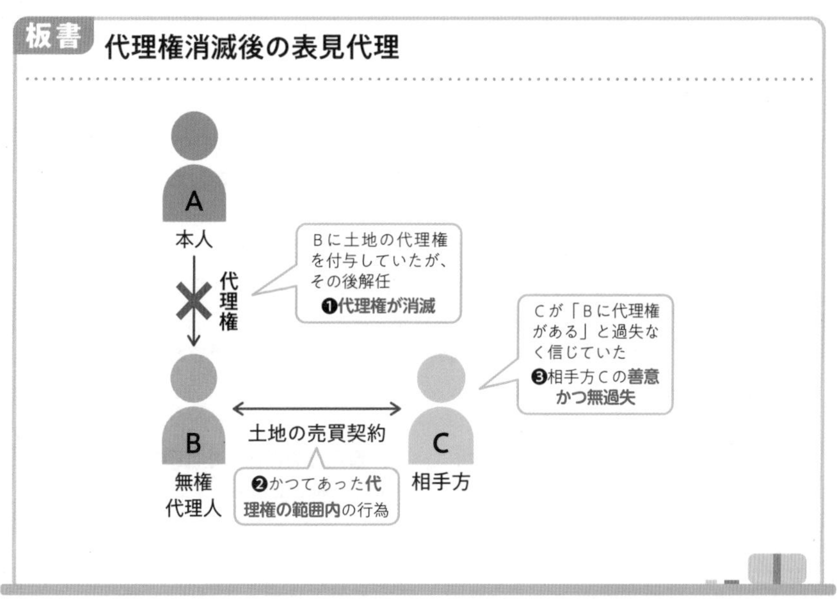

5 表見代理と無権代理人の責任との関係

表見代理と無権代理人の責任（117条）の両方の要件を満たす場合、**相手方は、その選択に基づき、どちらを主張することも可能**です。

これに対して、無権代理人の責任（117条）を追及された無権代理人が、**表見代理の成立を主張して、無権代理人の責任から逃れることはできません**。

同様に、表見代理の成立を主張された本人が、無権代理人の責任を追及するよう抗弁（反論）することもできません。 04

ここが重要！

第4節 代理Ⅱ

- □ 無権代理人が行った代理行為の効果は、本人の追認がない限り、**本人に効果帰属しません**。
- □ 本人による無権代理行為の追認がされると、契約の時にさかのぼって本人に効果が帰属し、代理行為は**有効なものとして確定**します。
- □ 無権代理の相手方は、本人に対し、相当の期間を定めて、その期間内に追認をするかどうかを確答すべき旨の**催告**をすることができます。
- □ 無権代理の相手方が善意の場合、本人が追認しない間であれば、取消権を行使することができます。
- □ 無権代理人は、相手方の選択に従い、❶**履行の責任**または❷**損害賠償の責任**を負いますが、無権代理人が**制限行為能力者**であった場合にはこの責任は負いません。
- □ 表見代理と無権代理人の責任の両方の要件を満たす場合、**相手方は、その選択に基づき、どちらを主張することも可能**です。

第4節 ○×スピードチェック

01 本人が無権代理行為を追認した場合、別段の意思表示がないときは、追認の時点からその効力を生ずる。 国家専門職2012

× 追認の時点からではなく契約の時にさかのぼって効力を生じます。

02 無権代理人と契約をした相手方は、本人に対し、相当の期間を定めて、その期間内に追認をするかどうかを確答すべき旨の催告をすることができ、この場合、本人がその期間内に確答をしないときは、追認をしたものとみなされる。 特別区Ⅰ類2012

× 期間内に確答をしないときは、追認を拒絶したものとみなされます。

03 無権代理行為の相手方は、本人の追認後であっても相当の期間内であれば、無権代理行為を取り消すことができる。 国家専門職2012

× 本人の追認後には取消しできません。

04 無権代理人の責任の要件と表見代理の成立の要件が共に満たされる場合において、相手方が無権代理人の責任追及をしたときは、無権代理人は、表見代理が成立することを主張してその責任を免れることができる。

国家一般職2008

× 無権代理人は、表見代理の成立を主張して責任を免れることはできません。

第5節 無効・取消し・条件・期限

START! 本節で学習すること

ここでは無効、取消し、条件、期限について学習します。
無効や取消しという言葉はこれまでも使ってきましたが、条文上の規定についてもう少し細かく見ていきます。特に、取消権者、取消しの主張期間、法定追認が重要です。
条件と期限は重要度が低いですが、用語としては今後も登場しますので、言葉の意味を押さえておきましょう。

1 無効・取消し

1 無　効

無効(むこう)とは、法律行為が**初めから効力を生じない**ことをいいます。

これまでに学習した中で無効となる法律行為としては、❶**意思無能力者が行った法律行為**、❷**心裡留保、虚偽表示による法律行為**がありました。

さらに、❸**「公の秩序又は善良の風俗」（公序良俗）に反する法律行為**や❹**強行規定違反の行為**も無効となります。次の取消しと異なり、**法律行為が無効であることは誰であっても主張することができます**。

公序良俗に反する法律行為の例としては、殺人契約や愛人契約、麻薬や銃の密売契約等を挙げることができます。麻薬の密輸や賭博の資金を貸し付ける行為など**動機が不法な場合**も該当します。

2 取消し

取消(とりけ)しとは、**いったん有効に成立した**法律行為を、**行為の時にさかのぼって（遡及的に）無効**とする意思表示を指します。取消しは**相手方に対する意思表示**によってなされます。**必ずしも書面は必要とされておらず、口頭でも可能**です。 01

取消権者（取消しを行うことができる者）と取消しができる期間は次のようになります。

板書 取消権者と取消し期間

●取消権者

<table>
<tr><td rowspan="2">制限行為能力の場合</td><td rowspan="4"></td><td>・制限行為能力者本人（未成年者、成年被後見人、被保佐人、被補助人）
⇒**保護者の同意なくとも取消し可能**
・法定代理人（親権者、後見人）
・同意権者（保佐人、補助人）</td></tr>
<tr></tr>
<tr><td rowspan="2">錯誤、詐欺、強迫の場合</td><td>・錯誤、詐欺、強迫によって意思表示をした者</td></tr>
<tr><td>・代理人、承継人（**相続人等**）</td></tr>
</table>

●取消しができる期間

・追認をすることができる時から**5年**
　⇒例：未成年者が成年者になった時、詐欺されたことに気づいた時
・行為の時から**20年**
　⇒例：契約の時

いずれか早いほうが到来した時に取消権は時効により消滅し、行使できなくなります

「追認をすることができる時」については、後で学習します。

3 原状回復義務

❶ 原状回復義務とは

法律行為が当初から無効だった場合および取消しによってさかのぼって（遡及的に）に無効となった場合、その無効となった法律行為により得たものがある当事者は、これを戻す義務を負います。これを**原状回復義務**と呼んでいます。

原状回復義務は、第１節などで学習済みですね。

❷ 現存利益の返還でよい場合

当事者は、原状回復義務として、受領した物すべてを返還する義務を負うのが原則です。

しかし、次の場合は例外的に、**現に利益の存する限度（現存利益）**の返還でよいとされています。

板書 現存利益の返還でよい場合

❶行為の時に意思能力を有しなかった者（**意思無能力者**）や**制限行為能力者**であった者の返還義務
❷贈与行為などの無償行為に基づき給付を受けた者が、給付を受けた時にその贈与契約等が無効または取り消すことができることを知らなかったとき（**善意**の場合）の返還義務

現存利益の返還とは、残っている利益を返せばよい、というものです。このとき、浪費（無駄遣い）してしまった場合は現存利益はないとされる一方、**生活費に充てた場合や借金の返済に充てた場合は現存利益はある**と判断されます。したがって、生活費に充てた分や借金の返済に充てた分については補填して返還する必要があります。

4 追　認

追認（ついにん）とは、取り消すことができる行為を**有効なものとして確定させる**意思表示です。取消権を放棄することになり、以後取消しはできなくなります。

追認も、取消し同様、相手方に対する意思表示によってなされます。必ずしも書面は必要とされておらず、口頭でも可能です。

取消権を持つ者は、原則的に追認権も有していますが、追認ができるのは、**取消しの原因となっていた状況が消滅し、かつ、取消権を有することを知った後**になります。取消しの原因となっていた状況が消滅する前に行われた追認は、効力を生じません。

取消しの原因となっていた状況が消滅する、とは、錯誤・詐欺の事実に気づ

く、強迫状態を脱する、制限行為能力者が行為能力者になる、等を指します。

例えば、未成年者が成年者になった後、取消権を有することを知ったうえで追認をした場合、それは有効な追認になります。一方、未成年者が17歳の時点で単独で追認したとしてもその追認に効力は生じないので、なお取消しが可能です。

ただし、法定代理人または制限行為能力者の保佐人、補助人が追認する場合は、取消しの原因となっていた状況が消滅した後である必要はありません。

03

これらは取消し可能な行為がされた当初から十分な判断能力を備えている人なので、取消しの原因となっていた状況が消滅するのを待たずに判断ができるからです。

板書 追認が有効となるのはいつからか？

追認が有効となるのは？

●原則
・制限行為能力者本人（未成年者、成年被後見人、被保佐人、被補助人）
・錯誤、詐欺、強迫によって意思表示をした者

→ 取消しの原因となっていた状況が消滅し、かつ、取消権を有することを知った時以後

●例外
・法定代理人（親権者、後見人）
・同意権者（保佐人、補助人）
・制限行為能力者本人が保護者の同意を得て追認をする場合

→ 取消権を有することを知った時以後

無効な法律行為は**追認をしても効力を生じません**。

ただし、当事者が法律行為が無効であることを知ったうえで「追認」の意思表示をした場合、**新たな行為をしたものとみなされます**。

追認時に新たに契約を締結したものとして取り扱うということです。

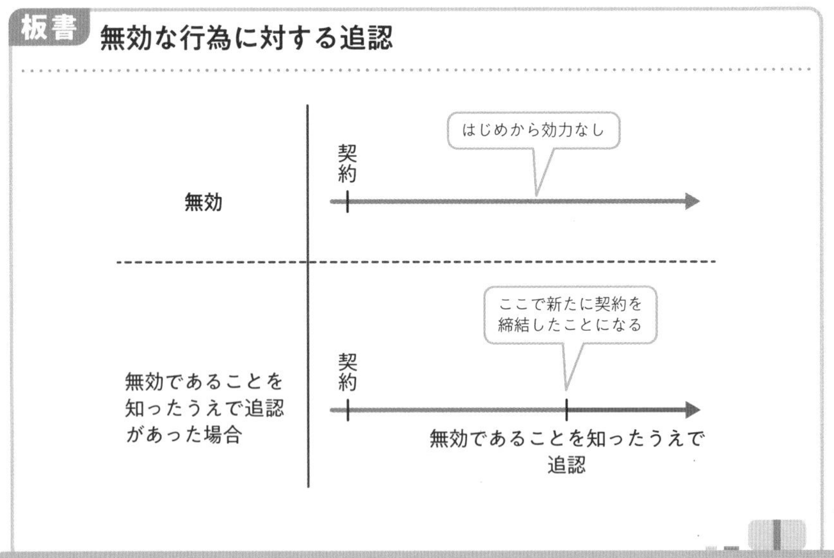

5 法定追認

追認の意思表示はしていないものの、追認権者（取消権者）が一定の行動をした場合に、追認したものとみなされてしまう制度があります。それが**法定追認**（ほうていついにん）です。

具体的には、**追認をすることができる時より後**に、追認権者によって次のような行為、つまり取消しするつもりはないだろうと思われるような行為が行われることをいい、追認ができる時以後にこれらの行為が行われると、**もはや取消しはできなくなります**。

ただし、異議をとどめたとき（該当する行動をしたものの、追認の意図ではないと示したとき）は法定追認とはなりません。また、追認権者が取消権を有することを知っている必要はないと考えられています。

板書 法定追認となる行為

法定追認事由	具体例
追認権者が全部または一部の**履行**をすること	未成年者が成年者になった後で、**代金を支払う**
追認権者が相手方に**履行の請求**をすること	詐欺された者が詐欺に気づいた後で、相手方に**物の引渡しを求める**
追認権者が取り消すことができる行為によって取得した権利の全部または一部を**譲渡**すること	未成年者が成年者になった後で、受け取った物を他人に**売却する**

契約が有効であることを前提とする行動

契約を取り消したら相手方に返還することになるものを他人に売却し、返還できなくする行動

では、「追認をすることができる時」とはいつのことなのでしょうか？

板書 「追認をすることができる時」とは？

制限行為能力者	・制限行為能力者が行為能力者となった時 ・法定代理人が取消しができる行為が行われたことを知った時
錯誤	・錯誤に気づいた時
詐欺	・詐欺されたことを知った時
強迫	・強迫状態を脱した時

この時から**5年**の経過で取消権は行使できなくなります

2 条件・期限

1 条　件

❶ 条件の種類

条件とは、**法律行為の効力を発生の不確実な事実にかからせる（関係させる）もの**をいいます。条件には、**停止条件**と**解除条件**があります。

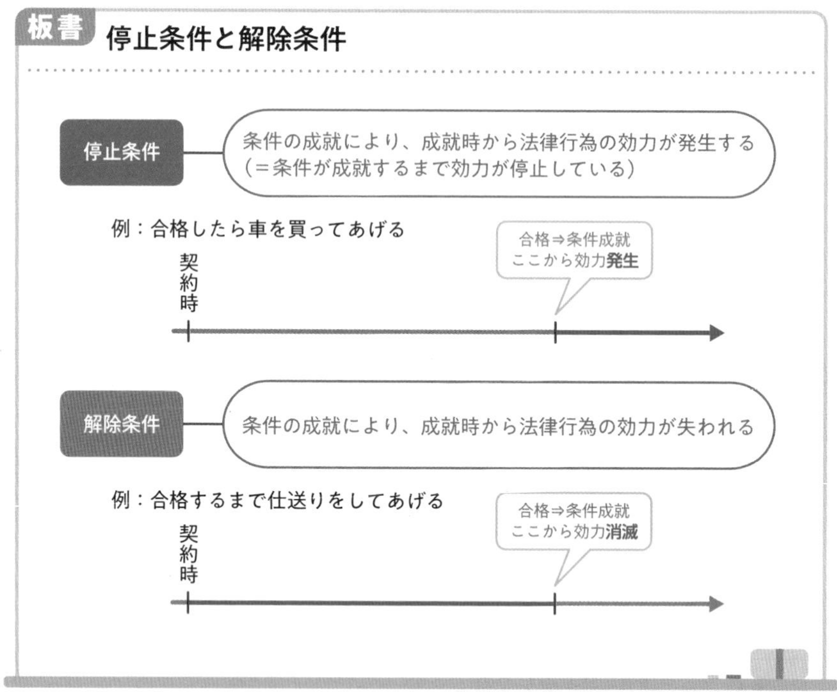

❷ 条件成就の妨害、不正な条件成就

条件成就により**不利益を受ける当事者が故意に条件の成就を妨げた**場合、相手方はその条件が**成就したものとみなす**ことができます。

例えば、受験生に合格したら車を買ってあげると約束した人が、受験生が試験会場に行くのを邪魔して行けなくさせたような場合です。受験生は合格できなくても車をもらうことができます。

条件成就により**利益を受ける当事者が不正に条件を成就させた**場合、相手方はその条件が**成就しなかったものとみなす**ことができます。 05

例えば、合格したら車を買ってあげるといわれた受験生が、カンニングをして合格をした場合です。あげる約束をした人は、受験生が合格したとしても、車をあげる必要はありません。

2 期　限

❶ 期限の種類

期限(きげん)とは、**法律行為の効力を発生の確実な事実にかからせるもの**をいいます。期限には、**確定期限**(かくてい)と**不確定期限**(ふかくてい)があります。

確定期限は、到来する時期が確定しているものです（○年○月○日に返却する、等）。

不確定期限は、到来する時期が確定していないものです（父が死亡したら返却する、等）。

❷ 期限の利益

期限到来まで効力が生じないことから生じる利益を**期限の利益**と呼びます。例えば、１年後に返却すると約束した場合、１年間は返さなくていいという利益を指します。この期限の利益は**債務者のためにある**と推定されます。

期限の利益を有する者はその利益を**放棄することも可能**です。

ここが重要!

第5節 無効・取消し・条件・期限

- [ ] 公の秩序または善良の風俗（公序良俗）に反する法律行為は**無効**となります。

- [ ] 無効な法律行為、または取消しによって無効となった法律行為の債務の履行として受け取ったものがある意思無能力者および制限行為能力者は、**現に利益の存する限度**で返還をする義務を負います。

- [ ] 制限行為能力者、錯誤をした者、詐欺、強迫を受けた者が追認できるのは、**取消しの原因となっていた状況が消滅し、かつ、取消権を有することを知った後**になります。

- [ ] 無効な法律行為は追認をしても効力を生じませんが、当事者が、法律行為が無効であることを知ったうえで追認の意思表示をした場合、**新たな行為をしたもの**とみなされます。

- [ ] 制限行為能力者が追認をすることができる時より後に、相手方に対して履行を請求した場合は、**追認したものとみなされます**。

- [ ] 条件成就により不利益を受ける当事者が**故意に条件の成就を妨げた場合**、相手方はその条件が**成就したものとみなす**ことができます。条件成就により利益を受ける当事者が**不正に条件を成就させた場合**、相手方はその条件が**成就しなかったものとみなす**ことができます。

第5節 ○×スピードチェック

01 取り消すことができる法律行為について、相手方が確定している場合には、当該法律行為の取消しは、必ず相手方に対する書面による通知によらなければならない。 特別区Ⅰ類2012

× 必ずしも書面で通知する必要はありません。

02 取消しにより法律行為が遡及的に無効となり、不当利得による返還義務が生じた場合、制限行為能力者については、その行為によって現に利益を受けている限度において返還すれば足りる。 特別区Ⅰ類2012

○

03 取り消すことができる法律行為の追認について、法定代理人が追認をする場合には、取消しの原因となっていた状況が消滅した後にしなければ、効力を生じない。 特別区Ⅰ類2016

× 法定代理人が追認する場合は、取消しの原因となっていた状況が消滅した後である必要はありません。

04 取り消すことができる法律行為について、追認をすることができる時以後に、取消権者が履行の請求をした場合には、異議をとどめたときを除き、追認をしたものとみなす。 特別区Ⅰ類2016改題

○

05 条件が成就することによって利益を受ける当事者が不正にその条件を成就させたときは、相手方は、その条件が成就しなかったものとみなすことができる。 国家一般職2021

○

第6節 時　効

START! 本節で学習すること

時効には取得時効と消滅時効の２種類がありますが、まずは取得時効と消滅時効について個別に学習し、その後で共通事項について学習していきます。
完成猶予、更新、援用など時効の分野特有の用語がありますので、その意味内容に注意しながら学習していきましょう。

1 時効とは

1 ２つの時効制度

時効（じこう）とは、一般的には**時間の経過によって生じる効力**を意味する言葉です。

民法には、権利を取得できる「取得時効」、権利が消滅してしまう「消滅時効」の２つの時効制度があります。

2 取得時効とは

❶ 取得時効とは

取得時効（しゅとく）とは、**一定期間の事実状態の継続（占有の継続）によって、占有者が権利（所有権等）を取得する制度**です。

ケース1-20　Bは、Aの所有する土地に勝手に建物を建てて20年以上にわたって居住（占有）していた。その間、特にAから立ち退きを迫られることもなかった。

このケースにおいて、土地はAが所有しているのに、Bが建物を建てて20年以上住んでいることは「占有」に当たります。本当はAの土地なのに、Bの物であるかのような事実状態が継続しています。

すると、この**事実状態のほうを尊重**して、土地はBの物であることにしてしまう、というのが取得時効という制度です。

占有者のBが土地を時効取得（取得時効によって権利を得ること）して所有者となるため、Aは所有権を失うことになります。

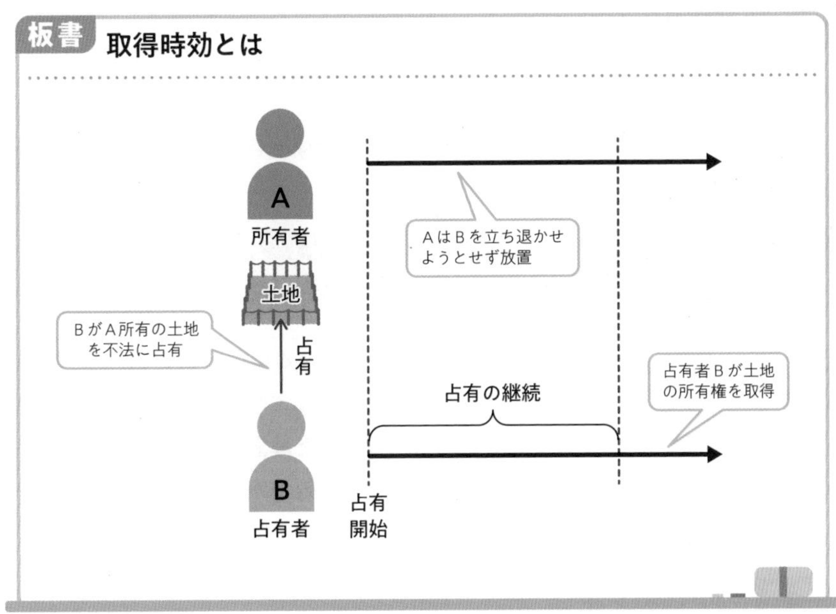

❷ 取得時効の流れ

時効が成立するために必要な一定の期間のことを**時効期間**と呼びます。この時効期間が満了することを**時効完成**といいますが、時効が完成しただけでは時効の効果は発生せず、当事者が「**時効の援用**(えんよう)」をする必要があります。援用とは**時効の利益を受ける意思表示**です。

援用がされると時効の効果は**占有開始時にさかのぼって生じる**ので、占有開始時から時効取得者が所有者だったことになります。

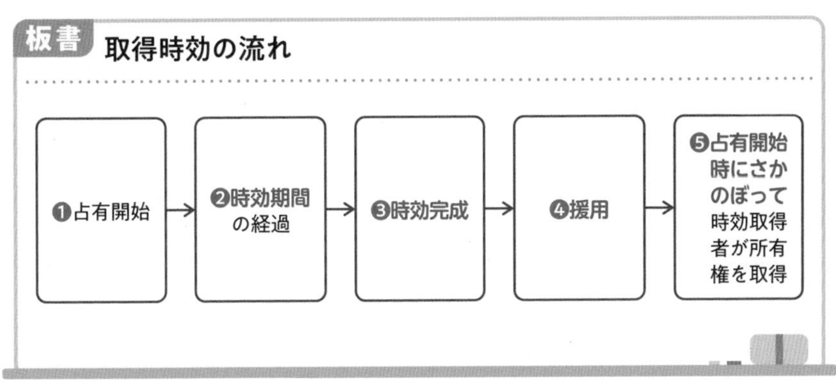

3 消滅時効とは

❶ 消滅時効とは

消滅時効とは、**一定の事実状態（権利を行使しない状態）が継続することによって、権利が消滅する制度**です。

ケース1-21 Bは、Aから100万円を借りたが、弁済期を過ぎても返済しなかった。その後、特に支払いの催促を受けることもなく、弁済期から15年が経過した。

このケースでは、100万円の返済期限が過ぎているのに、Aは何ら督促をしないまま15年が経過しているので、あたかも借金などなかったような事実状態が継続しています。すると、この**事実状態のほうを尊重**して、長年借金を返さなかったBの債務が消滅してしまい、Bはもはや返済が不要となる、というのが消滅時効という制度です。

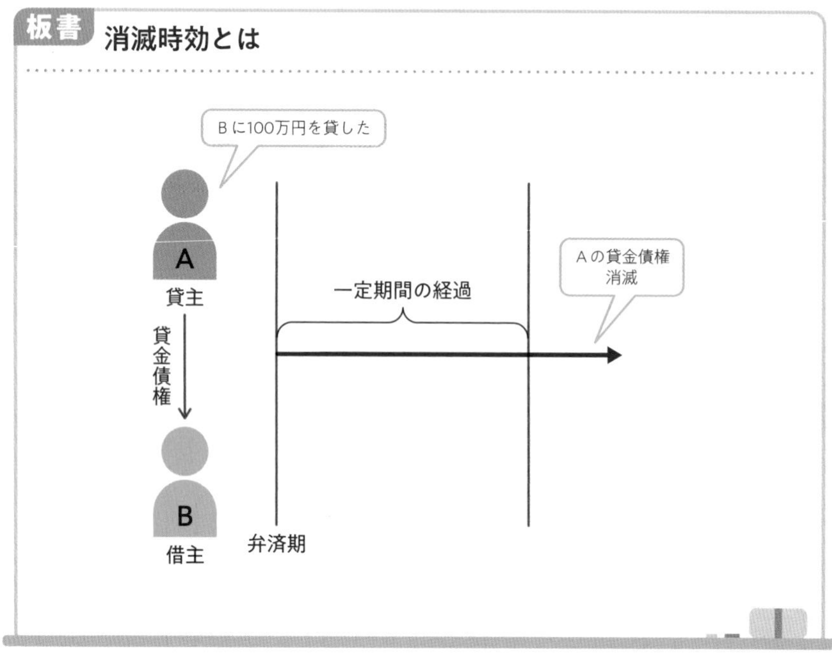

❷ 消滅時効の流れ

消滅時効においても、援用がされることによって初めて、時効の効果が起算日にさかのぼって生じます。ケース1-21 の場合、弁済期にBの債務が100万円の元本と利息合わせてすべて消滅したことになります。

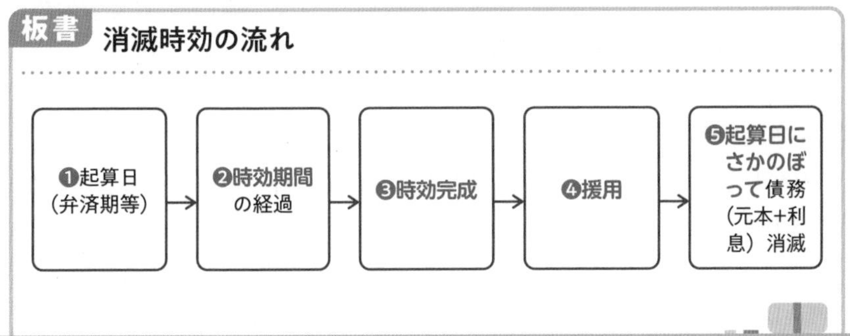

4 時効制度の存在理由

時効制度の存在理由には、次の３つがあるとされています。

板書 時効の存在理由（趣旨）

❶継続した事実状態の尊重
　長期にわたり継続した**事実状態を尊重**し、事実状態と同じ取扱いを法的にもすることで**法律関係の安定**を図る

❷「権利の上に眠る者は保護せず」
　権利が行使可能であるにもかかわらず、長期にわたって権利の行使を怠っている者は**法の保護を受けるに値しない**

❸立証の困難を救済
　本当に権利変動等があったとしても、長期間経過した後にそれを立証することは難しいことが多いので、時効制度によって**立証の困難からの救済**を図る

❸は例えば、土地を買ったはずだが証明ができない、借金を返したはずだが証明ができない、といった場合に、それぞれ取得時効、消滅時効によって救済を図るものです。

2 取得時効

1 取得時効の成立要件

所有権の時効取得の要件は、❶所有の意思をもって、❷平穏に、かつ公然と、❸他人の物を占有し、❹一定の時効期間を経過したことです（162条）。

❶ 所有の意思

「所有の意思をもって」する占有のことを**自主占有**（じしゅせんゆう）といい、その意思のない占有を**他主占有**（たしゅ）といいます。どちらに該当するかは、占有取得の原因（どういった形で占有状態に入ったか）によって**外形的・客観的に判断されます**。

例えば、土地などを借りて住んでいる人（賃借人）は、借りるという形態で占有を始めているため、外形的・客観的に見ると「所有の意思」はないと判断します。たとえ賃借人が内心では「所有者になってやるぞ！」と思っていても「所有の意思」は認められず、何十年占有しようと所有権を時効取得することはできません。

❷ 平穏・公然

「平穏に、かつ公然と」とは、暴力的に奪ったような場合でなく、かつ、占有をしていることを隠匿していない場合をいいます。

❸ 他人の物

条文では「他人の物」とあるものの、**自己の物であってもよい**とされています（判例）。 01

例えば、以前購入した自分の物であるのに所有権を取得したことを証明するのが難しい場合には、時効取得を主張してもよいということです。

また、不動産だけでなく、動産も時効取得は可能です。

❹ 一定期間の占有

必要な時効期間は、占有の開始時に、占有している物が自分の物ではないことを知らず、知らないことに落ち度がない（**善意かつ無過失**）なら10年、それ以外は20年です。

なお、**占有の開始時に善意かつ無過失であれば、途中から悪意に転じても善意の占有者として10年の占有期間で時効取得できます**。

プラスone 取得時効の対象は、**所有権に限られるわけではありません**。後ほど学習する地上権や地役権、不動産賃借権なども取得時効の対象になります。

板書 **取得時効の要件のまとめ**

❶所有の意思	所有の意思ある占有＝**自主占有** ↓ 所有の意思の有無は占有取得の原因によって**外形的・客観的に判断**される （具体的判別） 不法占有者⇒所有の意思あり 賃借人⇒所有の意思なし
❷平穏・公然	平穏－暴行や強迫によって占有を得ていない 公然－隠匿による占有でないこと
❸他人の物	条文では「他人の物」と規定されているが、**自己の物も取得時効の対象となり得る**
❹一定の時効期間	悪意または有過失⇒**20年** 善意かつ無過失　⇒**10年** ※善意無過失の判断基準時は**占有開始時** ⇒占有開始時に善意かつ無過失であれば、後で悪意となっても10年で時効取得可能

2 占有の承継

時効取得のために必要な期間の計算では、**自己の占有だけでなく、前の占有者の占有を併せて主張することもできます**。例えば相続によって占有を承継した相続人は、自己の占有のみを主張することも、自己の占有に被相続人の占有を併せて主張することもできます。

ただし、前の占有者の占有を併せて主張するときは、前の占有者の瑕疵（悪意または有過失）も承継することになります。

つまり、前の占有者の占有期間を合算して主張する場合には、**善意や悪意、有過失や無過失について、前の占有者の占有開始時点で判断される**ことになります。以下に具体例で見てみましょう。

❶ 前の占有者が悪意で後の占有者が善意の場合

ケース1-22 甲土地をＡが悪意で５年間占有した後、Ｂがこれを承継し、善意かつ無過失で８年間占有した。

板書 前の占有者が悪意で後の占有者が善意の場合

⇒ Aの占有を併せて主張すると13年間となるが、**悪意も承継するため20年の時効期間に届かず**、Bは時効取得不可

ひとこと Bは Aの占有を併せて主張すると時効取得まであと７年を要しますが、Bの占有のみを主張すると時効取得まであと２年で足りることになります。

❷ 前の占有者が善意で後の占有者が悪意の場合

ケース1-23 甲土地をAが善意かつ無過失で５年間占有した後、Bがこれを承継し、悪意で８年間占有した。

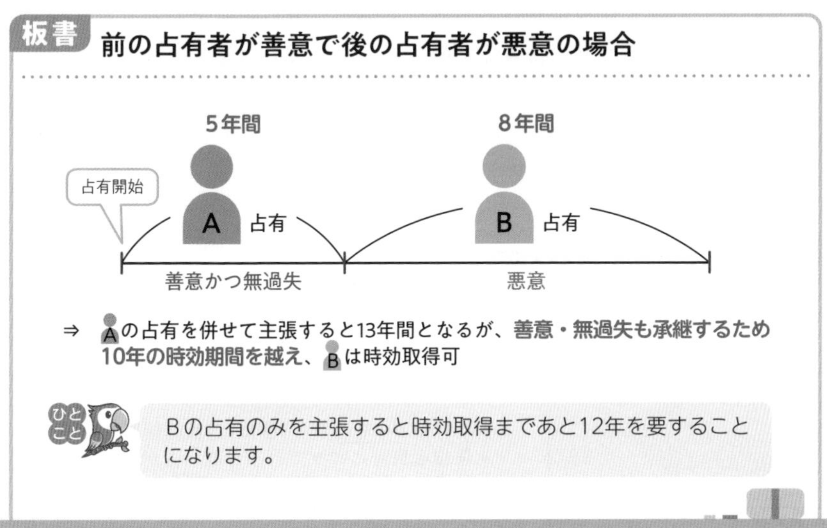

3 要件を立証する責任は誰にあるのか

占有者は、所有の意思をもって、善意で、平穏に、かつ、公然と占有するものと推定される（186条１項）ので、時効取得を主張する占有者は、裁判においてこれらの事実を積極的に立証する必要がありません。

一方、**占有者の無過失は推定されない**ので、10年の占有期間で時効取得を主張する占有者は、「無過失」であることについては自ら積極的に立証することが必要となります。

「推定する」とは、とりあえずそのように考えて処理していく場合に使われる用語です。したがって、条文に推定する規定がある場合、その事実についての立証活動をする必要はありません。逆に、その推定を覆したい側（「そうじゃないんだ！」と言いたい側）が、そうではないという証拠（反証）を挙げる必要があります。

3 消滅時効

1 消滅時効の対象となる権利と時効期間

消滅時効の対象となる権利は、借金が消滅する場合が典型であるように債権が主ですが、**地上権や地役権等の債権以外の財産権も対象**となります。

地上権や地役権については第２章第１節で学習します。なお、消滅時効の対象となることを「消滅時効にかかる」、対象とならないことを「消滅時効にかからない」と表現することがあります。

板書 対象となる権利と時効期間

債権	・債権者が権利を行使できることを知った時から**5年**（主観的起算点） もしくは ・権利を行使できる時から**10年**（客観的起算点） → 債権者自身にとって行使可能か否かではなく、法律的に可能な状態か否かで判断されます
債権以外の財産権 （所有権を除く） 例：地上権・地役権等	・権利を行使できる時から**20年**

所有権は消滅時効の対象となりません。また、**所有権に基づく権利**も対象となりません。
・物権的請求権（返還請求権など）
・登記請求権（移転登記請求権など）

02

ケース1-24

❶AはBに100万円を貸し、弁済期を2023年10月10日と定めた（確定期限）。
❷AはBに100万円を貸し、Bの父が死亡したら返済するものと定めた（不確定期限）。Bの父は2023年10月10日に亡くなり、Aはそのことを2030年10月10日に知った。

消滅時効の時効期間について具体的に確定期限付き債権と不確定期限付き債権で具体的に考えてみましょう。

板書 **消滅時効の時効期間**

❶確定期限付き債権の場合

・債権者（A）が権利を行使できることを知った時	から	5年 ⇒ 2028年10月10日
↓ どちらも**弁済期**（2023年10月10日） ↑		こちらのほうが早い
・権利を行使できる時	から	10年 ⇒ 2033年10月10日

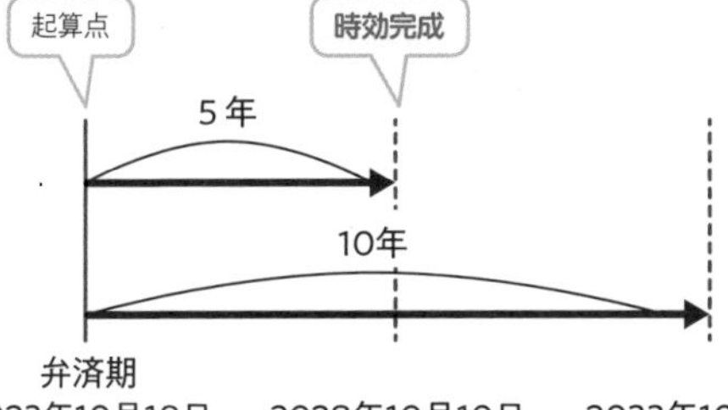

❷不確定期限付き債権の場合

・債権者（A）が権利を行使できることを知った時	から	5年 ⇒ 2035年10月10日
↓ **Bの父が死亡したことをAが知った時**（2030年10月10日）		こちらのほうが早い
・権利を行使できる時	から	10年 ⇒ 2033年10月10日

↓

Bの父が死亡した時（2023年10月10日）

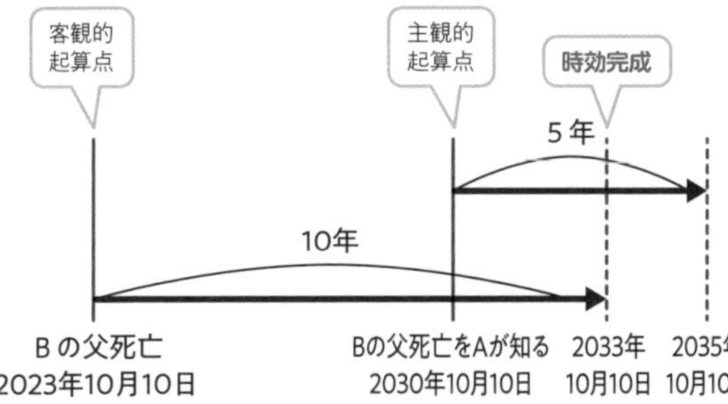

2 確定判決等によって確定した権利の消滅時効期間

確定判決または確定判決と同一の効力があるもの（和解・調停）で確定した権利は、たとえ**時効期間が10年より短い時間であっても、その時効期間は10年となります**（伸ばされています）。

ただし、確定判決によって確定された権利が**弁済期未到来**の債権だった場合、10年に伸ばされることはなく、**当初の時効期間のまま**となります。

裁判で勝ったにもかかわらず相手方が支払いに応じない場合、時効による消滅を避けるためには裁判上の請求が必要となります。しかし、裁判所でお墨つきをもらった権利なので、短期間で訴訟を起こす必要がないように時効期間を通常より伸長しています。

4 時効の効力

1 時効の効力発生時期

取得時効では権利の取得が、消滅時効では権利の消滅が生じます。この効力は、時効完成時や援用時からではなく、**起算日にさかのぼって生じます**。

板書 時効の効力発生時期

取得時効	消滅時効
起算日（占有開始時）にさかのぼって時効取得者が権利を取得していたことになる	**起算日（権利行使可能になった時点）にさかのぼって権利・義務が消滅する**
❶占有開始時から、占有者が果実（賃料、産出物など）を自分の物にできる権利を有していたことになる ❷占有期間中の不法行為に基づく損害賠償請求権も占有者が取得する	利息や遅延損害金を支払う必要がない

03

2 時効の援用

❶ 時効の援用とは

時効の援用(えんよう)とは、**時効の利益を受ける意思表示**のことです。

前述のとおり、時効完成に必要な期間の経過によって当然に時効の効力が発生するわけではありません。当事者が「時効の利益を受けたい！」という意思を表示することによって初めて時効の効力が生じるとされています。

時効の利益を受けることを潔しとしない者に対して、時効を強制する必要はありませんよね。そのための当事者からの意思表示があって初めて時効の効力が生じることとしているのです。

❷ 時効の援用権者

時効の援用ができる「当事者」とは、判例では、**時効により直接に利益を受ける者**とされています。

取得時効の場合、権利を取得する占有者、消滅時効の場合、債務の消滅により利益を受ける債務者が該当することは間違いありません。

さらに、条文上、消滅時効について、保証人(ほしょうにん)、物上(ぶつじょう)保証人、第三取得者（抵当不動産を購入した者）が援用権者として明記されています（145条）。

板書 時効の援用権者

	援用権者に該当	援用権者に該当せず
取得時効	・**占有者**（時効取得する者）	・土地の所有権を時効取得すべき者から、**土地上に同人が所有する建物を賃借している者** ⇒建物を借りているだけで、土地の時効取得には直接の利益がない
消滅時効	・**債務者** ・保証人（連帯保証人） ・物上保証人 ・抵当不動産の第三取得者	・**後順位抵当権者**（先順位抵当権者の被担保債権について）

❸ 時効の援用の効果が及ぶ範囲

時効の効果は、**時効を援用した者のみに生じ、他の者には及びません**。このように、当人限りで他の人には及ばない効力を相対的効力（**相対効**（そうたいこう））といいます。

これに対し、他のすべての人との関係でも生じる効力を絶対的効力（**絶対効**）といいます。

ケース1-25 AはBに100万円を貸し、その保証のためにCとの間に保証契約を締結した。その後、Aの貸金債権の消滅時効が完成したが、主たる債務者（主債務者）Bは時効を援用していなかったため、保証の責任から解放されたいと考えた保証人Cが時効を援用した。

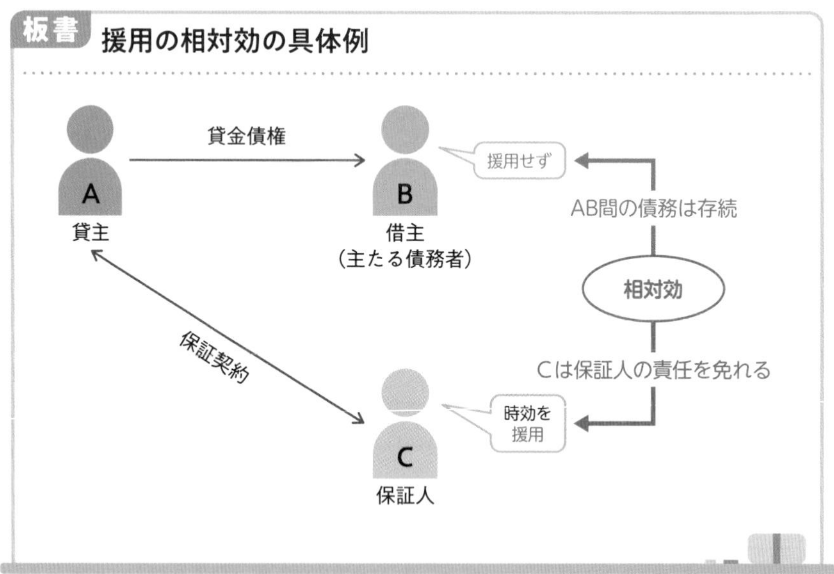

仮にBが時効の援用をすれば、それにより主たる債務は消滅し、必要のなくなった保証債務も消滅します。

3 時効の利益の放棄

時効の利益を受けない旨の意思表示をすることも可能です。これを時効の利益の放棄と呼びます。

ただし、**時効の利益はあらかじめ（事前に）放棄することはできません**（146条）。ここでいう「あらかじめ」とは、時効完成前ということです。したがって、時効完成後に、時効の利益を放棄することは可能です。 04

例えば、お金を借りる側は立場が弱くなりがちなので、貸す側から常に時効の利益を放棄するよう約束させられる可能性があります。それを許しては時効制度自体が無意味なものとなることから、時効完成前の放棄は禁止されています。

なお、時効完成後に債務の承認（一部弁済や支払い猶予の申入れ等）に該当する行為をした債務者が、たとえ時効完成の事実を知らなかったとしても、**債務者は信義則上もはや時効の援用ができない**とされています（判例）。 05

これは、債務の承認によって、債権者は債務者がもはや時効は援用しないのだろうと信頼してしまうからです。

ケース1-26 時効が完成した後で貸主Aから返済を求められた借主Bは、時効という制度自体を知らなかったため、「もう少し待ってください、必ず返します！」と言ってしまった。

このケースにおいて、Bの行為は「支払い猶予の申入れ」（＝債務の承認）に該当します。その後、消滅時効の完成をBが知ったとしても、もはや時効の援用をして債務を免れることはできないことになります。

4 時効の完成猶予・更新

消滅時効の対象となる債権の債権者や取得時効の対象となる財産の所有者からすれば、時効が完成しないようにしたいものです。そのための仕組みが、時効の完成猶予と更新です。

時効の完成猶予（かんせいゆうよ）とは、時効の進行がある時点まで止まることをいい、時効の更新（こうしん）とは、時効の進行が止まったうえで再度ゼロに戻って進行を始めることをいいます。

❶ 裁判上の請求

裁判上の請求を行うと、裁判手続が終了するまで時効の完成が猶予されます。そして、裁判が確定すると、その時点から時効が振り出しに戻って進行を始めます。つまり、**裁判上の請求が時効の完成猶予事由、裁判の確定が更新事由**ということになります。

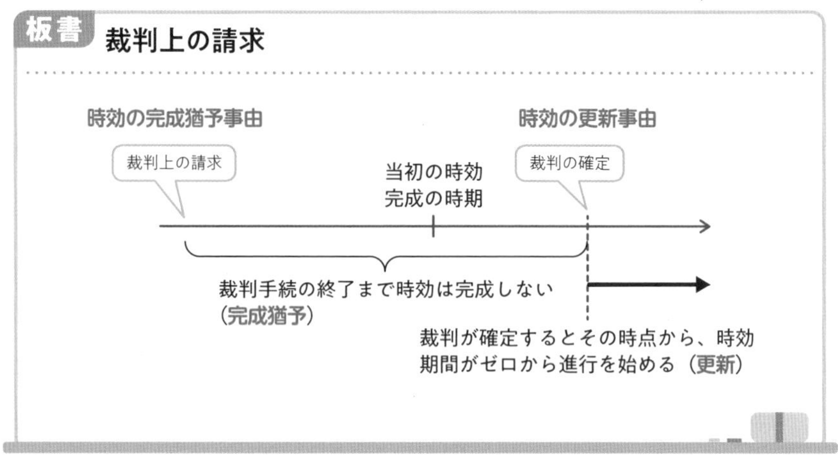

❷ 催告（裁判外の請求）

催告（裁判外の請求）があると催告時から6か月間は時効は完成しません（完成猶予）。

❸ 債務の承認

また、債務者が債務の存在を認める行為である**債務の承認**があると、時効は振り出しに戻って最初から再度進行を始めます（更新）。

❹ その他の事由

さらに、緊急時における時効の完成猶予として、時効期間の満了の時に、天災その他避けることのできない出来事のために完成猶予や更新のための裁判手続等がとれなかった場合には、その障害が消滅した時から3か月を経過するまでの間、時効の完成を猶予する仕組みもあります。

第6節 時 効

- [ ] 取得時効における「所有の意思」とは、占有取得の原因によって**外形的・客観的に判定**されるものであり、土地の賃借人には「所有の意思」は認められません。
- [ ] 他人の物だけでなく、**自己の所有物**であっても、時効取得の対象とすることはできます。
- [ ] 善意かつ無過失の占有者は、10年間の占有で時効取得が認められますが、**占有開始時に善意かつ無過失であれば、後で悪意となっても10年間の占有で時効取得が可能**です。
- [ ] 債権は、債権者が権利を行使できることを知った時から**5年**、権利を行使できる時から**10年**で消滅時効にかかります。
- [ ] 所有権は消滅時効にかからず、所有権に基づく**登記請求権も消滅時効にかかりません。**
- [ ] 時効の効果は起算日にさかのぼるので、時効消滅した債権の債務者は**利息や遅延損害金の支払いも免れます。**
- [ ] 時の経過によって時効が完成しただけでは時効の効果は確定的には生じず、当事者の**援用があって確定的な効果が生じます。**
- [ ] 債権が消滅時効にかかっている場合、その債権の債務者だけでなく、**保証人も時効を援用することができます。**
- [ ] **時効完成前**に時効の利益を放棄することはできませんが、**時効完成後**は時効の利益を放棄することができます。
- [ ] 債権者が債務者を相手に裁判上の請求を起こすと、手続が終了するまでは**時効の完成が猶予**されます。

第1章 総則

第6節 ○×スピードチェック

01 他人の物を占有することが取得時効の要件であるので、自己の所有物については、取得時効は成立しない。 裁判所2017

× 自己の所有物についての取得時効も成立します。

02 所有権は時効によって消滅することがないが、所有権に基づく移転登記請求権は、時効によって消滅する。 裁判所2017

× 所有権に基づく移転登記請求権は、時効によって消滅しません。

03 時効が完成し、当事者がそれを援用したときには、時効の効力はその起算日に遡って発生するため、目的物を時効取得した者は、占有の開始時から正当な権利者であるが、時効期間中に生じた果実を取得する権限はない。 国家一般職2022

× 時効期間中に生じた果実を取得する権限もあります。

04 時効の完成前に時効の利益をあらかじめ放棄することは許されないが、時効の完成後に時効の利益を放棄することは認められる。

国家専門職2010

○

05 時効が完成した後に、債務者がその事実を知らずに債務の承認をした場合、債権者は債務者がもはや時効を援用しない趣旨であると考えるであろうから、その後においては、債務者は信義則上、時効を援用することができない。 国家一般職2021

○

第1編

総則・物権

第2章

物　権

第1節 物権総論・所有権・用益物権

START! 本節で学習すること

ここから物権という新しいテーマに入りますが、最初の節は概要と小さいテーマを集めた内容になっています。
物権総論では、物権的請求権を押さえることが大切です。
所有権では、共有に関するルールをしっかり学習していきましょう。
用益物権では、地上権と地役権を学習していきますが、どちらも重要度は低く、特別区Ⅰ類以外ではあまり出題されていません。

1 物権総論

1 物権の性質

❶ 物権とは

物権（ぶっけん）は、**物に対する直接的な支配権**です。この支配権に由来して、物権は排他性や絶対性という強力な性質を持っています。

排他性とは、**１個の物の上に同一内容の物権は１つしか成立しない**ことを意味します（一物一権主義）。

絶対性とは、**特定の者ではなく、誰に対しても主張できる**性質を表しています。

❷ 物権法定主義

物権は強力な権利なので、民法その他の法律で規定されたもの以外は創設することができません（175条）。これを物権法定主義（ほうていしゅぎ）と呼びます。

ただし、判例は慣習法上の物権として、譲渡担保権（じょうとたんぽけん）や水利権、温泉権などを認めています。

民法に規定された物権の種類としては次のものがあります。

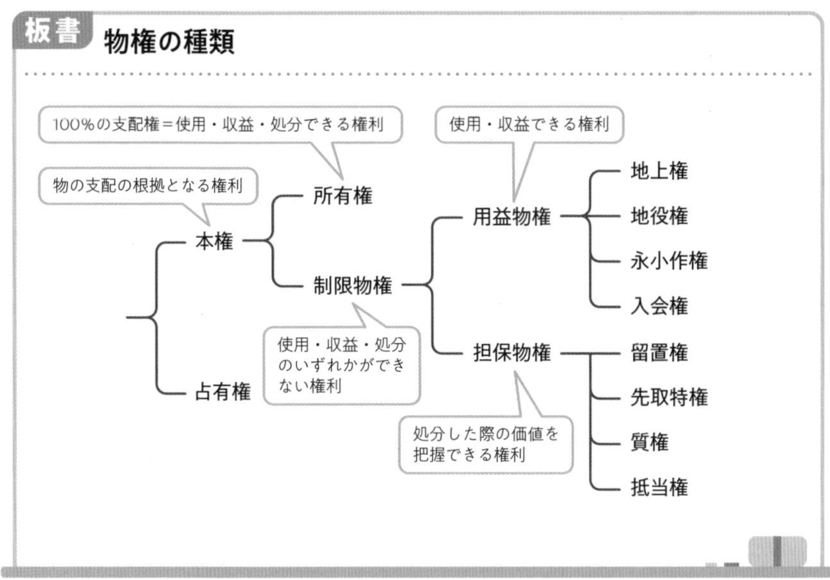

❸ 一物一権主義

一物一権主義（いちぶついっけん）とは、**1個の物の上には同一内容の物権は1つしか成立しない原則**です。さらに、**1つの物権の客体となり得るのは、1個の独立した物でなければならないことを意味する原則**でもあります。

したがって、物の一部分には物権は設定できず、また、複数の物に1つの物権を設定することはできないことになります。

ただし、例外もあります。判例は、**一筆（いっぴつ）の土地の一部分も所有権の対象となる**ことを認めています。また、「倉庫に収められている在庫」のように**複数の物が集まった集合物に、譲渡担保と呼ばれる物権を設定することが認められる**場合もあります。

一筆の土地／登記簿に記載された1つの土地を表す表現です。これが1つの土地として扱われる単位になります。

❹ 物権の対象

物権の対象となり得るのは、**不動産**、**動産**です。

ここではさらに、元物と果実という言葉についても理解しておきましょう。

ある物がそこから経済的利益を産出させる場合、そのある物を**元物**といい、産出される物を**果実**といいます。

果実には、**天然果実**と**法定果実**の区別があります。

板書 **天然果実と法定果実**

	内容	元物	果実	果実の帰属
天然果実	物の用法に従い収取する産出物	ミカン園	ミカン	元物から分離する時に収取権を有する者
		乳牛	牛乳	
法定果実	物を使用する対価として得られる物	不動産	賃料	元の権利者と新しい権利者が権利を持っていた日数を日割り計算して按分する
		貸金（債権）	利息	

2 物権的請求権

❶ 物権的請求権の種類

すでに述べたとおり物権は物に対する直接的な支配権です。この支配が妨害された場合、または妨害されそうになっている場合には、その**妨害を排除・予防**するために、**物権的請求権**という権利を妨害者に対して行使することができます。

民法の条文で規定されているわけではありませんが、物権の排他性から当然に発生する権利と考えられています。

物権的請求権には、**物権的返還請求権、物権的妨害排除請求権、物権的妨害予防請求権**の３種類があります。

板書 物権的請求権の種類

種類	内容	具体例
物権的返還請求権	目的物の占有を喪失した場合に、返還を求める権利	自分が所有する車を奪った者に、車の返還を求める
物権的妨害排除請求権	物権が侵害された場合に、侵害を行う者に対してその排除を求める権利	自分が所有する土地にゴミを不法投棄した者に、ゴミの除去を求める
物権的妨害予防請求権	物権が侵害される可能性がある場合に、その防止を請求する権利	自分が所有する土地に、隣地の塀が崩れ落ちてきそうになっているときに、隣地の所有者にその防止を求める

❷ 物権的請求権の性質

物権的請求権は、**相手方に故意（わざと）や過失（落ち度）がない場合であっても当然に発生する**権利です。

したがって、故意や過失のない相手方に対しても、現に物権の妨害状態が生じている以上、物権的請求権を行使することができます。 01

ケース2-1 Aは、Bの車を盗んでCの土地に放置した。

このケースにおいてBに落ち度はありませんが、Cの土地所有権の妨害状態が生じているため、CはBに対して所有権に基づく妨害排除請求権を行使して、車を持って帰るように要求することができます。

❸ 物権的請求権行使の相手方

物権的請求権の相手方は、その**請求内容を実現できる権限のある者**でなければなりません。

> **ケース2-2** A所有の土地上に無権原で（法律上の原因なく）Bが建物を建てた後、その建物をCに賃貸し、Cが居住している。

このケースの場合、Aは所有権に基づく返還請求権を行使することが可能です。そして、建物を壊して出ていくように求める（建物収去土地明渡請求の）相手は、賃借人Cではなく、建物所有者のBになります。ただし、Cに対しても退去を求めることが可能です。

2 所有権

1 所有権とは

所有権（しょゆうけん）とは、その**物に対して使用、収益、処分が行える完全な支配権です**。

使用とはその物を使うことであり、収益とはその物を利用して利益をあげることです。また、処分とはその物を売却等を通じて金銭に代えることをいいます。民法では、この使用、収益、処分という３つを使って、**100%の完全な支配権**を表現しています。

2 共有と持分

ここでは、所有権を複数人が共同で有する形態である「共有」についてのルールを見ていきます。

２人以上の人が１個の物を共同で所有することを共有（きょうゆう）といいます。

共有物の使用については、**各共有者は、共有物の全部について、その持分に応じた使用をすることができます**。例えば、３人が土地を均等割合で共有する場合、１年を３等分して４か月ずつ１人が全部を使用するような形です。

持分（もちぶん）とは、**各共有者が目的物に対して有する所有権の割合**のことです。持分に基づいた各共有者の権利を持分権と呼びます。

板書 共有と持分

ある土地を
A、B、Cの3人で共有

●3人が均等の割合で共有

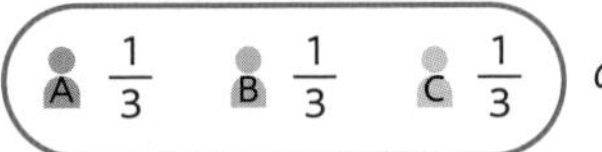

の持分

●3人が均等でない割合で共有

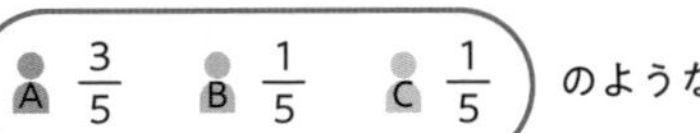

のような持分割合の設定も可能

持分は、共有者の合意によって決めるものですが、不明の場合は、均等と推定されます。

各共有者が自己の持分権を処分（持分権の譲渡、持分権への抵当権設定）することは、**他の共有者の同意を得る必要はなく、自由に行うことができます**。

3 共有物の管理・変更

❶ 共有物の変更

各共有者は、**他の共有者全員の同意**を得なければ、共有物の形状・効用に**著しい変更を加えることができません**。例えば、家を共有しているときに、家を増改築したり、家全部を売却したりする行為は、形状・効用に著しい変更を加えることになるため、共有者全員の同意が必要です。

共有物の形状・効用に著しい変更を加えない、軽微な変更行為の場合は、次の管理行為と同じ扱いとなり、持分価格の過半数で決することができます。

プラスone また、一定期間（山林10年、山林以外の土地5年、建物3年）を超える賃貸借契約の締結には、全員の同意が必要です。

❷ 共有物の管理

共有物の**管理に関する事項は、各共有者の持分の価格に従い、その過半数で決める**ことになります。したがって、管理行為に該当する**賃貸借契約の取消し、解除**をする場合には、持分価格の過半数で決めることになります。

ケース2-3 A、B、Cが建物を共有しており、それぞれの持分はAが５分の３、Bが５分の１、Cが５分の１であった。この建物の賃貸借契約の取消しに、BとCが賛成している。

「共有者の過半数」ではなく「持分価格の過半数」である点に注意しましょう。このケースでは、BとCが賛成すれば所有者の過半数ではありますが、持分価格では５分の２なので過半数に届きません。逆に、Aは自分１人だけでも持分価格の過半数の決定をすることが可能です。

プラスone また、一定期間内（山林10年、山林以外の土地５年、建物３年）の賃貸借契約の締結も持分価格の過半数で決します。

ただし、**保存行為は、各共有者が単独ですることができます**。例えば、共有建物の修繕などは保存行為に該当するため、各共有者が単独で行うことができます。また、不法占有している無権利者に立退きを請求することや、真実ではない持分登記がされている場合にその抹消を請求することは、保存行為に該当します。 02

なお、少数持分権者である共有者の１人（もしくはその者から使用許諾を受けた第三者）が勝手に共有物を独占使用している場合でも、多数持分権者である他の共有者は当然には**共有物全部の明渡請求はできません。**
勝手に使用している共有者にも持分に応じた使用権はあるからです。 03

板書 共有物の管理・変更の方法

種類	内容	具体例	要件
使用行為	共有物の使用	・共有家屋の利用等	単独でも持分に応じた全部の利用が可能
保存行為	共有物の現状を維持する行為	・家屋の修繕 ・時効の完成猶予 ・無権利者名義の登記に対する抹消請求等	単独で可能
管理行為	共有物の利用・改良行為	・共有不動産の一定期間内の賃貸借契約の締結 ・賃貸借契約の解除 ・管理者の選解任	持分価格の過半数
変更行為	共有物の形状・効用に著しい変更を加える行為	・共有家屋の売却 ・共有物の増改築 ・農地を宅地に用途変更等	全員の同意

共有物の形状・効用に著しい変更を加えない行為は、管理行為と同じ扱いとなり、持分価格の過半数で決することができる

一定期間とは、山林10年、山林以外の土地5年、建物３年以内の賃貸借（これを超える賃貸借は変更行為として全員の同意が必要）

4 共有物の分割

❶ 共有物の分割

共有物の分割とは、**共有関係を解消すること**をいいます。

各共有者は、いつでも共有物の分割を請求することができます（**共有物分割請求権**）。ただし、**５年を超えない期間を定めて共有物を分割しない旨の契約（不分割特約）をすることも可能**です。 04

さらに、その契約を更新することも５年を超えない期間で可能です。

❷ 分割の方法

分割の方法は、**現物を分割する方法**や、**共有者が他の共有者の持分の一部または全部を買い取る方法**（賠償分割）が原則とされています。

3 用益物権

1 用益物権とは

用益物権（ようえき）とは、**土地を使用・収益するために設定される（作られる）物権**です。用益物権は4種類が民法上規定されています。

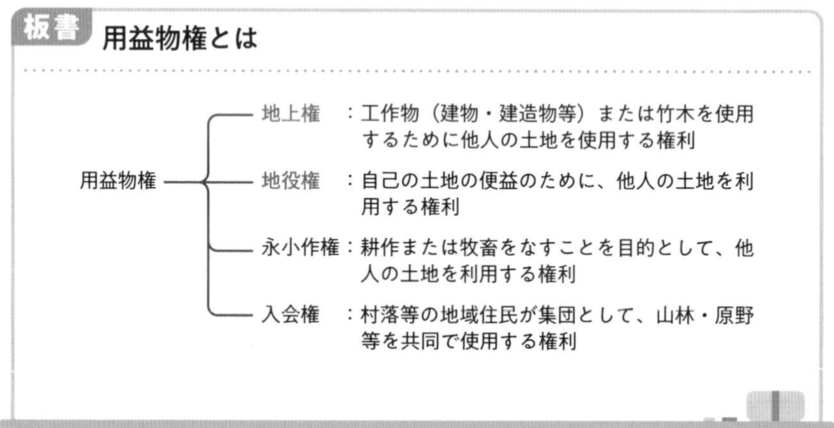
板書 用益物権とは

用益物権
- 地上権：工作物（建物・建造物等）または竹木を使用するために他人の土地を使用する権利
- 地役権：自己の土地の便益のために、他人の土地を利用する権利
- 永小作権：耕作または牧畜をなすことを目的として、他人の土地を利用する権利
- 入会権：村落等の地域住民が集団として、山林・原野等を共同で使用する権利

2 地上権

❶ 地上権

地上権（ちじょうけん）とは、**他人の土地において工作物または竹木を所有するために、その土地を使用する権利**のことです。

地上権は、通常、地上権設定契約によって設定されます（作られます）。地上権は物権なので、いったん設定されれば、**土地所有者の承諾の有無を問わず、自由に譲渡することや担保に提供することが可能**です。 05

設定行為（設定契約）で特に定めなければ、地代支払義務はありません。

また、存続期間を自由に定めることができ、永久の地上権も可能です。

❷ 区分地上権

地下または空間は、工作物を所有するため、上下の範囲を定めて地上権の目的とすることができます。これを**区分地上権**と呼んでいます。

3 地役権

自分の所有する土地が住宅地の奥まったところにあるときなどに、公道に出るために隣の土地を通行させてもらうことがあります。このように、**自己の土地の便益のために他人の土地を使用する権利**を**地役権**と呼びます。また、この場合の自己の土地を**要役地**、他人の土地を**承役地**と呼びます。

例えば、公道に出るために隣の土地を通行させてもらう地役権があります（このような地役権を特に通行地役権と呼びます）。

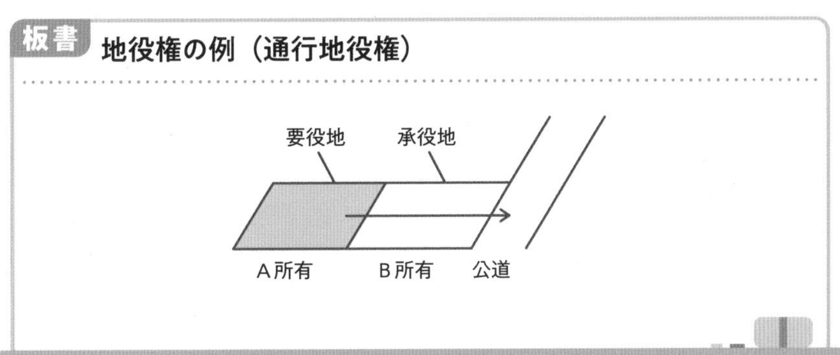

地役権は承役地の使用により要役地の便益を高めるものであれば設定可能なので、その内容もさまざまです。

また、地役権は、設定行為に別段の定めをしていない限り、要役地の処分に伴って移転します。したがって、前掲の例において、Aが要役地である自分の土地をCに売却した場合、地役権もCに移転することになります。

さらに、地役権は要役地から分離して独立に譲渡したり、また他の権利の目的とすることはできません。

ここが重要！

第1節 物権総論・所有権・用益物権

- [ ] 物権は民法その他の法律で規定されたもの以外は創設することができません。これを**物権法定主義**と呼びます。

- [ ] **物権的請求権**とは、物権の円滑な実現が妨害された場合、または妨害されそうになっている場合に、その妨害を排除・予防するために、物権を有する者が妨害者に対して行使できる権利であり、**相手方に故意や過失がなくても行使できる権利**です。

- [ ] 物権的請求権には、**物権的返還請求権**、**物権的妨害排除請求権**、**物権的妨害予防請求権**の３種類があります。

- [ ] 各共有者が自己の持分権を譲渡することは、**他の共有者の同意を得る必要はなく**、自由に行うことができます。

- [ ] 各共有者は、他の共有者全員の同意を得なければ、共有物の形状・効用に**著しい変更を加えることができません**。

- [ ] 賃貸借契約を解除することは、共有物の管理に関する事項として、各共有者の**持分の価格に従い、その過半数で決する**ことができます。

- [ ] 共有建物の修繕などの**保存行為は、各共有者が単独でする**ことができます。

- [ ] 少数持分権者である共有者の１人が勝手に共有物を独占使用している場合でも、多数持分権者である他の共有者は、**当然には共有物全部の明渡請求はできません**。

第1節 ○×スピードチェック

01 AがBに対して所有権に基づく妨害排除請求権を行使する場合、Aの請求が認められるためには、妨害状態の発生についてBに故意又は過失があることが必要である。 裁判所2017

✕ Bに故意または過失があることは不要です。

02 （A、B及びCが甲建物を同一の持分で共有している場合）甲建物について、無権利者Dが単独名義の登記を有する場合、Aは、Dに対して、単独で登記の全部抹消登記手続を求めることができる。

国家一般職2022改題

○ 共有物全部の不実の登記の抹消請求は、保存行為として単独で行使可能です。

03 A、B、Cの３人が各３分の１の持分で甲土地を共有しているが、Aが、B及びCの承諾を得ずに単独で甲土地を占有し、B及びCが甲土地を使用できない場合、B及びCの持分を合計すると過半数を超えるから、B及びCは、Aに対して、甲土地の明渡しを請求することができる。

裁判所2014

✕ Aにも使用収益権があるので、明渡しまで請求できるわけではありません。

04 （A、B及びCが甲建物を同一の持分で共有している場合）Aは、B及びCに対して、いつでも甲建物の分割を請求することができ、A、B及びCの三者間の契約によっても、これを制限することはできない。

国家一般職2022改題

✕ 当事者間で５年を超えない範囲での不分割の特約は可能です。

05 地上権は、他人の土地において工作物又は竹木を所有するため、その土地を使用する権利であり、地上権自体を他人に譲渡することもできるが、地上権の譲渡については土地の所有者の承諾を要する。 特別区Ⅰ類2020

✕ 地上権の譲渡に土地所有者の承諾は不要です。

第2節 物権変動

START! 本節で学習すること

ここでは物権変動について学習します。
不動産物権変動と動産物権変動がありますが、不動産物権変動が圧倒的に重要です。
どういう場合に登記で勝ち負けが決まるのかを事例ごとに押さえていく必要があります。

1 物権変動

1 物権変動とは

物権変動(ぶっけんへんどう)とは、**物権の発生、変更、消滅**を指す用語です。

契約に基づいて権利が設定・移転される場合だけでなく、相続や取得時効などの契約以外の原因によって権利が設定・移転される場合もあります。

総称なのでさまざまなものを含みますが、ここでは「権利の移転」のことと理解しておけば十分です。

2 意思主義

では、権利の移転等の物権変動は何によって生じるのでしょうか？

意思表示だけで物権変動が生じるとするのが意思主義という考え方です。

一方、意思表示だけでは物権変動は生じず、それに加えて一定の形式的行為（登記等）を必要とする形式主義という考え方もあります。

民法は、「物権の設定及び移転は、当事者の意思表示のみによって、その効力を生ずる」と規定して**意思主義を採用しており、意思表示のみによって物権変動は生じる**ことになっています。

物権変動は契約に基づいて生じる場合が多いです。契約は原則として意思表示の合致で成立するので、契約による物権変動は、「**意思表示の合致＝契約の成立**」によって生じることになります。

さらに、意思表示の合致（＝契約の成立）だけが所有権の移転（物権変動）の要件であることから、所有権の移転時期（物権変動の発生時）についても、原則として、意思表示の合致時（契約の成立時）であると考えられています。ただし、特約があればそれに従います。

2 不動産物権変動

1 対抗要件

❶ 対抗要件とは

まず、出題の多い不動産の物権変動について詳しく見ていきましょう。

不動産の権利を取得した者は、意思表示のみで誰に対しても自分がその不動産の所有者であると主張可能なのでしょうか？　これを考えていくうえで必要なのが**対抗要件**(たいこうようけん)という概念です。

対抗要件とは、**当事者以外の第三者に自分が権利者であることを主張し、それが認められるために必要なもの**のことです。

❷ 不動産物権変動における対抗要件

民法では「不動産に関する物権の得喪及び変更は、不動産登記法その他の登記に関する法律の定めるところに従いその**登記をしなければ、第三者に対抗することができない**」（177条）として、不動産の物権変動においては、**登記**(とうき)が対抗要件となっています。

登記については「序」で少し触れましたが、不動産を買った人が、登記簿に自分の名前を所有者として記録してもらうことを指して「登記を具備する、備える」と表現する場合があります。

つまり、不動産の所有権を取得した人が、自分が権利者であることを第三者に対抗する（主張し、それが認められる）ためには登記が必要ということになります。

そして対抗要件（登記等）の有無や先後（タイミングの早さ）によって勝ち負けが決まる関係のことを**対抗関係**と呼びます。

「AとBは対抗関係に立つ」、という表現は、AとBは対抗要件である登記等があるか否かによって、優劣が決まる間柄であることを表す表現です。

2 二重譲渡

対抗関係が生じる最も典型的な事例が**二重譲渡**と呼ばれるケースです。

ケース2-4 Aは自分が所有する土地をBに売却した後、同じ土地をCにも売却した。

このケースでは、土地の所有権は誰のものになるのでしょうか？

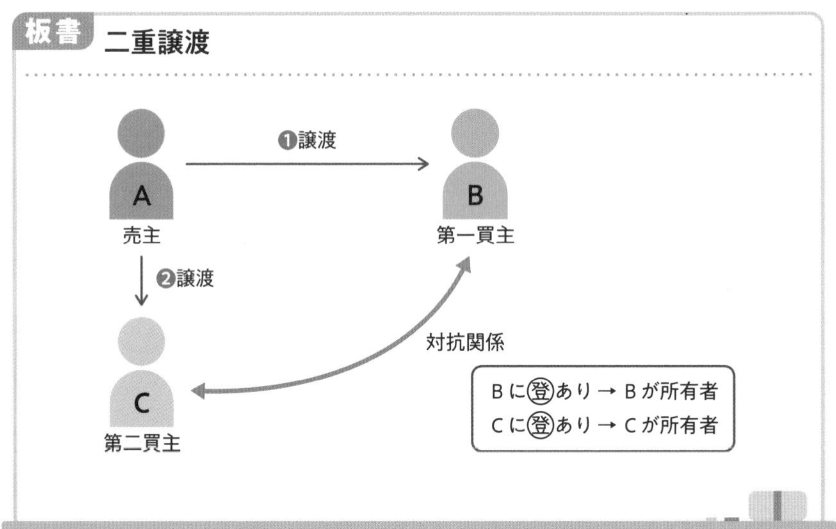

この三者の関係において、ABの関係、ACの関係はともに、売買を行った相手であるため**当事者**の関係です。一方、BにとってのC、CにとってのBはともに**第三者**に当たります。このように**二重譲渡の第一買主（第一譲受人）と第二買主（第二譲受人）は対抗関係になり、登記の先後（登記を済ませたタイミングの早さ）で優劣を決します**。

売買の先後ではないので注意しましょう。なお、たとえ第二買主が第一売買の存在を知っていた（**悪意**）としても、**対抗関係で処理されます**。つまり、Cが悪意の場合でも、Bは、Cに対して、登記がなければ所有権の取得を対抗することはできないのです。

3 177条の第三者とは

第三者とは、通常の言葉の意味としては、当事者以外の者を指す言葉です。

しかし、177条に規定される「第三者」とは、当事者以外のすべての第三者を指すわけではありません。

判例では、177条の登記を備えないと物権変動を対抗し得ない第三者とは、「当事者もしくはその包括承継人（相続人等）以外の者で、不動産に関する物権の得喪・変更の登記の欠缺（けんけつ）（欠けていること）を主張するにつき正当な利益を有する者」をいうとされています。

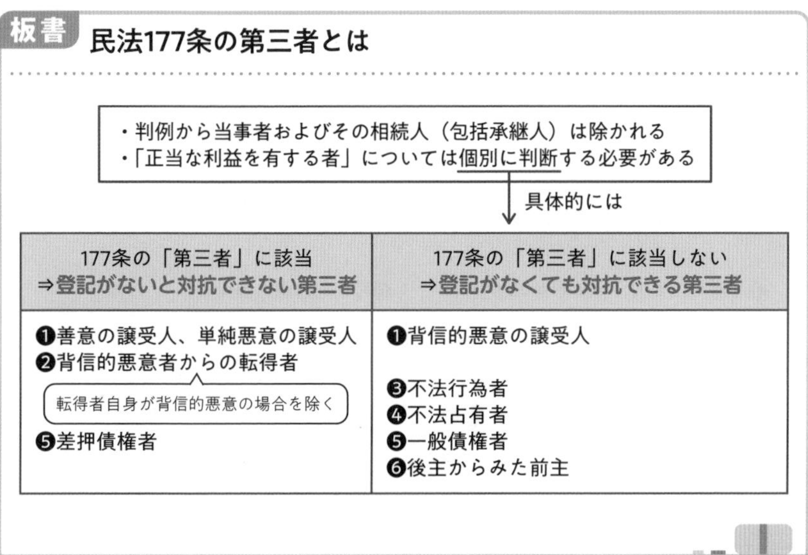

板書 民法177条の第三者とは

・判例から当事者およびその相続人（包括承継人）は除かれる
・「正当な利益を有する者」については個別に判断する必要がある

↓ 具体的には

177条の「第三者」に該当 ⇒登記がないと対抗できない第三者	177条の「第三者」に該当しない ⇒登記がなくても対抗できる第三者
❶善意の譲受人、単純悪意の譲受人 ❷背信的悪意者からの転得者 （転得者自身が背信的悪意の場合を除く） ❺差押債権者	❶背信的悪意の譲受人 ❸不法行為者 ❹不法占有者 ❺一般債権者 ❻後主からみた前主

❶ 二重譲渡における悪意者・背信的悪意者

ケース2-5 Aは自分が所有する土地をBに売却した後、同じ土地をCにも売却した。CはBがどうしてもこの土地を必要としているのを知って、法外な値段で買い取らせようと考えていた。

二重譲渡における第二買主は、悪意でも「177条の第三者」に該当しますが、**背信的悪意者（はいしんてきあくいしゃ）となると「177条の第三者」に該当しません**。ケース2-5のCは背信的悪意者に該当します。

この「背信的悪意者」は、個別の事情に応じて判断されますが、問題文に「**登記の欠缺を主張することが信義則に反すると認められるような事情がある者**」とあれば、背信的悪意者を指していると考えましょう。

第二買主（C）が背信的悪意者となると、第一買主（B）は登記がなくても（登記なくして）権利を取得できることになります。

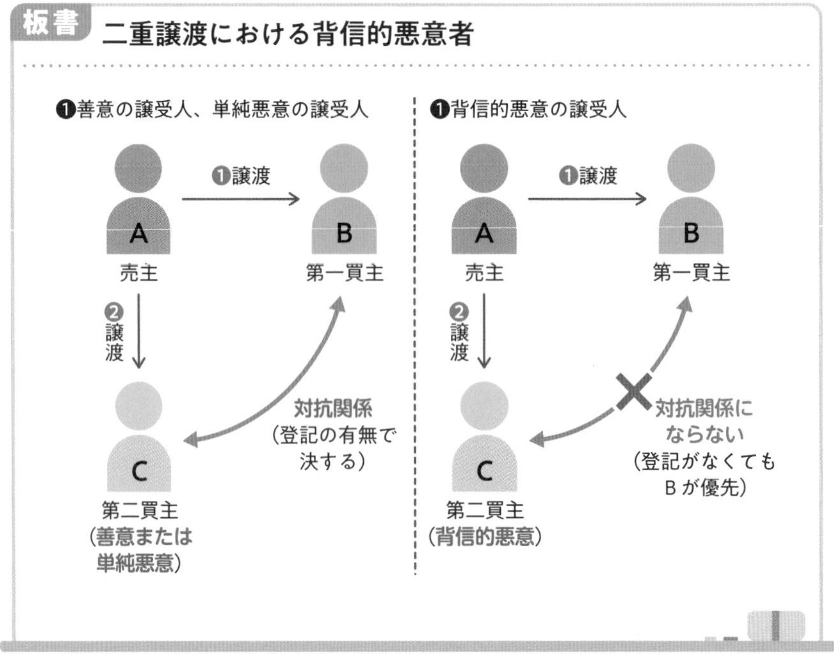

❷ 二重譲渡における背信的悪意者からの転得者

上の続きのケースとして、第二買主（C）が背信的悪意者の場合で、その背信的悪意者から購入した者（**転得者**（てんとくしゃ））が登場するケースがあります。

この場合、**背信的悪意者から購入した者（転得者）Dと第一買主Bとの間で対抗関係が生じます**（Dも背信的悪意者であった場合は除く）。 01

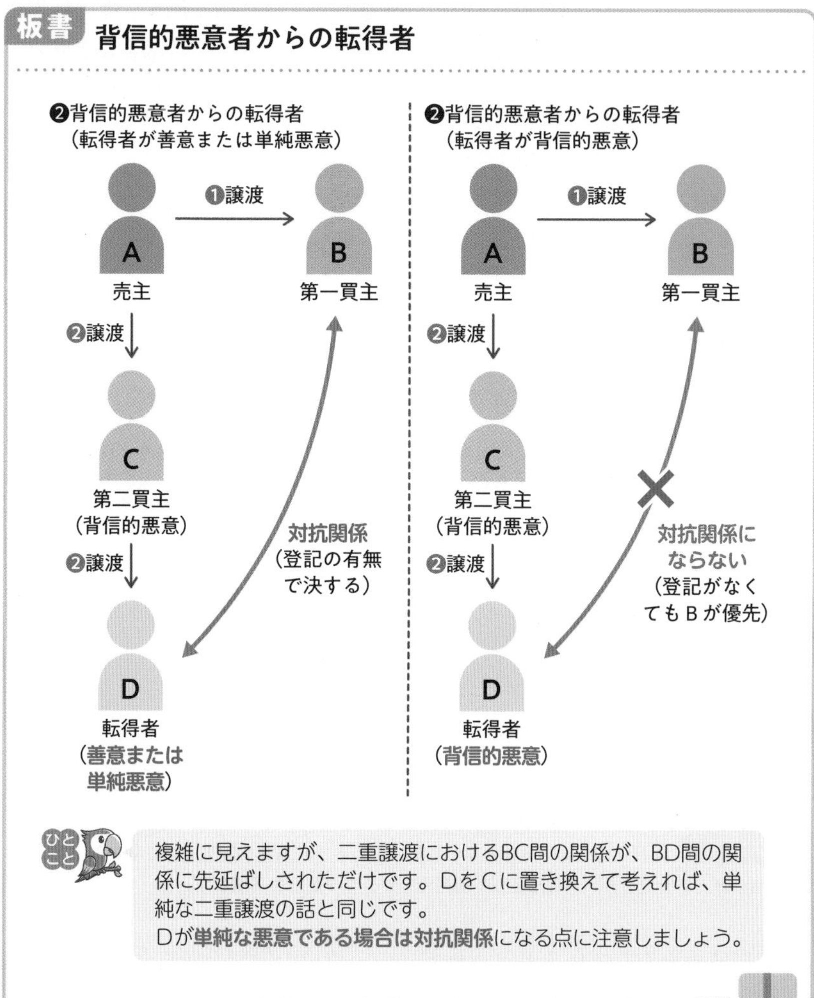

❸ 不法行為者・不法占有者

ケース2-6 Aはその所有する建物をBに売却した。
❶登記を移転する前に、Cがその建物に放火したため、建物は焼失してしまった。
❷その建物には以前から不法占有者Cが住み着いていた。Bはまだ所有権の登記を自分名義にしていない。

❶のCは不法行為者、❷のCは不法占有者もしくは不法占拠者と呼ばれます。これらは**正当な利益のない人なので、177条の「第三者」には該当しません**。

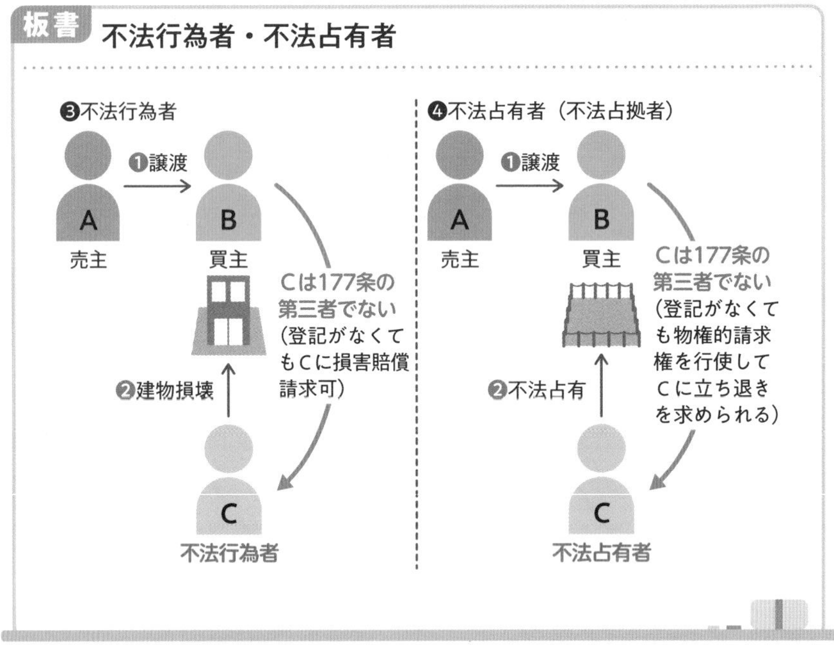

❹ 差押債権者・一般債権者

ケース2-7 Aがその所有する土地をBに売却したが、所有権の移転登記をする前に、Aの債権者Cがその土地をAの所有地として差押えをし、その登記も具備した。

売主に債権を有している者（債権者）が、債権の回収を図ろうと売主の財産に差押え（さしおさえ）をした場合、その債権者は**差押債権者**（さしおさえさいけんしゃ）と呼ばれます。これとの対比で、差押えをいまだしていない段階では**一般債権者**（いっぱんさいけんしゃ）と呼ばれます。

差押債権者は、対象不動産に直接的な利害関係を有するに至っているので

177条の「第三者」に該当します。一方、一般債権者は、**まだ対象不動産には直接的な利害関係を有していない**ので、177条の「第三者」には該当しないとされています。

ケース2-7 のCは差押債権者であるため177条の第三者に該当します。したがって、登記を備えていないBは登記を備えたCに所有権の取得を対抗することができません。つまり、Cの差押えが優先することになります。

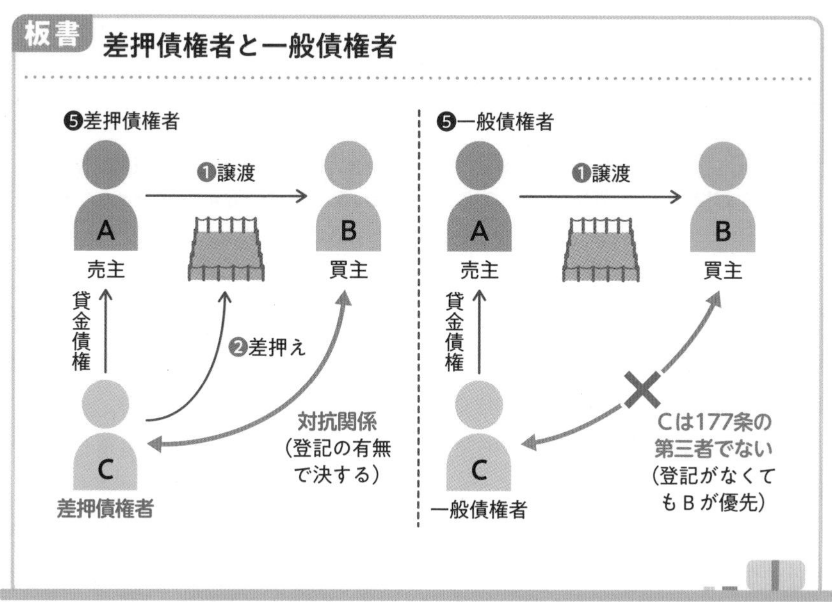

❺ 後主からみた前主

不動産がAからBへ、BからCへと譲渡された場合、後主(C)は前主(A)に対して登記がなくても所有権の取得を対抗できます。つまり、**後主(C)からみて前主(A)は177条の第三者ではありません**。AとCは当事者類似の関係に立っているからです。

4 取消しと登記

ここからは、取消しや解除、時効完成などに前後して登場する第三者と元の所有者はどのような関係となるのかを見ていきましょう。

まず、取消しのケースにおいて、第三者がいつ現れたかによって取扱いが変わることを、それぞれ「取消し前の第三者」、「取消し後の第三者」として見ていきましょう。

❶ 取消し前の第三者

ケース2-8 Aは、所有する土地をBに売却し、Bはこれを Cに売却した。その後、AはAB間の売買を詐欺を理由に取り消した。Cは、Aが詐欺に遭っていたことについて善意かつ無過失であった。

取消しがされるとさかのぼって契約がなかったことになりますので、Bは所有権を持ったことのない人になります。すると、CはBから有効に権利の移転を受けることができないのが原則です。

しかし、このように取消しの遡及効を前提として原則どおりに処理しようとすると、第三者の保護に欠けることになり、取引の安全も守られません。そこで、制限行為能力、錯誤、詐欺、強迫という4つの取消し原因のうち、**錯誤と詐欺については第三者を保護するための規定（第三者保護規定）を置いています**。ケース2-8 のように、**取消し前の第三者が善意かつ無過失であれば保護され**、AはCに土地の返還を請求できません。

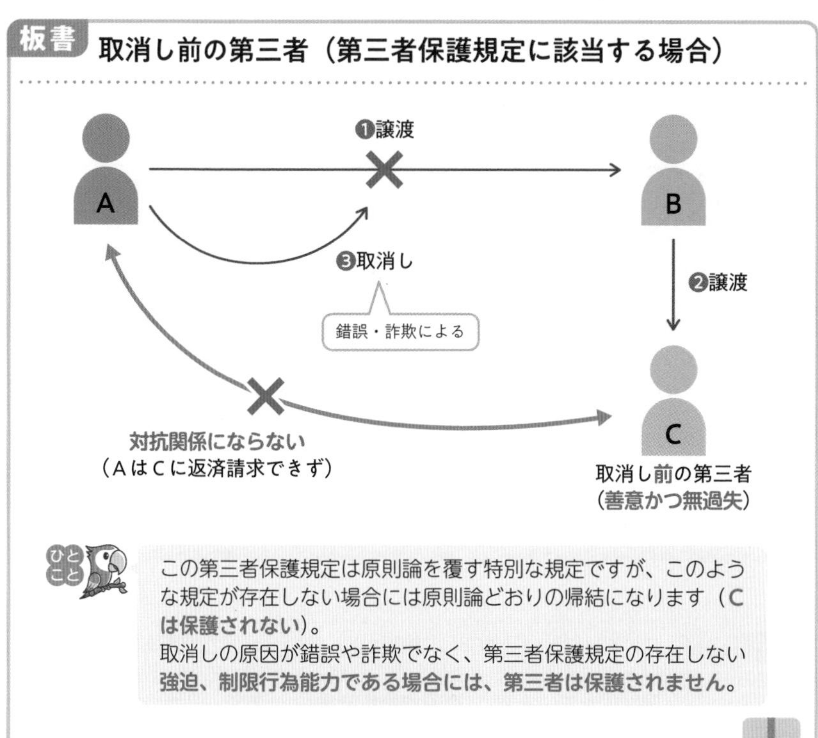

❷ 取消し後の第三者

ケース2-9 Aは、所有する土地をBに売却し、登記も移転した。その後、AはAB間の売買を詐欺を理由に取り消したが、Aが登記を取り戻す前にBは土地をCに転売し、登記もCに移転した。

取消しをした者と取消し後に登場した第三者は対抗関係に立ちます。したがって、先に登記を取得したほうが優先することになります。ケース2-9では登記を具備しているCが優先します。

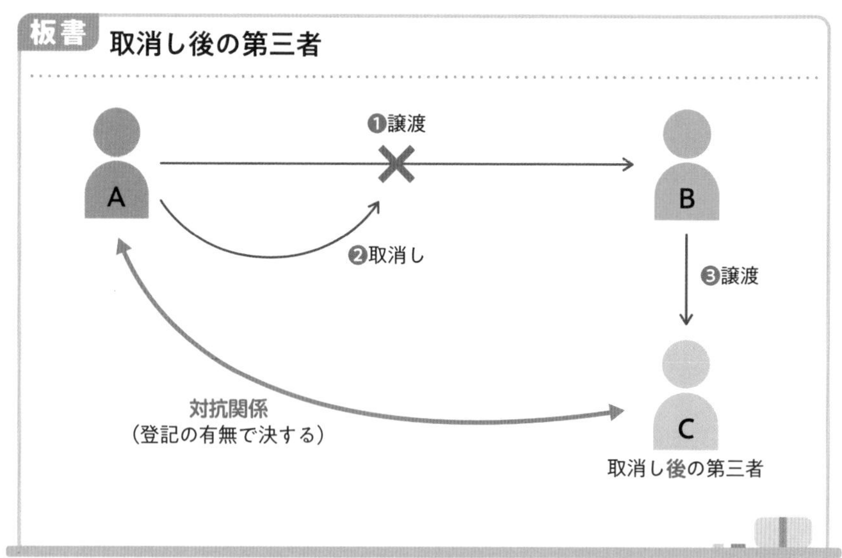

プラスone このケースでは、AB間の売買によっていったんBが所有権を取得し、Aによる取消しによってこれがAに復帰するという見方を判例は採っています。（**復帰的物権変動**）。一方で、BがCに譲渡することで、Bを起点とした「B→A」、「B→C」という二重譲渡と同様の関係になり、このことが177条の対抗関係に立つ理由となっています。

5 解除と登記

解除（かいじょ）とは、**債務不履行等を原因として契約を終了させること**をいいます。

取消しが契約のそもそもの成立に問題があるのに対し、解除は契約が有効に成立した後に問題が生じて契約を終了させるものです。詳しくは第２編第２章で学習しますが、ここでは代金の不払い等を理由に契約をやめにすることと考えておきましょう。

解除には、取消しと同様に遡及効（さかのぼって効力を生じなくさせる効果）がありますので、考え方の枠組みは取消しで説明したものと同じになります。

取消しと同様、解除についても、第三者がいつ現れたかによって取扱いが変わります。以下それぞれ、「解除前の第三者」、「解除後の第三者」として見ていきましょう。

❶ 解除前の第三者

ケース2-10 Aは、所有する土地をBに売却し、登記も移転した。Bはさらにこの土地を転売してCに登記を移転したが、その後Aが、Bの代金不払いを理由にAB間の売買契約を解除した。

解除前の**第三者を保護する規定**（545条1項ただし書）がありますので、第三者は保護されますが、**保護を受けるためには登記を取得している必要がある**とされています。このケースではCが登記を具備しているため、Aは解除をCに対抗できず、Cが所有者となります。

取消し前の第三者は善意かつ無過失であれば、登記の有無を問わず保護された点と異なります。また、対抗要件としてではなく、**保護される資格を得るために登記が必要**と考えられているので、権利保護要件と呼ばれています。

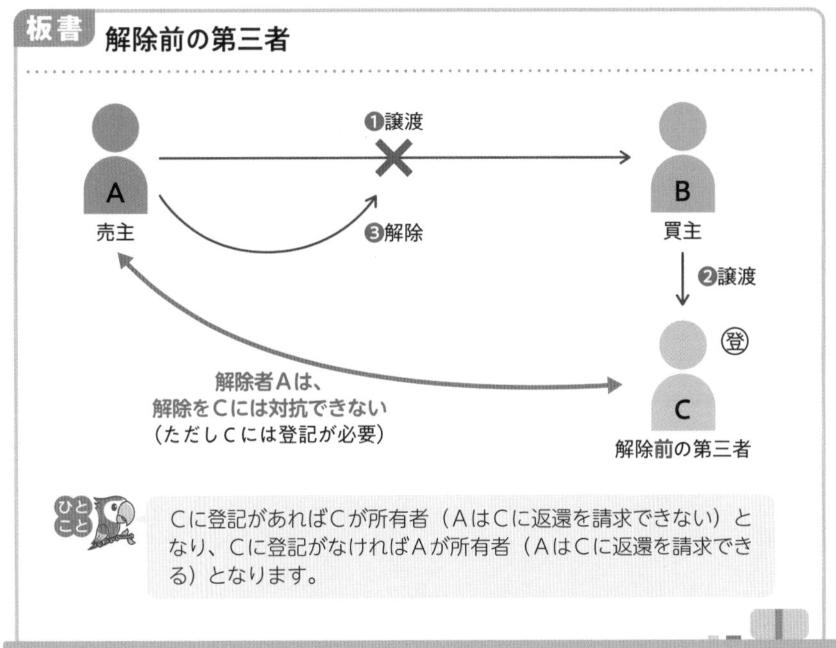

❷ 解除後の第三者

ケース2-11 Aは、所有する土地をBに売却し、登記も移転した。その後、AはBの代金不払いを理由にAB間の売買契約を解除したが、Aが登記を取り戻す前にBは土地をCに転売し、登記もCに移転した。

解除者と解除後に登場した第三者は**対抗関係に立ちます**。したがって、先に登記を取得したほうが優先することになります。このケースでは、登記を具備しているCが優先します。 02

これは取消しの場合と全く同じ処理です。

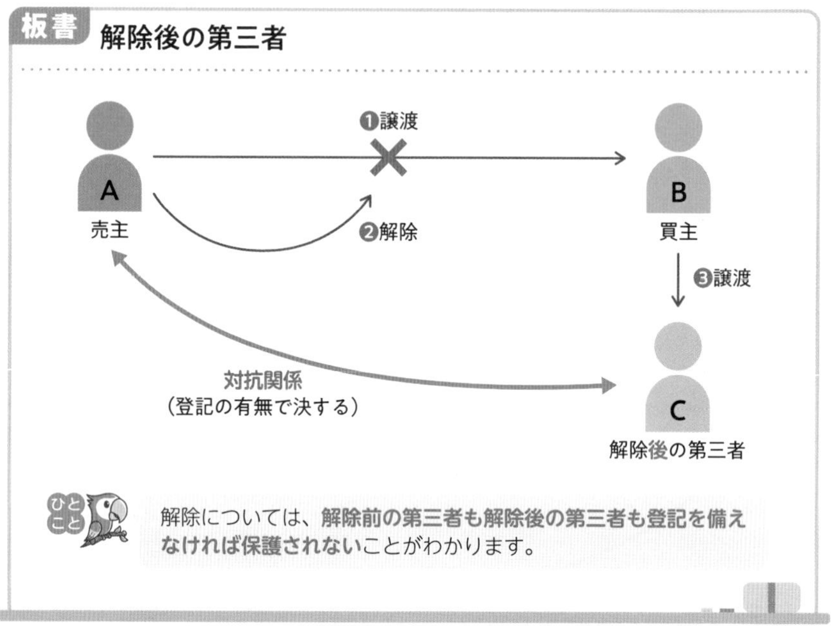

6 取得時効と登記

時効取得を主張する者は、元の所有者とは**当事者の関係**に立ちますので、占有開始時点から時効完成まで同じ所有者の場合、**登記がなくても時効取得を主張できます**。

では、途中で所有者が代わったらどうなるでしょうか。取得時効についても、第三者がいつ現れたかによって取扱いが変わります。以下それぞれ、「時効完成前の第三者」、「時効完成後の第三者」として見ていきましょう。

❶ 時効完成前の第三者

ケース2-12 Aの所有する土地を、Bが所有の意思をもって占有し始めた。Aはこの土地をCに売却し、登記も移転した。その後、Bの取得時効が完成した。

時効取得者と時効完成前の第三者とは、**当事者類似の関係に立ちます**。このケースでは、時効取得者Bは登記がなくてもCに時効取得を対抗できます。

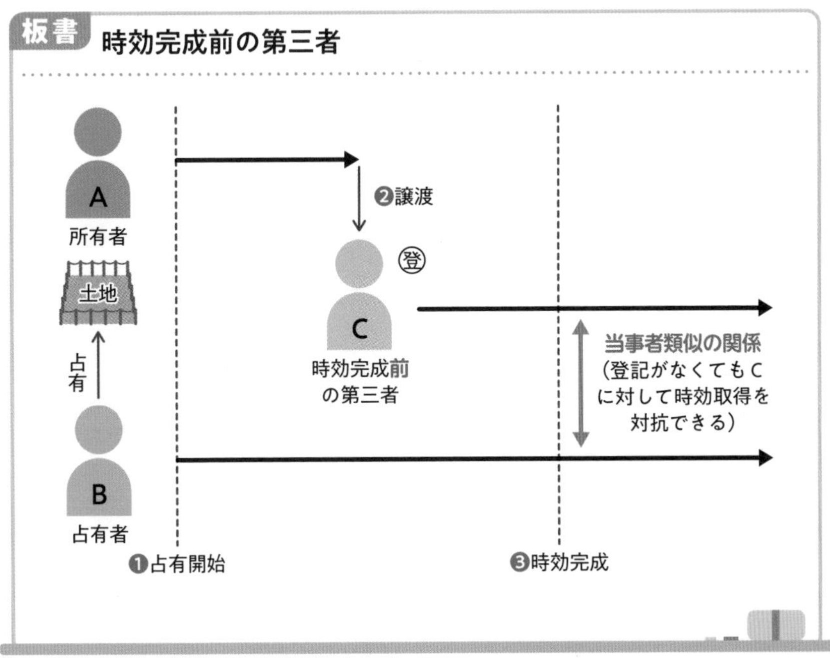

❷ 時効完成後の第三者

ケース2-13 Aの所有する土地を、Bが所有の意思をもって占有し始めた。その後Bの取得時効が完成したが、登記を移す前にAがCに土地を売却し、Cが登記を具備した。

時効取得者と時効完成後の第三者とは、**対抗関係に立ちます**。このケースでは、時効取得者Bは先に登記を備えた時効完成後の第三者Cに土地の時効取得を対抗できません。

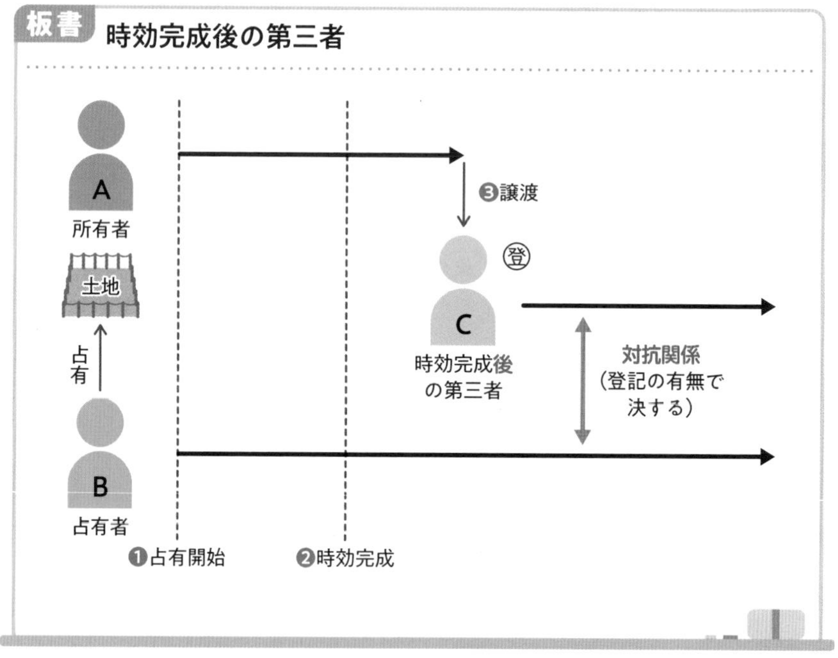

プラスone このように時効完成前の第三者か時効完成後の第三者かによって、時効取得を対抗できるかどうかが変わってくるので、時効取得者が時効の起算点を好きにずらす（任意に動かす）ことはできないとされています。

7 相続と登記

ここからは、相続が関係したケースを見ていきます。死亡し、財産等を相続される人を被相続人（ひそうぞくにん）、財産等を相続する人を相続人（そうぞくにん）と呼びます。

❶ 被相続人からの買主と相続人

ケース2-14 Aは所有する土地をBに売却したが、登記は移転していなかった。その後Aが死亡し、Cが単独相続した。

被相続人が亡くなる前に売却した土地の買主と相続人は**対抗関係に立ちません**。相続人は、被相続人の地位の一切を受け継ぐ者なので**被相続人と同視することができるから**です。このケースの買主Bは登記がなくても相続人Cに土地の所有権を対抗できます。

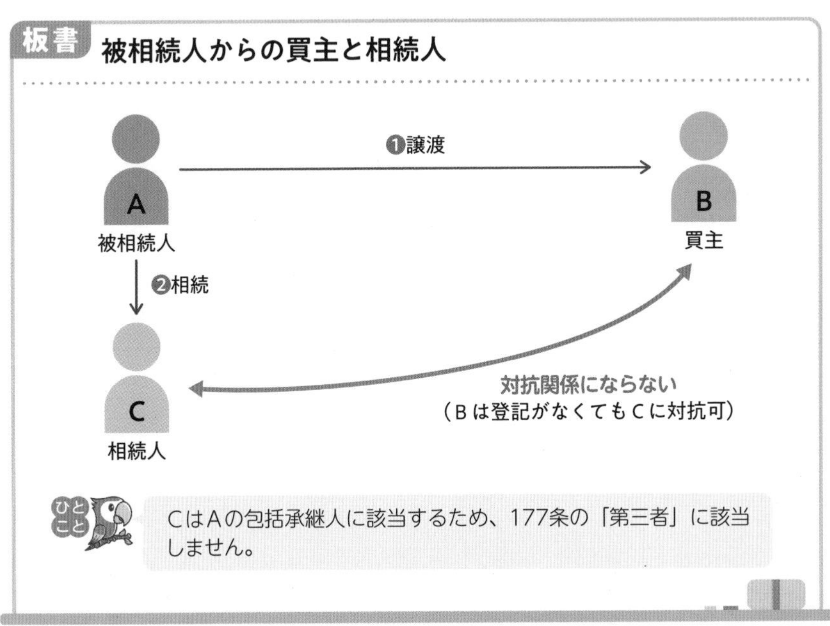

❷ 被相続人からの買主と相続人からの買主

ケース2-15　Aは所有する土地をBに売却したが、登記は移転していなかった。その後Aが死亡し、Cが単独相続した。Cはこの土地をDに売却し、登記もDに移転させた。

被相続人から土地を買った人と相続人からの土地を買った人は、**対抗関係に立ちます**。したがって、先に登記を取得したほうが所有者となります。このケースでは登記を具備したDが優先します。

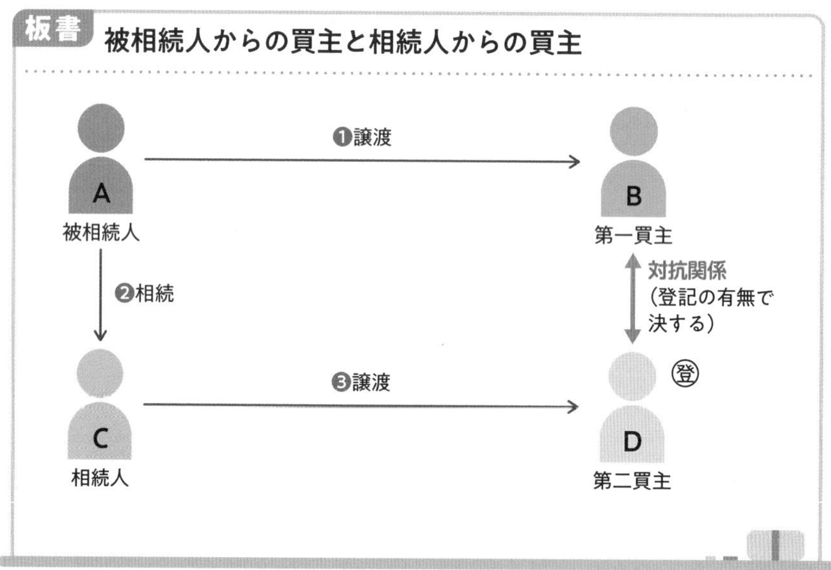

❸ 共同相続人の登記冒用

ケース2-16　Xが死亡し、その子AとBがそれぞれ2分の1ずつの持分で共同相続した。Xが所有していた土地につき、Bは自分が単独相続したと偽って登記を行い、Cに土地全部を売却した。

相続人が複数である共同相続において、登記の冒用が行われたケースを考えます。すなわち、共同相続人の1人が勝手に自分単独の登記をして、売却してしまったようなケースです。このケースでは、Aは土地に有している2分の1の持分について、登記がなくてもCに対抗できます。

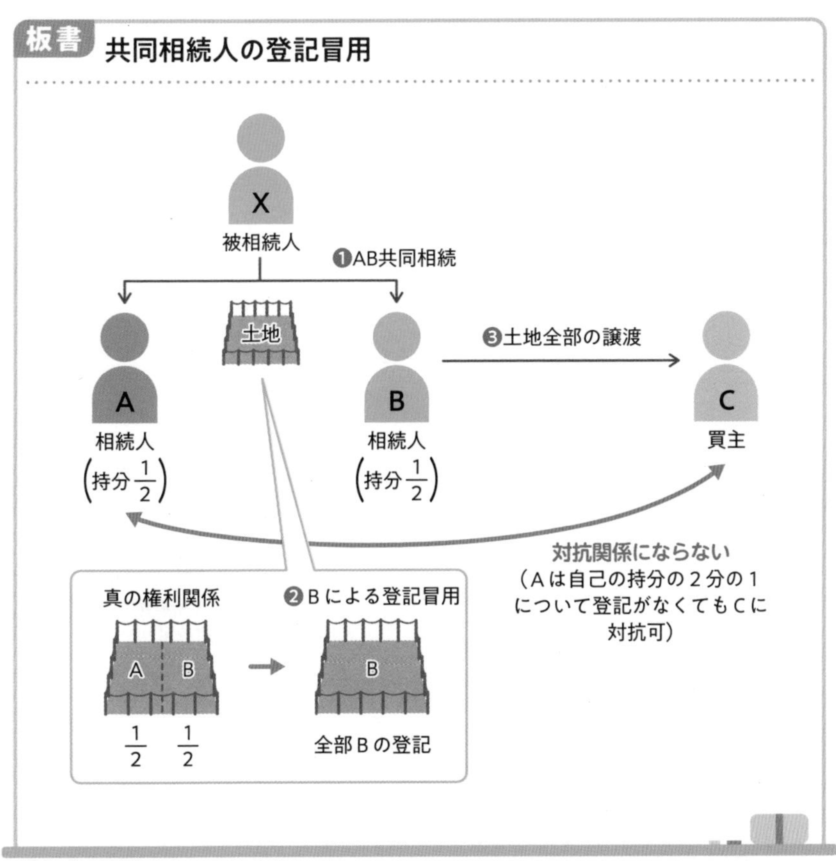

❹ 相続放棄と登記

ケース2-17 Xが所有していた土地をAとBが共同相続したが、Bが相続を放棄したためXの財産はAがすべて受け継いだ。その後、Bの債権者CがBの相続分を差し押さえた。

語句 **相続放棄**／相続人と推定される人が、自分は相続人にはならない、相続権は放棄するとの意思を表明する行為です。これにより相続放棄をした相続人は、被相続人の権利と義務を一切引き継がないことになります。

結論を示すと、このケースにおいて放棄しなかった相続人Aは登記がなくても土地全部の取得をCに対抗できます。 03

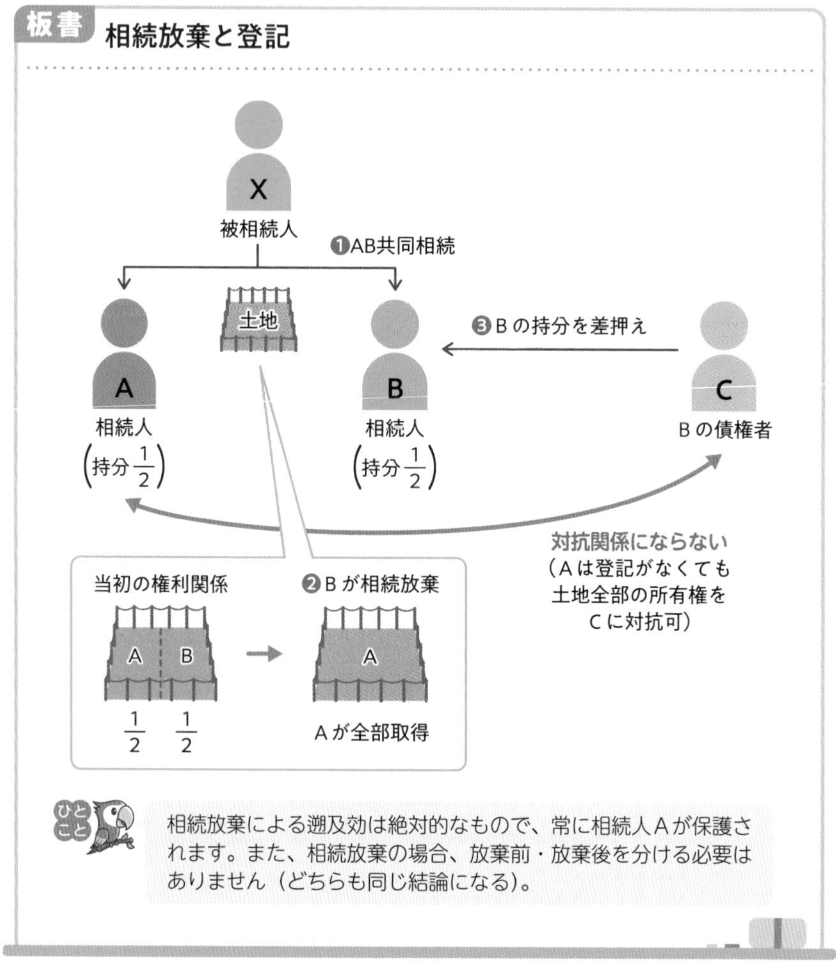

ここで、それぞれのケースについてまとめておきましょう。

	○○前の第三者	○○後の第三者
取消し	原則：保護されない 例外：錯誤、詐欺の場合、善意かつ無過失の第三者は保護される （95条４項、96条３項）	対抗関係（177条）
解除	登記があれば保護される （545条１項）	対抗関係（177条）
時効完成	保護されない	対抗関係（177条）
共同相続人の登記冒用	保護されない （相続人は持分を対抗できる）	保護されない （相続人は持分を対抗できる）
相続放棄	保護されない （相続人が常に優先される）	保護されない （相続人が常に優先される）

3 動産物権変動

最後に、不動産物権変動に比べるとだいぶシンプルですが、動産の場合の物権変動についても見ておきましょう。

❶ 対抗要件

動産についても不動産と同様に、物権変動を第三者に対抗する際の要件が問題になりますが、不動産と異なり**引渡**（ひきわた）しがその要件となります。

動産には基本的に、不動産における登記制度のような公示制度がありません。そのため引渡し、つまり**物の占有を移転すること**が対抗要件となっています。

不動産物権変動で問題になったように、１つの動産が二重に譲渡された場合にどのようになるか見てみましょう。

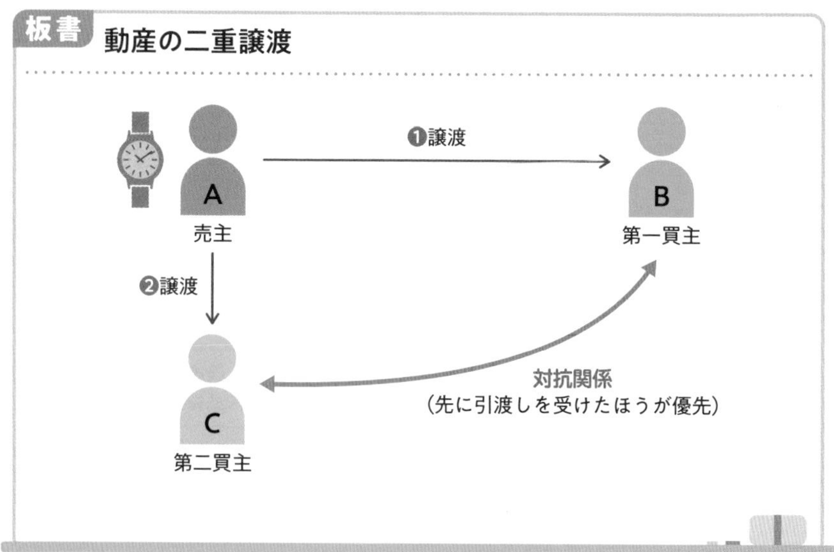

❷ 引渡しとは

民法上、引渡しの方法として次の4種類が認められています。

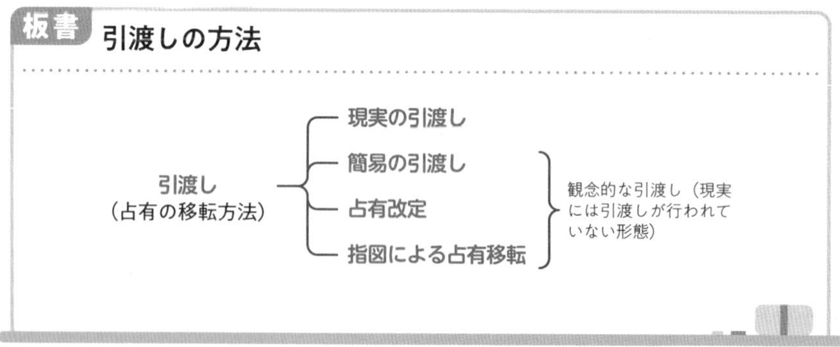

❶はまさに実際に渡すことをいいます。❷〜❹は次節で学習します。

第2節 物権変動

- [ ] 物権の設定および移転は**当事者の意思表示のみ**で効力を生じます。
- [ ] **不動産では登記、動産では引渡し**が第三者に対する対抗要件になります。
- [ ] ＡがＢに自己所有の土地を売却した後、Ｃにも同じ土地を売却した場合、ＣがAB間の売買契約を知っていたとしても**登記を先に備えれば**所有権を取得できます。
- [ ] 不法行為者や不法占有者は民法177条の第三者には含まれないので、所有権を取得した者は、**登記がなくても所有権に基づく権利行使ができます**。
- [ ] 土地がＡからＢに譲渡され、Ａが強迫を理由としてAB間の売買契約を取り消したにもかかわらず、Ｂがこの土地をＣに売却してしまった場合、ＡとＣは対抗関係に立つので、ＣがＡより先に**登記を備えれば**Ｃが所有者となります。
- [ ] 解除をした者と解除後の第三者は**対抗関係に立つ**ので、先に登記を取得したほうが所有権を取得できます。
- [ ] 時効取得者と時効完成時の取得者は対抗関係に立たないので、時効取得者が時効完成時の所有者に対して時効取得を主張する場合、**登記が不要**です。
- [ ] Ａが自己所有の土地をＢに売却した後死亡した場合、Ｂは、**登記がなくても**Ａの相続人Ｃに対して所有権取得を対抗できます。

第2節 ○×スピードチェック

01 不動産の二重譲渡において、第二譲受人が背信的悪意者である場合、背信的悪意者は無権利者であるから、背信的悪意者からの譲受人は登記を備えたとしても、第一譲受人に対し不動産所有権の取得を対抗することはできない。 裁判所2022

× 背信的悪意者からの譲受人と第一譲受人が対抗関係に立つので、背信的悪意者からの譲受人は登記を備えれば、第一譲受人に対し不動産所有権の取得を対抗することができます（背信的悪意者からの譲受人も背信的悪意者だった場合は除く）。

02 不動産を目的とする売買契約に基づき買主のため所有権移転登記があった後、当該売買契約が解除され、不動産の所有権が売主に復帰した場合には、契約が遡及的に消滅することから、売主は、その所有権取得の登記をしなくても、当該契約解除後において買主から不動産を取得した第三者に対し、所有権の復帰をもって対抗できるとした。 特別区Ⅰ類2020

× 解除者と解除後の第三者は対抗関係に立つので、売主（解除者）は、その所有権取得の登記をしなければ、解除後の第三者に対して、所有権の復帰をもって対抗できません。

03 Ａが所有していた土地をＢとＣが共同相続したが、Ｂが相続による持分を放棄した。その後、Ｂの債権者ＤがＢの持分を差し押さえた場合、Ｃは、Ｂの持分を取得したことを、登記なくしてＤに対抗することができない。 国家専門職2016

× 相続人Cは、相続放棄後に放棄者Bの持分を差し押さえた者Dに対しては、登記がなくても放棄による持分取得を対抗することができます。

第3節 占有権

START! 本節で学習すること

ここでは占有権について学習します。
少し細かい条文知識を覚える必要があるテーマです。
重要度が高いのは、即時取得です。事例で出題されるケースも多いので、具体的にイメージしながら学習しましょう。

1 占有権の取得

1 占有権とは

占有（せんゆう）とは、**自己のためにする意思をもって物を所持するという事実状態**をいいます。例えば不動産ならそこに住んでいる、動産なら持っている、支配下に置いている、といった状態のことを指します。

板書 占有の成立要件

❶自己のためにする意思（所持による利益を自分のものとする意思）
＋
❷所持（事実上の支配）

❶、❷を踏まえると、所有者に占有権が認められることはもちろん、不動産を借りて住んでいる**賃借人**にも占有権はあります。さらに、**盗人**にも盗んだ物に対する占有権はあることになります。

通常、物に対する事実上の支配は、所有権などの占有を正当化する権利（本権）に基づいています。しかし、占有が必ずしも本権に基づくものとは限りません。さらに、所有権などの本権が簡単に立証できない場合でも事実上の支配状態を保護する必要があります。

そこで、このような現実に物を支配している事実状態を尊重するために、本権の有無にかかわらず、**占有しているという事実から当然に発生する権利**を認めたのが**占有権**（せんゆうけん）です。

2　占有の態様

占有には、次のような態様（あり方）による分類があります。

❶ 自主占有と他主占有

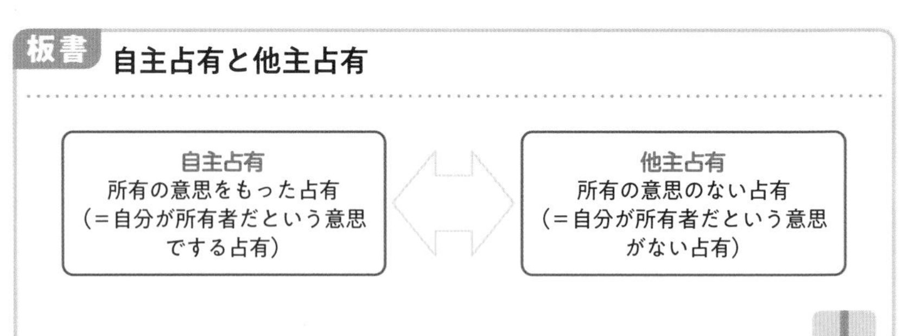

所有の意思の有無は、その占有を始めたときの法律上の原因（権原）または事情（占有者の占有中の態度）から**外形的客観的に判定**されます。したがって、**賃借人の占有は他主占有、盗人の占有は自主占有**と判定されます。

この概念は第１章第６節ですでに学習していますね。

❷ 善意占有と悪意占有

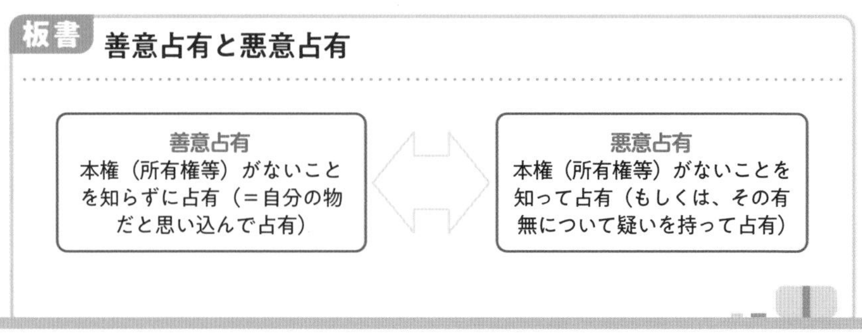

占有が善意占有か悪意占有かによって、占有者の権利に違いが生じる場面があります（後出の果実収取権や損害賠償義務）。

❸ 自己占有と代理占有

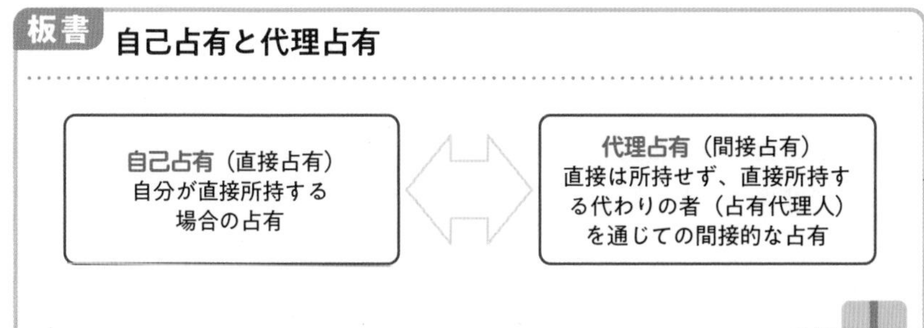

自己占有と代理占有については、賃貸借の場合を考えるとよいでしょう。

AがBに土地を貸しているとき、Bは土地を借りた状態で自ら所持しているので自己占有（直接占有）、AはBが所持する状態を通じて占有を維持しているので代理占有（間接占有）となります。

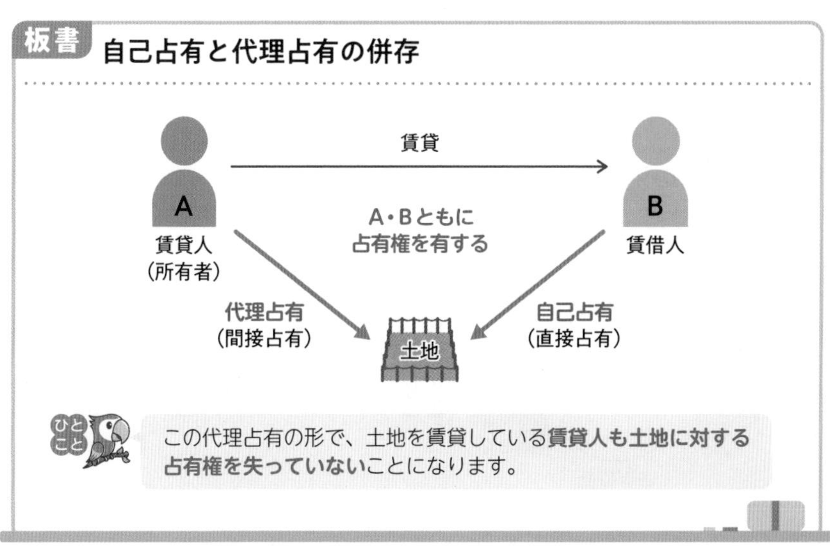

3 占有の移転方法

第２節において、**動産の場合は引渡しが第三者への対抗要件になる**ことを学びました。

引渡しとは物に対する占有を移転することですが、以下に示すように４つの方法があります。これらについて順に見ていきましょう。

❶ 現実の引渡し

現実の引渡しとは、**実際に物を相手方に引き渡すこと**です。最もわかりやすい占有権の移転方法です。

❷ 簡易の引渡し

簡易の引渡しとは、譲受人が何らかの事情によりすでに占有物を所持している場合に、**意思表示のみによって占有権を移転する方法**です。

例えば、パソコンを貸している相手がそのパソコンを買い取るようなケースです。

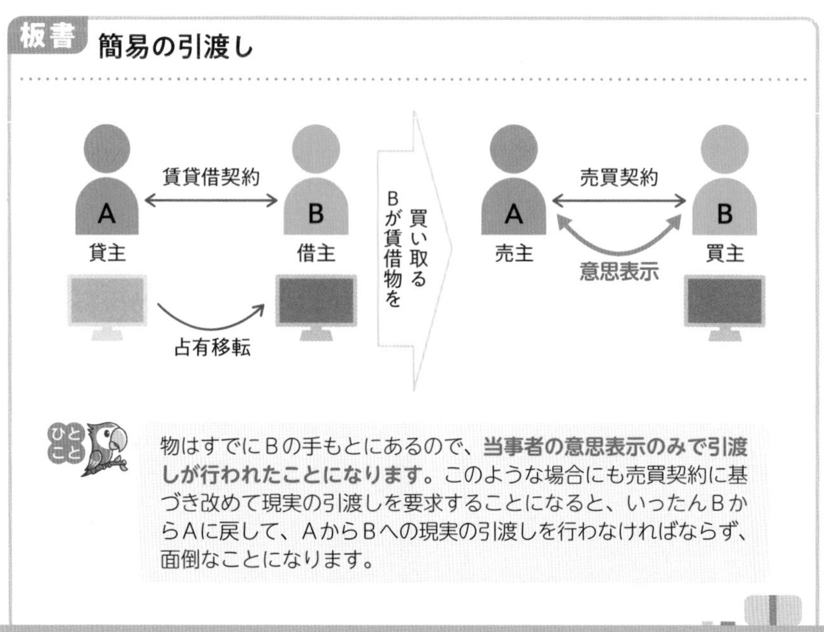

❸ 占有改定

占有改定（せんゆうかいてい）とは、**譲渡人が、自己の占有物を以後譲受人のために占有する意思表示をすることのみによって占有権を移転する方法**です。

Aが占有している物をBに売ったものの、引き続きBから借りて使い続けるような場合に行われる占有権の移転方法です。

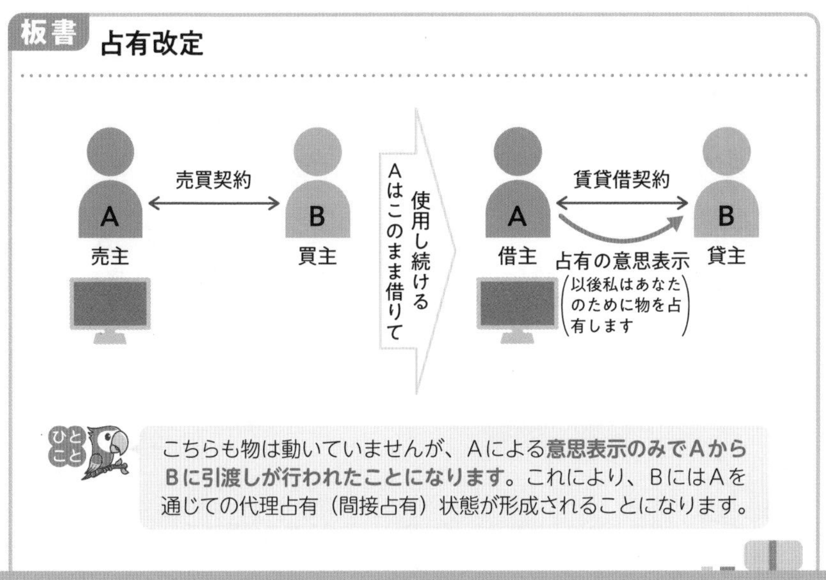

占有改定の場合、譲渡後も譲渡人が物を所持することになります。したがって、**外部からは権利移転があったかどうかわからない**不明確な占有の移転方法です。

ひとこと　このため占有改定による引渡しでは占有の移転が認められない場面もあります（後出の即時取得や質権）。

❹ 指図による占有移転

指図（さしず）による占有移転とは、**譲渡人・譲受人間の占有移転の合意と、譲渡人に代わって占有している者（保管者等）に対する意思表示によって、占有権を譲渡する方法**です。

倉庫業者等の倉庫に保管している物を、その倉庫に置いたままの状態で、売主が買主に占有を移転するような場合に行われる移転方法です。

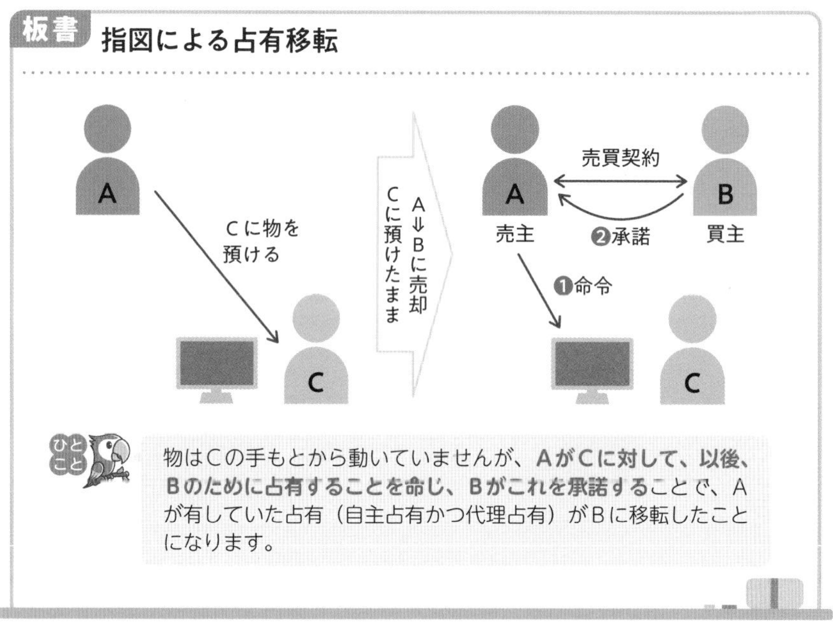

2 占有の効力

1 占有の効力

占有という事実状態から発生する効力（占有権の内容）としては次のものがあります。

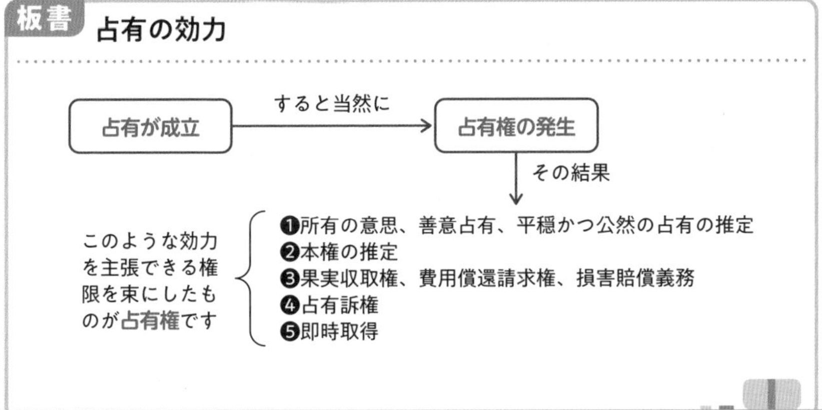

2 所有の意思、善意占有、平穏かつ公然の占有の推定

占有者は、❶**所有の意思をもって**、❷**善意で**、❸**平穏に**、かつ、❹**公然と**占有をするものと推定されます。

推定とは反対の証拠が出てこない限り、そのように取り扱われるということなので、占有者（例えば時効取得を主張しようとしている者）は、積極的に❶～❹の事実を立証する必要がないことになります。逆に、それを否定したい側（例えば時効取得を阻止したい土地の所有者）がその事実がないことを積極的に立証しなければいけません。

ただし、**占有者の無過失は推定されない**ので注意しましょう。

したがって、時効取得者が立証する必要があるのは、20年の時効取得の場合は「20年間の占有」のみ、10年の時効取得の場合は、「無過失」と「10年間の占有」ということになります。

3 本権の推定

占有者が占有物について行使する権利は、適法に有するものと推定されます。

つまり、所有者であることを主張する占有者は積極的に自分が所有者であることを立証する必要はなく、占有している事実を立証すれば、所有者であることは推定されるのです。

逆に、占有者に所有権がないと主張する側は、自ら積極的に、その占有者に所有権がないことを立証しないといけなくなります。

4 果実収取権、費用償還請求権、損害賠償義務

❶ 果実収取権

善意の占有者には、**占有物から生じる果実を収取することが許されています。**したがって、果実を収取したとしても、所有者にその果実を返還する必要がありません。

ただし、善意の占有者が本権の訴え（所有権をめぐる裁判等）で敗訴したときは、**訴え提起時から悪意占有者とみなされます。**

占有開始時でも敗訴した時でもなく「**訴え提起時**」であることに注意しましょう。

悪意の占有者は、**果実を返還する義務に加えて、すでに消費し、過失によって損傷し、または収取を怠った果実の代価を償還する義務**も負います。

❷ 費用償還請求権

物を占有している間に、壊れた部分を修理するなど、占有者が占有物について費用を支出することがあり得ます。この費用は**必要費**（ひつようひ）と**有益費**（ゆうえきひ）に分けられ、占有者がこれらの費用を支出した場合は、**その費用を占有物の占有を回復する者（所有者等）から償還させることができます。**この費用償還請求権は、占有者の善意、悪意にかかわらず認められます。

所有者は返還を受けることで占有状態を回復することになるため、しばしば「回復者」と表現されることがあります。

板書 必要費と有益費

	内容	具体例
必要費	物の**保存等に必要**な費用	車のエンジンの修理費用等
有益費	物の**改良等**のための費用	車にカーナビを付けた費用等

必要費については、**支出した金額全額**を償還させることができます。ただし、果実を収取した占有者は、通常の必要費（小規模の修繕費等）は負担します。

有益費については、**価格の増加が現存する場合**に、回復者の選択に従い、支出した金額または増価額を償還させることができます。

❸ 損害賠償義務

占有物が占有者の責任（故意や過失）で滅失・損傷した場合、占有者は、回復者（所有者等）に対し、以下のとおり**損害賠償責任を負います**。

板書 果実収取権等のまとめ

<table>
<tr><th colspan="2"></th><th colspan="2">善意占有</th><th>悪意占有</th></tr>
<tr><td colspan="2">果実収取権</td><td colspan="2">あり（償還義務なし）</td><td>なし（償還義務あり）</td></tr>
<tr><td rowspan="2">費用償還請求権</td><td>必要費</td><td colspan="3">費用全額の償還を請求できる
※果実を収取した占有者は通常の必要費は請求不可</td></tr>
<tr><td>有益費</td><td colspan="3">価格の増加が現存する場合に限り、回復者（所有者等）が選択した❶支出額または❷増価額について償還請求できる</td></tr>
<tr><td colspan="2" rowspan="2">損害賠償義務</td><td>自主占有</td><td>他主占有</td><td rowspan="2"></td></tr>
<tr><td>現存利益</td><td colspan="2">損害全部</td></tr>
</table>

5 占有訴権

占有訴権(せんゆうそけん)は、**事実的支配が侵害された場合に、本権の有無に関係なく、その侵害を排除する権利**です。

占有訴権は3種類あり、第1節で学習した物権的請求権と対応関係にあります。

板書 占有訴権

物権的請求権
❶物権的返還請求権
❷物権的妨害排除請求権
❸物権的妨害予防請求権

⇔ 対応しています

種類	内容	期間
❶占有回収の訴え（200条）	占有が奪われた（侵奪された）場合に返還および損害賠償を求める	侵奪の時から1年以内
❷占有保持の訴え（198条）	占有を妨害されている場合に妨害の停止および損害賠償を求める	妨害が存する間または妨害の止んだ後1年以内
❸占有保全の訴え（199条）	占有妨害のおそれがある場合に妨害予防または損害賠償の担保を求める	妨害の危険が存する間

占有訴権は**占有者の悪意・善意に関係なく行使できる**ので、悪意の占有者が占有回収の訴えを行使することも可能です。

占有回収の訴えにおける「奪われた」とは、占有者がその意思に基づかずにその所持を奪われることです。**だまされて任意に引き渡した場合**（詐取）**やなくした場合**（遺失）**などは含まないので、**だまされて渡してしまった物は占有回収の訴えで取り戻すことはできません。

01

3 即時取得

1 即時取得とは

ケース2-18 Aの所有するパソコンを借りていたBは、それを自分の物と偽ってCに売却し、引き渡した。Cは、そのパソコンがBの所有物ではないことに気づかず、また気づかないことに特に落ち度はなかった。

このケースにおいて、無権利者からパソコンを購入したCは、本来、有効に権利を取得することはできないはずです。しかし、無権利者から購入した場合に、所有権が取得できないことになると、動産取引の安全は維持されません。

動産の取引において、いちいち相手が真の所有者なのか疑ったり確かめたりしなければならないようだと、日常的な買い物なども安心してできなくなってしまいますね。

そこで設けられているのが**即時取得**（そくじしゅとく）（善意取得）という制度です。

無権利者から取得した者であっても、要件を満たして即時取得が成立すれば、所有権を取得することができます。その結果、真の所有者の所有権は失われることになります。

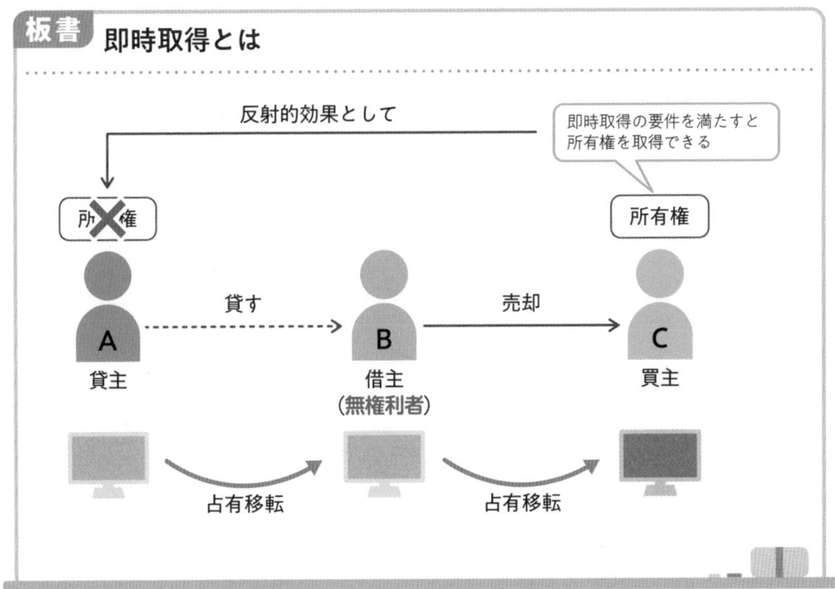

2 即時取得の要件

即時取得が成立するためには次の要件を満たす必要があります。

板書 即時取得の要件

- ❶目的物が**動産**であること
- ❷前占有者が**無権利者**であること
- ❸**有効な取引行為**によって（占有を取得すること）
- ❹**平穏・公然・善意・無過失**に（占有を取得すること）
- ❺**占有を取得**すること

❶「動産であること」

即時取得は動産取引の安全を図る制度です。そのため**対象となるのは動産だけ**です。不動産は即時取得の対象となりません。

自動車は動産ですが、道路運送車両法による**登録済みの自動車は即時取得の対象外**となります。一方、**未登録の自動車は即時取得の対象**になります。

また、**金銭は即時取得の対象ではありません**。

金銭は「占有のある所に所有権あり」という考え方が採られており、**占有者が常に所有者**となると考えられているためです。

❷「前占有者が無権利者であること」

即時取得は無権利者から権利を取得した人を保護するものです。したがって、**前占有者が無権利者であること**が要件になります。

借主、盗人、拾った人、預かっている人など所有権はないのに物を占有している人は広く含みます。

この要件を使って、即時取得の適用が否定されるケースに、無権代理人から取得したケースがあります。**無権代理人を正当な代理人と誤信して取引をしても即時取得は適用されません**。

即時取得は「占有者だから所有者に違いない」という信頼を保護するための制度であり、「代理権があるに違いない」という信頼を保護するものではありません。また、このケースで即時取得が適用されてしまうと、代理の規定が無意味になってしまいます。

❸「有効な取引行為によって占有を取得すること」

即時取得が成立するためには、**取引行為によって取得すること**が必要です。

板書「有効な取引行為」

取引行為に該当　　：売買、贈与、強制競売、代物弁済など
取引行為に該当せず：山林の伐採、果実の収取、相続、遺失物の拾得など

02

したがって、Aのパソコンを盗んだBが部屋に置いておいたところ、Bが死亡し息子のCがそのパソコンを**相続によって取得した場合**や、Aのパソコンを盗んだBがパソコンを置き忘れてしまいCがそれを**拾った場合**などは、いずれもCが取引行為によって占有を取得したわけではないので、即時取得できません。

❹「平穏・公然・善意・無過失に」

「平穏・公然」は、暴行・強迫による占有でないこと、占有を隠していないことを指します。

「善意・無過失」は、所有者でないとは知らず、知らないことに落ち度がないこと（疑いも持っていないこと）を指します。

占有者が「平穏・公然・善意」で占有していることは、条文（186条）で推定されています。一方、占有者が「無過失」で占有していることは、条文では特に推定されていませんでした。しかし、即時取得の場合は、「無過失」も「占有者が占有物について行使する権利は、適法に有するものと推定」する規定（188条）によって、**推定される**と考えられています（判例）。

したがって、**即時取得を主張する者は、「平穏・公然・善意・無過失」であることを立証する責任を負いません**。 03

❺「占有を取得すること」

取得者が**動産の引渡しを受けている**必要があります。

この占有の取得は、現実の引渡し、簡易の引渡し、指図による占有移転のいずれかの方法により行われる必要があり、**占有改定の方法によることは認められていません**。 04

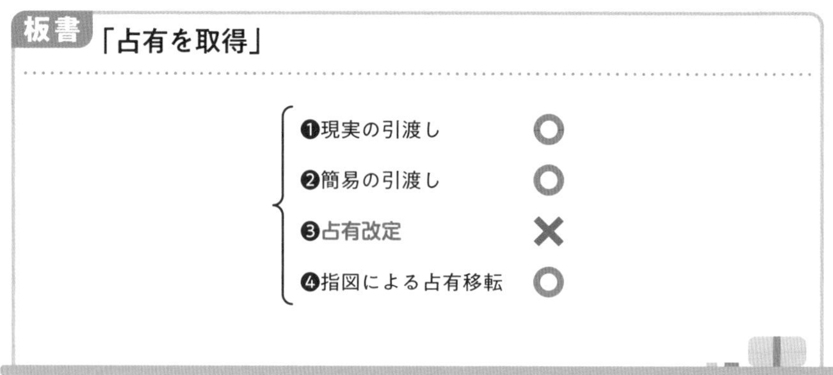

即時取得が認められると真の権利者は落ち度がなくても権利を失うことになりますので、それとの比較から即時取得が認められるためには即時取得者の実質的支配が対象物に及ぶ必要があり、そうなって初めて即時取得者は保護に値すると考えられています。そのため占有改定では即時取得は認められないのです。

3 盗品・遺失物の場合の特則

即時取得が成立する場合においても、それが**盗品または遺失物**であるときは、被害者または遺失者は、**盗難または遺失の時から２年間**は、占有者または転得者に対してその動産の回復請求をすることができる制度があります。物を盗まれて失った人、紛失した人のように、自らの意思によらずに占有を失った人を救済する趣旨です。 05

したがって、**詐欺**、**横領**によって占有を失ったケースは**自らの意思に基づいて手放しているため対象外**となります。

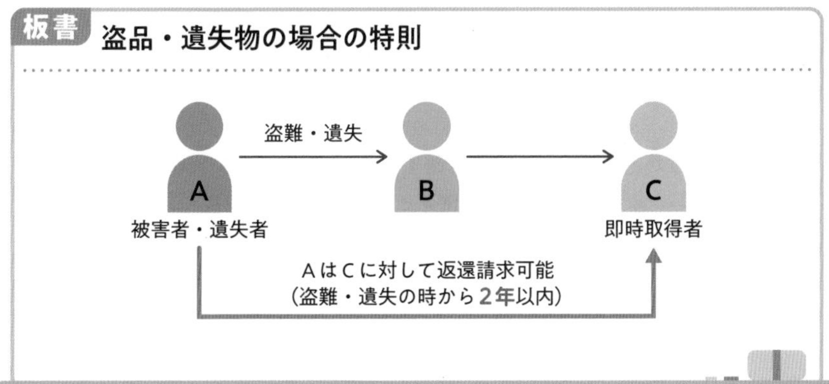

ただし、占有者が、❶競売もしくは❷公の市場において、または❸同種の物を販売する商人から、善意で買い受けたときは、被害者・遺失者は、**占有者が払った代価を弁償しなければ、回復請求をすることはできません**。

占有者は盗品や遺失物だと疑わずに買い受けているため、例えば後からそれが盗品だとわかったからといって、無償で被害者に渡さなければいけないのは酷だからです。

第3節 占有権

- [ ] 所有の意思の有無は、その占有を取得したときの形態から**客観的に判定**されます。したがって、内心の意図に関わりなく、**賃借人の占有は他主占有**と判断されます。

- [ ] 占有の移転方法には、❶**現実の引渡し**、❷**簡易の引渡し**、❸**占有改定**、❹**指図による占有移転**の４つの方法があり、これが動産の対抗要件としての**引渡し**になります。

- [ ] **善意占有者**は占有物から生じる果実の収取権が認められていますが、**悪意占有者**は果実の収取権は認められていません。

- [ ] 占有者が占有物を所有者に返還する場合には、その物の保存のために支出した**必要費**を所有者から償還させることができます。

- [ ] 即時取得は動産取引の安全を図る制度なので、対象となるのは**動産**だけであり、不動産は対象となりません。また、**登録されている自動車も対象となりません。**

- [ ] 即時取得を主張する者は、平穏・公然・善意の占有だけでなく、**無過失で占有していることについても推定される**ため、立証する責任を負いません。

- [ ] 即時取得が成立するためには占有を取得する必要がありますが、この占有の取得は**占有改定の方法では認められません。**

- [ ] 即時取得が成立する場合においても、それが**盗品または遺失物**であるときは、被害者または遺失者は、**盗難または遺失の時から２年間**は、占有者に対してその動産の回復請求をすることができます。

第3節 ○×スピードチェック

01 占有者が他人に欺かれて物を交付した場合、当該占有者の占有移転の意思には瑕疵があるといえるため、当該占有者は、占有回収の訴えにより、その物の返還及び損害の賠償を請求することができる。 国家一般職2016

× 占有回収の訴えは、「占有を奪われた」場合に行使可能であり、欺かれて交付した場合は行使できません。

02 A所有の動産をBが占有していたところ、Bが死亡してBの相続人Cが相続財産の包括承継により善意・無過失で当該動産を占有した場合には、Cは当該動産を即時取得する。 国家一般職2020

× 即時取得が成立するためには取引行為によって占有を取得する必要があり、相続による占有取得では即時取得は認められません。

03 最高裁判所の判例では、占有者は、所有の意思をもって、善意で、平穏に、公然と占有をするものと推定されるが、無過失については推定されないため、即時取得を主張する占有者は、無過失を立証する責任を負うとした。 特別区Ⅰ類2017

× 無過失についても推定されるので、即時取得を主張する占有者は無過失の立証責任を負いません。

04 Aが、Bに対して指輪Xを売却し、Bが、指輪XについてAの所有物であると過失なく信じて占有改定の方法による引渡しを受けた場合、Bによる指輪Xの即時取得が認められる。 裁判所2021

× 占有改定による占有の取得では、即時取得は認めらません。

05 A所有の動産がBに盗まれ、その後、BからCに譲渡された場合には、Cが善意・無過失であったとしても、Aは、盗難の時から２年間、Cに対して当該動産の回復を請求することができる。 国家一般職2020

○

第1編

総則・物権

第3章

担保物権

第1節 担保物権総論

START! 本節で学習すること

第３章では物権の中でも担保物権という範囲を扱いますが、ここではまず担保物権全体に共通する特徴を確認します。
担保物権の機能や共通する性質、効力が出てきますが、特に重要なのは通有性と呼ばれる共通する４つの性質を押さえることです。
この節で学習することは、各担保物権の知識として問われることもありますので、各担保物権の学習をスムーズに進めるためにもきちんと理解しておきましょう。

1 担保物権とは

1 債権者平等の原則

債権者が債権の回収（債権の支払いをしてもらうこと等を指します）を図る際には、**債権者平等の原則**（さいけんしゃびょうどう）に基づくことになります。

これは、債務者が債務の弁済が困難となった際に、債権発生の原因・時期を問わず、**債権額に比例して債権者が満足を受ける**という原則です。

ケース3-1 Ｄは Ａから4,000万円を借りた。その後、Ｄは交通事故を起こしてＢから3,000万円の損害賠償を請求され、さらにＣから別荘を購入したことで代金債務3,000万円を負い、債務の総額は１億円となった。その後Ｄは返済不能に陥ったが、その際持っている唯一の財産は時価5,000万円の土地（Ｘ土地）だけだった。

このように債務者Ｄが返済不能になったら、その財産であるＸ土地が差し押さえられて競売にかけられます。そして、売却によって得られた5,000万円が、Ａ～Ｃに対する返済に充てられることになります。

では、Ｘ土地の売却代金からＡ～Ｃはどのように回収を図ることができるのでしょうか？

このケースでは債権者平等の原則が働くため、各債権者は債権額に比例した回収しか行えません。Ａは最初に貸付けを行っていますが、

$$5{,}000\text{万円} \times \frac{4{,}000\text{万円}}{1\text{億円}} = 2{,}000\text{万円}$$

の回収しか図れないことになります（Ｂ・Ｃは各1,500万円）。

板書 債権者平等の原則

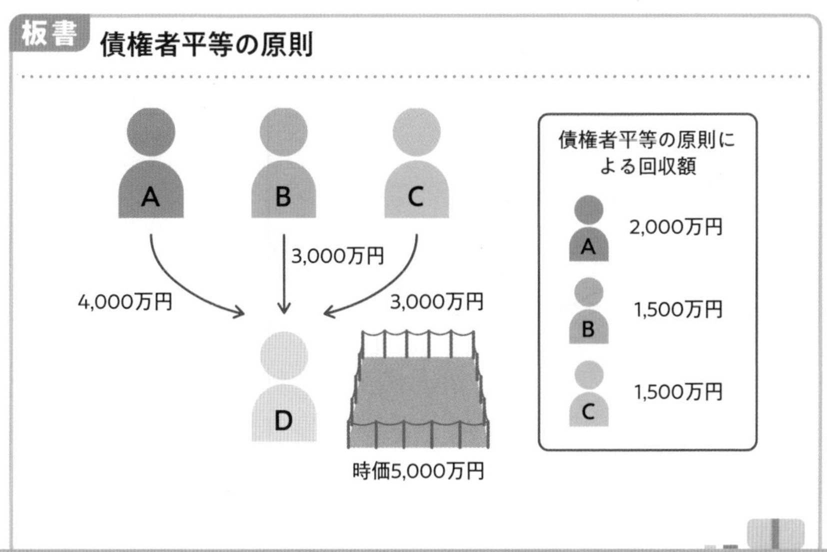

2 担保物権の機能

債権を確実に回収するために、**債務が弁済されない場合に肩代わりにするもの**を**担保**（たんぽ）といいます。このうち、物の担保とし、その担保に対する権利を**担保物権**（たんぽぶっけん）と総称します。

担保物権を有している債権者は、担保物権が設定されている目的物の財産的な価値から他の債権者に優先して弁済を受けられるため、先ほどのケースで、仮にAがX土地に担保物権を持っていると、より確実な債権の回収が図れます。

ケース3-1 をAが担保物権を持っていたケースにして考えてみましょう。この**担保物権によって守られる債権**を**被担保債権**（ひたんぽさいけん）と呼びます。Aの持っている4,000万円の債権が今回の被担保債権です。また、担保物権を設定する（付ける）のは担保物権が設定される物の所有者なので、このケースではDを**担保物権設定者**と呼びます。一方、Aは**担保物権者**と呼ばれます。

「●●権者」が債権者、「●●権設定者」が債務者に当たると思っておきましょう。「設定する」というのは、担保物権を「付ける」こと、「生じさせる」ことを意味しています。

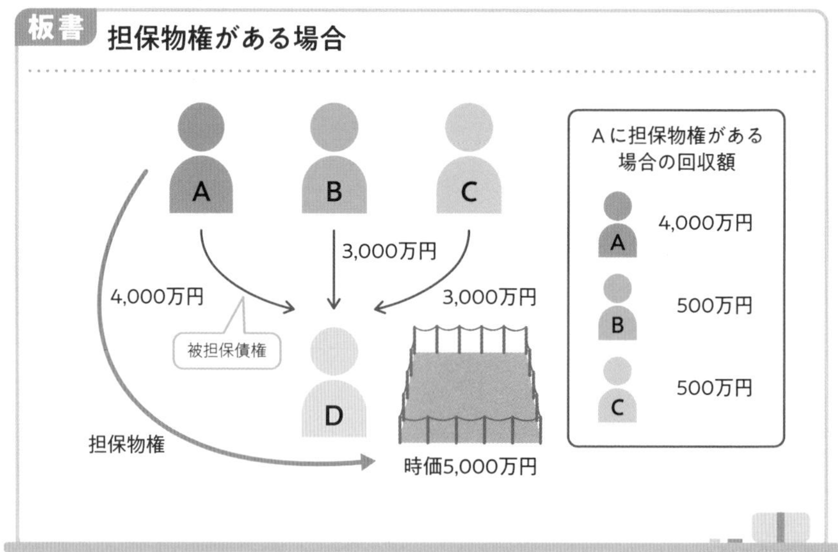

Aが土地に担保物権を持っていると、この土地の売却代金から優先的に回収を図ることができます。

具体的には、Aは4,000万円全額の回収を図ることができ、B、Cは残金1,000万円を債権者平等の原則で分けて500万円ずつの回収となります。

このように、担保物権を有している債権者は、**他の債権者に優先して弁済を受けられ、債権の確実な回収をしやすくなる**わけです。

3 担保物権の種類

❶ 法定担保物権と約定担保物権

民法が定める担保物権は、**法律の規定する一定の事情（要件）が生じた場合に当然発生**する法定(ほうてい)担保物権と**当事者の約定によって発生**する約定(やくじょう)担保物権に区分できます。法定担保物権には留置権と先取特権、約定担保物権には質権と抵当権があります。

プラスone 上記はすべて民法に規定のある典型担保物権ですが、このほかに民法には規定がない非典型担保物権として、**譲渡担保**、仮登記担保、所有権留保が解釈上認められています。 01

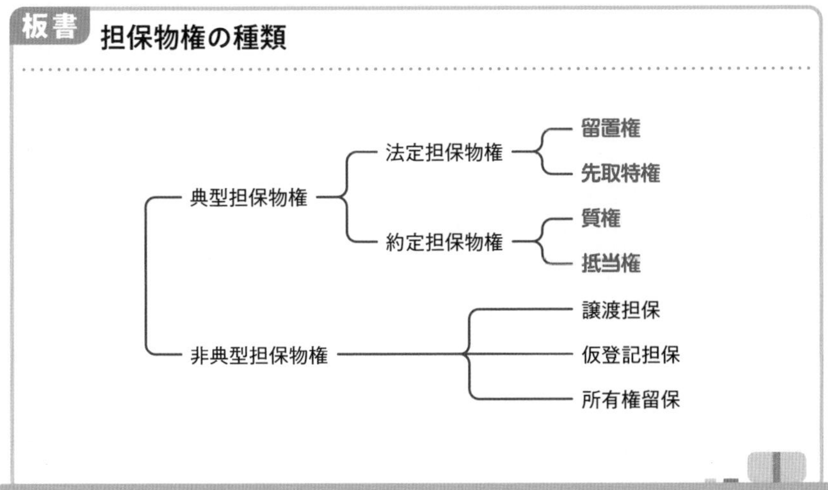

以下、各担保物権について簡単に説明しておきます。

❷ 留置権

留置権は、他人の物の占有者が、その物に関して生じた債権の弁済を受けるまでその物を留置（自分の手もとに置くこと）できる権利です。

例えば、修理をしたにもかかわらずお客が代金を払ってくれない場合に、修理業者がお客に対して、「修理代金を支払うまで物を返さない」と主張できる権利です。

❸ 先取特権

先取特権は、民法が規定する一定の債権を被担保債権として、債務者の財産から他の債権者に優先して弁済を受けられる担保物権です。

例えば、ある店の従業員が、その店が倒産した際に、他の債権者に優先して給料を支払ってもらえる権利です。

❹ 質　権

質権は、債権者が物等を担保として預かって債務が弁済されるまで占有し、弁済されない場合には、その物の代価から他の債権者に優先して弁済を受けることができる権利です。

例えば、お金を貸す際にブランドバッグを担保として預かった人が、お金を返してもらえなかった際に、そのブランドバッグをお金に換えて貸していたお金を返してもらう権利です。

❺ 抵当権

抵当権とは、債権の優先的な弁済を受けるために不動産を対象として設定される担保物権です。

例えば、お金を貸す際に不動産を担保とした人が、お金を返してもらえなかった際に、その不動産をお金に換えて貸していたお金を返してもらう権利です。

2 担保物権の効力

担保物権の効力には、❶優先弁済的効力、❷留置的効力、❸収益的効力の3つの効力があります。

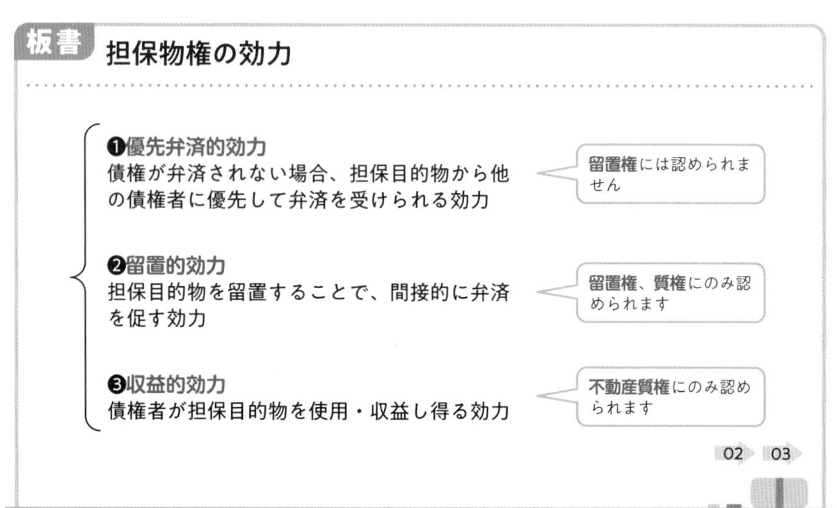

3 担保物権の共通の性質

担保物権には、❶付従性、❷随伴性、❸不可分性、❹物上代位性の４つの共通する性質があり、これらを通有性（つうゆうせい）と呼んでいます。

ただし、共通の性質といっても、**留置権には物上代位性がありません**。これは留置権には優先弁済的効力がないことに由来します。また、**付従性と随伴性についても例外が存在します**（元本確定前の根抵当権（ねていとうけん））。

1 付従性

付従性（ふじゅうせい）とは、**被担保債権が成立しなければ担保物権も成立せず、また、被担保債権が消滅すれば、それと同時に担保物権も消滅する**という性質をいいます。

例えば、被担保債権を発生させた契約が無効や取消しで消滅すれば、担保物権も当然に成立していなかったことになりますし、被担保債権が弁済や時効で消滅すれば、同時に担保物権も消滅するという性質です。

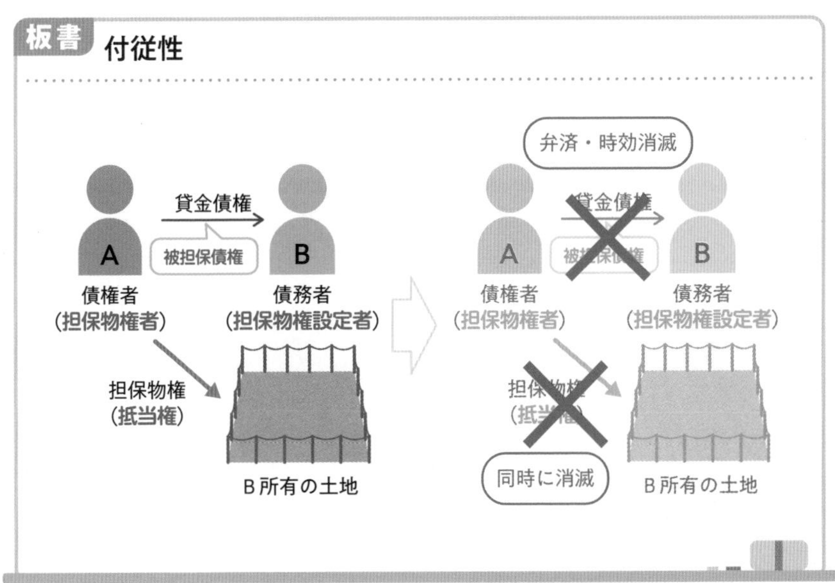

2 随伴性

随伴性(ずいはんせい)とは、**被担保債権が債権譲渡（債権の売却のこと）などにより移転すれば、担保物権もそれに伴って移転する**という性質をいいます。

債権譲渡によって債権者が交代すれば、担保物権者も新しい債権者に交代するということです。

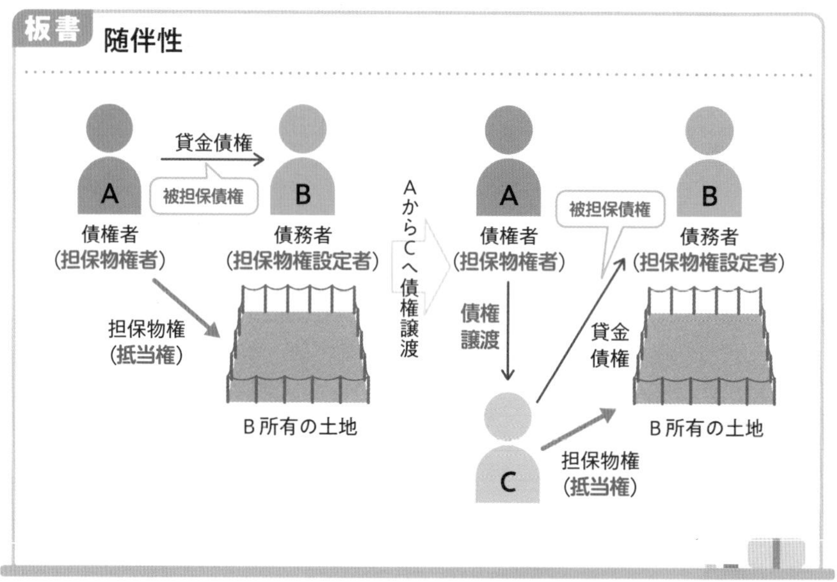

3 不可分性

不可分性とは、**被担保債権全部の弁済を受けるまで、担保物権の目的物全部についてその効力を及ぼす**という性質をいいます。

例えば、ある土地に対して抵当権が設定されているとき、借金（被担保債権）の半額が弁済されたからといって、抵当権の及ぶ範囲が土地の半分になるわけではないということです。 04

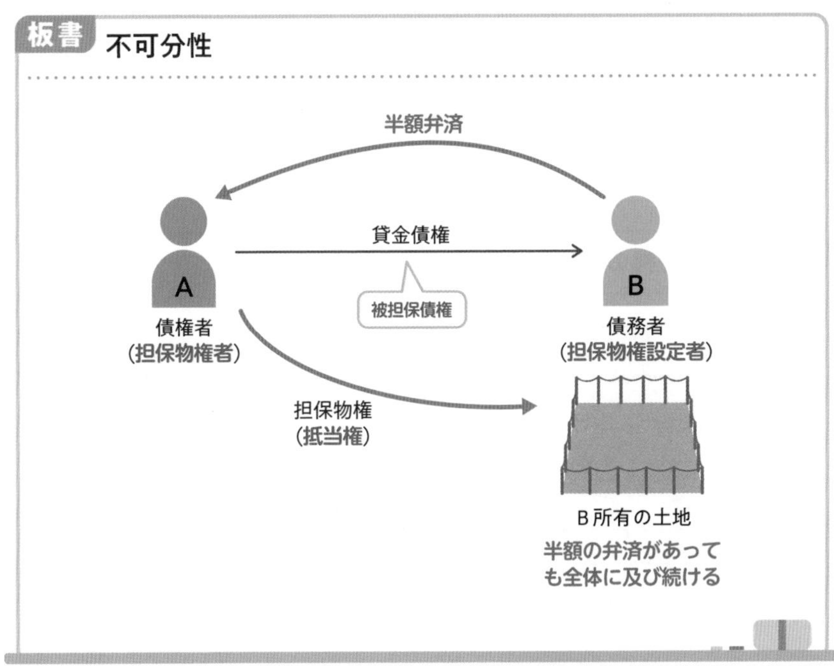

4 物上代位性

物上代位性(ぶつじょうだいいせい)とは、**担保物権の目的物が、売却、賃貸、滅失、損傷によって、代金、賃料、保険金などの金銭その他の物に変わった場合、これらの物に対しても権利を行使できる**という性質をいいます。

例えば、担保物権の目的不動産が火災で焼失してしまい、債務者が火災保険金を受け取るときは、その火災保険金にも担保物権者が優先弁済を主張できるということです。

この性質は、優先弁済的効力を持たない**留置権**には認められていません。

物上代位については、次節で詳しく説明します。

担保物権の通有性と効力をまとめると次のようになります。

板書 **担保物権の通有性と効力**

		留置権	先取特権	質　権	抵当権
通有性	付従性	○	○	○	○
	随伴性	○	○	○	○
	不可分性	○	○	○	○
	物上代位性	×	○	○	○
効力	優先弁済的効力	×	○	○	○
	留置的効力	○	×	○	×
	収益的効力	×	×	不動産質権のみ○	×

第1節 担保物権総論

- [ ] 法律の規定する一定の事情（要件）が生じた場合に当然発生する**法定担保物権**には留置権と先取特権があり、当事者の約定によって発生する**約定担保物権**には質権と抵当権があります。

- [ ] 担保物権には、❶**優先弁済的効力**、❷**留置的効力**、❸**収益的効力**の３つの効力があります。

- [ ] 優先弁済的効力とは、債権が弁済されない場合に、担保目的物から**他の債権者に優先して弁済を受けられる効力**をいいますが、**留置権には認められません**。

- [ ] 留置的効力とは、担保目的物を**留置することで間接的に弁済を促す効力**をいいます。**留置権と質権にはこの効力が認められており**、債権者が自分のもとに担保目的物を留め置くことができます。

- [ ] 被担保債権が成立しなければ担保物権も成立せず、また、被担保債権が消滅すれば、それと同時に担保物権も消滅するという性質を**付従性**といいます。

- [ ] 被担保債権が債権譲渡などにより移転すれば、担保物権もそれに伴って移転するという性質を**随伴性**といいます。

- [ ] 被担保債権全部の弁済を受けるまで、担保物権の目的物全部についてその効力を及ぼすという性質を**不可分性**といいます。

- [ ] 担保物権の目的物が、売却、賃貸、滅失、損傷によって、代金、賃料、保険金などの金銭その他の物に変わった場合、これらの物に対しても権利を行使できるという性質を**物上代位性**といいます。この性質は**留置権には認められていません**。

第1節 ○×スピードチェック

01 民法典に規定されている留置権、質権、抵当権及び譲渡担保を典型担保、民法典上に規定がない担保を非典型担保といい、非典型担保には仮登記担保契約に関する法律に規定する仮登記担保が含まれる。

特別区Ⅰ類2009

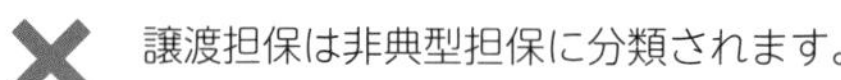

× 譲渡担保は非典型担保に分類されます。

---

02 担保物権の優先弁済的効力は、債務の弁済が得られないとき、担保権者が担保の目的物の持つ価値から他の債権者に優先して弁済を受けることのできる効力であり、これは担保物権の債権担保としての効果をあげるための効力であるから、留置権、先取特権、質権、抵当権のいずれにも認められる。 国家一般職2015

× 留置権には優先弁済的効力は認められていません。

---

03 債務が完済されるまで担保権者が目的物を留置しうる効力を留置的効力といい、これによって間接的に債務の弁済を促そうとするもので、典型担保では留置権にのみこの効力が認められる。 特別区Ⅰ類2009

× 留置的効力は質権にも認められています。

---

04 担保物権には付従性があり、被担保債権が発生しなければ発生せず、被担保債権が消滅すれば消滅するので、被担保債権の一部の額の弁済を受けると、目的物の全部についてはその権利を行うことはできない。

特別区Ⅰ類2009

× 担保物権には不可分性があり、被担保債権の一部弁済を受けても目的物の全部について権利行使が可能です。

第2節 抵当権Ⅰ

START! 本節で学習すること

ここでは抵当権の対象や範囲、効力について学習します。
抵当権は民法全体においても最頻出のテーマであり、受験先によっては連続してほぼ毎年出題されることもあります。
特に抵当権の効力が及ぶ範囲と物上代位は重要度が高いです。次節で取り扱う内容は少し難しいので、この節の内容をしっかり押さえておくことが大切です。

1 抵当権とは

1 抵当権とは

ケース3-2 AはBに1,000万円を貸しているが、金額が大きいため確実に返済してもらえるよう、Bが持っている土地に抵当権を設定してもらった。

抵当権(ていとうけん)とは、**債権(被担保債権)の優先的な弁済を受けるために不動産を対象として設定される担保物権**です。

板書 債務者が抵当権設定者となる場合

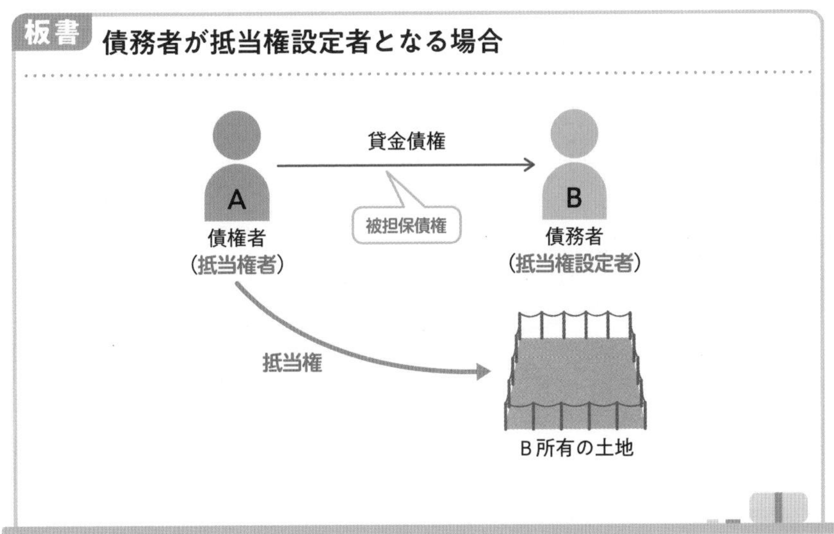

このケースで被担保債権となっているのは、AがBに対して持っている

1,000万円の貸金債権です。また、抵当権を有することになるAを**抵当権者**（ていとうけんしゃ）、抵当権が設定される不動産の所有者であるBを**抵当権設定者**（せっていしゃ）といいます。

債務者が被担保債権を弁済できない場合には、抵当権者は抵当権を実行して（土地を競売（けいばい）にかけて）、売却代金から抵当権者が他の債権者に優先して弁済を受けることができます。

抵当権の実行のための一般的な手段が**競売**です。競売とは、抵当不動産を裁判所を通じて強制的に売却することです。

2 物上保証人

抵当権設定の対象となる不動産は債務者所有の不動産だけでなく、**第三者所有の不動産でも構いません**（もちろん第三者が了解することが前提ですが）。

債務者以外の第三者の土地に抵当権が設定された場合、その所有者が抵当権設定者になりますが、この者を特に**物上保証人**（ぶつじょうほしょうにん）と呼ぶことがあります。

抵当権の学習では、被担保債権、抵当権者、抵当権設定者、物上保証人などの用語をきちんと理解しておくことが大切です。

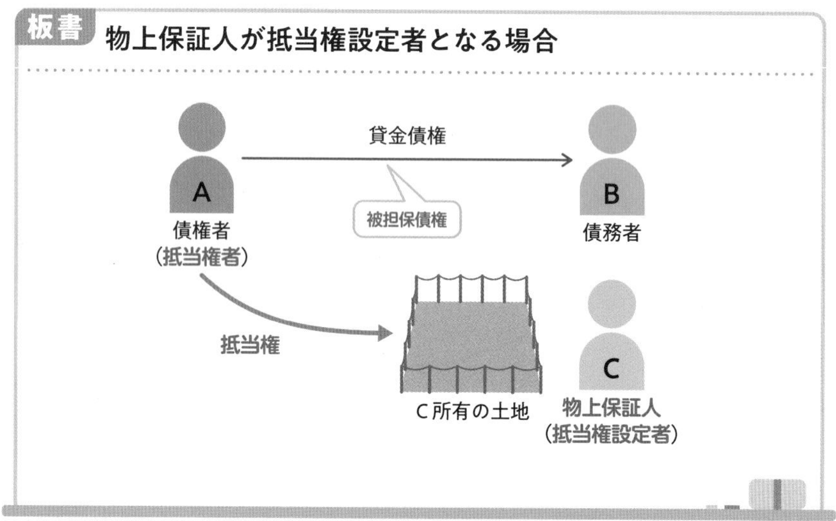

物上保証人は、他人の債務のために自分の不動産を失うリスクを引き受けている人です。ある意味、お人好しですね。したがって、通常は債務者の親や兄弟などかなり親しい間柄の人がなるものです。

3 抵当権の基本的な性質及び効力

❶性　質

前節で学習した抵当権の共通の性質（通有性）に関しては、**抵当権は、４つの性質（付従性、随伴性、不可分性、物上代位性）のすべてを有しています**。

❷効　力

前節で学習した抵当権の効力に関しては、**抵当権には、優先弁済的効力がありますが、留置的効力や収益的効力はありません**。

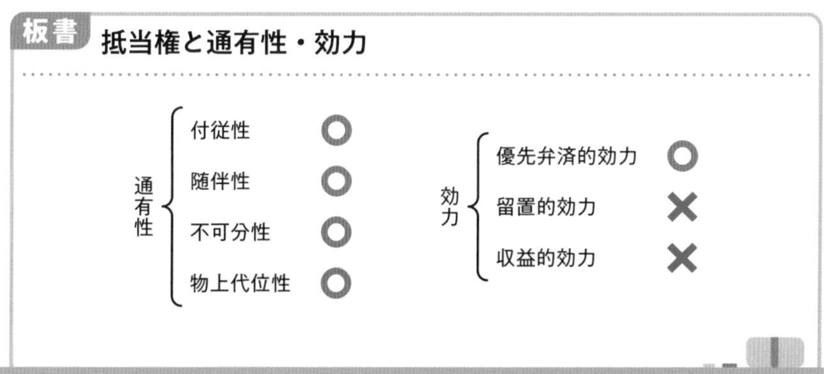

留置的効力がないことから、抵当目的物の占有は債権者ではなく、抵当権設定者（債務者もしくは物上保証人）の側にあります。また、抵当目的物の使用収益権も抵当権設定者が有しています。

プラスone 抵当権のこの特徴を指して、**非占有担保**と表現することがあります。

板書 抵当権と優先弁済的効力・留置的効力

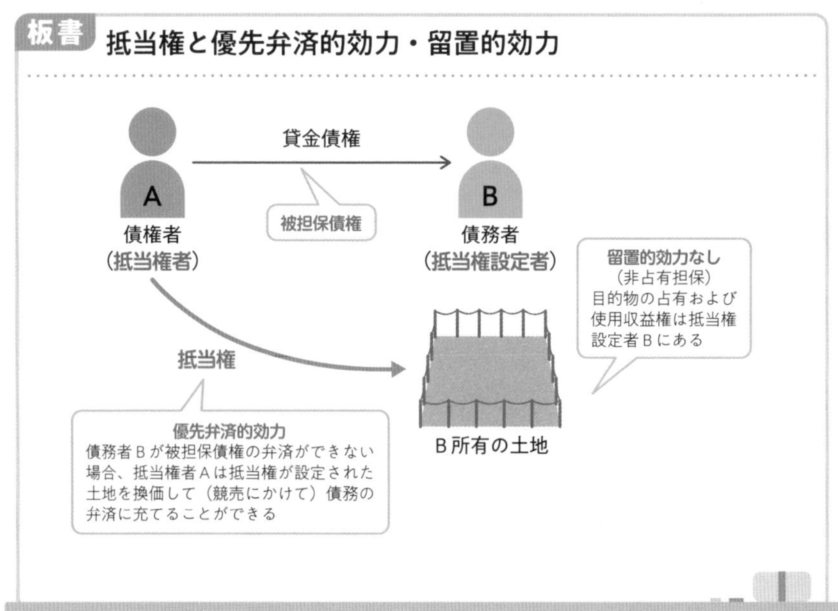

2 抵当権の設定

1 抵当権の成立要件

抵当権は、当事者の合意によって成立する**約定担保物権**です。この当事者とは**抵当権設定者と抵当権者**であり、抵当権はこれら**当事者間の合意（抵当権設定契約）によって成立**します。このように当事者間の合意のみによって成立する契約を**諾成契約**（だくせいけいやく）といいます。

当事者のうち抵当権設定者は**債務者もしくは物上保証人**です。物上保証人が当事者となる場合でも諾成契約である点は変わりません。

2 抵当権の目的（対象）

民法上、抵当権の目的（対象）となるのは、**不動産（の所有権）、地上権、永小作権**に限られています。民法上、動産を抵当権の目的（対象）とすることは認められていません。

3 被担保債権になり得る債権

抵当権の被担保債権は**通常は金銭債権**になりますが、**抵当権設定時には金銭債権以外の債権（物の引渡債権等）であっても構いません**。

なぜなら、物の引渡債権等であっても債務不履行の場合には、結局、債務不履行に基づく損害賠償債権として**金銭債権に形を変えるから**です。

また、担保物権に共通する性質（通有性）の１つであった付従性からすると、抵当権設定時に発生していない債権を被担保債権として抵当権を設定することはできないようにも思えますが、付従性を緩和することで**将来発生する債権のための抵当権も有効**とされています。

4 抵当権の対抗要件

抵当権は不動産に対する物権ですから、**対抗要件は登記**になります。

例えば、他の債権者に優先して弁済を受けるためには、その土地に抵当権を設定している旨の登記が必要です。

5 抵当権の順位

❶ 充当の順序

抵当権は優先順位をつけて複数設定することができますが、その**順位は登記の先後によって決まります**。抵当権の設定登記の順番で、１番抵当権、２番抵当権…と呼んでいきます。

ケース3-3 AはXに3,000万円を貸す際、X所有の甲土地（時価5,000万円）に抵当権の設定を受け、抵当権の設定登記を行った。その後、BもXに1,000万円を貸す際、X所有の甲土地に抵当権の設定を受け、抵当権の設定登記を行った。さらに、CもXに2,000万円を貸す際、X所有の甲土地に抵当権の設定を受け、抵当権の設定登記を行った。

このケースでは、登記の順に、Aが１番抵当権者、Bが２番抵当権者、Cが３番抵当権者となります。

抵当権が実行（競売）されて抵当不動産が換価された場合、まず１番抵当権の被担保債権から充当が行われます。余りがある場合に、２番抵当権、３番抵当権と順に充当がされます。

したがって、甲土地が5,000万円で競売された場合、Aには3,000万円、Bには1,000万円、Cには1,000万円が配分されることになります。

１番抵当権者から見た２番抵当権者、３番抵当権者など下の順位の抵当権者を**後順位抵当権者**、３番抵当権者から見た１番抵当権者、２番抵当権者など上の順位の抵当権者を**先順位抵当権者**と呼びます。

❷ 順位上昇の原則

先順位の抵当権者の被担保債権が弁済等により消滅すると、**後順位抵当権者の順番が１つずつ上昇**します（順位上昇の原則）。

❸ 順位の変更

抵当権の順位は、各抵当権者の合意によって変更することができますが、**利害関係を有する者があるときは、その者の承諾が必要**です（374条１項）。

また、この順位の変更は、その**登記をしなければ効力を生じません**。

3 抵当権の効力

1 優先弁済を主張できる被担保債権の範囲

利息その他の定期金、遅延損害金等の時間の経過によって膨らむ部分について、抵当権者が優先弁済を主張できる範囲は、**満期となった最後の２年分**に限られています。 01

ケース3-4 Aは X 所有の甲土地（時価5,000万円）に、貸金債権3,000万円（利息は年利10%）を被担保債権とする１番抵当権の設定を受けていた。甲土地には、Bも貸金債権1,000万円を被担保債権とする２番抵当権の設定を受けている。

この場合、Aが利息の支払いを受けられないまま10年が経過したとしても、優先弁済を主張することができるのは、利息に関しては直近の２年分（1,000万円）に限られます。

仮にこのような制限がないとすると、時の経過によって生じる利息や遅延損害金はどんどん膨らみますので、10年分の利息（約5,000万円）全額について優先弁済を主張できるとなると、２番抵当権者Bは全く配分を受けることができなくなり、当初の期待が裏切られます。

つまり、**後順位抵当権者の保護**のためです。したがって、後順位抵当権者が存在しない場合、債務者および抵当権設定者との関係では、抵当権者が抵当不動産の価値から弁済を主張できる範囲は、**満期となった最後の２年分に限られません。**

2 抵当権の効力の及ぶ範囲

抵当権の効力は、抵当権が設定された不動産自体に及ぶことは当然です。土地に抵当権を設定すれば土地に、建物に抵当権を設定すれば建物に抵当権の効力が及びます。土地と建物は別々の権利の対象と考えられていますので、**土地に設定された抵当権の効力は、建物には及びません**。

では、建物に設定された抵当権の効力は、建物の中のシステムキッチン、畳、エアコン、テーブル等の家具、冷蔵庫等に及ぶのでしょうか？

仮に及ぶとすると、抵当権を実行（＝競売）した場合、その及ぶ物も一緒に競売されたことになり、買受人（競落人＝競売で買った人）が所有権を取得することになります。

建物への抵当権設定を想定した結論を先に示すと次のようになります。

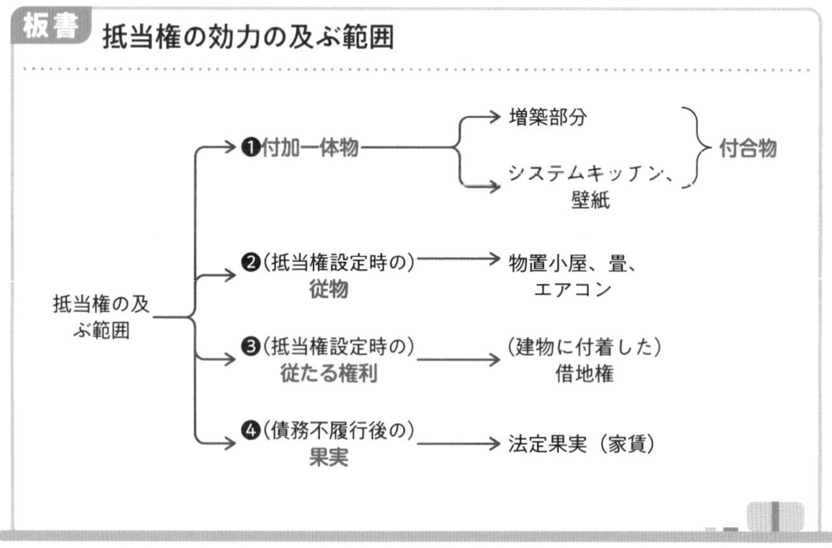

テーブルなどの家具、冷蔵庫などの家電製品等、**完全に建物から独立した物には抵当権の効力は及びません。**当然、抵当権設定者が競売後に引っ越しをする際、持って出ることができます。

❶ 付加一体物

抵当権の効力は、条文上、「**付加一体物**」に及ぶと規定されています。この「付加一体物」が何を指すのかは明確ではありませんが、付合物が含まれることに間違いないとされています。

付合物とは、**分離・復旧するのが不可能または著しく困難となる程度に付着した物**のことを指しますので、一般には増築部分やシステムキッチン、壁紙などが該当します。

したがって、（抵当権設定者である）建物の所有者が競売後に、増築部分やシステムキッチン、壁紙を取り外して退去することは許されないことになります。

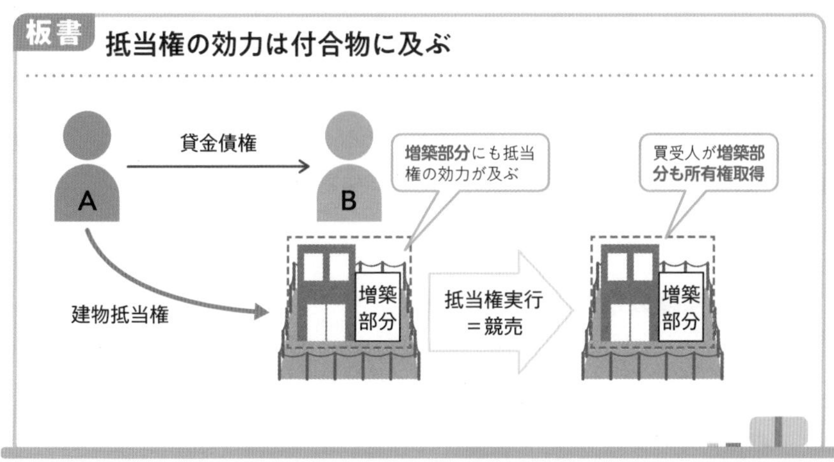

❷ 従　物

従物（じゅうぶつ）とは、**主物（しゅぶつ）の効用を助けるために付属された物**のことをいい、付合物と異なり、物としての独立性は維持している物をいいます。

土地を主物とした場合における（その土地に置かれた）石灯籠、取り外しのできる庭石、建物を主物とした場合における畳やエアコンなどは、従物に該当すると考えられます。

従物が「付加一体物」に該当するか否かは明確ではなく争いがあります。しかし、**抵当権設定当時の従物には抵当権の効力が及ぶ**とする判例があります。

抵当権設定後に設置された従物について、抵当権の効力が及ぶか否かは明確ではありません。

例えば、建物に抵当権を設定する時に、すでにエアコンや（和室に）畳が設置されている場合には、それらの物にも抵当権の効力が及んでおり、競売によってこの建物を購入した買受人がエアコンや畳の所有権も取得することになります。したがって、（抵当権設定者である）建物の所有者が競売後に、エアコンや畳を持って出ることはできません。

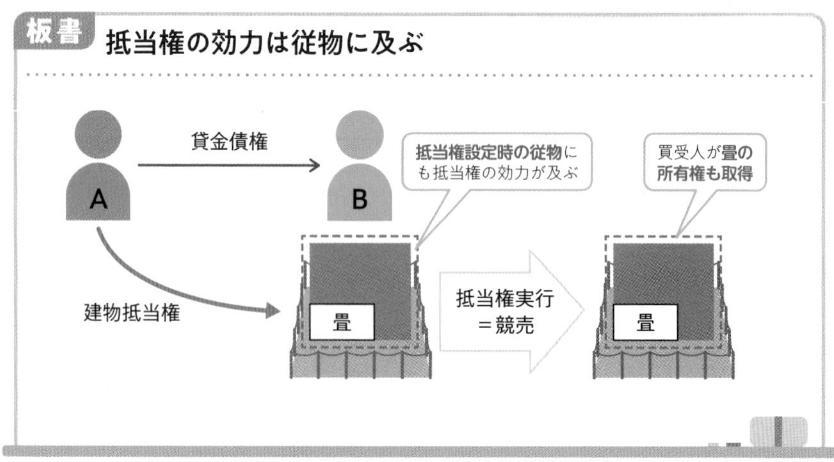

❸ 従たる権利

従たる権利とは、**建物を主物と見た場合の土地賃借権（借地権）**のことを指す概念です。

借地権／土地を借りて使う権利のことです。具体的には、建物所有を目的とする土地賃借権や地上権のことを指します。

従物と同じような考え方を使って、借地権にも建物抵当権の効力を及ぼすために生み出された概念であることから、このような表現が使われています。

したがって、従物同様、**建物への抵当権設定により、建物の従たる権利（抵当権設定時に存在する借地権）にも抵当権の効力が及びます**（判例）。

ひとこと　建物の抵当権が借地権に及ばないとすると、抵当権を実行して誰かが建物を買い受けても、買受人は土地を利用できないことになります。つまり、せっかく競売で建物を購入したのに、壊して退去しないといけなくなってしまいます。

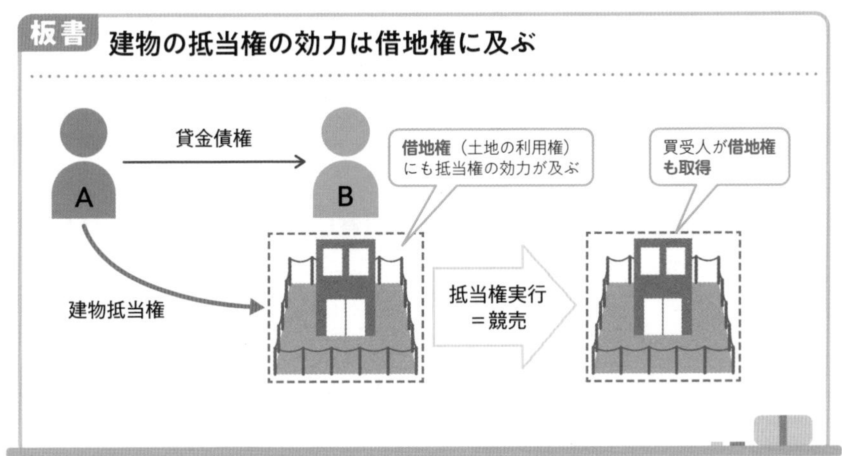

❹果　実

抵当権の効力は元物だけでなく果実にも及ぶのでしょうか。例えばリンゴ園や賃貸不動産に抵当権が設定されている場合、リンゴ園（元物）から産出されるリンゴ（天然果実）、賃貸不動産（元物）に対する賃料（法定果実）は果実に当たります。

抵当権は非占有担保ですから、**抵当権が設定されている不動産を使用収益する権限は、本来、抵当権設定者が有している**はずです。したがって、当然には抵当権の効力は及びません。

果実に抵当権の効力が及ぶのは、**債務不履行後（債務の弁済を遅滞した後）に限定**されています。 02

したがって、**債務不履行後**は、果実に対しても抵当権の効力が及び、**抵当権者は果実から優先弁済を受けることが可能**となります。

3 物上代位

前節で学習しましたが、抵当権には物上代位性があります。

したがって、抵当権は、その目的物の**売却、賃貸、滅失または損傷によって抵当権設定者が受けるべき金銭等に対しても、優先権を行使することができます**。

ただし、抵当権者は、その**払渡しまたは引渡しの前に差押えをしなければなりません**。

払渡しとは、金銭等の支払いをする義務を負う相手方が、抵当権設定者に支払いをしてしまうことをいいます。例えば火災保険の保険金が抵当権設定者に支払われることです。

板書 物上代位の対象となるもの

❶滅失・損傷の場合 ⇒ **損害賠償請求権、保険金請求権**
❷売却の場合 ⇒ **売買代金債権**
❸賃貸の場合 ⇒ **賃料債権**
※ただし、払渡し前に抵当権者が**差押え**をすることが必要

❶ 滅失・損傷の場合の損害賠償請求権および保険金請求権

抵当目的物が滅失・損傷した場合に生じる不法行為者（加害者）に対する**損害賠償請求権や保険会社に対する保険金請求権は物上代位の対象**になります。

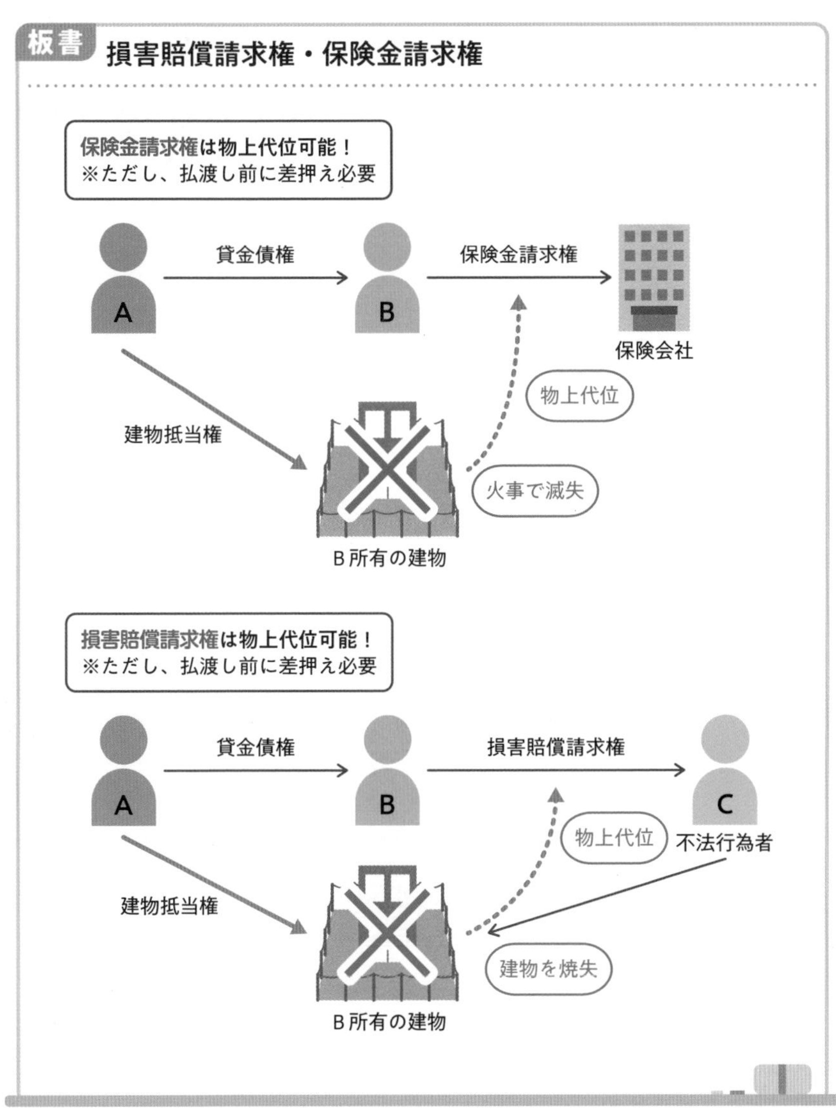

❷ 売却の場合の売買代金債権

抵当不動産を抵当権設定者が売却した場合に生じる**売買代金債権は物上代位の対象**となります。

❸ 賃貸の場合の賃料債権

抵当不動産を抵当権設定者が誰かに賃貸すると賃料がもらえます。この**賃料債権は物上代位の対象**となります。

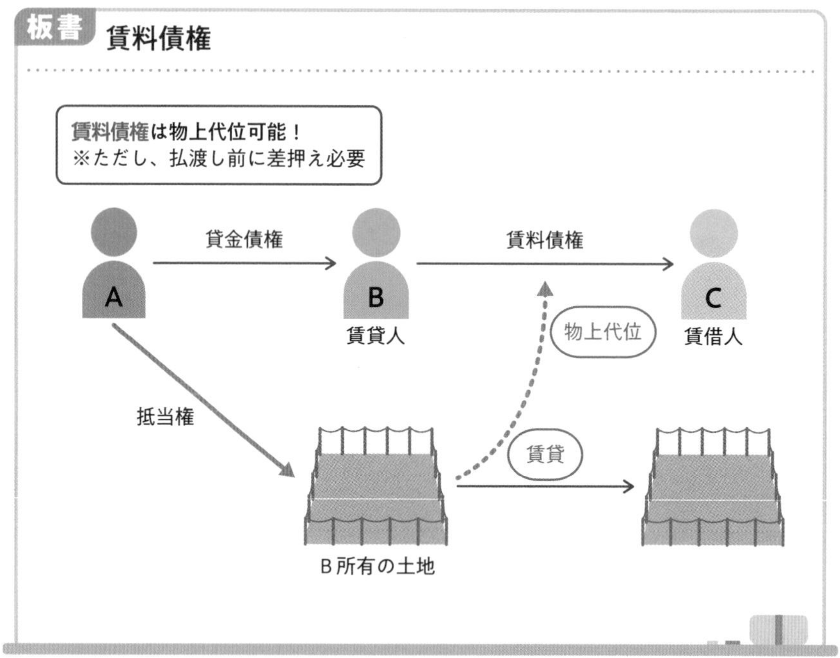

賃料債権は物上代位の対象ですが法定果実であるため、実際に差押え等ができるのは**債務不履行後**になります。

なお、抵当不動産を抵当権設定者から賃借した賃借人がそれをさらに転貸（てんたい）（また貸し）した場合、賃借人が取得する**転貸賃料債権は、原則として物上代位の対象となりません**。

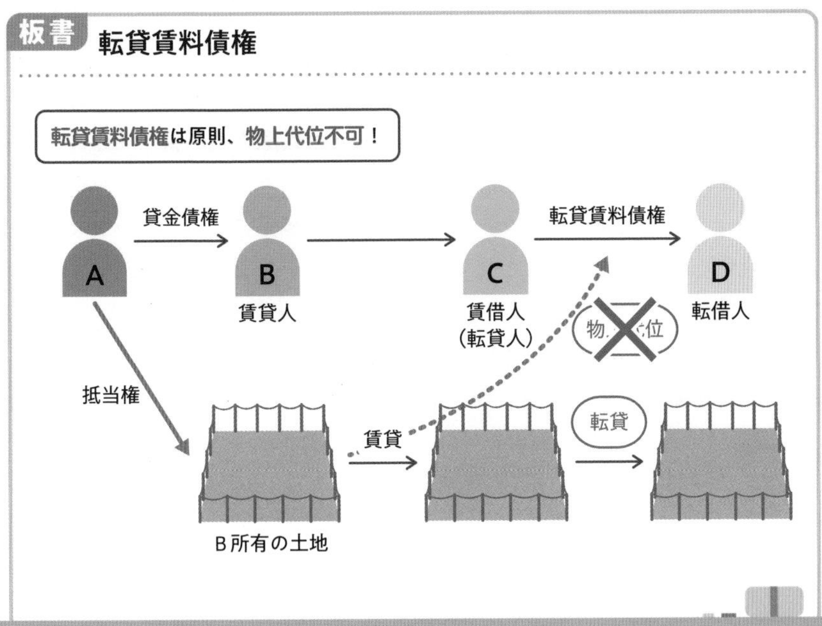

ただし、**抵当権設定者と賃借人（転貸人）を同視することができる特段の事情がある場合**には、例外的に**物上代位の対象となります**（判例）。Bが、自身が実質的に経営しているC会社と賃貸を仮装したような場合です。

4 抵当権侵害

抵当権は非占有担保であり、抵当不動産の使用収益権は抵当権設定者が持っています。したがって、本来、**抵当権者は抵当不動産の使用収益関係について口出しできない**のが原則です。

しかし、抵当不動産に不法な占有者等がいると競売で買い手がつかなかったり、落札価格が不当に安くなったりと抵当権者が十分な債権回収ができず、害される可能性があります。

そこで、判例は、不法占有者に対して、抵当権侵害を理由として、**抵当権に基づく妨害排除請求権を行使すること**を認めています。 03

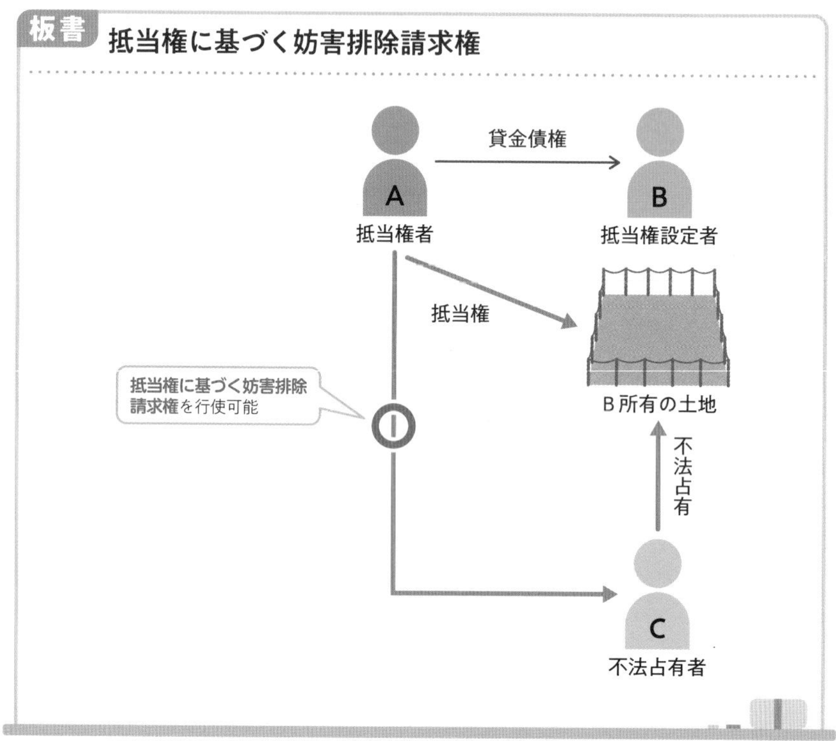

ただし、行使できるのは、「不法占有者の占有により抵当不動産の交換価値の実現が妨げられて抵当権者の優先弁済請求権の行使が困難となるような状態があるとき」とされています。すなわち、**抵当権者が被担保債権の満足を受けられなくなる場合**ということでしょう。

プラスone 抵当権の侵害を理由として、抵当権者が不法占有者に対して、賃料相当額の支払いを不法行為に基づく損害賠償として求めることまでは認められていません。

4 抵当権の消滅

1 一般的な消滅原因

抵当権は、被担保債権が弁済や時効で消滅すると、付従性によって当然に消滅します。目的物が滅失したり、抵当権が放棄された場合も消滅します。

2 抵当権と時効

❶ 抵当権自体の時効消滅

抵当権は、**債務者および抵当権設定者（物上保証人）との関係では、被担保債権と同時でなければ、時効によって消滅することはありません**。

一方、債務者および抵当権設定者以外の者、つまり**抵当不動産の第三取得者や後順位抵当権者との関係では、被担保債権と離れて抵当権のみが単独で20年の消滅時効にかかります**。 04

❷ 抵当権と取得時効

時効取得された不動産に付着していた抵当権等の権利は消滅するのが原則です。

しかし、被担保債権の債務者や抵当権設定者が抵当不動産を時効取得した場合に、抵当権が消滅してしまうのは、抵当権者との関係で不公平です。そこで、その場合、抵当権は消滅しないとする例外を明文で定めています（397条）。

第2節 抵当権 I

- [ ] 抵当権は、付従性、随伴性、不可分性、物上代位性を有し、優先弁済的効力はありますが、**留置的効力は有していません。**

- [ ] 民法上、抵当権の目的（対象）となるのは、**不動産（の所有権）、地上権、永小作権**に限られています。

- [ ] 抵当権設定時には**金銭債権以外の債権**であっても被担保債権になり得ますし、**将来発生する債権**も被担保債権になり得ます。

- [ ] 抵当権は優先順位をつけて複数設定することができますが、その順位は**登記の先後**によって決まります。

- [ ] 抵当権者が優先弁済を主張できる範囲は、利息その他の定期金については満期となった最後の**２年分**に限られています。

- [ ] 抵当権の効力は、**付合物**や**抵当権設定当時に備えられていた従物**にも及びます。また、被担保債権についての**不履行があった後**は、**抵当目的物の果実**にも及びます。

- [ ] **物上代位**とは、抵当権者が、抵当目的物の売却、賃貸、滅失または損傷によって抵当権設定者が受けるべき金銭等に対しても、優先権を行使できることです。

- [ ] 抵当権者が物上代位を主張するためには、**払渡し前**に、抵当目的物の売却、賃貸、滅失または損傷によって抵当権設定者が受けるべき金銭等に対して**差し押さえること**が必要です。

- [ ] 抵当目的物が滅失・損傷した場合に生じる不法行為者（加害者）に対する**損害賠償請求権**や保険会社に対する**保険金請求権**は物上代位の対象になります。

第2節 ○×スピードチェック

01 抵当権者は、被担保債権の全部の弁済を受けるまで目的物の全部についてその権利を行使することができるため、抵当権者が被担保債権から生じた利息及び損害金に関して抵当権を行使する場合、その範囲が制限されることはない。 国家専門職2019

× 満期となった最後の２年分に限定されています。

---

02 抵当権者による賃料への物上代位は、抵当権の実行までは抵当権設定者に不動産の使用・収益を認めるという抵当権の趣旨に反するため、被担保債権の不履行がある場合であっても認められない。 国家一般職2022

× 抵当権は、被担保債権について不履行があったときは、その後に生じた抵当不動産の果実（賃料）に及び、物上代位も認められます。

---

03 抵当権は、抵当権者が抵当不動産の使用・収益権を有しない非占有担保物権であるため、第三者が抵当不動産を不法占有し、抵当不動産の交換価値の実現が妨げられ、抵当権者の優先弁済請求権の行使が困難となるような状態がある場合においても、抵当権者は、抵当権に基づく妨害排除請求権を行使することができないとするのが判例である。

国家専門職2019

× 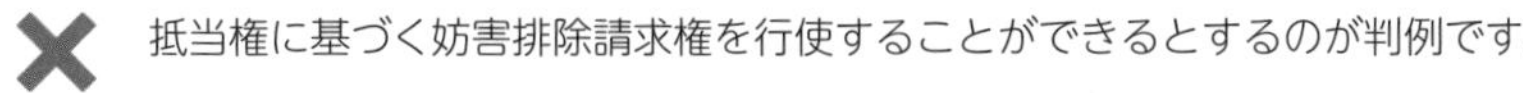
抵当権に基づく妨害排除請求権を行使することができるとするのが判例です。

---

04 抵当権は、債務者及び抵当権設定者に対しては、その担保する債権と同時でなければ、時効によって消滅しないが、後順位抵当権者及び抵当目的物の第三取得者に対しては、被担保債権と離れて単独に20年の消滅時効にかかる。 国家一般職2019

○

第3節 抵当権Ⅱ

START! 本節で学習すること

ここでは抵当権のうち、第2節で扱わなかった内容を学習します。
とりわけ法定地上権が重要です。成立する要件をきちんと押さえ、成否の判断ができるようにする必要があります。

1 法定地上権

1 法定地上権とは

ケース3-5 Aは土地とその土地上に建物を所有していたが、建物についてのみ債権者Bのために抵当権を設定した。その後、抵当権が実行され、競売によってCがその建物を買い受けた。

土地と建物は別個の権利の対象となります。したがって、抵当権も土地と建物に別々に設定することが可能です。

上のような事例において、建物のみに抵当権が設定された結果、抵当権の実行により土地の所有権はA、建物の所有権はC、といったように**土地と建物の所有権が別々の人に帰属することになります**。

板書 土地と建物の所有権が別々の人に帰属

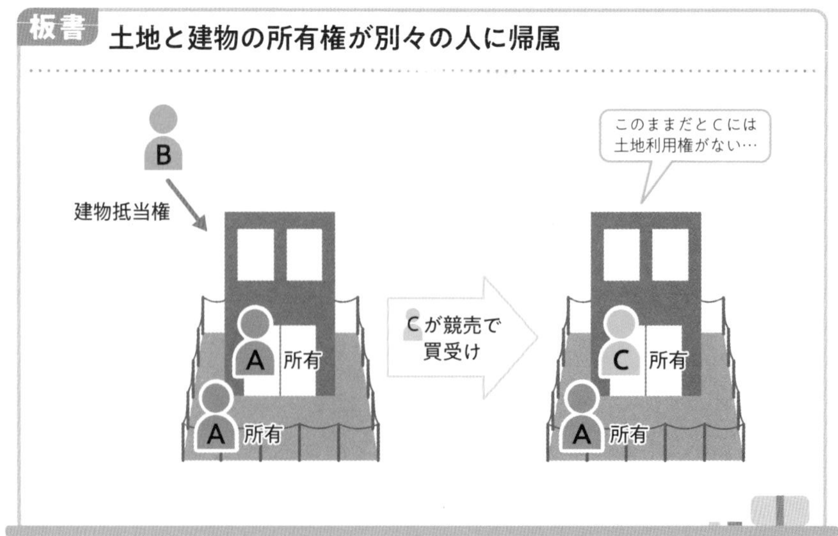

すると、建物所有者には土地の利用権がない場合が生じ得ます。例えば、土地の所有者Aが建物所有者Cに対して求めた場合、Cはせっかく競落して得た建物を撤去して立ち退かなくてはなりません。これでは、**社会的な資源を投入して建築された建物が当事者間の事情によって無駄になってしまいます**。

そこで、民法に規定されたのが法定地上権という制度です。

つまり法定地上権というのは、特定の誰かを保護する仕組みではなく、**"もったいない精神"**の表れなのです。

2 法定地上権の成立要件

第2章で学習したとおり、地上権は他人の土地を使用する権利です。**法定地上権**（ほうていちじょうけん）は、法の定める**一定の要件を満たすと自動的に発生する地上権**です。具体的には、次の要件を満たすと発生します。

板書 法定地上権の成立要件

❶**抵当権の設定当時**、すでに**土地上に建物が存在していること**
⇒**更地に抵当権を設定後**、建物が建てられた場合は対象外

❷**抵当権の設定当時、土地と建物の所有者が同一人**であること
⇒設定当時の**所有者が異なる場合**は対象外

❸**土地または建物**に抵当権が設定されること
⇒「または」とあるものの、**土地・建物双方に設定された場合も含む**

❹競売が行われて土地と建物が**別異の者の所有に至ること**

法定地上権の成立要件のうち、❸は一方でも双方でもよく、抵当権が設定されることのみを求めており、実質的に意味のある要件ではありません。すると、基本的には（共有などの特殊ケース以外は）❶❷❹の**3つの要件で判断しても支障ありません**。

いくら建物がもったいないからといって、特定の人に不利益を押し付けるわけにはいきません。そのため、特定の人に予期し得なかった不測の損害を生じさせないよう、法定地上権の成立要件を明文で示しています。

ケース3-5 は、まさに法定地上権の要件を満たすケースです。したがって、建物のために法定地上権が成立し、Cは建物を使い続けることができます。

法定地上権が成立すると、地上権者は地代（土地の使用料）を所有者に支払う必要があります。この場合の**地代は、当事者の請求によって裁判所が定める**ことになります。

3　法定地上権の成否を考えるうえでの予備知識

法定地上権の成立要件を細かく見る前に、法定地上権の成立・不成立を考えるうえで持っておいたほうがよい予備知識について説明しておきます。

一般に、法定地上権が成立すると、**土地（底地）の価値は下落し、建物の価値は上昇する**と考えられます。

底地／建物が立っている場合における土地を表す用語です。

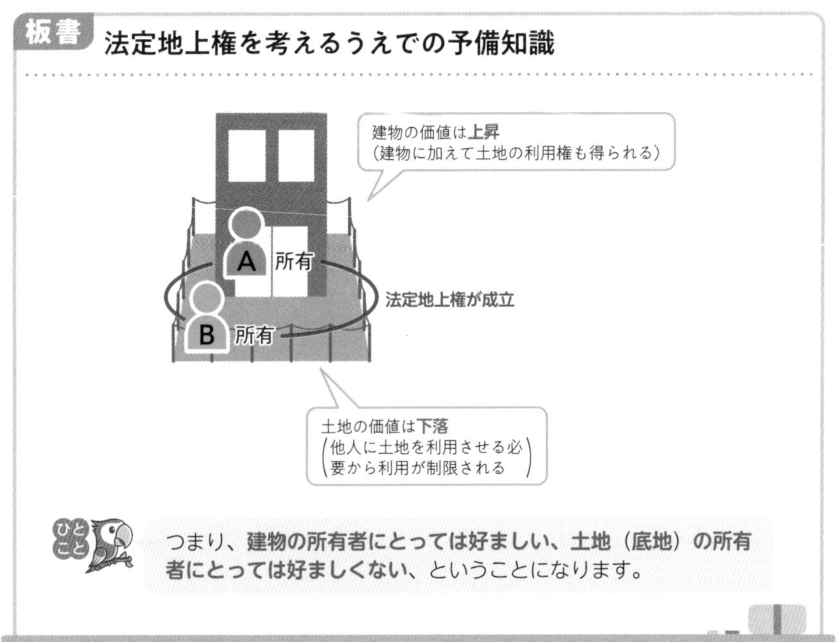

つまり、**建物の所有者にとっては好ましい、土地（底地）の所有者にとっては好ましくない**、ということになります。

4 抵当権の設定当時に土地上に建物が存在

この要件は、**更地（建物が立っていない土地）に抵当権を設定した場合には、法定地上権は成立しない**ことを示しています。

ケース3-6 Bは A に8,000万円を貸す際、A の所有する時価１億円の甲土地（更地）に抵当権の設定を受けた。その後、A は甲土地上に建物を建てたが、B に借りた8,000万円を返すことができず、甲土地は競売にかけられることになった。

なぜ、抵当権設定後に更地に建てられた建物については法定地上権が成立しないのかというと、前もって土地に寄せられていた**担保としての価値を損なうため**です。前述のとおり法定地上権が成立すると土地の価値は下落します。しかし、BはAの土地が時価１億円の更地であるから、8,000万円の貸金債権の担保とするにふさわしいと考えて抵当権を設定しており、後から法定地上権を付着させてその価値に対するBの期待を裏切るのは不当です。

ひとこと　抵当権者が建物が建てられることを承認していても、法定地上権は成立しません。 01

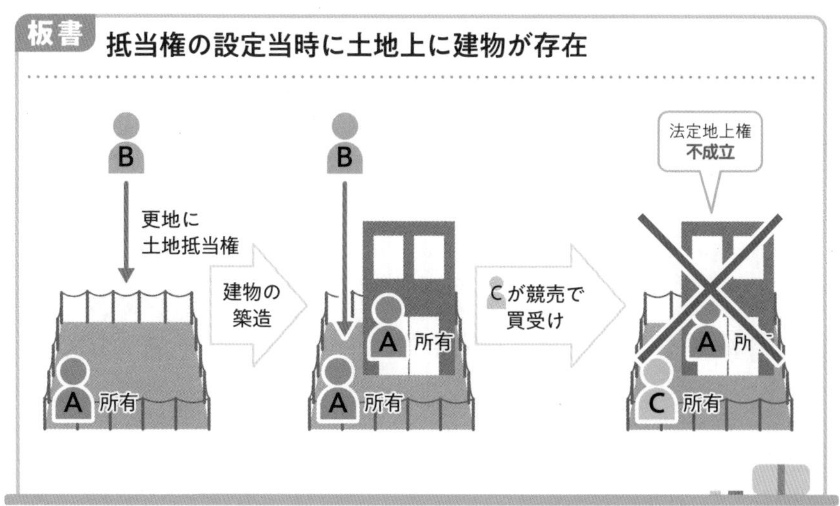

5 抵当権の設定当時に土地と建物の所有者が同一人

もともと別人所有の場合、**土地の利用権（賃借権や地上権）がすでに設定されているはず**なので、それがあれば競売の結果、土地利用権が存在しない建物を壊して退去しないといけない事態は生じません。

抵当権設定時は別人所有だったものの、建物の所有者が土地を買い取るなどして、**抵当権の実行前に、同一人所有となったとしても、法定地上権は成立しません**。

とにかく同一人所有であるか否かは**抵当権設定時**で判断します。

ケース3-7 AはCの土地を借りて、その上に建物を建てた。AはBから5,000万円を借りる際に、その建物に抵当権を設定した。その後、Aは土地の所有権をCから取得したが、Bから借りた5,000万円を弁済できずに、抵当権が実行されて、建物が競売にかけられた。

この場合、抵当権が設定された当時は、土地がC所有、建物がA所有と別人所有です。それが後に同一人所有（双方ともA所有）となっても、法定地上権は成立しません。

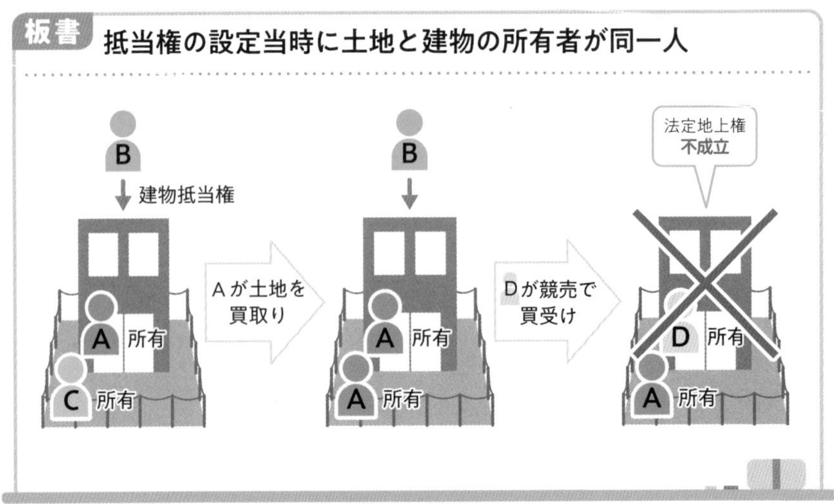

なお、同一人所有か否かを判断する際に、**登記名義が同一である必要はなく、真の所有者が同一人であればよい**とされています。 02

ケース3-8 AはCの土地を借りて、その上に建物を建てた。その後、Aは土地の所有権をCから取得したが、登記の移転はまだしていない段階で、AはBから5,000万円を借りる際に、その建物に抵当権を設定した。Bから借りた5,000万円を弁済できずに、抵当権が実行されて、建物が競売にかけられた。

このケースでは、抵当権設定時、土地と建物の所有者は同一人（A）になっていますが、登記の移転がされていないので登記の名義上は、別人所有（土地はC、建物はA）になっています。同一人所有か否かは、登記名義ではなく、真の権利者が同一人かどうかで判断されるので、このケースは、「要件❷抵当権の設定当時に土地と建物の所有者が同一人であること」を満たし、法定地上権が成立します。

6 土地と建物に共同抵当権が設定され、建物が滅失後再築されたケース

共同抵当とは、１つの被担保債権のために複数の不動産に抵当権が設定される場合を指します。例えば5,000万円の借金（１つの被担保債権）の担保とするために、3,000万円の土地と2,000万円の建物に抵当権を設定する（複数の抵当権）ような場合です。

ケース3-9 AはBから5,000万円を借りる際に、Aの所有する甲土地と乙建物に共同抵当権を設定したが、乙建物が滅失し、これに設定されていた抵当権も消滅した。その後甲土地上にはA所有の丙建物が再築された。甲土地に設定されていた抵当権が実行され、競売でCがこれを買い受けた。

このケースは要件❶〜❹を満たしているものの、法定地上権が成立してしまうと抵当権者Bにとって酷です。Bは乙建物の滅失で建物に設定された抵当権を失っていますが、残った甲土地も法定地上権の成立によって価値が激減してしまうことになるからです。したがって、この場合には**法定地上権は原則成立しません**（判例）。

❶新建物の所有者と土地の所有者が同一人であり、**❷土地の抵当権者が新建物につき土地の抵当権と同順位の抵当権設定を受けた場合**は、例外的に法定地上権が成立します。この場合は抵当権者にとって建物の滅失前と同じ状況となり、不測の損害を被ることがないためです。

03

板書 土地と建物に共同抵当権が設定され、建物が滅失後再築された場合

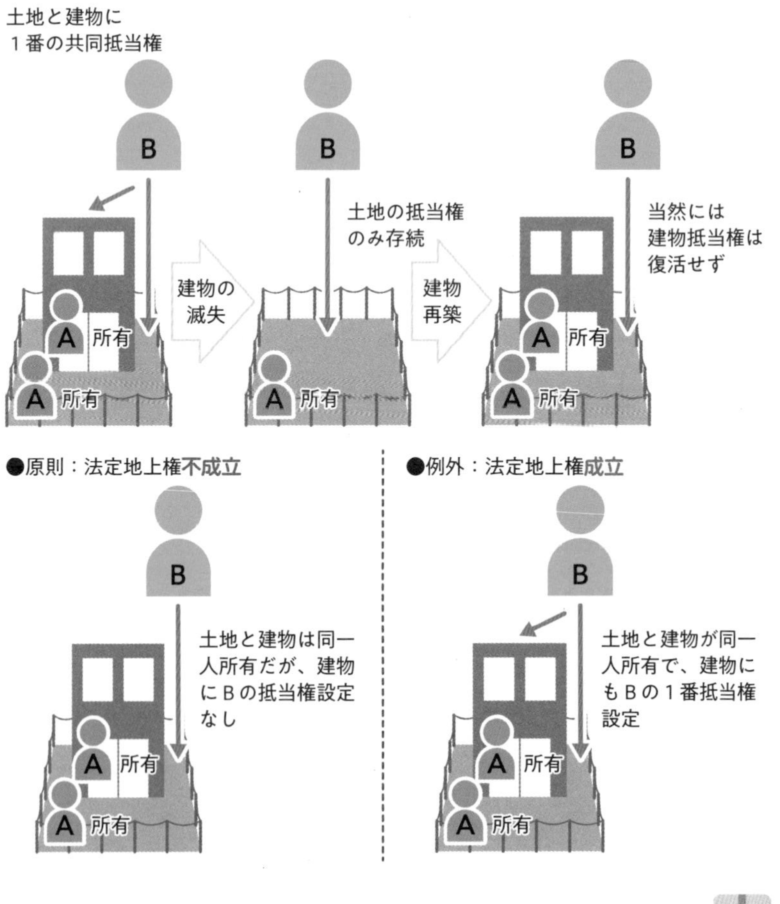

●原則：法定地上権**不成立**

●例外：法定地上権**成立**

7 一括競売

更地に抵当権が設定された後に抵当地に建物が築造された場合は、成立要件❶を満たさず、法定地上権は成立しませんでした。

しかし、この場合、建物の所有者は抵当権者に対抗できないことから、土地が競売された場合、新しい所有者から建物を収去して土地から立ち退くことを求められてしまいます。

そこで、**抵当権者は、土地とともにその建物を競売することが認められています**。これを**一括競売**（いっかつけいばい）と呼びます。

ただし、抵当権者が優先弁済を主張できるのは、土地の代価についてのみであり、**建物の代価については主張できません**（建物の代価については建物所有者に返されます）。

なお、建物の所有者が抵当地を占有するについて抵当権者に対抗できる権利を有する場合は一括競売はできません。

第1編 第3章 担保物権

2 第三取得者の保護

抵当権設定者は、その抵当権付きの不動産を自由に処分できます。抵当権設定者より抵当権付きの不動産を購入した者を第三取得者といいますが、この第三取得者は、抵当権が実行されると（競売がされると）購入した不動産の所有権を失ってしまうという立場にあります。

そこで、第三取得者の保護のために**代価弁済**と**抵当権消滅請求**という制度が設けられています。

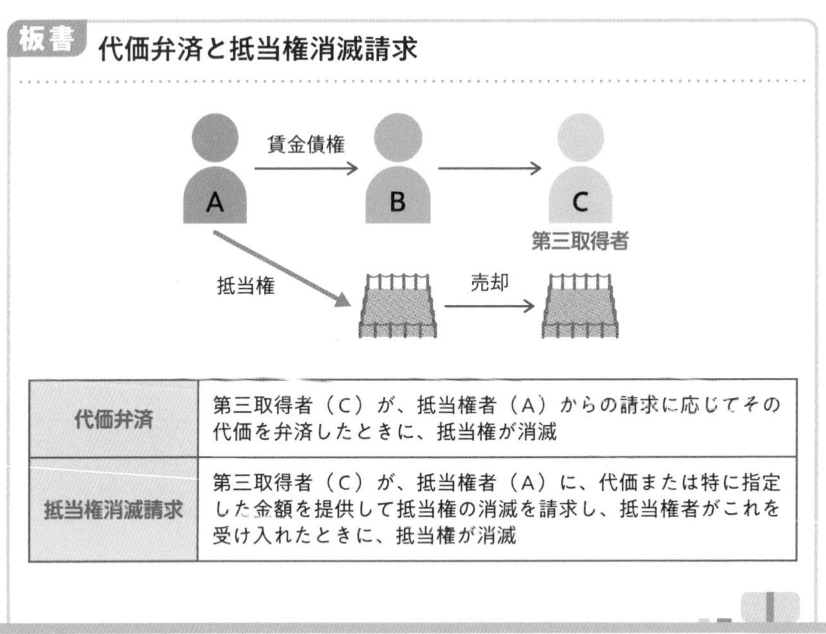

代価弁済	第三取得者（C）が、抵当権者（A）からの請求に応じてその代価を弁済したときに、抵当権が消滅
抵当権消滅請求	第三取得者（C）が、抵当権者（A）に、代価または特に指定した金額を提供して抵当権の消滅を請求し、抵当権者がこれを受け入れたときに、抵当権が消滅

3 転抵当

転抵当（てんていとう）とは、抵当権にさらに抵当権を設定することです。

ケース3-10 Aは、Bに対して有する1,000万円の貸金債権の担保として、Bの所有する甲土地（時価1,000万円）に抵当権の設定を受けた。その後Aは、Cから800万円の借金をするに当たり、甲土地に対して設定されている抵当権を担保として差し出した。

転抵当とは、このケースのAがしているように、抵当権自体、つまり優先弁済を受ける権利を別の債権の担保とするものです。抵当権が実行されると、まずCが800万円の優先弁済を受け、残額からAが優先弁済を受けることになります。

抵当権者がお金を借りる際に、抵当権を再利用しているイメージですね。

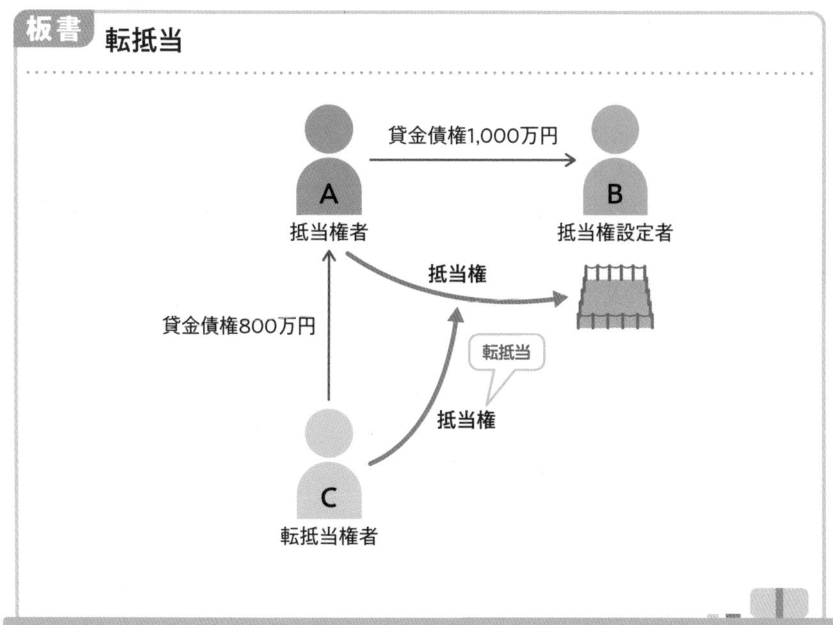

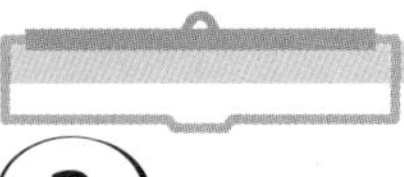

第3節 抵当権Ⅱ

- [ ] 法定地上権は、抵当権設定時に土地上に建物が存在していることが成立要件となっていますので、**更地に抵当権を設定した場合には、法定地上権は成立しません。**

- [ ] 抵当権設定時は別人所有だったものの、土地の所有者が建物を買い取るなどして、**抵当権の実行前に同一人所有となったとしても、法定地上権は成立しません。**

- [ ] 法定地上権の成立要件である抵当権の設定当時に土地と建物の所有者が同一人であることは、**登記名義によってではなく、土地と建物の真の権利者が同一人であるかによって判断されます。**

- [ ] 抵当権の設定後に抵当地に建物が築造された場合は、抵当権者は、**土地とともにその建物を競売することができますが、**その**優先権は、土地の代価についてのみ**行使することができます。

- [ ] **代価弁済**は、抵当不動産の第三取得者が、抵当権者からの請求に応じてその代価を弁済したときに抵当権が消滅する仕組みです。

第3節 ○×スピードチェック

01 土地に対する抵当権設定時、その土地上に建物が存在しない場合、抵当権者が、抵当権設定時にその土地を更地として評価して抵当権の設定を受けているものの、その土地上に抵当権設定者所有の建物が建てられることをあらかじめ承認していれば、その後その土地上に抵当権設定者所有の建物が建てられたときは、その建物のために法定地上権が成立する。

国家一般職2014

× 建物が建てられることの承認があっても、法定地上権は成立しません。

02 土地及び地上建物の所有者が、建物の取得原因である譲受けにつき所有権移転登記を経由しないまま土地に対し抵当権を設定し、その抵当権が実行された場合、法定地上権は成立しない。 国家一般職2016

× 土地と建物の同一人所有という要件は、登記ではなく、真の権利関係で判断されるので、登記が移転されていなくても法定地上権は成立し得ます。

03 所有者が土地及び地上建物に共同抵当権を設定した後、当該建物が取り壊され、当該土地上に新たに建物が建築された場合には、新建物の所有者が土地の所有者と同一であり、かつ、新建物が建築された時点での土地の抵当権者が新建物について土地の抵当権と同順位の共同抵当権の設定を受けたときなど特段の事情のない限り、新建物のために法定地上権は成立しない。 国家一般職2016

○

第4節 留置権・先取特権・質権

START! 本節で学習すること

ここでは抵当権以外の担保物権について学習します。
担保物権は抵当権の重要度が圧倒的な分野ですが、その他の担保物権の中で比較的重要度が高いのは留置権です。
この分野は条文知識を押さえるのが学習の中心です。深い理解というよりは、単純暗記が求められることが多い分野です。

1 留置権

1 留置権とは

留置権(りゅうちけん)は、**他人の物の占有者がその物に関して生じた債権を有する場合に、その債権の弁済を受けるまでその物を留置する権利**です。

ケース3-11 AはBから車の修理を依頼され、修理を行った。修理代金として10万円を請求したが、Bは支払おうとしない。その後、Bは修理代金を支払わずに、車の返還を求めてきた。

このような場合に、Aは留置権を主張して、Bからの返還請求を拒否することが可能です。

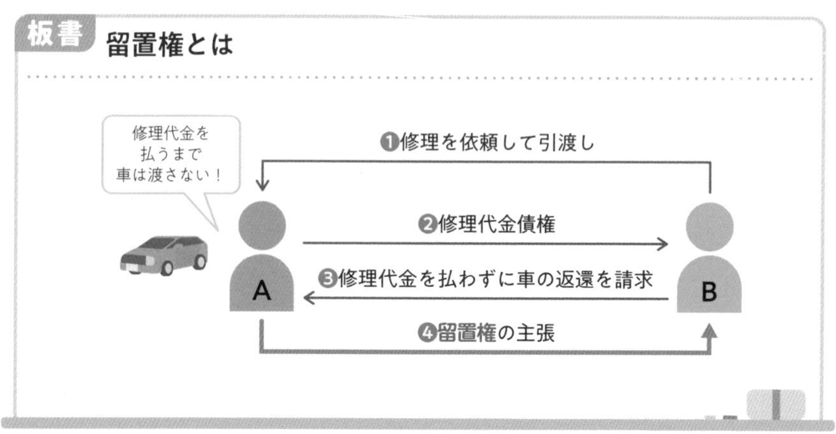

留置権は、被担保債権の支払いをするまで占有物の引渡しを拒絶することで

債務者に間接的に支払いを強制するものです。

留置権は他の担保物権と異なり、**優先弁済的効力がありません**。しかし、債務者に心理的圧迫を加えて、弁済を間接的に強制する作用を有することから担保物権の１つに位置づけられています。

2 留置権の成立要件

留置権は**法定担保物権**なので、当事者の約定によって発生するものではなく、法律の規定する要件を満たしたときに発生する担保物権です。

その要件とは以下の４つです。

板書 留置権の成立要件

❶他人の物を占有していること
❷その物に関して生じた債権を有すること（物と債権との牽連性）
❸債権が弁済期にあること
❹占有が不法行為によって始まったのでないこと

❶ 他人の物を占有していること

占有している物は、**債務者の所有物である必要はなく、第三者の物（債務者が借りていた場合等）でも留置権は成立します**。また、対象となる物は、動産・不動産の両方を含みます。

物を占有していることが留置権の成立要件ですが、これは存続要件でもあり、さらに対抗要件にもなります。したがって、占有を失えば、留置権も消滅します。

❷ その物に関して生じた債権を有すること

留置する物と被担保債権の間には、密接な関連性が要求されます。この関連性を**牽連性**（けんれんせい）といいます。

具体的には、債権が物自体から発生した場合（例：修理代金と修理された車）などを指します。

❸ 債権が弁済期にあること

弁済期にない債権の支払いを間接的にでも強制することはできないので、被担保債権となり得る債権は**弁済期が到来している必要**があります。

❹ 占有が不法行為によって始まったのではないこと

占有が不法行為によって始まった場合、留置権は成立しません。

例えば、盗んだ物を修理したことにより、盗人が占有者として費用償還請求権を取得した場合、この費用償還請求権を被担保債権として、盗人が留置権を主張することはできません。

3 留置権の効力

❶ 留置的効力

留置権には、**優先弁済的効力、収益的効力はありませんが、留置的効力が認められています**。

優先弁済的効力がないので物上代位性もないとされています。 01

留置権者は、**債権の全部の弁済を受けるまでは、目的物の全部を留置することができます**。

これは、担保物権の通有性の1つであった**不可分性**の表れですね。

❷ 善管注意義務

留置権者は、善良な管理者の注意をもって留置物を保管する義務（**善管注意義務**（ぜんかんちゅういぎむ））を負います。

語句 **善管注意義務**／その人の職業や社会的・経済的な地位等に応じて、平均的な人を基準に一般的に要求される程度の注意義務のことをいいます。財産法では標準的な管理義務です。「自己の財産におけるのと同一の注意義務」と呼ばれる義務に比べると重い義務になります。

❸ 留置物の使用収益

留置権者は、留置物を使用し、収益を図る権利を当然には有していません。したがって、**債務者の承諾がなければ、留置物を使用・賃貸したり、担保に供することはできません**。ただし、留置物の保存に必要な使用は承諾がなくても可能です。

これらの規定に留置権者が違反した場合には、債務者は**留置権の消滅を請求することができます**。

❹ 果実からの弁済充当

留置権者は、留置物から生じる果実を収取し、他の債権者に先立って、これを自己の債権の弁済に充当することができます。

したがって、**債務者の承諾があることを前提に、留置権者が留置物を賃貸した場合、賃貸によって得た利得（＝果実）を被担保債権の弁済に充当することができます**。

あくまでも**弁済に充当することを前提**に、果実の収取権が認められています。

❺ 費用償還請求権

留置権者は、留置物について**必要費を支出したときは、所有者にその償還をさせることができます**。

一方、留置物について**有益費を支出したときは、これによる価格の増加が現存する場合に限り、所有者の選択に従い、その支出した金額または増価額を償還させることができます**。

この費用償還請求権は、第２章第３節で学習した**占有者の費用償還請求権**とほぼ同様の規定になっています。

❻ 留置権の消滅請求

債務者は、留置権者に対し、**相当の担保を提供することにより、留置権の消滅を請求することができます**。

2 先取特権

先取特権（さきどりとっけん）とは、社会政策、公平、当事者の意思等の点から**他の債権より保護されるべき債権につき、債務者の一定の財産に対する優先権を認めた担保物権**です。

ケース3-12 Aが経営する飲食店の店員として働いているBが2か月分の給料をまだ受け取っていないにもかかわらず、Aが破産をしてしまった。

労働者は使用者に対して、給料という債権を持っています。このように使用者Aが破産して、Bも他の債権者と債権者平等の原則に基づき債権額に比例した配当しか受けられないとなると、生活に困難を来します。そこで、従業員の給料等について優先的に弁済が受けられるように先取特権を認めています。

先取特権は法で定める特定の債権に対して当然に成立する**法定担保物権**であり、以下の3種類があります。 02

板書 先取特権とは

- 一般先取特権：債務者の一般財産を対象としたもの
- 特別先取特権
  - 動産先取特権：債務者の特定の動産を対象としたもの
  - 不動産先取特権：債務者の特定の不動産を対象としたもの

例えば一般先取特権は、❶共益費用（債務者の財産の保存費用等)、❷雇用関係（従業員の給料等)、❸葬式費用、❹日用品の供給、が被担保債権として法定されています。

3 質　権

1 質権とは

質権(しちけん)は、債権者がその債権の担保として、**債務者または第三者から受け取った物を債務が弁済されるまで占有し、弁済されない場合には、その物の代価から他の債権者に優先して弁済を受けることができる担保物権**です。

この質権の設定対象となる物のことを質物(しちもつ)と呼びます。

ケース3-13　AはBにお金を貸す際、弁済がされない場合に備えてBの所有する高級時計を債権の担保としようと考えた。

このような場合に設定される担保物権が質権です。

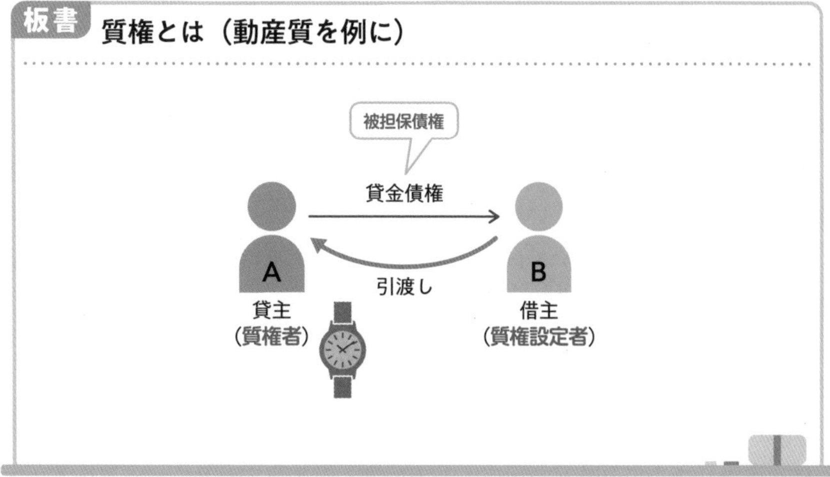

第1編
第3章
担保物権

2 質権の設定

質権は**約定担保物権**ですから、当事者間の質権設定契約により設定されますが、当事者間の意思表示の合致だけは質権の設定は効力を生じません。

質権の設定は、当事者の意思表示の合致に加えて、債権者に目的物を引き渡すことで効力を生じます。このように契約の成立のために物の引渡しを必要とする契約を**要物契約**(ようぶつけいやく)と呼びます。

引渡しの４つの方法のうち、**占有改定は、ここでいう「引渡し」には含まれません**。つまり、占有改定の方法による引渡しでは質権は有効に成立しません。

03

占有改定による引渡しでは、質物が質権設定者のもとから移動せず、後述する**留置的効力が生じなくなるため**です。

3 質権の効力

❶ 質権の効力

優先弁済的効力、留置的効力を有します。**収益的効力については、不動産質権についてのみ認められています**。

担保物権の通有性については、付従性、随伴性、不可分性、物上代位性の**すべてを有しています**。

❷ 転　質

なお、質権者は自己の責任で質物について**転質**(てんじち)をすることができます。転質とは、質物にさらに質権を設定するものです。質物を占有している質権者が借金をする際に、これを貸主に担保として差し出すような場合です。

第３節で扱った転抵当と似たような仕組みです。

4 質権の種類による比較

❶ 動産質

動産質(どうさんしち)とは、**動産を対象として設定される質権**です。

動産質権の対抗要件は**占有の継続**です。質権者が質物の占有を失った場合、**質権に基づく返還請求権（物権的請求権）は認められません**。ただし、**占有回収の訴えによることはできます**。 04

❷ 不動産質

不動産質(ふどうさんしち)とは、**不動産を対象として設定される質権**です。

不動産質権の対抗要件は**登記**です。不動産質権には収益的効力がありますので、**債権者が質物である不動産を使用・収益することができます**。ただし、その代わりに不動産質権者は、管理費用を負担し、利息を請求することはできません（利息の支払いを特約で規定するのは可能です）。

不動産質権の存続期間は**10年を超えることができません**。更新は可能ですが、更新後の存続期間も10年を超えることはできません。

❸ 債権質（権利質）

債権質(さいけんしち)とは、**財産権を対象として設定される質権**です。

質権者は、その質権の目的である債権を直接に取り立てることができます。債権の目的物が金銭であるときは、質権者は、自己の債権額に対応する部分に限り、自分で直接、債務者から取り立てることが可能です。

5 流質契約の禁止

債務の期限までに弁済できなかった場合、自動的に質物で債務を弁済したことにして、質物の所有権が質権者に移転する契約のことを**流質契約**(りゅうしちけいやく)といいます。

これは暴利行為につながることから、債務の弁済期前の契約においてすることは禁止されています。したがって、**債務の弁済期後にこのような約束をすることは可能**ということになります。

ここが重要!

第4節 留置権・先取特権・質権

- [ ] **留置権**は、他人の物の占有者が、その物に関して生じた債権を有する場合に、その債権の弁済を受けるまでその物を留置する権利です。

- [ ] 留置権が成立するためには、**債権が弁済期にあること**および**占有が不法行為によって始まったのではないこと**が必要です。

- [ ] 留置権には留置的効力が認められていますが、**優先弁済的効力がないので物上代位性は有していません。**

- [ ] 留置権者は、被担保債権の全部の弁済を受けるまでは、**目的物の全部を留置することができます。**

- [ ] 留置権者は、留置物から生ずる**果実を収取**し、他の債権者に先立って、これを**自己の債権の弁済に充当**することができます。

- [ ] **先取特権**には、一般先取特権、動産先取特権、不動産先取特権の３種類があります。

- [ ] 質権の設定は、当事者の意思表示の合致のほかに、債権者に目的物を引き渡すことで効力を生じます。この引渡しに**占有改定は含まれていません。**

- [ ] 流質契約とは、債務の期限までに弁済できなかった場合、自動的に質物で債務を弁済したことにして、質物の所有権が質権者に移転する契約のことであり、**債務の弁済期前の契約においてすることは禁止されています。**

第4節 ○×スピードチェック

01 留置権は、その担保物権としての性質から、付従性・随伴性・不可分性・物上代位性が認められる。 国家専門職2021

× 留置権には物上代位性が認められません。

02 先取特権は、債務者の財産について、他の債権者に先立って自己の債権の弁済を受ける権利であり、質権や抵当権と同様に約定担保物権であるため、当事者の契約で先取特権を発生させることができる。

特別区Ⅰ類2017

× 先取特権は法定担保物権であり、当事者の契約で発生させることはできません。

03 質権設定における目的物の引渡しには、簡易の引渡しはもとより、占有改定や指図による占有移転も含まれる。 特別区Ⅰ類2011

× 質権設定における目的物の引渡しに占有改定は認められていません。

04 動産質権者が、第三者に質物の占有を奪われたときは、占有回収の訴えによってのみ、その質物を回復することができ、質権に基づく回復請求により、その質物を回復することはできない。 特別区Ⅰ類2011

○

第2編

債権・親族・相続

第1章

債権総論

第1節 債務不履行

START! 本節で学習すること

第2編第1章では、債権についての全体的なルールを順に学習していきますが、まず第1節では債権の基本的な性質や、債務がきちんと履行されなかった場合のルールについて学習します。
重要度が高いのは債務不履行です。履行遅滞となる時期や損害賠償の範囲などがよく出題されています。

1 債権と債務

1 債権・債務とは

債権（さいけん）とは、**特定の人（A）が特定の人（B）に対して一定の行為を請求できる権利**です。債権を有する人を債権者（さいけんしゃ）といいます。
債務（さいむ）とは、**特定の人（B）が特定の人（A）に対して一定の行為を行わなければならないという義務**です。債務を負っている人を債務者（さいむしゃ）といいます。

ケース1-1　AがBに車を売却した。

板書 債権・債務とは

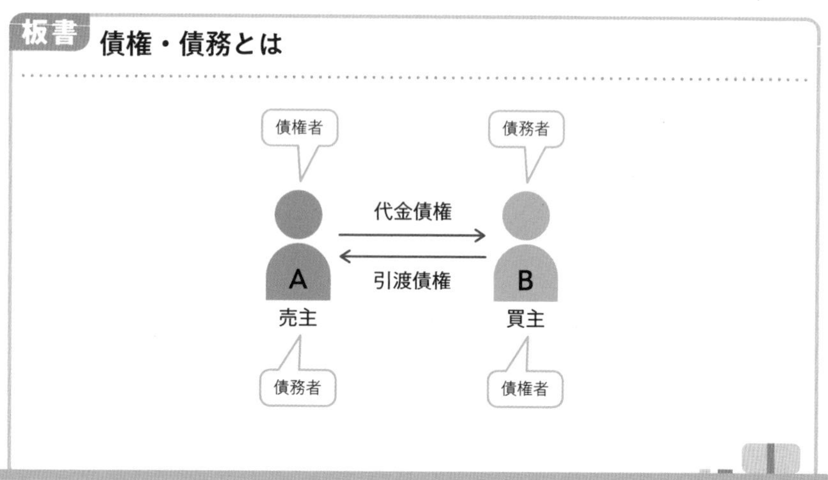

この場合、売主Aは買主Bに対して代金の支払いを要求できます。つまり、AはBに対して代金債権を有しています。逆に、BはAに対して代金債務を負っています。

一方で、買主Bは売主Aに対して車の引渡しを要求できます。つまり、BはAに対して引渡債権を有しています。逆に、AはBに対して引渡債務を負っています。

2 債権と物権の違い

物権は、物に対する支配権でした。一方、債権は人に対する請求権です。

つまり、**債権と物権は、何を対象とする権利かという点で区別されます**。さらに性質上の次のような違いがあるとされています。

板書 物権と債権の違い

	債権	物権
内容	人に対する請求権	物に対する支配権
排他性	✕なし	○あり
	・同一内容の債権は同一債務者に対して２つ以上併存し得る	・同一内容の物権は同一物に対して２つ以上併存しない
絶対性	✕なし	○あり
	・債権は債務者に対してしか主張できない（**相対的**）	・物権は誰に対しても主張し得る（**絶対的**）
権利の法定	✕なし	○あり
	・債権は当事者間で自由に内容を定められる（**契約自由の原則**）	・物権は当事者が新たに創設できない（**物権法定主義**）

2 債権の種類

1 債権の種類

債権には、特定物債権、種類債権（不特定物債権）、金銭債権という区別があります。ここからしばらくは物の引渡しが問題になるので、引渡債権・債務に着目して、売主Aを債務者、買主Bを債権者として考えていきます。

❶ 特定物債権

その物の個性に着目して引渡しの対象とされた物を**特定物**といい、**特定物の引渡しを求める債権**を**特定物債権**と呼びます。

不動産（土地や建物）や中古車、絵画などは個性を持った物と考えられているので、その引渡しを求める債権は、一般に特定物債権となります。

特定物はその物の個性に着目して債権の対象となった物なので、**"替えがきかない"物**ということになります。

❷ 種類債権（不特定物債権）

その種類のみに着目して取引の対象となる物を**種類物**（もしくは不特定物）といいます。そして、**引渡しの対象となる物を種類と数量だけで指定した債権**を**種類債権**（もしくは不特定物債権）と呼びます。

新車やスーパーで販売されている大量生産の商品は種類物（不特定物）であり、その物の引渡しを求める債権は、種類債権（不特定物債権）となります。

種類物（不特定物）は、他にも同じ物があるので**"替えがきく"物**ということになります。

❸ 金銭債権

一定額の金銭の引渡しを求める債権を**金銭債権**と呼びます。

お金を貸した場合の貸金債権や売買の際の代金債権がその例です。

2 特定物債権の特徴

ケース1-2 Aを売主、Bを買主とする中古車の売買契約が締結されたが、引渡しの前に、その中古車がAのミスで滅失してしまった。

中古車のような特定物は物の個性に着目して引渡しの対象となった物なので、それが滅失してしまった場合、替わりの物（代替物）はなく、特定物を引き渡す債務は履行が不可能（後出の履行不能）になってしまいます。

したがって、債務者は、契約締結から引渡しまでの間、その物をきちんと保管しておく必要があります。そのため、**特定物債権の債務者には、善良な管理者の注意をもってその物を保管する義務（善管注意義務）が課されています**。

また、特定物の場合は、特約のない限り、**所有権の移転の効果は契約時に発生します**ので、引渡しはされていなくても、契約時から買主Aに所有権があることになります。

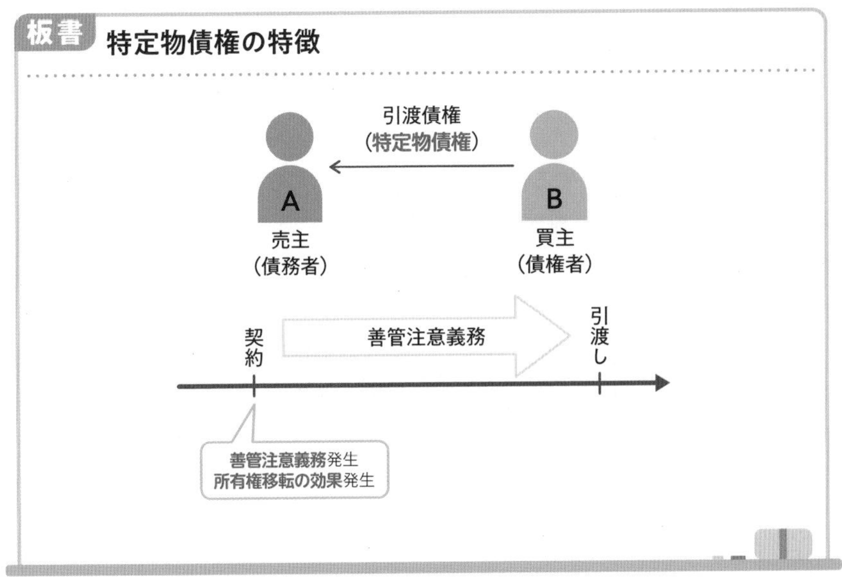

ケース1-2 では、債務者である売主Aのミスで滅失してしまっていますので、Aに善管注意義務違反が生じています。

善管注意義務の内容は、契約その他の債務の発生原因や取引上の社会通念によって個別のケースごとに判断されます。

3 種類債権（不特定物債権）の特徴

❶（無限の）調達義務

ケース1-3 Aを売主、Bを買主とするビール10本の売買契約が締結されたが、引渡しの前に、そのビールがAのミスで滅失してしまった。

新車や大量生産の商品の引渡しを求める種類債権の場合、替わりの物（代替物）があるので、債務者のもとにある物が滅失・損傷してしまった場合でも、履行不能になるわけではありません。**債務者は、その代替物を調達して引き渡す義務を負います**。

ケース1-3 では、Aはビールを再度仕入れてBに引き渡す義務を負います。

❷ 種類債権の特定

種類債権でも引渡しをする前には、対象を特定する必要があります。引き渡す個体を特定することを種類債権の特定と呼んでいます。**ケース1-3** を例にすると、Aの店に100本のビールがあった場合、その中から実際にBに渡す10本を決めることです。

種類債権において特定が生じれば、以後は特定物債権と同様に取り扱われます。**特定から引渡しまでの間、債務者は善管注意義務を負う一方で、（無限の）調達義務からは解放されます**。

板書 種類債権の特徴

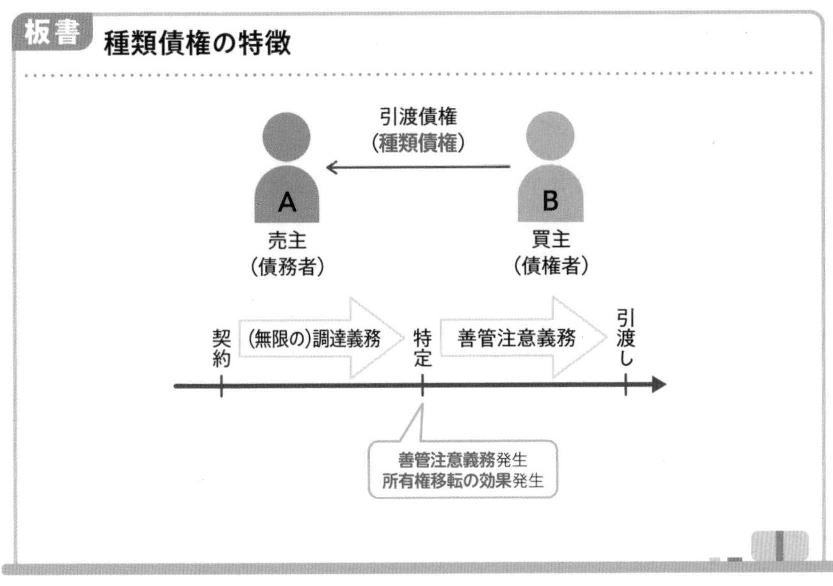

第2編 第1章 債権総論

特定物債権と種類債権の特徴を比較して整理しておきましょう。

板書 特定物債権と種類債権の比較

特定物	種類物（不特定物）
その物の個性に着目して引渡しの対象とされた物（土地、中古車等） ❶債務者は、引渡しの時まで**善管注意義務**を負う ❷目的物が滅失すると**履行不能**となる ❸**契約時**に所有権移転の効果が生じる	その物の個性に着目せずに引渡しの対象とされた物（新車等） ❶債務者は、特定する時までは**無限の調達義務**を負う ❷債務者は、特定から引渡しの時までは**善管注意義務**を負う ❸**特定時**に所有権移転の効果が生じる

3 債務不履行

1 債務不履行とは

債務不履行（さいむふりこう）とは、**債務者が債務の本旨に従った履行をしないこと、および、債務の履行が不能（不可能）であること**を指します。簡単にいえば、契約で定めた義務を実行しなかった、できなかったということです。

「債務の本旨に従った履行」とは、契約で定めた内容どおりの履行を指しています。

債務不履行には、❶履行不能、❷履行遅滞、❸不完全履行の３種類があります。そして、債務不履行となると、債権者は、❶履行の強制、❷損害賠償請求、❸契約の解除が可能となります。

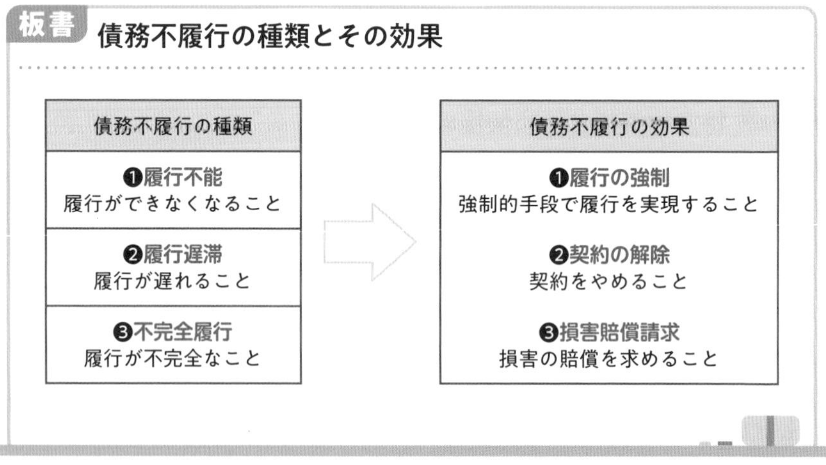

債務不履行の３種類のうち、❸不完全履行は重要ではないためここでは扱いません。残り２つを見ていきましょう。

2 履行不能

❶ 原始的不能と後発的不能

履行不能（りこうふのう）とは、**債務の履行が不可能となること**をいい、原始的不能と後発的不能という区別があります。

原始的不能（げんしてきふのう）とは、**契約の成立時にすでに不能であった場合**、つまり契約以前に目的物が滅失していたような場合です。この場合も**契約自体は無効ではなく、履行不能として処理される**ことになります。

後発的不能（こうはつてきふのう）とは、建物や中古車のような特定物の売買がされた場合に、**引渡し前にその物が滅失してしまい、引き渡すことができなくなってしまったような場合**です。

❷ 履行不能の効果

履行不能となると、**債権者は履行請求をすることはできなくなります**（もちろん履行の強制もできません）。無理な要求をすることになるからです。

債権者は、履行不能について、自らに責めに帰すべき事由（帰責事由）がある場合を除き、契約の解除ができます。

さらに債務者に責めに帰すべき事由（帰責事由）があれば、債権者は、債務の履行に代わる損害賠償請求をすることができます。契約以前に目的物が滅失していた**原始的不能の場合でも、損害賠償請求は可能**です。

「責めに帰すべき事由（帰責事由）がある」という表現は今後たびたび登場しますが、**「責任がある」**ことを指す表現です。

第2編 第1章 債権総論

❸ 履行遅滞中の履行不能

ケース1-4 Aを売主、Bを買主とする中古車の売買契約が4月1日に締結され、5月1日に引き渡す約束になっていたが、Aが引渡しをしないでいるうちに、5月10日に大地震でその中古車が滅失してしまった。

債務者の履行遅滞の間に、当事者双方の責めに帰することができない事由（自然災害や第三者の行為）によって債務の履行が不能となった場合、その履行の不能は、**債務者の責めに帰すべき事由によるものとみなされます**。

つまり、履行遅滞をしている間に、目的物が滅失してしまった場合、たとえそれが債務者の責任でなくても債務者の責任となってしまうということです。その結果、債権者は、債務者に対して、**履行不能を理由とする損害賠償請求をすることが可能となります**。 01

簡単にいうと、履行遅滞していた債務者が悪い、ということで、履行不能の責任も負わされるということです。

ケース1-4 では、車が滅失したこと自体はAの責任ではありませんが、引渡しが遅れている間に起きたことなので、Aが責任を負うことになります。

3 履行遅滞

❶ 履行遅滞とは

ケース1-5 Aを売主、Bを買主とする中古車の売買契約が４月１日に締結された。５月１日に引き渡す約束になっていたが、Aは引渡しが可能でありながら、６月１日になっても引渡しをしていない。

債務の履行が可能であるのに、履行期（履行の期限）を過ぎても履行が行われないことを履行遅滞（りこうちたい）といいます。このケースのAは履行遅滞に陥っています。

❷ 履行遅滞となる時期

履行遅滞となる時期は、債務の種類ごとに次の表のようになります。

板書 履行遅滞となる時期

種類	履行遅滞となる時期
確定期限付き債務	**期限の到来時**
不確定期限付き債務	❶期限到来後、**履行請求を受けた時** または ❷**期限到来を知った時** のいずれか早い時
期限の定めのない債務	**履行請求（催告）を受けた時**
債務不履行による損害賠償債務	**履行請求（催告）を受けた時**
不法行為に基づく損害賠償債務	**不法行為の時**

02 03

不法行為に基づく損害賠償債務は、不法行為の加害者が被害者に対して行う損害賠償なので、被害者救済の観点から遅滞となる時期が早められています。債権者が債務者に対して催告をしていなくても不法行為の時（事件・事故の時）から履行遅滞になります。

4 債務不履行の効果

債務不履行となると、債権者は、❶履行の強制、❷損害賠償請求、❸契約の解除が可能となります。このうち❸契約の解除は第2章で扱うため、ここでは残り2つを見ていきましょう。

1 履行の強制

履行（りこう）の強制（きょうせい）とは、**債権者が裁判所などの力を借りて債権の内容を強制的に実現すること**をいいます。

債務者に帰責事由がなくても、債権者は履行の強制をすることが可能です。

履行の強制についての具体的な規定は民事執行法に置かれており、民事執行法では**強制執行**と呼ばれています。民法には具体的規定がほとんどないため試験で問われることは少ないです。

履行の強制の方法としては、直接強制、代替執行、間接強制などの方法があります。ただし、**債務の性質が履行の強制を許さないものであるときは、履行の強制はできません**。

なお、履行の強制がされた場合でも、債権者に損害が生じている場合は、**別途、債権者は損害賠償請求をすることが可能**です。

語句

直接強制／直接に債権の内容を実現する方法であり、物の引渡債権の場合は、目的物を債務者から取り上げて債権者に渡すこと、金銭債権の場合は、債務者の預金などを差し押さえて、それを債権者に渡すことを指します。

代替執行／他人にその債務の内容に当たる行為をさせ、その費用を債務者から取り立てる方法を指します。

間接強制／一定の期間内に債務の履行をしない場合、一定の額の金銭を債権者に支払うことを債務者に命じる方法を指します。

2 損害賠償請求

債務不履行により債権者に損害が発生し、その不履行が**債務者の責めに帰すべき事由（帰責事由）によるときは、債権者は、債務者に対して、その損害の**

賠償を請求できます。

❶ 債務者の帰責事由

債務者に帰責事由があるか否かは、契約その他の債務の発生原因および取引上の社会通念に照らして判断されます。

そして、その立証については、**債務者の側で、自己に帰責事由のないことを証明しなければならない**とされています。したがって、債権者は、損害賠償を請求する際に、債務者に帰責事由があることを証明する必要はありません。

なお、損害が発生したことや損害額については債権者が立証する責任を負っています。

❷ 損害賠償の方法

損害賠償は、別段の意思表示がない限り、金銭をもってその額を定めます。つまり、**金銭賠償が原則**となります。

ただし、例外的に原状回復の方法が認められる場合もあります。原状回復とは現実に損害を回復させるもので、名誉毀損における謝罪広告の掲載などがその例です。

❸ 損害賠償の種類

損害賠償には、履行遅滞を前提とした**遅延賠償**(ちえんばいしょう)と履行不能を前提とした**填補賠償**(てんぽばいしょう)があります。

板書　損害賠償の種類

遅延賠償：**履行遅滞**の場合に、履行が遅延したことによって生じる損害の賠償
→ 住宅の引渡しが売主の責任で遅れた場合に、買主がその間に支払った家賃を売主が支払うような場合

填補賠償：**履行不能**の場合に、履行の代わりとなる損害の賠償
→ 住宅の引渡しが売主の責任で不可能になった場合に、売主が買主にその住宅の価格に相当する額を支払うような場合

第2編 第1章 債権総論

実際に填補賠償を、債権者が債務者に請求できるのは履行不能となった場合だけではありません。次の場合も填補賠償を請求することが可能です。

板書 **填補賠償が可能な場合**

❶債務の履行が不能であるとき（**履行不能**）
❷債務者がその債務の履行を拒絶する意思を明確に表示したとき（**明確な履行拒絶**）
❸債務の発生原因である契約が解除され、または、債務の不履行による契約の解除権が発生したとき（**契約解除または解除権の発生**）

❸履行遅滞などを原因として**契約の解除権が発生している段階で、すでに填補賠償の請求が可能になっている**点に注意しましょう。

❹ 損害賠償の範囲Ⅰ（通常損害）

ケース1-6 Aを売主、Bを買主とする建物の売買契約が締結され、引渡期日を4月1日と定めた。ところが、Aの都合で5月1日になっても引渡しがされていない。

このケースのように、履行が遅延したことにより債権者（買主）に損害が生じている場合、遅延賠償を請求することができます。

損害賠償の対象となる「損害」には、債務不履行による債権者の財産の滅失・減少などの積極的な損害だけでなく、債権者が得られるはずであった利益が得られなかったという消極的損害（逸失利益）も含みますし、精神的な損害も含まれます。

実際にどこまでが損害賠償として認められるかは、債務者に賠償させることが社会通念上相当（相当とされる因果関係がある）といえるか否かによって決まります（判例）。したがって、**債務不履行がなければ生じなかった損害すべてが当然に賠償の対象に含まれるわけではありません**。

通常生ずべき損害は当然含まれますので、例えば **ケース1-6** では、引渡しが遅れている期間、買主Bが居住する場所を借りるためにかかった費用などは遅延賠償として請求できます。

❺ 損害賠償の範囲Ⅱ（特別損害）

ケース1-7　Ａを売主、Ｂを買主とする建物の売買契約が代金2,000万円で締結され、引渡期日を４月１日と定めた。３月30日にＡの失火で建物が焼失してしまったが、Ｂはこの建物を2,500万円で転売する契約をＣと締結していた。

特別な事情によって生じる損害（特別損害）については、**当事者がその当時にその事情を予見すべきであったものが賠償の対象に含まれます**。 04

この場合の「当事者」とは**債務者**、つまり建物の引渡責務を負うＡのことです。また、「当時」とは**債務不履行時**のことを指します。

このケースでは、Ｂが転売によって500万円の利益を得ることをＡが予見すべきであった場合は、その転売利益500万円も損害賠償の範囲に含まれます。

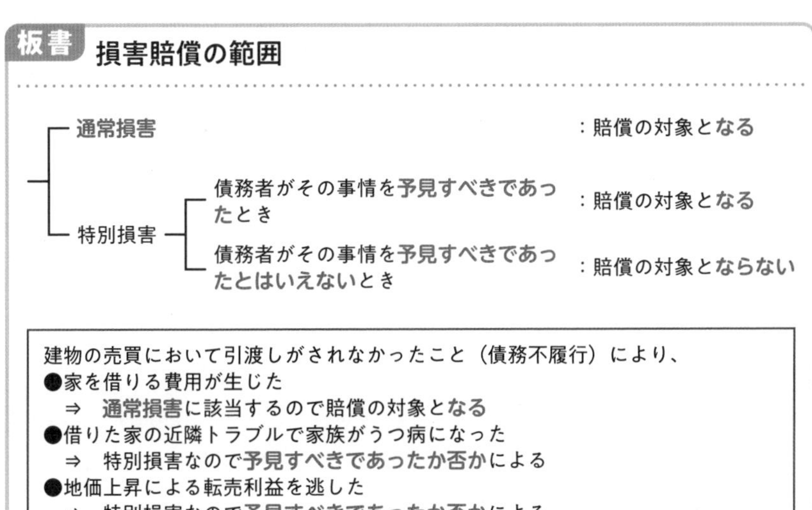
板書　損害賠償の範囲

- 通常損害　：賠償の対象となる
- 特別損害
  - 債務者がその事情を予見すべきであったとき　：賠償の対象となる
  - 債務者がその事情を予見すべきであったとはいえないとき　：賠償の対象とならない

建物の売買において引渡しがされなかったこと（債務不履行）により、
●家を借りる費用が生じた
　⇒　通常損害に該当するので賠償の対象となる
●借りた家の近隣トラブルで家族がうつ病になった
　⇒　特別損害なので予見すべきであったか否かによる
●地価上昇による転売利益を逃した
　⇒　特別損害なので予見すべきであったか否かによる

❻ 過失相殺

債務不履行や損害の発生・拡大に関して**債権者の側にも過失があった場合に、債権者の過失を考慮して損害賠償の額を減額する制度**を**過失相殺**（かしつそうさい）と呼びます。

債務不履行における過失相殺は、債権者にも過失があった場合、**裁判所は必ずこれを考慮しなければなりません**（必要的考慮）。また、債権者の過失の程度が著しい場合には、**債務者を免責する（賠償額をゼロにする）ことも可能**です。

第３章で学習する不法行為でも過失相殺の制度が出てきますが、そこでは裁判所は被害者側の過失を**考慮することができる**、と定められており、比較して覚える必要があります。

❼ 賠償額の予定

債権者と債務者は、**債務不履行があった場合における損害賠償の額をあらかじめ定めておく**ことが可能です。これを**賠償額の予定**といいます。

予定した損害賠償額より実際に生じた損害額が多くても少なくても、**予定した損害賠償額を増減することはできない**とされています。

また、賠償額の予定をしたからといって、**履行の請求をすることや解除権を行使することは妨げられません**。

違約金を定めた場合は、**賠償額の予定と推定されます**ので、違約金の定めが賠償額の予定ではないという反対の証拠がない限り、違約金とは別に損害賠償を請求することはできません。

3 金銭債務の特則

ケース1-8 AがBに100万円を貸し付け、１年後の10月１日にBがAの自宅に持参して返済することを約束した。ところが９月25日に大地震が起きて、道路が寸断されBがAの自宅に行くことができない状態が続き、BはAに11月１日にようやく返済した。

このケースのように、金銭債務に不履行があった場合、次のような特別の規定が適用されます。

❶ 不可抗力の場合の責任

金銭債務の不履行における損害賠償について、**債務者は不可抗力（自然災害など）をもって抗弁とすることができません**（不可抗力を免責の理由として主張できません）。

つまり、**ケース1-8** のように、地震があって持参するのが困難になり支払期日に遅れたとしても、債務者は、遅延賠償を免れることはできません。

なお、金銭債務には履行不能がなく、債務者に弁済の資力がない場合であっても履行遅滞として扱われます。お金がないならどこから借りてでも払えばよいだけだからです。

❷ 損害の証明と損害額

金銭債務の不履行について、**債権者は、損害が生じたことを証明する必要がありません**。利息分の損害が常に発生するものと考えてよいからです。

損害賠償の額については、**債務者が遅滞の責任を負った最初の時点における法定利率（ほうていりりつ）によって計算**するのが原則です。ただし、約定利率（やくじょうりりつ）が法定利率を超えるときは、約定利率によって計算します。

語句 **法定利率**／３年ごとに変動する可能性がある仕組みが導入されており、現在の法定利率は年利３％です。
約定利率／当事者間で約束した利率です。

ケース1-8 において、Aは損害が生じたことを立証することなく、法定利率３％で計算した遅延賠償の請求が可能です。

4 代償請求権

ケース1-9 AはBから建物を借りて住んでいたが、その建物が隣家の火災で焼失してしまった。Aはこの建物を対象に火災保険に入っていた。

代償請求権（だいしょうせいきゅうけん）とは、債務者が、その債務の履行が不能となったのと**同一の原因**により、債務の目的物の代償である権利または利益を取得した場合、債権者が、その受けた損害の額の限度において、**債務者に対し、その権利の移転またはその利益の償還を請求することができる権利**をいいます。 05

このケースでは、Aが建物をBに返すことができなくなったのと同じ原因（火災）により、Aは火災保険金を得ています。この場合、Bが受けた損害の限度で、Bは、Aに対して、火災保険金を自分に渡すように請求できます。

あくまでも**債権者が受けた損害の限度**で行使できる権利です。

5 受領遅滞

1 受領遅滞とは

ケース1-10 Aを売主、Bを買主とする中古車の売買契約が４月１日に締結され、引渡期日を５月１日と定めた。５月１日にAは中古車をBの自宅に持参したが、駐車場を用意できていないことを理由にBから受け取りを拒否された。

このケースにおけるBの受け取りの拒否を受領遅滞といいます。

受領遅滞（じゅりょうちたい）とは、**債務者が債務の本旨に従った履行の提供をした場合に、債権者が、債務の履行を受けることを拒み、または受けることができないこと**です。

問題文で「債権者が債務の履行を受けることができない」という表現が登場した場合、受領遅滞を表していると考えてください。

2 受領遅滞の効果

受領遅滞となると次のような効果が発生します。

板書 受領遅滞の効果

- **❶債務者の注意義務の軽減**：債務の目的が特定物の引渡しであるときは、債務者は、履行の提供から引渡しの時まで、**「自己の財産に対するのと同一の注意」**をもってその物を保存すれば足りる（**善管注意義務より軽減される**）
- **❷増加費用の債権者負担**：履行の費用が増加した場合、**増加額は債権者が負担**する
- **❸危険の移転**：受領遅滞中に、当事者双方に帰責事由がない事由で履行不能となったときは、その履行不能は**債権者の責めに帰すべき事由によるものとみなされる**

第1節 債務不履行

- [ ] その物の個性に着目して引渡しの対象とされた物を特定物といい、その引渡しを求める債権を特定物債権と呼びます。**特定物債権の目的物が滅失すれば、その債権は履行不能**になります。

- [ ] 特定物債権の債務者は、善良な管理者の注意をもってその物を保管する義務（**善管注意義務**）を負っています。

- [ ] 債務者が物の給付をするのに必要な行為を完了したときは、**種類債権の特定**が生じます。

- [ ] 種類債権の場合、特定物債権の場合と異なり、引渡しまでの間、債務者は善管注意義務を負っていませんが、**種類債権の特定が生じると、債務者は善管注意義務を負う**ことになります。

- [ ] 契約以前に目的物が滅失していたなど最初から履行が不可能（原始的不能）な契約も**契約自体は無効ではありません**。有効に成立したものとして扱い、履行不能として処理されることになります。

- [ ] 履行不能の場合、債権者は、債務者に責めに帰すべき事由（帰責事由）があれば、**債務の履行に代わる損害賠償の請求をすることができます。**

- [ ] 不確定期限付きの債務が履行遅滞となるのは、**期限到来後、履行請求を受けた時、または債務者が期限到来を知った時のいずれか早い時**です。

- [ ] 特別な事情によって生じる損害（特別損害）は、当事者（債務者）がその当時（債務不履行時）に**その事情を予見すべきであったものに限り、損害賠償の範囲に含まれます。**

- [ ] 金銭債務の不履行における損害賠償について、債務者は不可抗力（自然災害など）を**抗弁とすることができません。**

第2編 第1章 債権総論

第1節 ○×スピードチェック

01 債務者が、自己の責めに帰すべき事由によって履行遅滞に陥った後、自己の責めに帰することができない事由によって履行不能が生じた場合、債務者は、その履行不能から生じた損害について賠償責任を負わない。

国家専門職2019改題

× 履行遅滞後に債務者の責めに帰すことができない事由によって履行不能が生じた場合でも、その履行不能は債務者の責めに帰すべき事由によるものとみなされ、債務者が賠償責任を負います。

---

02 債務の履行について不確定期限があるときは、債務者は、その期限の到来した後に履行の請求を受けた時又はその期限の到来を知った時のいずれか早い時から遅滞の責任を負う。 裁判所2022

○

---

03 不法行為に基づいて発生した損害賠償債務は、債権者が債務者に対して催告をしなくても、不法行為による損害の発生と同時に遅滞に陥る。

国家一般職2018

○

---

04 債務不履行による損害のうち、特別の事情によって生じた損害については、当事者がその事情を予見していた場合に限り、債権者はその賠償を請求することができる。 裁判所2019

× 特別の事情によって生じた損害については、当事者がその事情を予見していなくても、予見すべきであったときは、賠償を請求できます。

---

05 履行不能が生じたのと同一の原因によって、債務者が履行の目的物の代償と考えられる利益を取得した場合には、公平の観念に基づき、債権者は、債務者に対し、履行不能により債権者が被った損害の限度において、その利益の償還を請求する権利が認められる。 国家専門職2019改題

○ この権利を代償請求権と呼びます。

第2節 債務者の責任財産の保全Ⅰ

START! 本節で学習すること

ここでは債権者代位権について学習します。
まずは債権者代位権がどのような制度なのかを理解し、次に行使するための要件を押さえましょう。

1 責任財産保全の仕組み

債務の弁済に充てるべき債務者の財産のことを**責任財産**(せきにんざいさん)といいます。

債務者が債務の弁済をしない(債務不履行)場合、債権者は履行の強制、つまり強制執行が可能です。その強制執行の対象となる財産が責任財産ですが、その保全を債務者がしない場合があります。

例えば、債務者が他者に債権を持っているのに「債権の回収を図っても債権者に取られるだけだ」と考えて放置したり、「唯一残った財産を債権者に取られないように」と考え、親族に財産をあげてしまうようなことも起こり得ます。

そこで、**債務者の責任財産の保全を図り、強制執行の準備をするための制度**として、❶責任財産の減少を債務者が放置している場合では債権者代位権、❷責任財産を積極的に減少させる行為をしている場合では詐害行為取消権が用意されています。

本節では❶の債権者代位権を、次節では❷の詐害行為取消権を取り扱います。

板書 責任財産保全の仕組み

{ **債権者代位権**　:責任財産の**減少を放置する行為**に対する保全の仕組み
{ **詐害行為取消権**:責任財産を**積極的に減少させる行為**に対する保全の仕組み

2 債権者代位権とは

ケース1-11 AはBに100万円の債権を有している。Bは、多数の債権者に債務を負っており、弁済が困難な状態であるにもかかわらず、Cに対する200万円の債権の回収を図ろうとせず放置していた。

債権者代位権（さいけんしゃだいいけん）とは、債務者が債務の弁済ができない状態（無資力状態）にもかかわらず、**自己の財産を確保すること（保全）を怠っている場合に、債権者が、債務者の有する権利を代わって行使できる権利**です。

ケース1-11 において債権者代位権が行使可能な場合、Aは、BがCに対して有している債権を、Bになり代わって行使できます。

この「Bになり代わる」ことを代位（だいい）、「Bになり代わって行使する」ことを代位行使（だいいこうし）と表現します。

AがBに対して有している債権を被保全債権（ひほぜんさいけん）、BがCに対して有している債権を被代位権利（ひだいいけんり）といいます。また、債権者代位権を行使する債権者（A）を代位債権者（だいいさいけんしゃ）と呼びます。

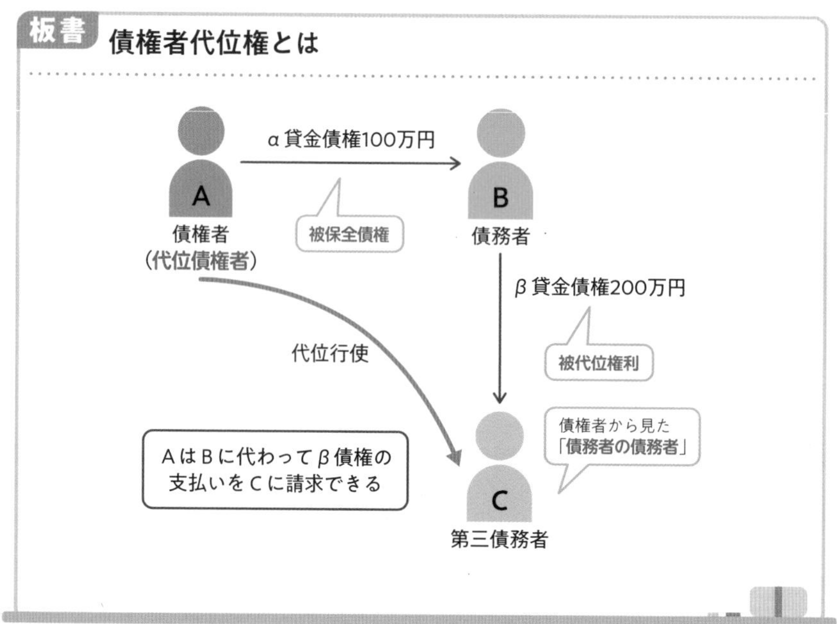

3 債権者代位権の要件

債権者代位権の行使は、債務者の財産管理権に対する干渉になるものなので、それを正当化できる場合として次の要件を満たす必要があります。

板書 債権者代位権の要件

❶被保全債権が、原則として金銭債権であり、かつ強制執行可能なもの
❷債権保全の必要性がある（＝債務者の無資力）
❸被保全債権の弁済期が原則として到来している
❹債務者が権利を行使していない
❺被代位権利が一身専属権や差押禁止債権ではない

これを以下で順に説明していきます。

1 被保全債権が金銭債権かつ強制執行可能であること

債権者代位権は、債権者が債務者の財産に強制執行をするための準備として責任財産を確保するための制度なので、被保金債権は**原則として金銭債権であり、かつ強制執行可能な債権**である必要があります。

2 債権保全の必要性があること

債権者が自己の債権を保全する必要があることが要件となっています。これは、結局は、「**債務者が弁済するだけの資力を欠いている**」という状態のことを指しているとされています。

「債務者が弁済するだけの資力を欠いている」ことを無資力というので、この要件は**債務者の無資力要件**と表現されます。

3 被保全債権の弁済期が原則として到来していること

被保全債権の弁済期が、原則として、到来していることが必要です。したがって、債権者は、自分が有する債権の期限が到来するまでは、債権者代位権に基づき被代位権利を行使することはできません。

なお、債権者代位権の被保全債権については弁済期の到来が要件となっているだけであり、**被代位権利の成立前に存在していることは要件となっていません**。次節で学習する詐害行為取消権と区別しましょう。 01

ただし、例外として**保存行為については被保全債権の弁済期到来前であっても代位行使が可能**です。 02

ここでいう保存行為とは、例えば、被代位権利の消滅時効が完成しないようにする行為などを指しています。**ケース1-11**で、BのCに対する債権の消滅時効が間もなく完成しようとしている場合に、それを阻止するための行動をAがとることは、被保全債権の弁済期到来前であっても可能です。

4 債務者が権利を行使していないこと

責任財産を保全するために認められた債権者代位権は、債務者（B）が自己の財産の保全を怠っていることが前提となって認められている仕組みです。

したがって、債務者（B）が第三債務者（C）に対する権利の行使を怠っておらず、**自ら権利行使に動いているのであれば、たとえそのやり方が適切でなかったとしても、債権者は債権者代位権を行使することはできません**。

5 被代位権利が一身専属権や差押禁止債権ではないこと

❶原　則

財産的な権利であれば広く、被代位権利にはなり得ます。したがって、金銭債権はもちろんのこと、**取消権や解除権、時効の援用権や消滅時効を阻止する行為**も被代位権利となります。

❷（行使上の）一身専属権

（行使上の）**一身専属権**（いっしんせんぞくけん）とは、**行使するか否かが債務者の意思に委ねられている権利**です。そのため、債権者が干渉するのは適切ではないと考えられることから、債権者代位権の対象から除外されています。

代位行使ができない一身専属権には、離婚請求権や名誉毀損を理由とする慰謝料請求権、遺留分侵害額請求権などがあります。

しかし、名誉毀損を理由とする慰謝料請求権や遺留分侵害額請求権が一身専属権とされているのは、その意思決定を債務者本人に委ねるためです。したがって、**すでに権利行使の意思が明らかになっている場合は、単なる金銭債権と同様に扱っていいことから、その債権を譲渡することも可能であり、代位行使の対象ともなり得ます**。

例えば、慰謝料請求権については、本来は行使上の一身専属権として債権者代位権の対象外ですが、その**具体的な金額が当事者間において客観的に確定した場合は、代位行使可能**となります（判例）。

同じく、遺留分侵害額請求権についても、本来は行使上の一身専属権として債権者代位権の対象外ですが、**権利行使の確定的意思を有することを外部に表明したと認められる特段の事情がある場合（権利を第三者に譲渡した場合等）には、代位行使可能**となります（判例）。 03

語句　**遺留分**／一定の相続人（遺留分権利者）に最低限確保されている相続財産のことです。遺留分は配偶者、子、直系尊属にはありますが、兄弟姉妹にはありません。

遺留分侵害額請求権／遺留分を持つ相続人が、その遺留分を侵害された場合に、侵害額に相当する金銭の支払いを請求する権利です。

❸ 差押禁止債権

差押禁止債権（さしおさえきんしさいけん）とは、給料債権の一定部分や年金受給権を指します。これは債務者の最低限の生活保障のためにそもそも差押えが禁止されており、責任財産から除外されています。したがって、**債権者代位権の対象にもなりません**。

4 行使の方法・行使の範囲

1 行使の方法

❶ 裁判上・裁判外いずれの行使も可能

債権者代位権は、**裁判上でも裁判外でも行使が可能**です。

裁判による代位（代位訴訟）を行った場合には、**債務者に訴訟告知をする必要があります**。

訴訟告知／訴訟を起こしたことを知らせることです。

債権者代位権は、債権者が自己の権利を**自己の名で行使するもの**であり、債務者の代理人として行使するものではありません。

❷ 相手方にも抗弁権あり

代位行使された相手方（第三債務者）は、**債務者に対して主張することができる抗弁を、債権者に対しても対抗することができます**。 04

例えば、相手方が債務者に対して無効や取消しの主張が可能であった場合、解除権や消滅時効の援用権を持っていた場合、同時履行の抗弁権を持っていた場合などは、それを代位行使してきた債権者にも主張可能です。

ケース1-11 で、ＢのＣに対する債権が売買契約により発生した代金債権だった場合、Ｃが売買契約について取消権を有していたときは、代位行使してきたＡに対しても、取消しを主張して弁済を拒むことができます。

2 行使の範囲

❶ 被代位権利が可分な場合

被代位権利の目的が金銭債権などのように可分なものであるときは、**被保全債権の範囲内においてのみ、被代位権利を行使することが可能**です。 05

ケース1-11 で、BのCに対する債権（被代位権利）は200万円ですが、Aが代位行使できるのは、AがBに対して有する債権（被保全債権）の100万円が限度になります。

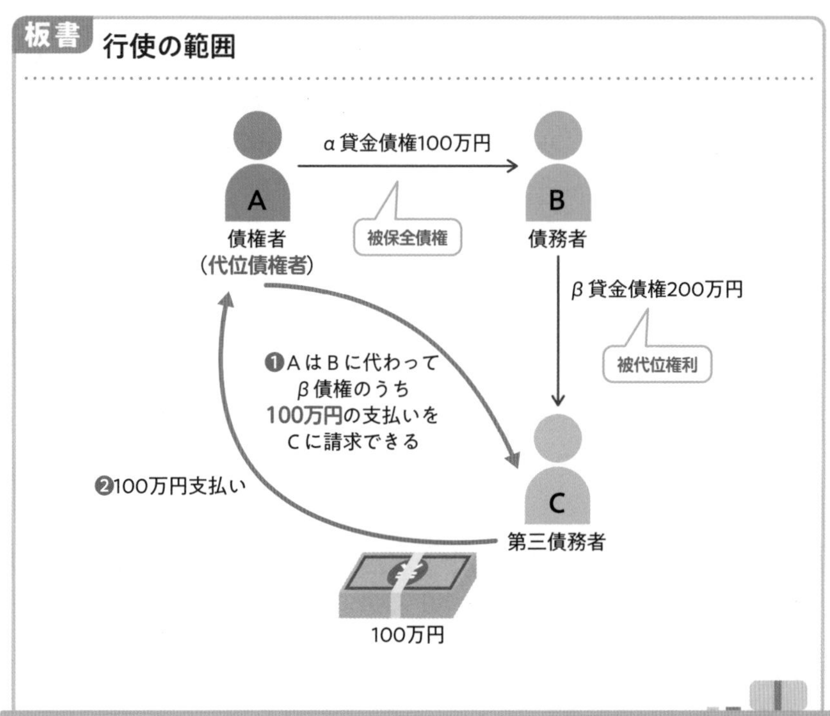

❷ 被代位権利が不可分の場合

被代位権利の目的が特定物の引渡債権などのように不可分であるときは、**被保全債権の範囲内に限定されず、被代位権利の全部を行使することが可能**です。

5 行使の効果

❶ 行使の効果

債権者が債務者に代位して債務者の権利を行使した結果は、**直接に債務者に対して効力を生じます**。

例えば、ケース1-11で、Aからの請求に応じて、Cが100万円を支払った場合、BのCに対する債権（被代位権利）が弁済により100万円減少します。

❷ 債務者の権利行使の可否

債権者が被代位権利を行使した場合でも、**債務者が被代位権利について自ら処分（債権の支払いを求めること等）をすることは可能**です。

相手方も被代位権利について債務者に対して履行しても構いません。

❸ 債権者が自己に引渡しを求めることの可否

債権者は、被代位権利が金銭の支払いまたは動産の引渡しを目的とするときは、相手方（第三債務者）に対して、**自分に対して金銭の支払いまたは動産の引渡しをするように求めることができます**。

不動産については、原則として自分に明渡しを求めることはできません。

板書　債権者が自分に引き渡すように請求できるか？

代位行使した結果、受領する物・取り戻す物が
- **金銭・動産**の場合：債権者は**自分に引き渡すように請求できる**
- **不動産**の場合：原則、債務者名義に登記を移転するように請求できるだけであって、**自分に明渡しを求めることはできない**

6 債権者代位権の転用

債権者代位権は金銭債権を保全するために行使されるものであり、被保全債権となり得るのは金銭債権であることが原則でした。しかし、**金銭債権ではない特定の内容を持った債権（甲という特定の不動産の登記の移転を求める債権など）を保全するために行使することも例外的に許されています**。

ケース1-12 甲不動産がＣからＢへ、ＢからＡへと順次譲渡された。Ａは自分に所有権がある旨の登記を取得したいが、いまだに所有権の登記がＣ名義になっているにもかかわらず、ＢがＣへ登記の移転を働きかけてくれていない。

このケースでは、Ａにとっての売主であるＢのもとに登記がありません。権利の変動を忠実に登記に反映するため、Ｂを飛ばして直接ＣからＡへの登記をすること（中間省略登記）は許されていないので、まずはＣからＢに登記を移転してもらい、その後でＢからＡへの登記の移転を請求することになります。

そこで、ＢがＣへ登記の移転を請求していない場合、Ａは、ＢのＣに対する**移転登記請求権を代位行使することが可能**となっています。被保全債権は、ＡのＢに対する移転登記請求権です。

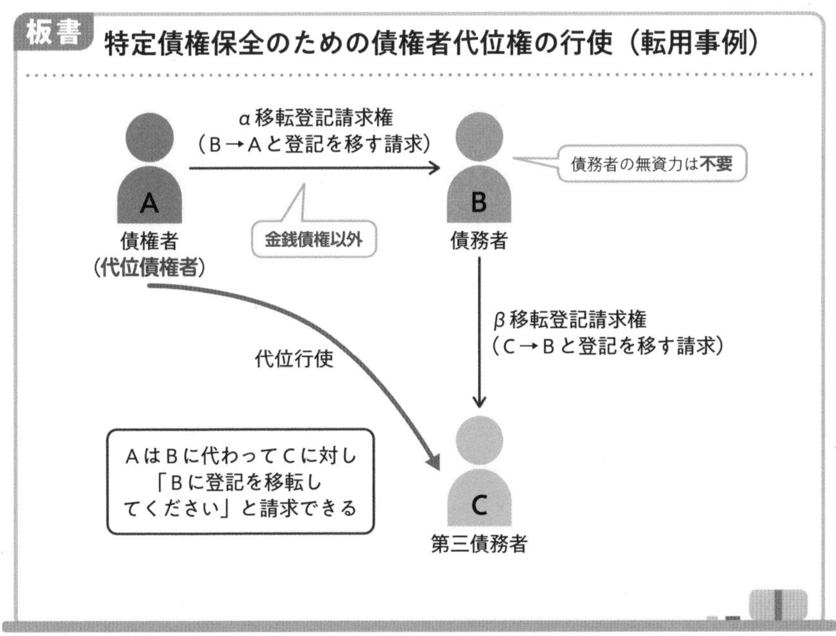

このようなケースを「特定債権保全のための債権者代位権の転用事例」と呼びます。

転用事例においては、**被保全債権は、例外的に金銭債権でなくてもよい**とされています。また、**債務者が無資力であることも不要**です。

ここが重要!

第2節 債務者の責任財産の保全Ⅰ

- [ ] 債権者代位権を行使する債権者が有する債権（被保全債権）は、**原則として金銭債権**であることが必要です。
- [ ] 債権者代位権を行使するためには、移転登記請求権などの特定債権保全の場合を除き、**債務者が無資力であることが必要**です。
- [ ] 債権者代位権を行使するためには、保存行為の場合を除き、**被保全債権の弁済期が、原則として到来していることが必要**です。
- [ ] 債務者が第三債務者に対する権利の行使を怠っているわけではなく、自らその権利行使に動いている場合は、たとえそのやり方が適切でなかったとしても、**債権者は債権者代位権を行使することができません。**
- [ ] 債権者代位権は、**裁判上でも裁判外でも行使が可能**です。裁判による代位（代位訴訟）を行った場合には、**債務者に訴訟告知をする必要があります。**
- [ ] 被代位権利の目的が**金銭債権などのように可分なものであるときは、被保全債権の範囲内においてのみ**、被代位権利を行使することが可能です。
- [ ] 債権者が被代位権利を行使した場合でも、**債務者が被代位権利について債権の支払いを求めることは可能**です。また、**相手方も被代位権利について債務者に対して履行をすることは可能**です。

第2節 ○×スピードチェック

01 債権者代位権を行使するためには、代位して行使する権利が発生するよりも前に被保全債権が成立していることが必要である。 裁判所2014

× 債権者代位権の被保全債権は、代位権行使時に存在していればよく、被代位権利の成立前に存在している必要はありません。

02 債権者は、その債権の期限が到来しない間は、債権者代位権を行使することができないが、保存行為については、期限到来前でも債権者代位権を行使することができる。 国家専門職2013改題

○

03 遺留分権利者が遺留分侵害額請求権を第三者に譲渡するなどして、その権利行使の確定的意思を外部に表明した場合には、債権者代位権に基づき遺留分侵害額請求権を代位行使することができる。 裁判所2014改題

○

04 AがBに代位してBがCに対して有する債権を代位行使する場合、Cは、Bに対して行使することができる抗弁権を有しているとしても、Aに対しては、その抗弁権を行使することはできない。 裁判所2019

× 代位行使の相手方となる第三債務者（C）は債務者（B）に対する抗弁（同時履行の抗弁権など）をもって債権者（A）に対抗することができます。

05 Aが、Bに対する貸金債権（甲債権）を被保全債権として、Bを代位して、BのCに対する売買代金債権（乙債権）を行使する場合、甲債権の額が乙債権の額を下回るときには、Aは甲債権の額を超えて、乙債権を行使することはできない。 裁判所2018

○

第3節 債務者の責任財産の保全Ⅱ

START! 本節で学習すること

ここでは詐害行為取消権について学習します。
債権者代位権と似て非なるものなので、比較しながら理解するのが大切です。
共通事項は併せて覚えることで効率よく習得できますので、債権者代位権と詐害行為取消権はセットで学習していくのが有効です。

1 詐害行為取消権とは

1 詐害行為取消権とは

ケース1-13 AはBに1,000万円の債権を有している。Bは、多数の債権者に債務を負っており、弁済が困難な状態であるにもかかわらず、唯一の財産である土地をCに対して贈与してしまった。

詐害行為取消権（さがいこういとりけしけん）とは、債務者が債務の弁済ができない状態（無資力状態）にもかかわらず、**自己の財産を積極的に減少させる法律行為（契約等）をした場合に、債権者がその行為（詐害行為）を取り消すことができる権利**です。

ケース1-13 において詐害行為取消権が行使可能な場合、Aは、BがCに対して行った贈与行為を取り消すことができます。

AがBに対して有している債権を被保全債権と呼ぶのは債権者代位権のときと同様です。また、BがCに対して行った行為を**詐害行為**（さがいこうい）、詐害行為取消権を行使することを**詐害行為取消請求**（さがいこういとりけしせいきゅう）といいます。行使する債権者を（A）**取消債権者**（とりけしさいけんしゃ）、行使される相手方Cを**受益者**（じゅえきしゃ）と呼びます。

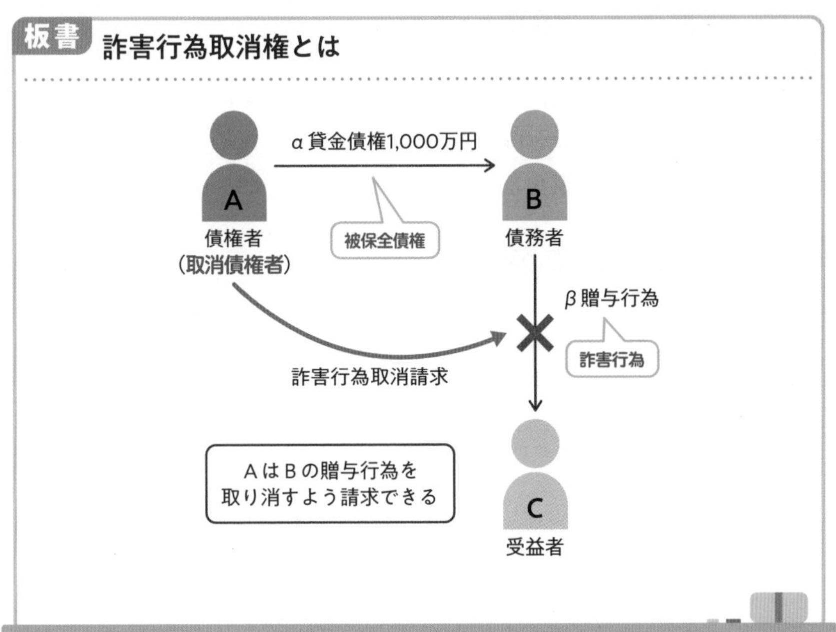

2 詐害行為取消権と債権者代位権

詐害行為取消権と債権者代位権は債務者の責任財産を保全するための制度であるという点では共通です。

ただし、債権者代位権が債務者に代わって権利行使を行うだけなのに対して、**詐害行為取消権は債務者の行為を取り消してしまう**（否定してしまう）という点に大きな違いがあります。

2 詐害行為取消権の要件

詐害行為取消権の行使は、債務者の財産管理権に対する干渉になり得るだけでなく、第三者である受益者の保護も考慮する必要があります。そのため、債権者代位権にはなかった債務者や受益者の悪意も要件となっています。

板書 詐害行為取消権の要件

❶被保全債権が金銭債権かつ強制執行可能な債権であること
❷被保全債権が詐害行為の前の原因に基づいて生じたものであること
❸債務者が詐害行為をなすこと（債務者の無資力）
❹債務者が財産権を目的とする行為を行うこと
❺債務者および受益者が債権者を害することを知っていること（悪意）

これを以下で順に説明していきます。

1 被保全債権が金銭債権かつ強制執行可能であること

詐害行為取消権も、債権者代位権と同様、債権者が債務者の財産に強制執行をするための準備として責任財産を確保するための制度です。したがって、詐害行為取消権を行使する債権者が有する被保全債権は、**強制執行によって回収が可能である金銭債権**である必要があります。

詐害行為取消権では、債権者代位権のように**転用が認められていない**ので、被保全債権は金銭債権であることが求められます。

2 被保全債権が詐害行為の前の原因に基づいて生じたものであること

詐害行為取消請求をするには、**被保全債権が詐害行為の前の原因に基づいて成立していること**が必要です。被保全債権を発生させた原因（契約等）が、詐害行為の前に成立していれば、詐害行為は債権者にとって自分を害する行為といえるからです。 01

板書 被保全債権が詐害行為の前の原因に基づいて生じたものであること

❶-1 BがCに土地の贈与を行う（詐害行為）
-2 AがBに1,000万円を貸し付ける消費貸借契約を締結する（債権の発生）
→詐害行為取消請求**不可**

❷-1 AがBに1,000万円を貸し付ける消費貸借契約を締結する（債権の発生）
-2 BがCに土地の贈与を行う（詐害行為）
→詐害行為取消請求**可**

❸-1 AがBに1,000万円を貸し付ける消費貸借契約を締結する（債権の原因）
-2 BがCに土地の贈与を行う（詐害行為）
-3 消費貸借契約に基づいて利息債権が発生（債権の発生）
→詐害行為取消請求**可**

プラスone ❸のケースでは利息に注目しています。利息債権は貸金債権という原因により生じるものであり、利息の発生は詐害行為の後でも、貸金債権が詐害行為の前に生じていれば詐害行為取消請求が可能です。

なお、債権者代位権と異なり、**被保全債権の履行期が到来している必要はありません。**

3 詐害行為をなすこと（＝債務者の無資力）

債務者の行った行為が債権者を害する行為（詐害行為）であることが必要です。これは、結局、**債務者が無資力であること、もしくはその行為を行ったことで無資力になったこと**を意味するものです。

実務的には無資力か否かを厳密に計算して行使するわけではなく、債権者が把握している債権額との関係で弁済が困難な状態になっていれば、詐害行為取消権を行使できることになります。

4 債務者が財産権を目的とする行為を行うこと

売買、贈与、保証等の契約締結、抵当権などの設定行為、債務の弁済、遺産分割協議などの**財産的行為**であれば詐害行為取消権の行使対象となります。

一方、相続放棄、離婚（離婚に伴う財産分与も含む）、養子縁組等の財産権を目的としない行為（いわゆる身分行為）は詐害行為取消権の対象となりません。

ただし、**離婚に伴う財産分与は、不相当に過大である場合、その過大な部分については詐害行為取消権の対象となり得ます**。 02

5 債務者および受益者が債権者を害することを知っていること(悪意)

詐害行為取消請求が認められるには、詐害行為時に**債務者および受益者が債権者を害することを知っていたこと（悪意）を必要とします**。

債務者の悪意については、害する意図までは不要であり、害する認識があれば足ります。 03

3 詐害行為取消請求の方法

1 請求の方法

詐害行為取消請求は財産的行為の取消しという大きな効果を持つため、慎重な判断を要します。このため、必ず裁判所に「詐害行為取消請求に係る訴え」を提起する方法で行われます。債権者代位権と異なり**裁判外で行使することはできません**。 04

2 詐害行為取消請求に係る訴えの被告

受益者に対する詐害行為取消請求に係る訴えは**受益者を被告として提起します**。債務者は被告にはなりません。

詐害行為取消請求に係る訴えを提起した債権者は、遅滞なく**債務者に対して訴訟告知をしなければなりません**。

受益者のほかに、受益者からその財産をさらに取得した転得者がいる場合、この**転得者も悪意であれば詐害行為取消請求に係る訴えの被告となり得ます。**
詐害行為を行ったのは債務者ですが、**債務者は訴えの被告とならない**ことに注意しましょう。

3 詐害行為取消請求の内容

詐害行為取消請求は、債務者の責任財産から逸失した財産の取戻しを求めるのが原則です。つまり**現物返還を請求するのが原則**となります。

ただし、現物返還が困難となっている場合、その財産の価額の償還を求めることになります。

4 取消しの範囲

詐害行為の目的である財産が**金銭などのように可分な場合、被保全債権の範囲内**においてのみ取消しを請求でき、**不動産などのように不可分な場合、詐害行為の全部**の取消しを請求できます。この点は債権者代位権と同じ考え方です。

05

5 債権者への支払い・引渡しの可否

債権者は受益者に対して、**金銭や動産の返還・価額償還を請求する場合、直接自己に引渡しを請求できます**が、**不動産の返還等を請求する場合、直接自己に登記の移転や引渡しを求めることはできず**、債務者の名義に戻すように求めることができるだけです。この点も債権者代位権と同じ考え方です。

4 取消しの効果と期間制限

1 取消しの効果

詐害行為取消請求を認める判決が確定すると、詐害行為は取り消され、初めから無効とみなされます。その効力は、**訴訟当事者（詐害行為取消請求をした債権者と被告である受益者）に加えて、債務者およびすべての債権者に対しても及びます**。

2 行使の期間の制限

詐害行為取消請求についての訴えを提起できるのは❶債務者が詐害行為をしたことを債権者が知った時から**２年間**、または、❷行為の時から**10年間**となっています。

06

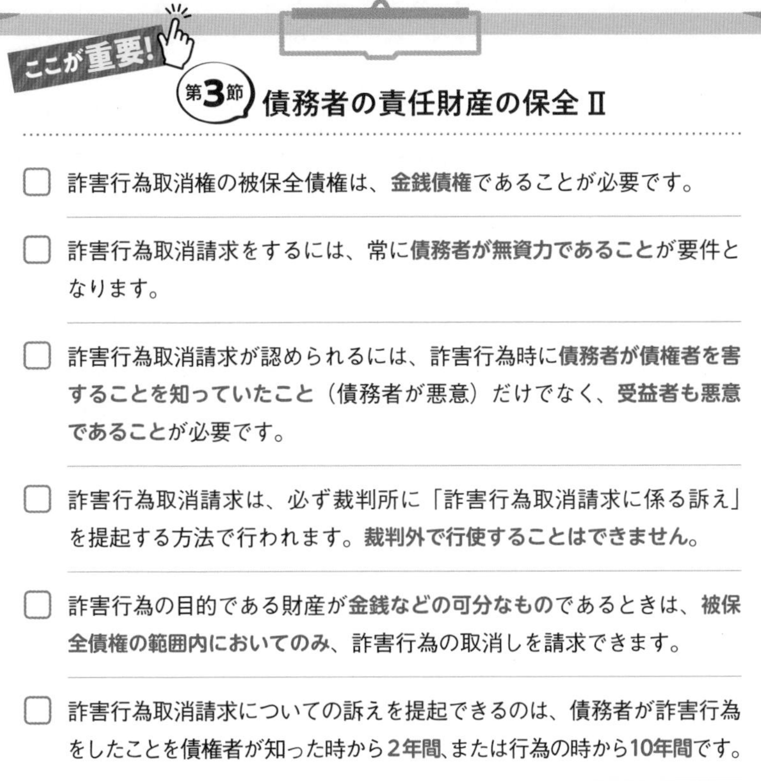

ここが重要！

第3節 債務者の責任財産の保全Ⅱ

- ☐ 詐害行為取消権の被保全債権は、**金銭債権**であることが必要です。
- ☐ 詐害行為取消請求をするには、常に**債務者が無資力であること**が要件となります。
- ☐ 詐害行為取消請求が認められるには、詐害行為時に**債務者が債権者を害することを知っていたこと**（債務者が悪意）だけでなく、**受益者も悪意であること**が必要です。
- ☐ 詐害行為取消請求は、必ず裁判所に「詐害行為取消請求に係る訴え」を提起する方法で行われます。**裁判外で行使することはできません。**
- ☐ 詐害行為の目的である財産が**金銭などの可分なもの**であるときは、**被保全債権の範囲内においてのみ**、詐害行為の取消しを請求できます。
- ☐ 詐害行為取消請求についての訴えを提起できるのは、債務者が詐害行為をしたことを債権者が知った時から**2年間**、または行為の時から**10年間**です。

第3節 ○×スピードチェック

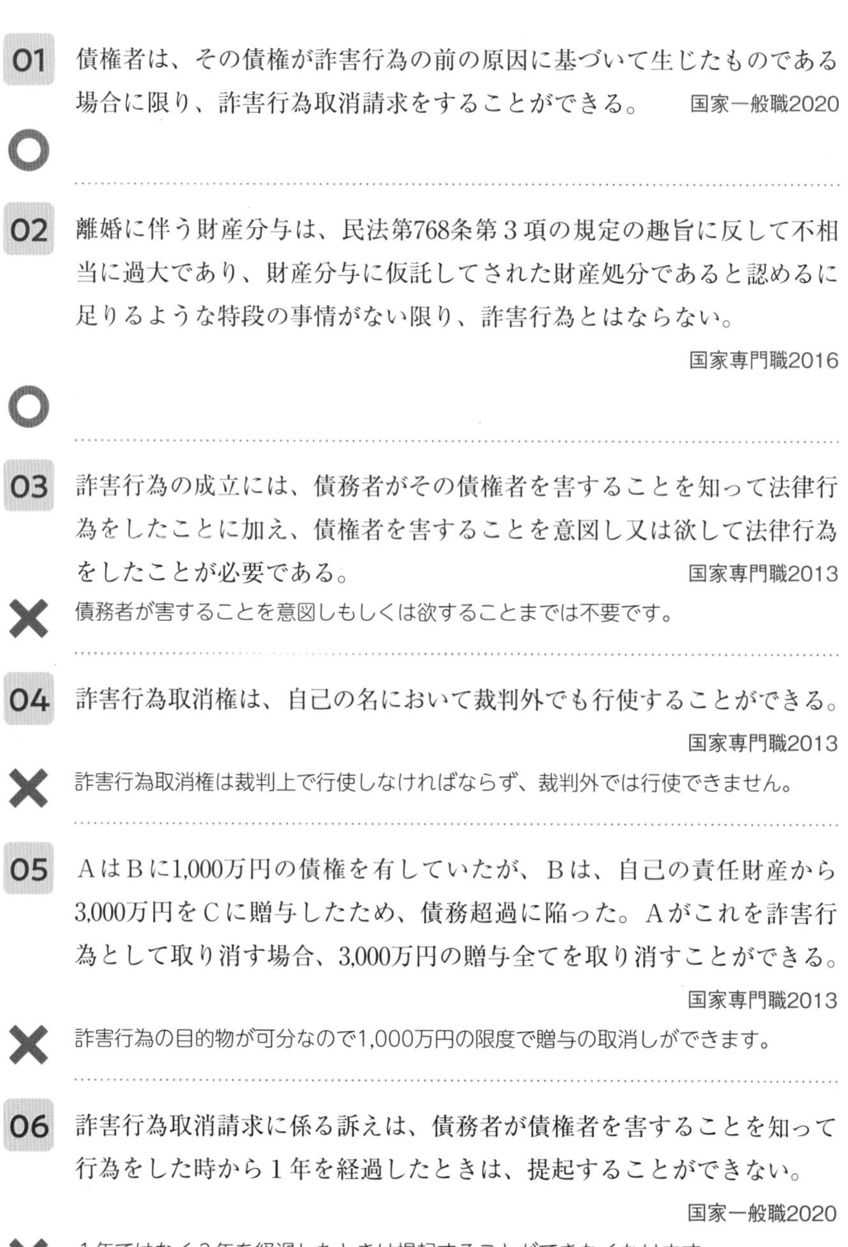

01 債権者は、その債権が詐害行為の前の原因に基づいて生じたものである場合に限り、詐害行為取消請求をすることができる。　国家一般職2020

○

02 離婚に伴う財産分与は、民法第768条第３項の規定の趣旨に反して不相当に過大であり、財産分与に仮託してされた財産処分であると認めるに足りるような特段の事情がない限り、詐害行為とはならない。

国家専門職2016

○

03 詐害行為の成立には、債務者がその債権者を害することを知って法律行為をしたことに加え、債権者を害することを意図し又は欲して法律行為をしたことが必要である。　国家専門職2013

× 債務者が害することを意図しもしくは欲することまでは不要です。

04 詐害行為取消権は、自己の名において裁判外でも行使することができる。

国家専門職2013

× 詐害行為取消権は裁判上で行使しなければならず、裁判外では行使できません。

05 ＡはＢに1,000万円の債権を有していたが、Ｂは、自己の責任財産から3,000万円をＣに贈与したため、債務超過に陥った。Ａがこれを詐害行為として取り消す場合、3,000万円の贈与全てを取り消すことができる。

国家専門職2013

× 詐害行為の目的物が可分なので1,000万円の限度で贈与の取消しができます。

06 詐害行為取消請求に係る訴えは、債務者が債権者を害することを知って行為をした時から１年を経過したときは、提起することができない。

国家一般職2020

× １年ではなく２年を経過したときは提起することができなくなります。

第4節 債権の消滅Ⅰ

START! 本節で学習すること

第４節と第５節では、債権が消滅する原因について扱います。
第４節では弁済と代物弁済について学習しますが、中心は弁済です。特に、第三者弁済の可否、受領権者としての外観を有する者についての弁済が重要です。
代物弁済については、債務消滅の効果が生じるための要件だけ押さえれば十分です。

1 債権の消滅

1 債権の消滅とは

ケース1-14 ＡがＢに対して100万円の金銭債権を有していた。
❶その後、ＢがＡに100万円を支払った。
❷その後、その金銭債権の消滅時効が完成し、Ｂが時効の援用をした。

両方のケースとも当該債権は消滅します。前者は弁済、後者は消滅時効を原因とした債権の消滅です。

2 債権の消滅原因

債権が消滅する原因にはさまざまなものがありますが、列挙して整理すると次のようになります。

板書 債権の消滅原因

債権内容の実現による消滅	弁済、代物弁済、供託
債権内容の実現以外による消滅	相殺、更改、免除、混同
権利の一般的消滅事由による消滅	時効消滅、取消し、無効、解除

2 弁　済

1 弁済とは

❶ 弁済とは

ケース1-14 の❶のように、**債権の本来の内容を実現して債権を消滅させる行為**を**弁済**（べんさい）（もしくは履行）と呼びます。債務者が債権者に対して、債務の本旨に従った弁済をすると、債権は消滅します。

❷ 弁済の場所

当事者の合意（別段の意思表示）があればその場所が弁済の場所になりますが、それがない場合は、**特定物の引渡しは債権発生の時にその物が存在した場所**において、**それ以外（不特定物や金銭）の弁済は、債権者の現在の住所**において、弁済する必要があります。

例えば、中古車の売買では、特に合意がなければ契約時に中古車があった場所（おそらく中古車ディーラーの駐車場）が引渡し場所になります。

❸ 弁済の費用

弁済の費用（運送費等）について当事者の合意（別段の意思表示）がないときは、その費用は**債務者が負担**します。

ただし、債権者の引っ越しなど債権者側の都合で費用が増えた場合、**増加分は債権者の負担**となります。

❹ 弁済の効果

弁済により債権は消滅します。

2 第三者弁済

❶ 第三者弁済とは

債務者に代わって第三者が弁済することを第三者弁済（だいさんしゃべんさい）と呼びます。弁済は債務者が行うものですが、第三者が行うことも可能です。

しかし、性質上第三者が弁済できない場合や当事者（債権者、債務者）の意思の尊重の観点から第三者弁済が制限される場合があります。

板書 第三者弁済が制限される場合

❶債務の性質による制限
債務の性質が第三者の弁済を許さないときは、第三者が代わりに債務を弁済することはできません

芸術家が絵画を創作する債務など

❷当事者の意思による制限
当事者が第三者弁済を禁止・制限する旨の意思表示をしたときは、第三者弁済はできません

❸弁済をするについて正当な利益を有しない者の弁済の制限
弁済をするについて正当な利益を有しない者は第三者弁済ができない場合があります

ここからは板書に出てきた「正当な利益」に着目して詳しく見ていきます。

❷ 弁済をするについて正当な利益を有する第三者

弁済をするについて正当な利益を有する第三者は、**債務者、債権者の意思にかかわらず、第三者弁済をすることが可能**です。たとえ、第三者弁済をすることが債務者、債権者の意思に反する場合でもその弁済は有効となります。

この「弁済をするについて正当な利益を有する第三者」は条文上の重要な表現であり、問題でもこのままの表現で登場します。

では、どのような人が「正当な利益を有する第三者」なのでしょうか？

「正当な利益を有する第三者」とは、弁済がされないことにより法律上の不利益を被る者、つまり**法律上の利害関係を有する者**である必要があります。

例えば、**物上保証人や抵当不動産の第三取得者**は、被担保債権につき、弁済をするについて正当な利益を有する第三者に該当します。

両者とも弁済がされないと抵当権が設定された不動産についての自己の権利を失ってしまう立場にあるからです。

また、建物賃貸人が支払うべき借地（敷地）の地代の支払いについて、**借地上の建物の賃借人**も「正当な利益を有する第三者」に該当します。これは、Aの所有地をBが借りて建物を立て、その建物をCに貸している場合において、BがAに対する地代の支払いを怠っているケースにおける建物賃借人Cのことです。

借地上の建物賃借人は、借地（敷地）の地代の支払いがされない場合、土地所有者から立退きを迫られる可能性があるためです。

❸ 弁済をするについて正当な利益を有しない第三者

債務者の親族や友人など、**弁済がされなくても法律上の不利益を受けるわけではない者は、「正当な利益を有する第三者」ではありません**。したがって、債務者や債権者の意思に反して第三者弁済をすることは、原則できません。01

このような人を「事実上の利害関係しか有しない者」と表現する場合があります。

板書 第三者弁済の可否と正当な利益を有する第三者

		正当な利益を	
		有する第三者	有しない第三者
弁済が	債務者の意思に反するとき	○	原則×
	債権者の意思に反するとき	○	原則×
具体例		・物上保証人 ・抵当不動産の第三取得者 ・借地上の建物賃借人（敷地の地代につき）	・債務者の親族、友人等

02

3 弁済による代位

ケース1-15 AがBに対して金銭を貸す際、Bが返済できない場合に肩代わりをするためにCが保証人になった。結局、Bは返済ができず、保証人であるCがBの借金を返済した。

債務者以外の者が弁済をした場合、その弁済者は、債務者に対し**求償**（きゅうしょう）ができます。この求償権を確保するため、弁済者は、**債権者が有した一切の権利（抵当権等）を取得します**。これを**弁済による代位**といいます。

> 語句 **求償**／他人のために代わって弁済をした者が、その他人に対して、肩代わりした分を返してください、と求めることをいいます。

そして、弁済をするについて正当な利益を有する者は、何の手続も必要とせずに**当然に債権者に代位できます**。

「弁済をするについて正当な利益を有する者」には、前項で学習した「弁済をするについて正当な利益を有する第三者」や保証人が含まれます。

したがって、**ケース1-15** の保証人Cは、当然に債権者に代位し、AのBに対する債権とそれを被担保債権とする抵当権はともに、Cに当然に移転します。

プラスone 保証人は、保証債務という自己の債務の弁済をしています。したがって、理論的には第三者弁済には含まれないことから、前項の板書の表には登場していませんでした（詳しくは第8節で学習します）。

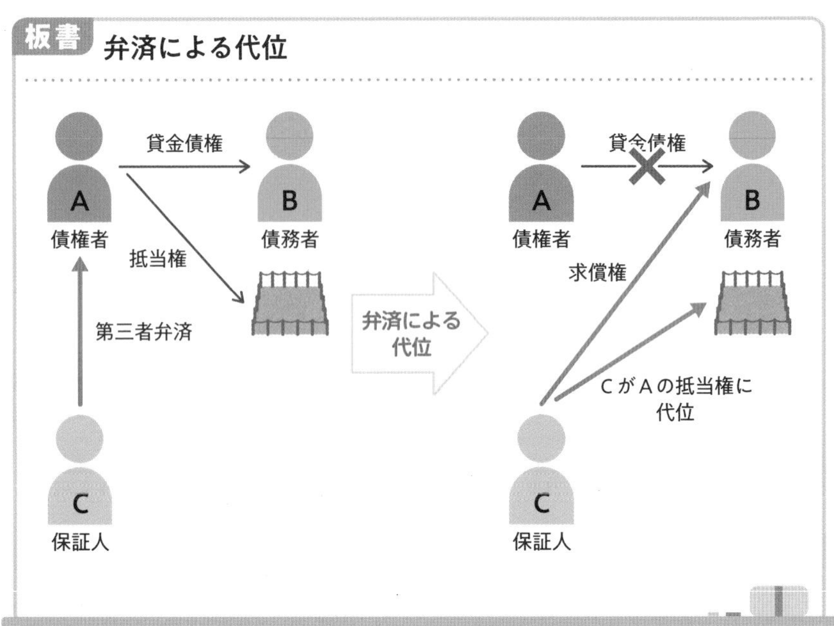

4 受領権者としての外観を有する者に対する弁済

❶ 弁済の相手方

弁済を受領できるのは、債権者もしくは受領権限を付与された者です。それ以外の第三者に対して弁済がされても、その**弁済は無効となるのが原則**です。

しかし、その例外として、**「受領権者としての外観を有する者」に対する弁済**があります。

❷「受領権者としての外観を有する者」に対する弁済

受領権者としての外観を有する者とは、**債権者ではなく、受領権限もないものの受領権限があるように見える者**です。

「受領権者としての外観を有する者」に対してした弁済は、その**弁済をした者が善意かつ無過失の場合に限り、有効**となります。 03

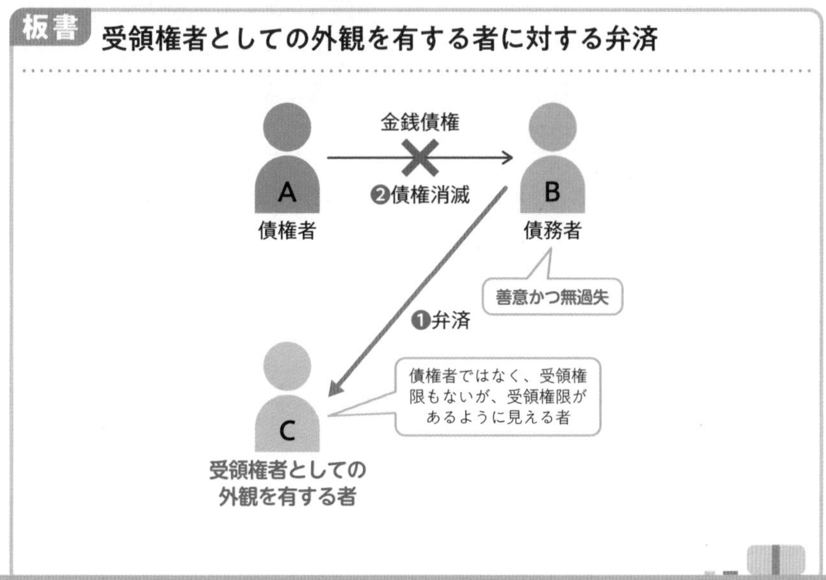

❸「受領権者としての外観を有する者」に該当する者

「受領権者としての外観を有する者」に該当するか否かは、取引上の社会通念に照らして判断されますが、具体的には、次のような者が該当します。

板書　受領権者としての外観を有する者に該当する者

❶受取証書の持参人
❷キャッシュカードの不正利用者
❸債権者の代理人であると詐称している者（詐称代理人）
❹債権の二重譲渡で劣後する譲受人
❺無効な債権譲渡の譲受人

→ ❹❺は第６節で学習しますが、すべて弁済する債務者から見ると受領権限があると誤信してしまう可能性がある相手です

5 弁済の提供

❶ 弁済の提供とは

弁済を行う者が、給付を実現するために必要な準備をして、債権者の協力を求めることを**弁済の提供**（もしくは履行の提供）といいます。

債務者が弁済の提供を行ったとしても、**債権者が受領しない限り、弁済は完了せず、債務は消滅しません**。しかし、**債務者は、弁済の提供の時から債務を履行しないことによって生ずべき責任（履行遅滞による責任）を免れることができます**。これが弁済の提供の効果です。

簡単にいうと、弁済の提供とは、**弁済の一歩手前までの行為を債務者が行うこと**です。そこまで頑張ったのだし、受領しない債権者が悪いのだから、履行遅滞責任は負わないことにしましょう、ということです。

❷ 弁済の提供の方法

弁済の提供としては、現実の提供が必要な場合と口頭の提供でよい場合があります。

板書 弁済の提供の方法

原則：**現実の提供**	債務者が債務の本旨に従った履行を行うこと （車の引渡債務 → 車を買主の住所へ持参する 金銭債務 → 債権者のもとへ金銭を持参する）
例外：**口頭の提供**	債務者が履行の準備をしてその旨を通知し、受領を催告すること （❶債権者があらかじめその受領を拒んでいる場合 ❷債務の履行について債権者の行為を要する場合 ⇒ 口頭の提供で足りる）

04

さらに、債権者の**受領拒絶の意思が明白な場合は、口頭の提供すら不要**です（履行の準備をしておくだけでよい）。

3 代物弁済

1 代物弁済とは

ケース1-16 10万円を借りた債務者が返済期日が到来したにもかかわらず、手元に現金がないことから、債権者と相談のうえで、現金10万円の代わりにパソコンを渡すことを合意し、そのパソコンを債権者に渡すことにした。

このケースでは、10万円の代わりにパソコンの引渡しがされていますが、これを代物弁済といいます。

代物弁済（だいぶつべんさい）とは、弁済する者（債務者等）と債権者との間で**債務者の負担した本来の給付に代えて他の給付をすることにより債務を消滅させる旨の契約（代物弁済契約）を締結し、その給付を行うこと**をいいます。

2 代物弁済契約の特徴

代物弁済契約自体は、弁済者（債務者等）と債権者との間の合意によって成立します（諾成契約）。契約の成立に物の給付は不要なので要物契約ではありません。

ただし、**本来の債務が消滅するのは、代物の給付がなされた時**です。

代物として給付するのが不動産である場合、単に所有権移転がされただけでは本来の債務は消滅せず、**所有権の移転登記手続が完了した時に債権消滅の効果が生じます**。

同様に、代物として給付するのが動産である場合、**引渡しが完了した時に債権消滅の効果が生じます**。

つまり、第三者に対する**対抗要件を備えた時**に代物弁済による債権消滅の効果が生じることがわかります。

第4節 債権の消滅Ⅰ

- [ ] 物上保証人や抵当不動産の第三取得者などの**弁済をするについて正当な利益を有する第三者**は、債務者、債権者の意思にかかわらず、**第三者弁済をすることが可能**です。

- [ ] 弁済をするについて正当な利益を有する第三者とは、**法律上の利害関係を有する者**を指します。したがって、債務者の親族や友人など事実上の利害関係しか有しない者は、正当な利益を有する第三者には含まれません。

- [ ] 債務者以外の者が弁済をした場合、弁済者は、**債務者に対し求償ができます**。この求償権を確保するため、弁済者は、**債権者が有した一切の権利（抵当権等）を取得**します。

- [ ] 受領権者としての外観を有する者に対してした弁済は、**弁済者が善意かつ無過失であったときに限り、有効**となります。

- [ ] **債権者の代理人であると詐称している者や債権の二重譲渡で劣後する譲受人**は、受領権者としての外観を有する者に該当します。

- [ ] 弁済の提供を行った債務者は、**弁済の提供の時から債務を履行しないことによって生ずべき責任**（履行遅滞による責任）**を免れることができます**。

第4節 ○×スピードチェック

01 債務の弁済は、第三者もすることができるため、弁済をすることに正当な利益を有しない第三者も、債務者の意思に反して弁済をすることができるが、その債務の性質が第三者の弁済を許さないときはできない。

特別区Ⅰ類2016改題

× 正当な利益を有しない第三者は、債務者の意思に反して弁済ができません。

02 利害関係を有しない第三者は、債務者の意思に反して弁済することができないところ、利害関係を有する者には、物上保証人、担保不動産の第三取得者など弁済をすることに法律上の利害関係を有する第三者のみならず、債務者の配偶者と第三者の配偶者が兄弟である場合の第三者のような、単に債務者と親族関係にある第三者も含まれる。　国家一般職2016

× 単に債務者と親族関係にある第三者は含まれません。

03 債務者が、真実は債権者の代理人ではないのに、代理人を詐称する者に対して弁済した場合であっても、債務者が、当該人物が代理人ではないことについて善意無重過失であるときは、当該弁済は有効である。

裁判所2017

× 弁済が有効となるためには、弁済者が善意かつ無過失であることが必要です。

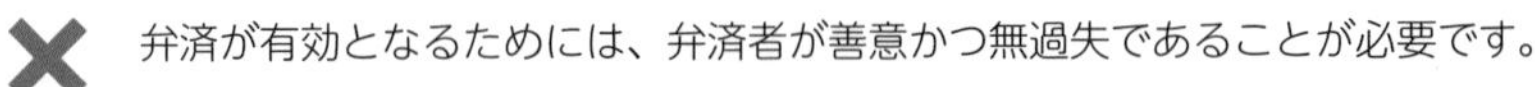

04 特定物の売買契約において、買主があらかじめ目的物の受領を拒絶している場合には、売主は、引渡しの準備をしたことを買主に通知して目的物の受領を催告すれば、引渡債務の債務不履行責任を免れる。

裁判所2017

第5節 債権の消滅Ⅱ

START! 本節で学習すること

ここでは、前節で学習した弁済と代物弁済以外の債権の消滅原因について学習していきます。
学習の中心は相殺です。相殺の要件を覚えて、相殺ができる場合か否かをきちんと判断できるようにしましょう。
相殺以外の項目（供託、更改、免除、混同）については、どのような行為かイメージが持てれば十分です。

1 相　殺

1 相殺とは

❶ 相殺とは

相殺（そうさい）とは、**債務者が債権者に対して、弁済期にある同種の債権を有する場合に、その債権と債務を対当額（重なり合う金額）で消滅させる行為**です。一方当事者からの**一方的な意思表示**によってなされます。

相殺には、当事者の合意（相殺の合意、相殺契約）により認められる約定相殺と、法律の規定により認められる法定相殺がありますが、ここでは、法律の規定によって合意がなくても認められる法定相殺のルールを学習していきます。

❷ 自働債権と受働債権

相殺を学習するに当たって重要な用語が自働債権と受働債権です。

相殺をしようとしている者が有している債権を**自働債権**（じどうさいけん）、**相殺をされる者が有している債権**を**受働債権**（じゅどうさいけん）と呼びます。自働債権と受働債権は、互いに互いを**反対債権**（はんたいさいけん）と呼びます。

ケース1-17　AがBに100万円の金銭債権（α債権）、BがAに100万円の金銭債権（β債権）を有している。AはBに相殺の意思表示をした。

Aが相殺する場合、α債権が自働債権、β債権が受働債権になります。相殺をすると両債権が対当額で消滅します。

板書 相殺の基本

自働債権
α貸金債権100万円

A
相殺者

β貸金債権100万円
受働債権

B

相殺がされると対当額（100万円）で両債務が消滅

ひとこと
Bから相殺する場合は、α債権が受働債権、β債権が自働債権と逆転するので注意しましょう。

❸ 相殺の機能

相殺の制度趣旨と機能としては次のようなことが挙げられています。

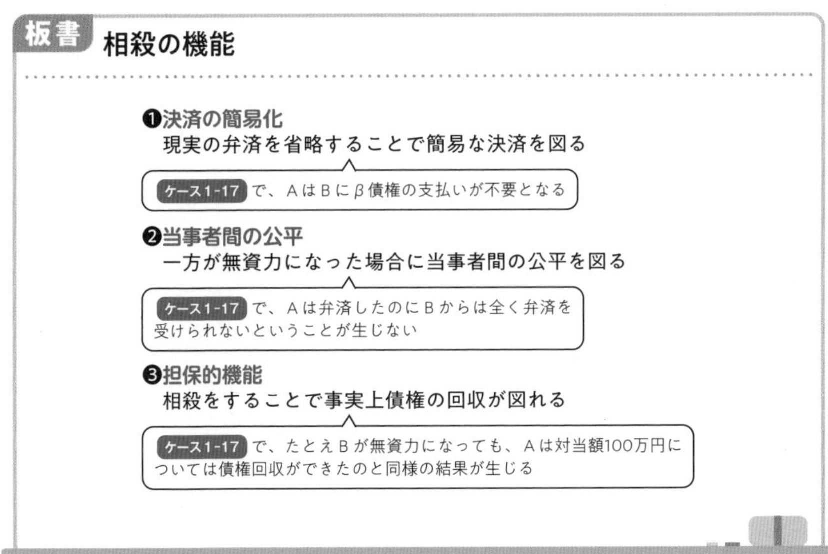

2 相殺の要件

相殺は一方当事者の一方的な意思表示で行われるものですから、相手方が不当に扱われないようにするための要件が民法で規定されています。

相殺をするための要件を一覧で示すと次のようになります。

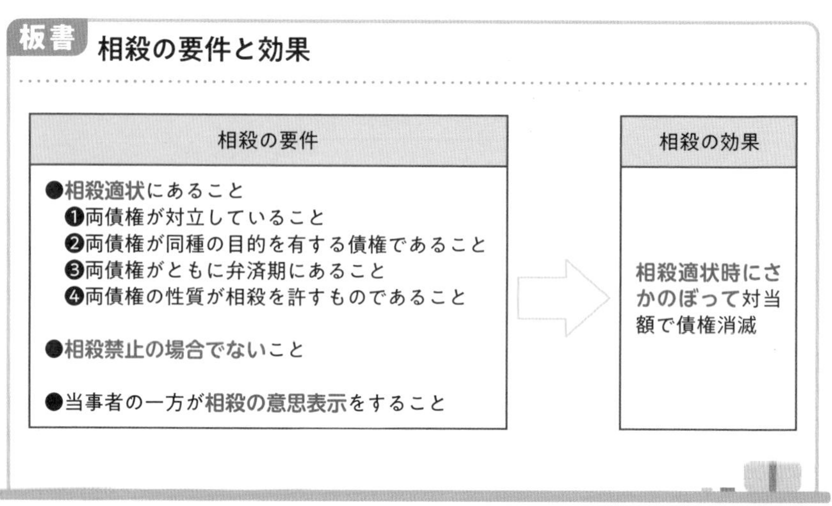

相殺適状（そうさいてきじょう）とは、"相殺に適した状態"を短く縮めた言葉です。相殺適状時とは、基本的には、❶～❹を満たした時をいいます。以下、これらの要件について項を改めて詳しく見ていきます。

3 相殺適状にあること

❶ 両債権が対立していること

AがBにα債権、BがAにβ債権というように互いに向かい合った形（相対立する形）で債権が存在している状態です。ただし、例外もあります。

ケース1-18 AがBに100万円の金銭債権（α債権）、BがAに100万円の金銭債権（β債権）を有しており、相殺適状にあった。その後、α債権は時効により消滅した。

このケースのように、一方の債権の消滅時効が完成していた場合でも、**時効によって消滅した債権がその消滅以前に相殺適状になっていた場合には、債権者は、その債権を自働債権として相殺をすることができます。** 01

したがって、Aはα債権の消滅時効が完成していても、α債権を自働債権、β債権を受働債権とする相殺をすることができます。

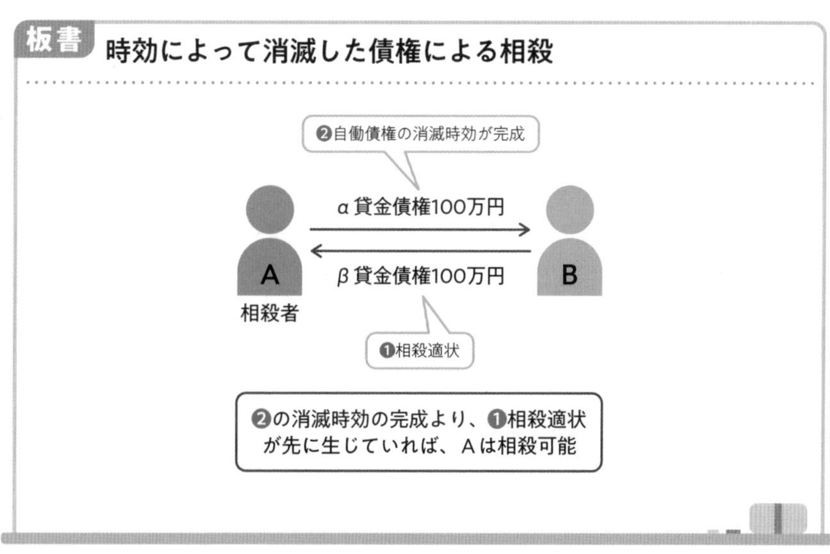

相対立する債権を持つ当事者間では、相殺適状に至れば、相殺の意思表示がなくても、相殺されているだろうという期待を持っていることが多いので、その期待を保護するためです。

ただし、過去に相殺適状になっていたとしても、**一方の債権が弁済によりすでに消滅した後は、その債権を受働債権として相殺することはできません**。

02

この場合、相殺を許してしまうと、弁済の事実を覆すことになってしまうからです。

❷ 両債権が同種の目的を有する債権であること

例えばお金とお米を相殺するのが難しいように、同種の目的を有する債権（同じものを対象とする債権）でないと対当額で消滅させるのに困難を生じます。したがって、**両債権は同じ種類の債権である必要があります**。通常は金銭債権です。なお、双方の債務の履行地が異なる場合でも相殺は可能です。

❸ 両債権がともに弁済期にあること

条文では両債権が弁済期であることが求められていますが、受働債権は弁済期を迎えていなくても相殺できます。相殺者にとって受働債権は債務であり、期限の利益を放棄することが可能です。一方、自働債権は相殺者にとっては債権ですから、自働債権の弁済期が到来する前に相殺をするのは、相手方（債務者）に期限前の支払いを強要することになってしまいます。

したがって、**受働債権の弁済期がまだ到来していなくても、自働債権の弁済期が到来していれば、相殺は可能**です。

03

板書　自働債権は弁済期にある必要がある

- **自働債権：弁済期である必要あり**
  ⇒相手の（期限までは返さなくてよいという）返済猶予を奪うことになるから
- **受働債権：弁済期前でもOK**
  ⇒自分の希望で（期限までは返さなくてよいという）返済猶予を放棄するだけだから

❹ 両債権の性質が相殺を許すものであること

債権の性質により相殺することができない場合がありますが、ここでは詳しくは触れません。

4 相殺禁止の場合でないこと

相殺が禁止される場合として以下のようなものがあり、これらに該当しないことが要件となります。

❶ 当事者の意思表示（相殺禁止特約）により禁止される場合

ケース1-19 AがBに100万円の金銭債権（α債権）、BがAに100万円の金銭債権（β債権）を有しており、AB間で互いの債権に相殺禁止の特約を設けた。Bはβ債権をCに譲渡（売却）したが、CはAに対して100万円の債務を負っていた（γ債権）。

当事者は相殺禁止の特約を結ぶことができ、これにより相殺をすることはできなくなります。ただし、**相殺禁止特約は、善意かつ無重過失で債権を譲り受けた第三者には対抗できません**。

したがって、相殺禁止の特約の存在につき、Cが善意かつ無重過失の場合、Cは、β債権を自働債権、γ債権を受働債権として相殺が可能です。

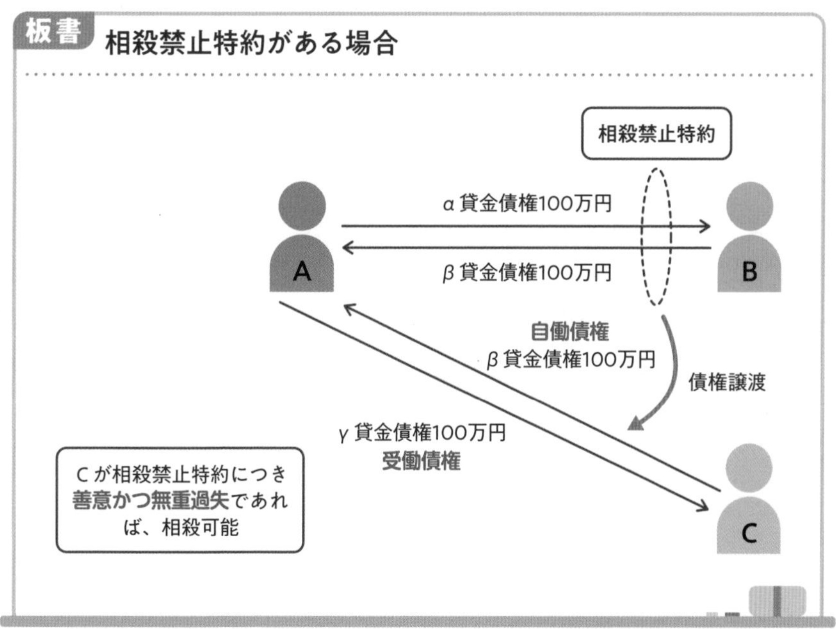

❷ 悪意の不法行為による損害賠償債権を受働債権とする相殺

ケース1-20 Aは、Bに100万円の貸金債権を有していたが、なかなか返そうとしないBに腹を立てBの家のドアを叩き壊した。その結果、BはAに100万円の損害賠償請求が可能となった。

不法行為が行われると被害者は加害者に対する損害賠償債権を取得します。「損害賠償債権を受働債権とする相殺」とはつまり、加害者からの相殺です。このようなケースで加害者からの相殺を許すと、どうせ返済はされないだろうと考える債権者が債務者に対して不法行為を働いた後に、相殺を主張することで損害を賠償する必要がなくなります。結果として不法行為の誘発になることから、それを防止するため加害者からの相殺は禁止されています。

「悪意の不法行為による損害賠償債権」を**自働債権とする相殺は禁止されていません。**つまり被害者からの相殺は可能です。

この場合の「悪意」というのは、「知っている」という認識を意味しているのではなく、害を与えようという積極的な意図を指しています。

❸ 人の生命、身体の侵害による損害賠償債権を受働債権とする相殺

ケース1-21 Aは、Bに100万円の貸金債権を有していたが、車の運転中にハンドル操作を誤り、Bを轢いてしまった。Bは怪我を負って入院し、Aに100万円の損害賠償請求が可能となった。

このようなケースで加害者からの相殺を許すと、入院費が必要なBに実際に金銭が支払われないことになってしまいます。そこで、**現実の給付が行われるようにするために加害者からの相殺は禁止**しています。

これも同様に、**被害者からの相殺は可能**です。

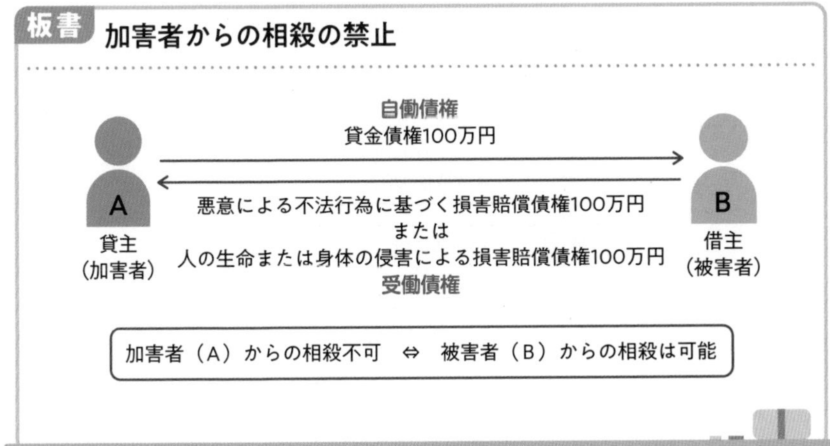

また、不法行為に基づく損害賠償請求権だけでなく、債務不履行に基づく損害賠償請求権も人身損害に基づき発生している場合は含まれます。

プラスone この規定は、双方の過失による同一交通事故によってA、B双方とも怪我を負った場合において、AのBに対する不法行為に基づく損害賠償請求権とBのAに対する不法行為に基づく損害賠償請求権が発生した場合にも適用され、双方とも相殺はできないことになります。

❹ 差押禁止債権を受働債権とする相殺

ケース1-22 雇用主であるAは従業員Bに100万円の貸金債権を有している。BはAのもとで１か月働き、20万円の給料がもらえることになっていた。

このようなケースで雇用主Aからの相殺が許されると、Bは生活に困窮してしまいます。そこで、生活保障的な観点から**差押禁止になっている債権（例えば給料債権の一定額など）を受働債権とする相殺は禁止**されています。

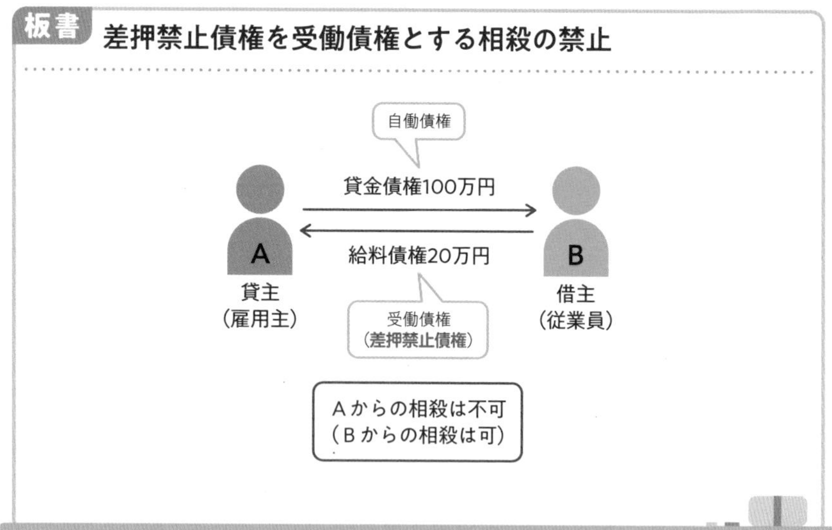

5 当事者の一方が相殺の意思表示をすること

相殺は**当事者の一方から相手方に対する意思表示によってなされます**。

このように一方からの意思表示があれば法的な効果が発生する権利を**形成権**と呼ぶことがあります。取消権も形成権です。

この相殺の意思表示には、**条件・期限を付することはできません**。  04

条件を付けることは相手方を不安定な立場に置くから、期限を付けることは効果が相殺適状時にさかのぼって生じるので無意味だからと考えられています。ただし、法定相殺でなく相殺の合意の効力発生には、条件や期限を付けることができます。

6 相殺の効果

相殺の意思表示がされると、**相殺適状が生じた時（相殺適状時）にさかのぼって効力が生じます**。したがって、その時点で、双方の債権が対当額（同じ金額）で消滅したことになります。 05

2 その他の債権消滅原因

1 供託

供託（きょうたく）とは、**債務者が弁済の目的物を国の機関である供託所へ預けることにより、債権を消滅させる制度**をいいます。

供託が行われると、債権が消滅して、債務者は債務から解放されます。

2 更改

更改（こうかい）とは、**当事者が従前の債務（元の債務）に代えて新たな債務を発生させる契約をすることで、従前の債務（元の債務）を消滅させること**をいいます。

「新たな債務」の内容としては、給付の内容を変更する、債務者や債権者が別の者と交代する、などがあります。

例えば、１年後に現金100万円を返す約束で金銭を借りた人が、１年後に返す物の内容を自分が所有する自動車に変更したりするような場合です。

3 免除

免除（めんじょ）とは、**債務を免除するという債権者の一方的な意思表示により債権を消滅させるもの**です。免除をするのに**債務者の同意や承諾は不要**です。

4 混同

混同（こんどう）とは、**債権と債務が同一人に帰属してしまい、存在する意味がなくなってしまった場合に債権が消滅すること**をいいます。

例えば、ＡがＢに貸金債権を有していた場合において、Ａが死亡してＢが唯一の相続人としてＡを相続した場合、自分が自分に貸金債権を持っていることになってしまいます。こういう場合、混同によって貸金債権は消滅します。

ただし、**混同により消滅する債権が第三者の権利の目的である場合には、当該債権は消滅しません**（ＡがＢに対して有している貸金債権にＣの債権質が設定されているような場合です)。

ここが重要!

第5節 債権の消滅Ⅱ

- □ 相殺とは、債権と債務を対当額で消滅させる行為であり、**一方当事者からの一方的な意思表示によってなされるもの**です。
- □ 時効によって消滅した債権がその**消滅以前に相殺適状**になっていた場合には、債権者は、その債権を自働債権として**相殺をすることができます**。
- □ 受働債権の弁済期がまだ到来していなくても、**自働債権の弁済期が到来していれば、相殺は可能**になります。
- □ **相殺禁止特約は、善意かつ無重過失で債権を譲り受けた第三者には対抗できません**。
- □ 悪意の不法行為による損害賠償債権を受働債権とする相殺は禁止されているので、**加害者からの相殺をすることはできません**。
- □ 相殺の意思表示には、**条件・期限を付することはできません**。
- □ 相殺の意思表示がされると、**相殺適状が生じた時にさかのぼって双方の**債権が対当額（同じ金額）で消滅したことになります。

○×スピードチェック

01 相殺は、対立する債権がいずれも有効に存在していなければならないので、時効により債権が消滅した場合には、その消滅前に相殺適状にあっても、その債権者はこれを自働債権として相殺することができない。

特別区Ⅰ類2020

× 自働債権が時効で消滅する以前に相殺適状になっていた場合には、相殺が可能です。

02 Aの債権とBの債権が令和３年10月１日に相殺適状になったが、相殺されていない状態で、Bの債権についてAが同年11月１日に弁済した場合、その後、Bは相殺をすることができない。

裁判所2022

○ たとえ過去において相殺適状にあったとしても、債務者の弁済によりすでに消滅した債権を受働債権として相殺することはできません。

03 相殺が有効になされるためには、相対立する債権の弁済期について、自働債権は必ずしも弁済期にあることを必要としないが、受働債権は常に弁済期に達していなければならない。

特別区Ⅰ類2020

× 受働債権は必ずしも弁済期にあることを必要としませんが、自働債権は常に弁済期に達していなければなりません。

04 相殺の意思表示は、単独の意思表示で法律関係の変動を生じさせる形成権の行使である。また、相殺の意思表示には、条件又は期限を付けることができない。

国家一般職2019

○

05 相殺は、当事者の一方から相手方に対する意思表示によってするが、双方の債権は、相殺の意思表示を行った時点で、その対当額において消滅し、その消滅の効力は遡らない。

国家一般職2019

× 相殺の効力は相殺適状時にさかのぼって生じます。

第6節 債権譲渡

START! 本節で学習すること

ここでは債権譲渡について学習します。
債権譲渡の対抗要件が最も重要度の高いテーマですので、事例に応じて優劣の判定ができるようにしておきましょう。
また、近年よく出題されるようになってきているのが、譲渡制限特約が付いた債権の譲渡に関する問題です。

1 債権譲渡とは

債権譲渡(さいけんじょうと)とは、**債権の内容を変えることなく契約によって債権を移転させること**をいいます。イメージとしては、債権を売却することと考えていいでしょう。

土地や車などの物ではなく債権、例えば貸金債権を売却するとはどのようなことなのでしょうか？

ケース1-23 AはBに対する100万円の貸金債権を有していたが、弁済期日が1年後なので、これを譲渡することで資金を確保したいと考えている。

具体的には、AがBに対して持っている債権を、Aと第三者Cの合意により、Cに移転させることです。Aは弁済期日まで待てば、Bから債権の弁済を受けられるわけですが、早期に現金化を図りたい場合もあります。そういう場合に、AからCに対して債権を譲渡するわけです。

ケース1-23 における、旧債権者Aを**譲渡人**(じょうとにん)、新債権者Cを**譲受人**(ゆずりうけにん)と呼びます。債権譲渡がされると、Cが新しい債権者となる一方で、Aは債権者ではなくなります。

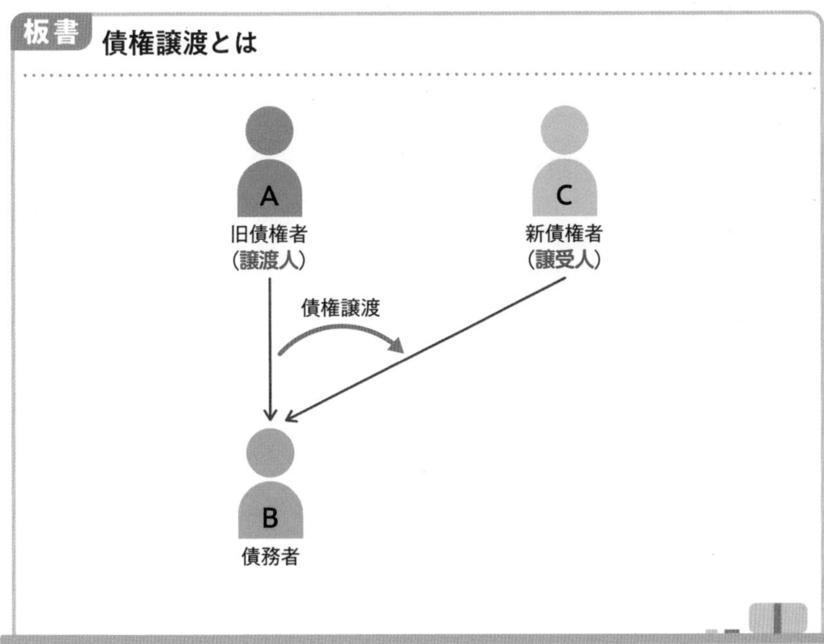

2 債権譲渡の制限

1 債権譲渡の自由と将来債権

債権は自由に譲渡できるのが原則です。**債権を譲渡する際に、事前に債務者の同意を得ておく必要もありません**。

また、譲渡の意思表示の時に現に発生していない債権、つまり**将来発生する債権（将来債権）も譲渡することができます**。

例えば、医院を経営している医師が患者を診療した報酬として、社会保険診療報酬支払基金から将来支払いを受けられる診療報酬債権も譲渡は可能です。

将来債権の譲渡がされた場合、その債権が現実に発生したときは、譲受人は、**債務者の承諾などは必要とせず、当然にその債権を取得する**ことになります。

2 債権譲渡が制限される場合

次の３つの場合は、債権譲渡が制限を受けます。

板書 債権譲渡が制限される場合

❶**債権の性質**による制限
債権の性質上、譲渡を許さない債権は譲渡できない

自分の肖像画を描かせる債権等

❷**法律**による制限
生活保障的な観点から特定の債権については譲渡が法律によって禁止される

扶養請求権、恩給請求権等

❸当事者の意思による制限（**譲渡制限特約**）
当事者の意思により、譲渡を禁止もしくは制限する場合

この中で❸は重要なので個別に詳しく見ていきます。

3 譲渡制限特約

❶ 譲渡制限特約とその効力

ケース1-24 AのBに対する100万円の貸金債権には、譲渡を禁止する特約が付されていた。Aはこの特約を無視して、Cに貸金債権を譲渡した。

債権者と債務者の当事者間でその**債権の譲渡を禁止する、もしくは制限する合意**を**譲渡制限特約**（じょうとせいげんとくやく）（もしくは譲渡禁止特約）と呼びます。

このような特約を結ぶことはもちろん可能です。ただ**譲渡制限特約に反してなされた債権譲渡も有効**とされています。したがって、譲渡制限特約に反してなされた債権譲渡であっても、譲受人（C）が新しい債権者となります。

特約に反する譲渡も有効なら、特約を付けた意味が全くないように思うかもしれません。しかし、特約が付されていたことの意味は、譲受人が悪意もしくは重過失があった次の場合に表れます。

❷ 譲渡制限特約付き債権の譲受人が悪意もしくは重過失だった場合

ケース1-25 AのBに対する100万円の貸金債権には、譲渡を禁止する特約が付されていた。Aはこの特約を無視して、特約の存在について悪意のCに貸金債権を譲渡した。

譲渡制限特約について**悪意である、または善意であるものの重過失のある譲受人に対しては、債務者は債務の履行を拒むことができます**。 01

このケースでは、債務者Bは悪意の譲受人Cからの履行請求を拒むことができます。

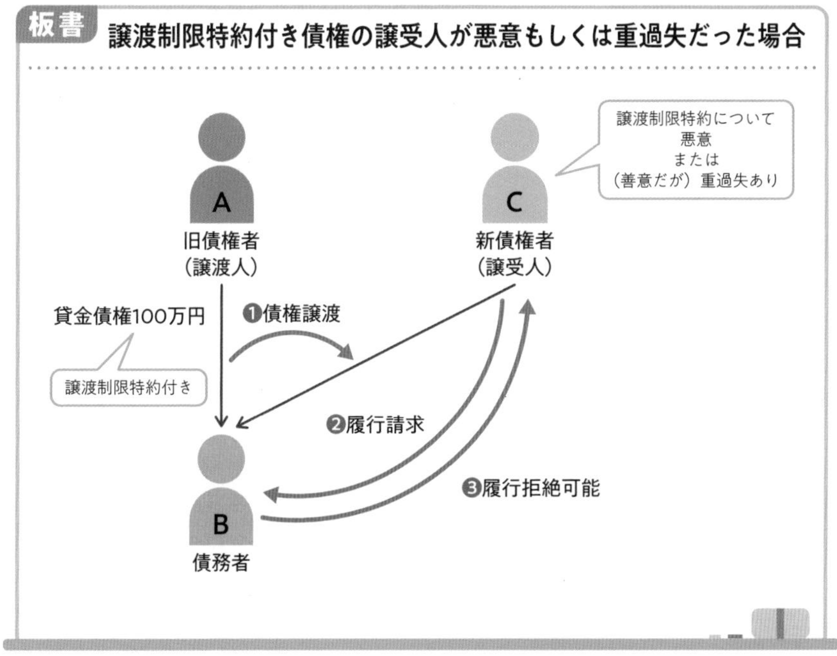

あくまでも譲受人に対する履行拒絶が可能となるだけで、この場合も**債権譲渡自体は有効**であることに注意しましょう。

そしてこの場合、債務の履行を拒絶された譲受人は**相当の期間を定めて債務者に対して譲渡人への履行を催告することが可能**です。仮に、**その期間内に履行がない場合は、譲受人は、債務者に履行を請求することができます**。

❸ 譲渡制限特約と債務者の供託権

上記のように、譲渡制限特約が付されていた場合、譲受人が悪意か否か、善意としても重過失があるか否かによって、履行を拒めるか否かが変わってきます。しかし、譲受人の善意・悪意、重過失の有無などは債務者が簡単に判定できるものではなく、譲受人への履行を拒めるか否かが判然としません。

そこで、**譲渡制限特約が付された金銭債権が譲渡された場合**、譲受人の善意・悪意にかかわらず、**債務者は、その債権の全額に相当する金銭を債務の履行地の供託所に供託することができます**。

供託をした債務者は、遅滞なく、**譲渡人および譲受人に供託の通知をする必要があります**。

3 債権譲渡の対抗要件

債権は当事者間（譲渡人と譲受人）の意思表示により譲渡することができますが、それを債務者や第三者に対抗するためには、対抗要件が必要です。

1 債務者に対する対抗要件

債権の譲受人（新債権者）が債務者に自己が債権者であると主張するための要件（対抗要件）は、❶**譲渡人から債務者への債権譲渡の通知**、または❷**債務者による債権譲渡の承諾**です。 02

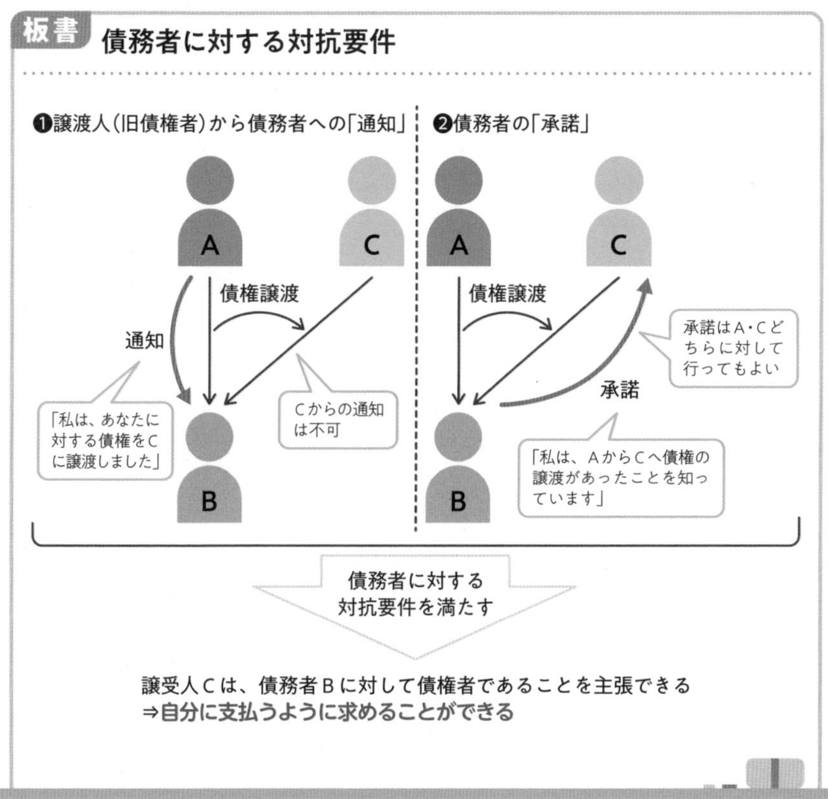

❶の通知は譲渡人が行う必要があり、**譲受人からの通知では有効な対抗要件となりません**。

なお、譲渡前に**事前の通知をしても対抗要件としての効力は認められません**。

03

また、譲受人は債権者代位権を行使して**通知を代位行使することもできません**。ただし、譲渡人から委任状の交付を受けて、**譲渡人の代理人として譲受人が通知を送ることは可能**です。

04

2 第三者に対する対抗要件

❶ 確定日付のある証書による通知・承諾

債権の譲受人（新債権者）が第三者に自己が債権者であると主張するための要件（対抗要件）は、❶**譲渡人から債務者への「確定日付のある証書」による通知**、または❷**債務者の「確定日付のある証書」による承諾**です。

通知・承諾が「確定日付のある証書」によって行われる点以外は、債務者に対する対抗要件で学習したことと同じです。

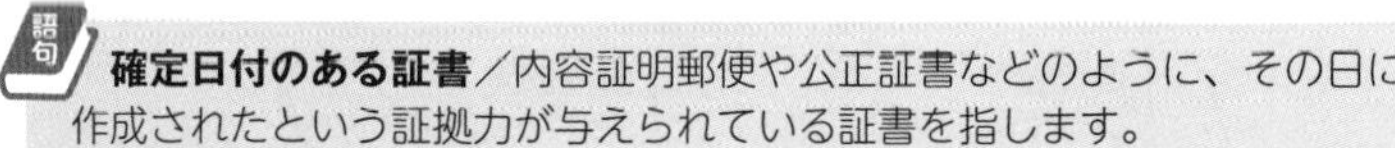

確定日付のある証書／内容証明郵便や公正証書などのように、その日に作成されたという証拠力が与えられている証書を指します。

第三者に対する対抗要件は、債権の二重譲渡があった場合に特に意味を持ってくるものです。

次から具体的なケースを前提に、どちらが優先するかを見ていきましょう。

❷ 確定日付のある証書による通知／単なる通知

ケース1-26 AはBに対する債権をCとDに二重譲渡し、Cへの譲渡については単なる通知を、Dへの譲渡については確定日付のある証書による通知を行った。

債権が二重譲渡され、一方の譲渡については、「単なる通知」が行われ、もう一方の譲渡については「確定日付のある証書による通知」が行われた場合、**「確定日付のある証書による通知」がなされたほうの譲渡の譲受人が優先**します。

このケースではDが優先し、債権者として弁済を受けることができます。

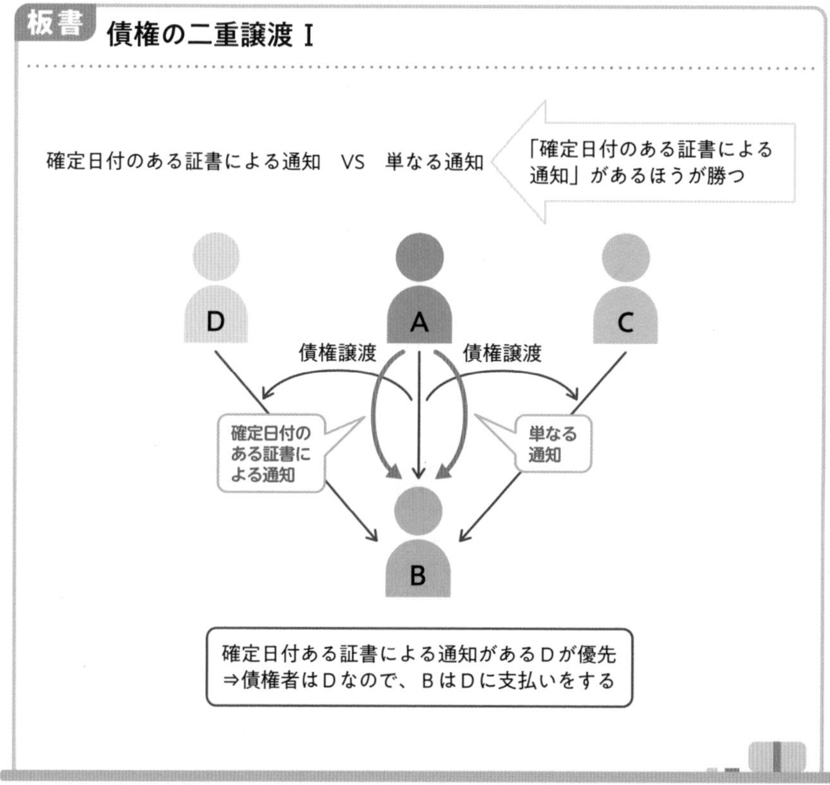

第2編 第1章 債権総論

❸ 双方とも確定日付のある証書による通知

ケース1-27　AはBに対する債権をCとDに二重譲渡し、C、Dそれぞれの譲渡について、確定日付のある証書による通知を行った。

債権が二重譲渡され、どちらについても、「確定日付のある証書による通知」がなされた場合、確定日付ではなく、**通知が債務者のもとに到達した順番で優劣が決まります**（到達時説）。 05

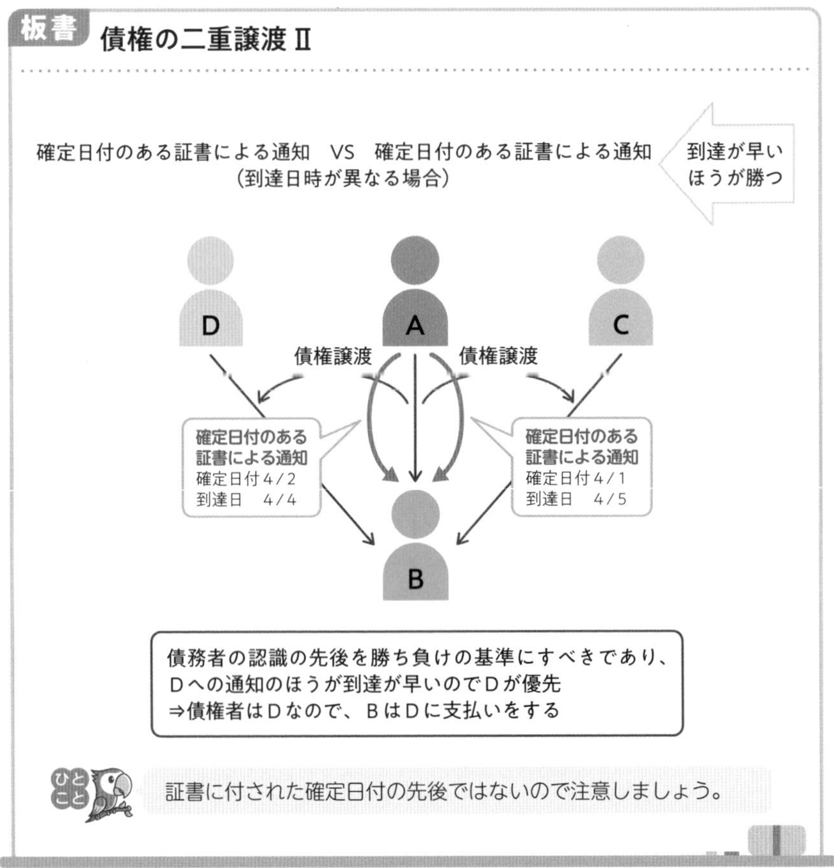

では、確定日付のある証書による通知が同時に到達した場合、または到達の先後不明の場合はどうなるのでしょうか？

板書 債権の二重譲渡 Ⅲ

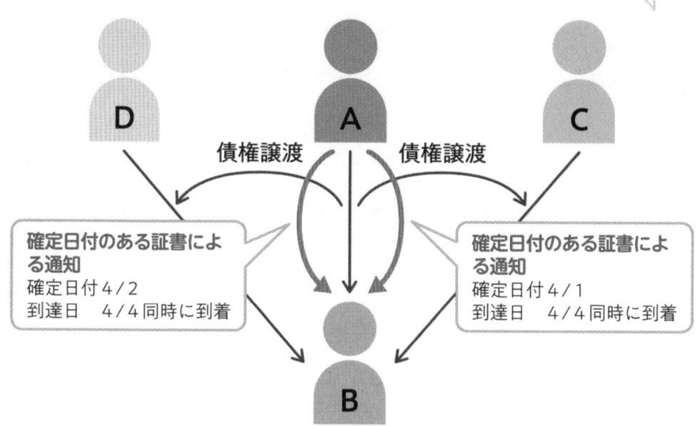

CDの優劣はつけられないが、双方とも債務者に対する対抗要件は満たしているため、C、Dともに、債務者Bに対しては債権者として全額の請求が可能
⇒BはC、Dからの支払いを拒むことはできず、いずれかに弁済すれば、債務を免れる
※結局、早い者勝ちという結果になる

4 債務者の抗弁

ケース1-28　AはBに対する100万円の貸金債権をCに譲渡した。AからBに対する債権譲渡の通知が到着する前に、BはAに対して100万円を弁済した。

債務者は、対抗要件を備える時（対抗要件具備時）までに譲渡人に対して生じた事由をもって譲受人に対抗することができます。

対抗要件を備える時（対抗要件具備時）とは、譲渡人から債務者へ債権譲渡の通知が到着した時、または債務者の承諾の時を指しています。

したがって、ケース1-28において、Bは100万円をすでにAに弁済したことをCに対しても主張して、弁済を拒むことができます。

譲受人に対抗できる事由には、弁済や時効による債権の消滅、契約の無効・取消し、または相殺・解除の主張、同時履行の抗弁権などがあります。

ここが重要!

第6節 債権譲渡

- □ 譲渡の意思表示の時に現に発生していない債権（将来債権）も譲渡することができます。
- □ 債権の性質上、譲渡を許さない債権は譲渡できません。例えば、自分の肖像画を描かせる債権は譲渡性がないとされています。
- □ 譲渡制限特約に反してなされた債権譲渡も有効とされていますが、譲渡制限特約について悪意または善意であるものの重過失のある譲受人に対しては、債務者は債務の履行を拒むことができます。
- □ 債権譲渡の債務者に対する対抗要件は、❶譲渡人から債務者への債権譲渡の通知、または❷債務者による債権譲渡の承諾です。
- □ 債権譲渡の債務者に対する対抗要件としての通知は、譲渡人が行う必要があり、譲受人からの通知では有効な対抗要件とはなりません。
- □ 債権譲渡の第三者に対する対抗要件は、❶譲渡人から債務者への「確定日付のある証書」による通知、または❷債務者の「確定日付のある証書」による承諾です。
- □ 債権が二重譲渡され、どちらについても、「確定日付のある証書による通知」がなされた場合、確定日付の先後ではなく、到達の先後で優劣が決まります。

第6節 ○×スピードチェック

01 当事者が債権の譲渡を禁止し、又は制限する旨の意思表示をしたときであっても、債務者は、当該意思表示がされたことを知る譲受人その他の第三者に対してしか、その債務の履行を拒むことができない。

裁判所2021

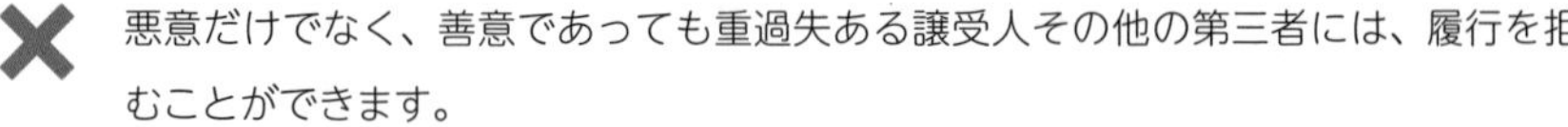

× 悪意だけでなく、善意であっても重過失ある譲受人その他の第三者には、履行を拒むことができます。

02 債権譲渡は、譲渡人から債務者に対する確定日付のある証書による通知又は確定日付のある証書による債務者の承諾がなければ、債務者に対抗することができない。 国家一般職2017改題

× 債務者対抗要件としての通知は、確定日付のある証書による必要はありません。

03 債務者対抗要件である債権譲渡の通知は、譲渡と同時にしなければならないものではなく、事前又は事後でもよい。ただし、事前の通知に債務者対抗要件としての効力が生じるのは実際に債権譲渡がされた時であり、事後の通知に債務者対抗要件としての効力が生じるのは当該通知がされた時である。 裁判所2022

× 譲渡する前に事前の通知をしても債務者対抗要件としての効力を生じません。

04 債権譲渡の通知は譲渡人本人によってなされる必要があるから、債権の譲受人が、譲渡人の代理人として、債務者に対して債権譲渡の通知をしたとしても、その効力は生じない。 裁判所2021

× 債権譲渡の通知は譲渡人がする必要があるので、譲受人が譲渡人に代位して通知することはできませんが、譲受人が譲渡人の代理人として行うことは可能です。

05 債権が二重に譲渡された場合において、どちらの債権譲渡についても譲渡人から債務者に対する確定日付のある証書による通知があるときには、譲受人間の優劣は、その確定日付の先後で決定される。 国家一般職2017改題

× 通知が債務者に到達した日時の先後により優劣を決することになります。

第7節 多数当事者の債権関係Ⅰ

START! 本節で学習すること

第７節と第８節では、１つの債権について債権者や債務者が複数である場合の債権関係を扱います。
本節で扱う連帯債務は債務者が複数いますので、連帯債務者の１人に生じた出来事が他の連帯債務者に影響を与えるか否かが重要です。これを相対効・絶対効という言葉を使って学習するので、その概念を理解して、どの出来事が絶対効なのかをきちんと判別できるようにしましょう。

1 連帯債務とは

1 分割債権債務の原則

複数人で金銭を貸したり、借りたりするなど債権者や債務者が複数いる場合、**頭割りされた額で各自が別個独立に債権や債務を有する**ことになります。これを分割債権債務（ぶんかつさいけんさいむ）の原則といいます。

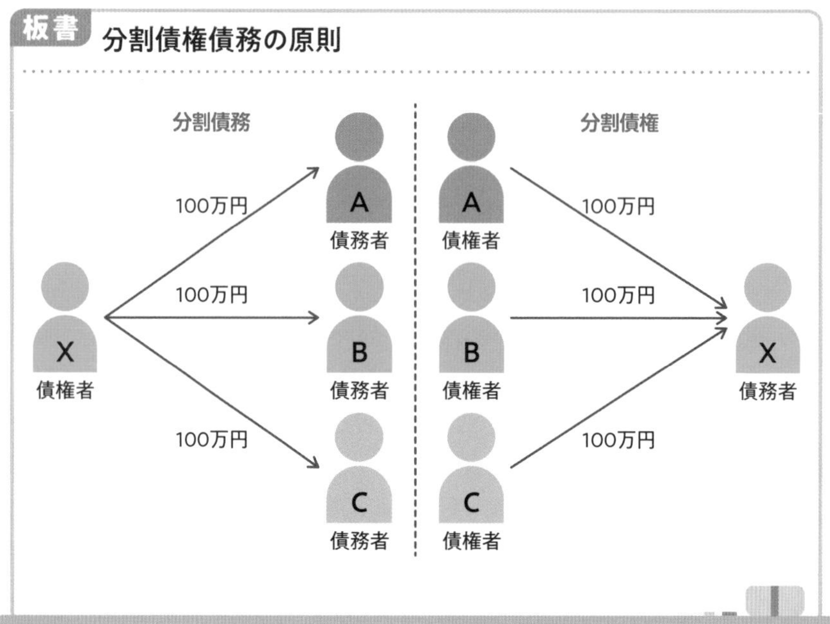

左側の分割債務では、A、B、Cの３人がXから300万円借りたとき、A、B、Cは各自100万円ずつの債務を負うことになります。同様に右側の分割債権では、A、B、Cの３人がXに300万円貸したとき、A、B、Cは各自100万円ずつの債権を取得することになります。

しかしこの取扱いは、特に左側の分割債務の場合に、債権者にとって不利益な結果を生じさせます。

分割債務では、A、Bが無資力になって100万円の弁済ができなくなってしまった場合、たとえCに十分な財産があってもCからは100万円の弁済しか受けられません。結果、一部の債務者が無資力になるリスクを債権者側が負う形になってしまいます。

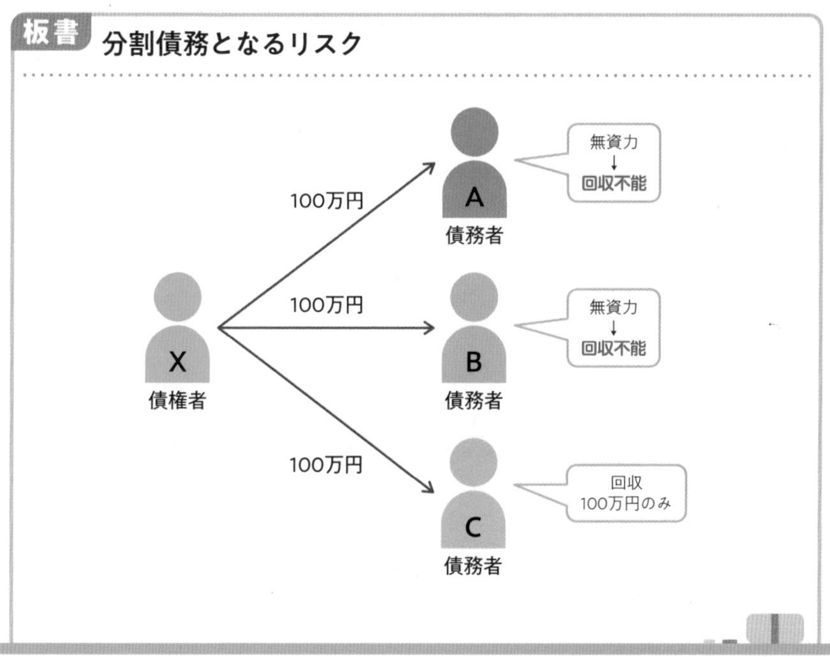

債権者にとってのこのリスクを回避するために、連帯の特約を付けたものが、これから扱う連帯債務です。

連帯債務とは逆に債権者の側が数人で連帯している連帯債権という形態もありますが、試験での重要度はかなり低いので、連帯債務についてのみ学習します。

2 連帯債務とは

ケース1-29 XがA、B、Cに300万円を貸し付け、連帯の特約を付した。その後、A、Bが無資力となった。

連帯債務（れんたいさいむ）とは、複数人が一緒に金銭を借りる等の行為で債務を負った場合に、**債務者各自が全部の弁済をしなければならない債務を負担するもの**です。

民法では分割債権債務の原則が採られていますので、連帯債務とするためには、当事者間で連帯債務とする特約を付ける必要があります。

ケース1-29 では当事者間で連帯の特約がされていますので、A、B、CはXに対して連帯債務を負い、債権者（X）は各債務者（A、B、C）に債務全額の履行を請求できることになります。これにより、A、Bが無資力となった場合でも、XはCから全額300万円を回収できます。

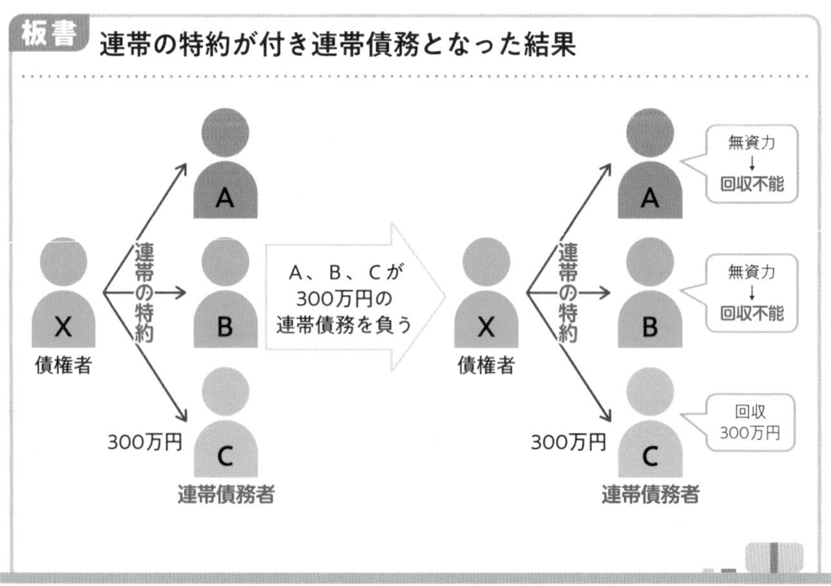

条文では、連帯債務のことを「債務の目的がその性質上可分である場合において、法令の規定又は当事者の意思表示によって数人が連帯して債務を負担するとき」と表現しています。

3 負担部分

連帯債務者は債権者に対しては各自が債務の全額を弁済する責任を負っていますが、**連帯債務者の内部においては、それぞれが最終的にどれだけ負担するかの分担があります**。これを**負担部分**(ふたんぶぶん)と呼びます。

負担部分は当事者の特約で決まりますが、特約がなければ均等とされます(試験でも均等とされることが多いです)。

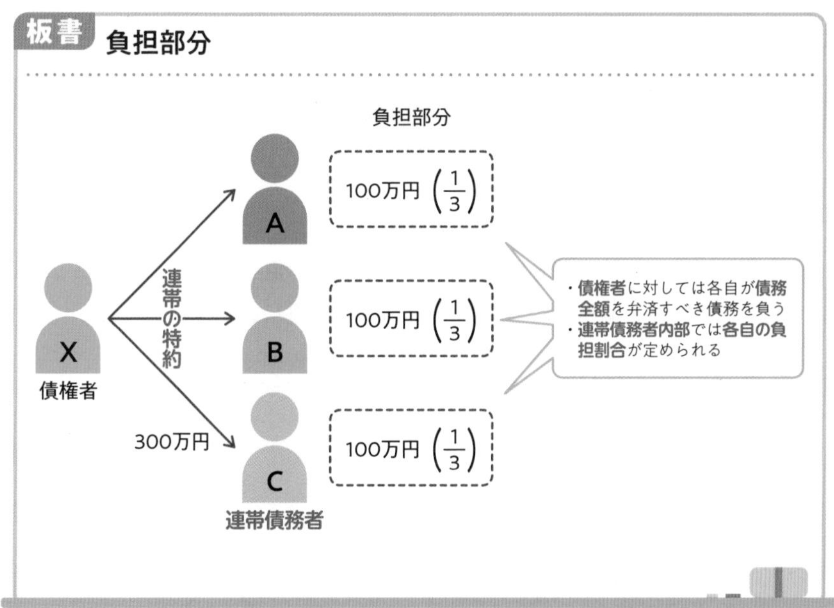

1人が全額弁済すれば、他の債務者は、債権者に対する債務は免れますが、連帯債務者内部の関係としては、弁済した債務者が弁済していない債務者に対して、その者の負担部分に応じて求償することができます。

4 連帯債務の性質

債権者は、連帯債務者の１人に対して全額を請求することができますが、その請求のやり方として、**債権者は、連帯債務者の１人または全員に対し、同時にもしくは順次に全部または一部の履行を請求することが可能**です。

連帯債務者全員に対して同時に全額を弁済するように求めることはできますが、受領できるのは合計で連帯債務額が上限です。

2 １人に生じた事由の影響関係

1 絶対効と相対効とは

連帯債務においては債務者が複数いるため、連帯債務者の１人について生じた出来事が他の連帯債務者にも影響するのかが問題になります。

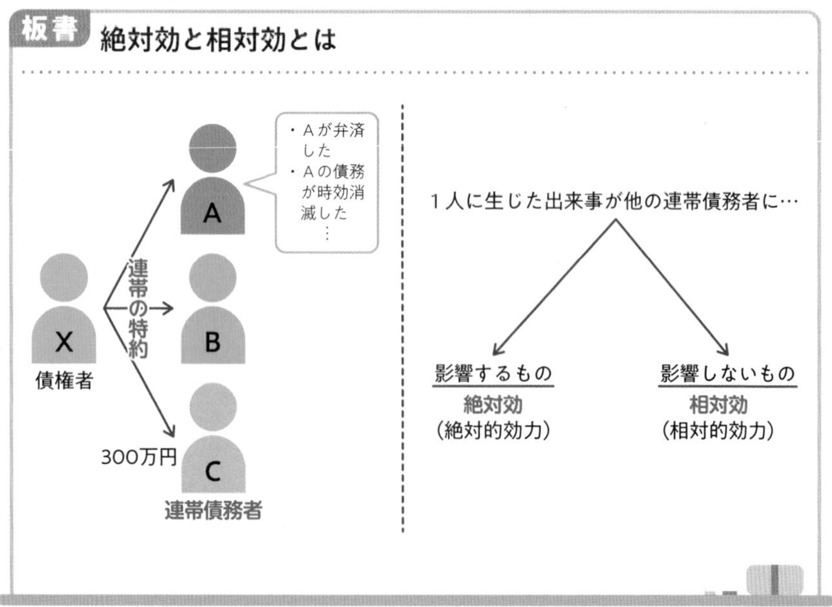

2 相対効の原則

連帯債務といっても各債務者が負う債務は別個独立の債務です。そのため、連帯債務者の１人に生じた事由は、本来的には他の連帯債務者に影響しないはずです。したがって、**相対効（相対的効力）が原則**となっています。

しかし、連帯債務者は互いに密接な関係にあると考えられるため、**一部の出来事（事由）については、債務者の１人に生じたことが他の債務者にも同様の効力をもたらす、つまり絶対効（絶対的効力）が生じる**ことにしています。

最初に一覧を示すと次のようになります。

板書 相対効の原則と具体例

	効力（Aに生じたことがB、Cにも影響するか）	具体例
原則	**相対効** （Aにしか生じない）	・請求、免除、時効完成 ・債権譲渡の通知 ・時効利益の放棄 ・債務の承認による時効の更新
例外	**絶対効** （B、Cにも生じる）	・**弁済等**（弁済、代物弁済、供託、受領遅滞） ・**相殺** ・**更改** ・**混同**
	負担部分についてのみ絶対的効力が生じる （B、Cにも負担部分について生じる）	・他の債務者の債権での相殺（ただし、履行拒絶可能という形で影響するだけ）

まず最初に絶対効のほうから順番に見ていきましょう。

3 絶対効が生じる事由

❶ 弁済等（弁済、代物弁済、供託）

ケース1-30 XがA、B、Cに300万円を貸し付け、連帯の特約を付した。その後、Aが300万円全額をXに弁済した。

連帯債務者の１人が弁済、代物弁済、供託を行った場合、弁済等によって債務の目的は果たされたわけですから、弁済等による債務の消滅という効力は、他の連帯債務にも当然及ぶべきです。

そこで、**弁済、代物弁済、供託は、当然に絶対的効力を有します**。連帯債務者の１人がこれらの行為を行えば、他の連帯債務者も債務を免れます。

弁済に当たる行為を連帯債務者の１人が行ったのに、それに絶対効がないとすると、他の連帯債務者もなお弁済をしなければいけなくなります。結果として、債権者は、連帯債務額×連帯債務者の分だけ受領できることになってしまいますよね。

そして、**弁済を行った債務者は、他の連帯債務者に対して求償ができます**。

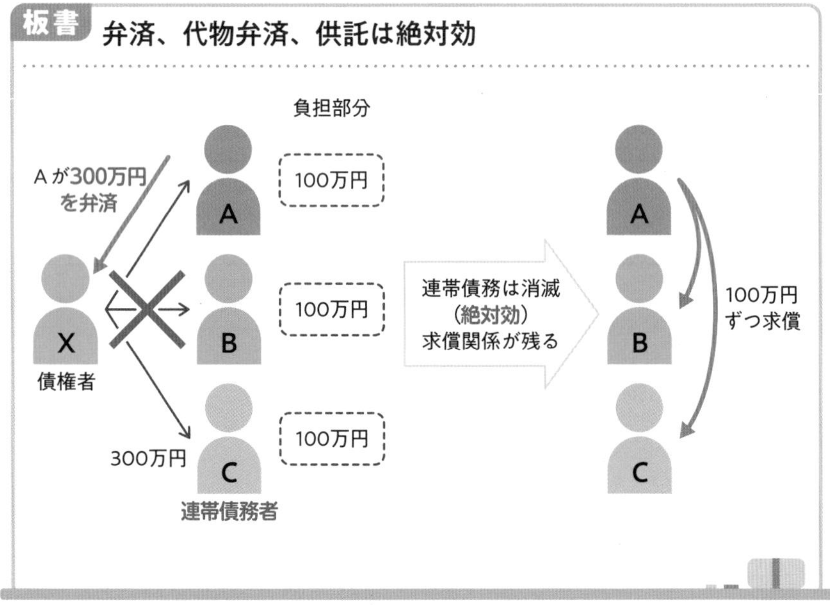

❷相　殺

ケース1-31　XがA、B、Cに300万円を貸し付け、連帯の特約を付した。一方、AはXに対して300万円の反対債権を有していた。

連帯債務者の１人が債権者に対して有している反対債権を自働債権として自ら行う**相殺には絶対効があり、他の連帯債務者にも効力が及びます**。連帯債務者の１人が相殺を行うと、他の連帯債務者も債務を免れます。 01

相殺は、自分の持つ債権を使って債務の弁済をするのと同じことですから、弁済と同様に絶対効があります。

相殺を行った連帯債務者は、他の連帯債務者に対して求償ができます。

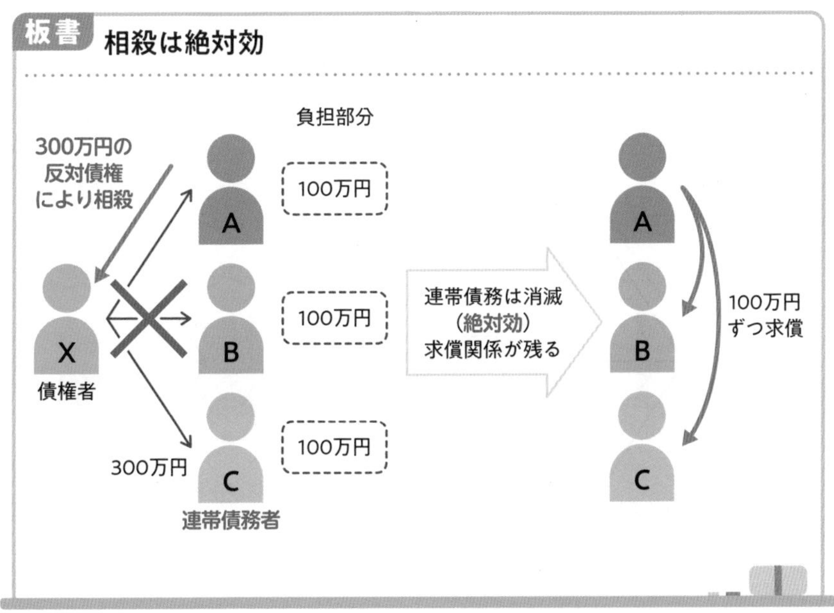

では、連帯債務者の１人が債権者に反対債権を有するにもかかわらず、自らは相殺しようとはしない場合はどうなるのでしょうか？

ケース1-32 XがA、B、Cに300万円を貸し付け、連帯の特約を付した。AはXに対して300万円の反対債権を有しているが、相殺の意思表示をしない間に、XがCに対して連帯債務の弁済を求めてきた。

連帯債務者の1人（A）が、債権者（X）に対して反対債権を有しているにもかかわらず相殺の意思表示をしない場合、他の連帯債務者（C）は、**反対債権を有する連帯債務者（A）の負担部分を限度として、債権者（X）からの請求に対し、債務の履行を拒むことができます**。 02

Cが全額支払うと、その後CはAに求償し、AはXに反対債権の支払いを求めます。これはAの負担部分相当額100万円に照準すると、実質的にC→X→A→Cと１周回っていることになり煩雑です。それを避け決済を簡易にするために設けられた規定です。

板書 **連帯債務者の１人が反対債権を有しているが相殺を行わない場合**

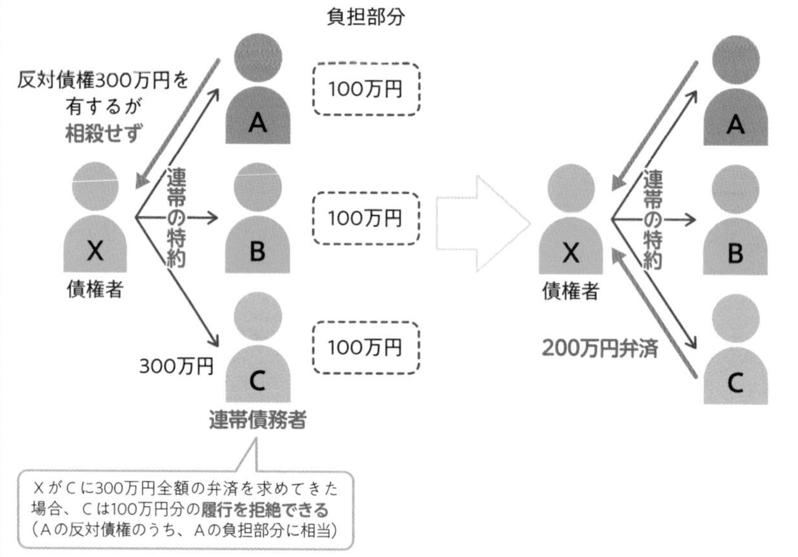

負担部分

反対債権300万円を有するが**相殺せず**

X 債権者

連帯の特約

A 100万円

B 100万円

C 100万円

300万円

連帯債務者

XがCに300万円全額の弁済を求めてきた場合、Cは100万円分の**履行を拒絶できる**（Aの反対債権のうち、Aの負担部分に相当）

X 債権者　連帯の特約　A　B　C

200万円弁済

❸更　改

債権者と連帯債務者の１人との間で**更改契約が結ばれた場合は、絶対効が生じ、連帯債務は消滅します**。例えば、１年後に現金300万円をXに返済する債務の内容を連帯債務者の１人であるAが所有する車を引き渡す債務に変更した場合です。

❹混　同

債権者と連帯債務者の１人との間に**混同が生じた場合は、絶対効が生じ、連帯債務は消滅します**。例えば、債権者Xが亡くなり、連帯債務者の１人であるAが単独で相続した場合です。

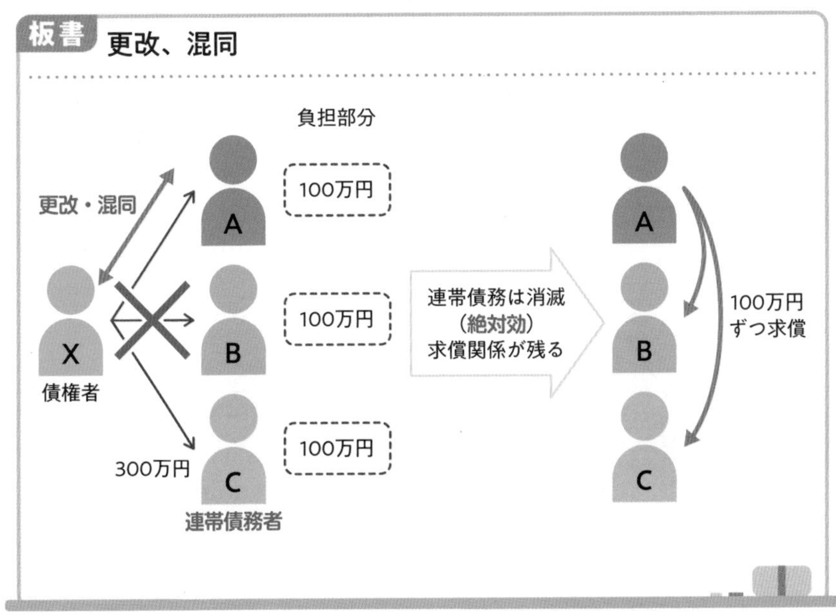

4 相対効が生じる事由

前項で登場しなかった事由は原則どおり相対効（相対的効力）が生じます。重要な事項のみ見ていきます。

❶ 履行の請求

ケース1-33 Xが A、B、Cに300万円を貸し付け、連帯の特約を付した。その後、XはAに対して履行の請求をした。

債権者が、**連帯債務者の１人に対して履行を請求しても、他の連帯債務者には効力は生じません**。つまり、履行の請求は相対効です。 03

これまで学習してきたとおり、債権者が債務者に履行の請求を行うと時効の完成猶予や（期限の定めのない債務の場合）履行遅滞といった効果が生じます。これらの効果が連帯債務者全員に及ぶわけではない、ということです。

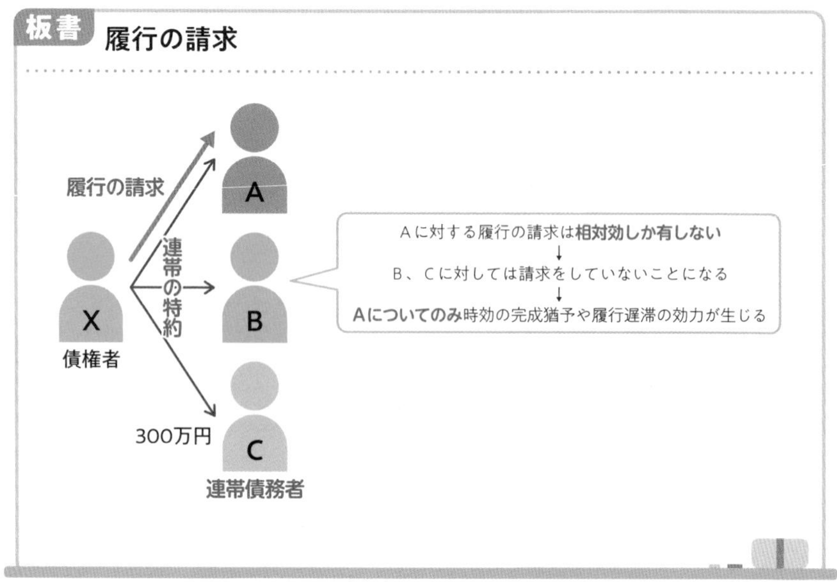

❷ 時効の完成

ケース1-34 XがA、B、Cに300万円を貸し付け、連帯の特約を付した。その後、Aについてのみ消滅時効が完成し、Aが消滅時効の援用をした。

連帯債務者の１人について時効が完成し、その連帯債務者が時効の援用をした場合、当該債務者のみが債務を免れます。他の連帯債務者には効力が生じないので、他の連帯債務者は連帯債務をそのまま変わらず負うことになります。

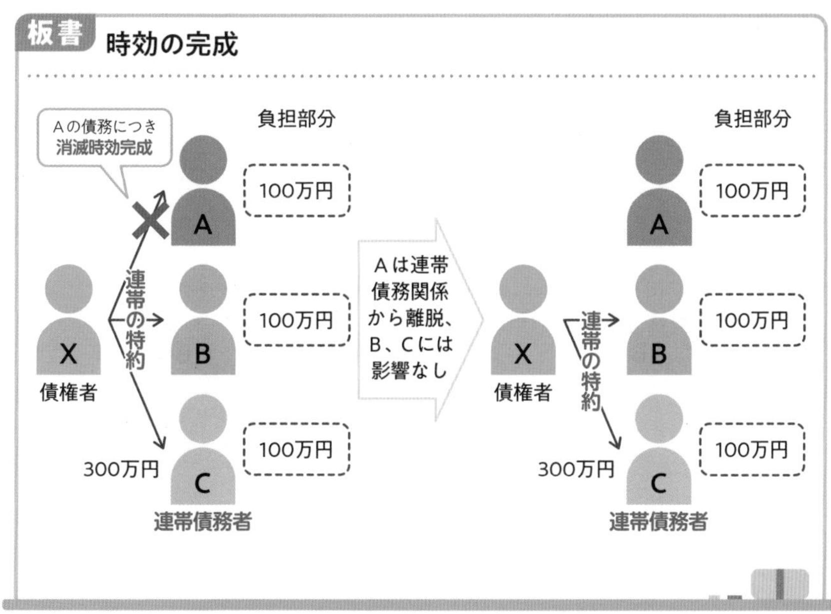

ただし、連帯債務を弁済した連帯債務者は、時効によって連帯債務を免れた者に対して、従前の負担部分に応じた求償はできます。

❸ 免　除

ケース1-35　Ｘが Ａ、Ｂ、Ｃに300万円を貸し付け、連帯の特約を付した。その後、ＸはＡに対して債務の免除をした。

債権者が**連帯債務者の１人について債務の免除をした場合、当該債務者のみが債務を免れます**。他の連帯債務者には効力が生じないので、他の連帯債務者は連帯債務をそのまま変わらず負うことになります。 04

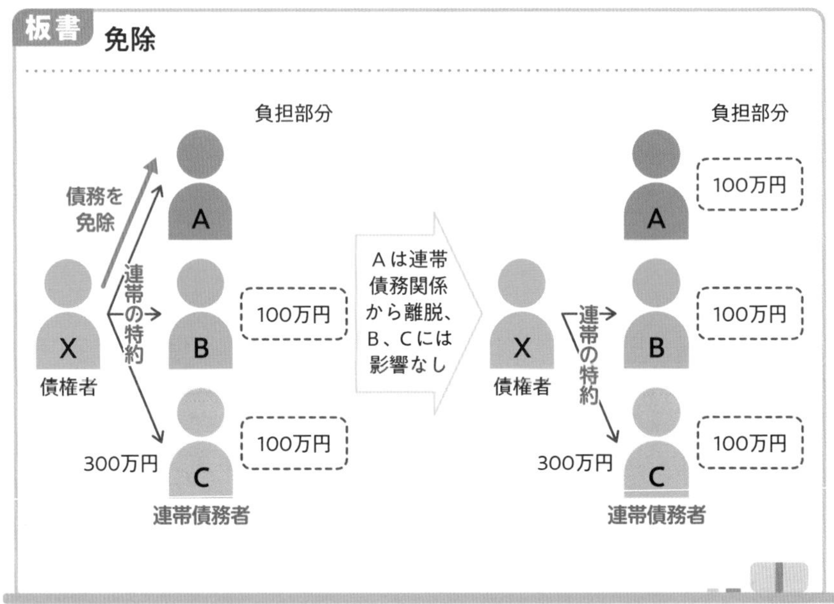

ただし、連帯債務を弁済した連帯債務者は、免除によって連帯債務を免れた者に対して、従前の負担部分に応じた求償はできます。 04

❹ 無効、取消し

ケース1-36 Xが A、B、Cに300万円を貸し付け、連帯の特約を付した。この契約の締結時、Aは意思無能力状態であったことが判明した。

連帯債務者の1人に無効、取消しの原因があっても、他の連帯債務者には特に影響はありません。無効、取消し事由が生じた連帯債務者のみが債権・債務関係から離脱し、残りの連帯債務者と債権者の間で有効に債務は成立します。

03

第2編 第1章 債権総論

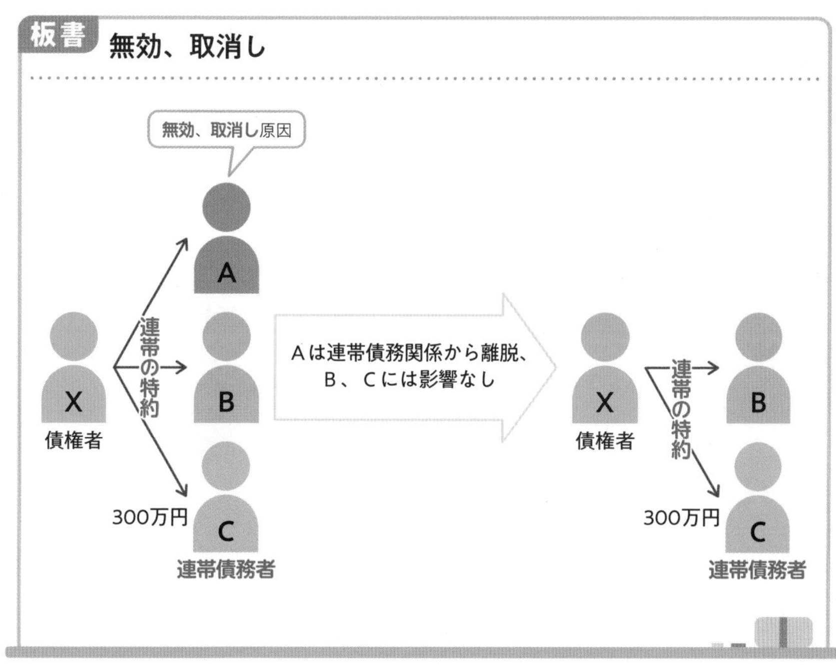

3 連帯債務者の内部関係

1 求償権の行使

❶ 連帯債務者の1人が債務の全額を弁済した場合

債務の全部を消滅させた連帯債務者は、他の連帯債務者に対して、各自の負担部分に応じて求償できます。

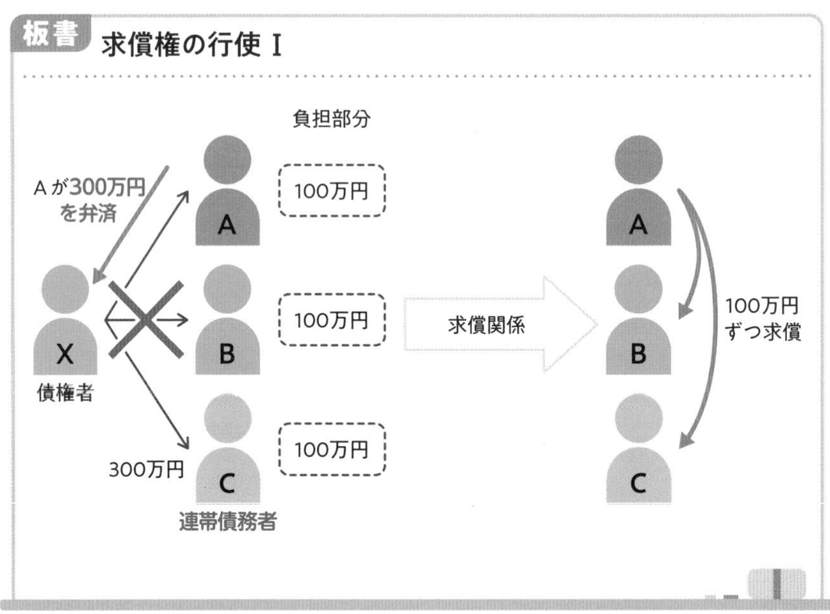

❷ 連帯債務者の１人が債務の一部を弁済した場合

債務の一部を消滅させた連帯債務者は、他の連帯債務者に対して、**自己の負担部分を超えていなくても**、負担部分の割合で求償することができます。

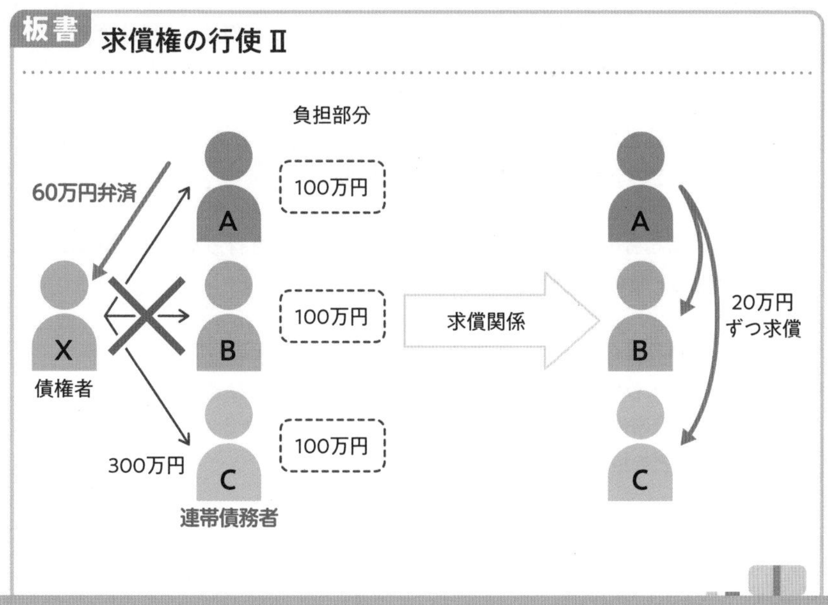

2 求償の範囲

求償権を行使した場合の求償の範囲には、❶**主たる債務を消滅させた弁済額**、❷**免責の日以後の法定利息**、❸**避けることができなかった費用その他の損害の賠償**が含まれています。

ここが重要！

第7節 多数当事者の債権関係 I

- [ ] 債権者は、連帯債務者の１人または全員に対し、同時にもしくは順次に全部または一部の履行を請求することが可能です。
- [ ] 連帯債務者の１人に生じた事由は、本来的には他の連帯債務者に影響しないという相対効の原則が採られています。
- [ ] 連帯債務者の１人が弁済、代物弁済、供託、相殺を行った場合、絶対効が生じ、他の連帯債務者も債務を免れます。
- [ ] 連帯債務者の１人が、債権者に対して反対債権を有しているにもかかわらず相殺の意思表示をしない場合、他の連帯債務者は、反対債権を有する連帯債務者の負担部分を限度として、債権者からの請求に対し、債務の履行を拒むことができます。
- [ ] 債権者が、連帯債務者の１人に対して履行を請求しても、相対効しかなく、他の連帯債務者には効力が生じません。
- [ ] 債権者が連帯債務者の１人について債務の免除をした場合、当該債務者のみが債務を免れ、他の連帯債務者には影響しません。
- [ ] 連帯債務者の１人に無効、取消しの原因があっても、他の連帯債務者には特に影響はなく、他の連帯債務者と債権者の間で有効に債務は成立します。
- [ ] 債務の全部または一部を消滅させた連帯債務者は、たとえ弁済額が自己の負担部分を超えていなくても、他の連帯債務者に対して、各自の負担部分の割合に応じて求償できます。

第7節 ○×スピードチェック

01 ＡとＢがＣに対して1000万円の連帯債務を負い（負担部分は平等）、ＡがＣに対して1000万円の債権を有している。ＡがＣに対して相殺の意思表示をした場合、ＣはＢに対して1000万円を請求することができない。

裁判所2022

○ 連帯債務者の１人が債権者に対する反対債権で相殺をした場合、1,000万円の連帯債務は消滅し、その効力はＢにも及びます（絶対効）ので、ＣはＢに対して1,000万円を請求することができません。

02 連帯債務者の一人が債権者に対して債権を有する場合において、当該債権を有する連帯債務者が相殺を援用しない間は、その連帯債務者の負担部分についても他の連帯債務者は連帯債務の履行を拒むことができない。

特別区Ⅰ類2016改題

× 他の連帯債務者は、反対債権を有する連帯債務者の負担部分の限度で履行を拒むことができます。

03 連帯債務者の一人に対する履行の請求は、他の連帯債務者に対しても、その効力を生ずるが、連帯債務者の一人について法律行為の無効又は取消しの原因があっても、他の連帯債務者の債務は、その効力を妨げられない。

特別区Ⅰ類2016

× 連帯債務者の１人に対する履行の請求は相対効にすぎず、他の連帯債務者に対して効力は生じません。

04 ＡとＢがＣに対して1000万円の連帯債務を負い、ＡとＢの負担部分は同じである。ＣがＡに対して債務の全部を免除した場合、ＣはＢに対して1000万円を請求することができるが、ＢはＡに対して求償することができない。

裁判所2022

× 免除は相対効なのでＣはＢに対して1,000万円全額を請求することができます。しかし、全額を弁済したＢは、Ａに対して求償することが可能です。

第8節 多数当事者の債権関係Ⅱ

START! 本節で学習すること

第８節では保証について学習します。
保証には（単純）保証と連帯保証があります。連帯保証も試験上は重要ですが、まずは基本となる（単純）保証のルールをきちんと理解しましょう。連帯保証については、異なる部分だけをピンポイントで覚えていくのが合理的でしょう。

1 保証債務とは何か

1 保証債務とは

債務者が債務を履行しない場合に、債務者に代わって履行の責任を負う債務を**保証債務**(ほしょうさいむ)といいます。

ケース1-37 Cは、BがAから100万円を借りる際に保証人となった。その後、弁済期が到来してもBはAに対して弁済をしなかった。

保証債務を負う人を**保証人**(ほしょうにん)といい、保証債務によって担保される債務を負う人を**主たる債務者**（主債務者）といいます。保証人Cは、主たる債務者Bに代わって債権者Aに弁済をする責任を負います。このときCが負っている債務が保証債務です。

2 保証債務の成立

❶ 保証契約の締結

保証債務は、**保証人と債権者のとの間の保証契約によって成立**します。

保証契約は保証人に重い責任を生じさせますので、安易な保証契約をさせないために、**書面または電磁的記録でしなければ効力を生じません**。 01

主たる債務者が契約の当事者でない点に注意しましょう。保証契約の当事者は債権者と保証人なので、主たる債務者が保証人を騙して保証契約を締結させた場合、第三者による詐欺となります。

保証契約を締結するのに**主たる債務者の同意や承諾は不要**であり、保証契約は、**主たる債務者の意思に反しても締結することが可能**です。 02

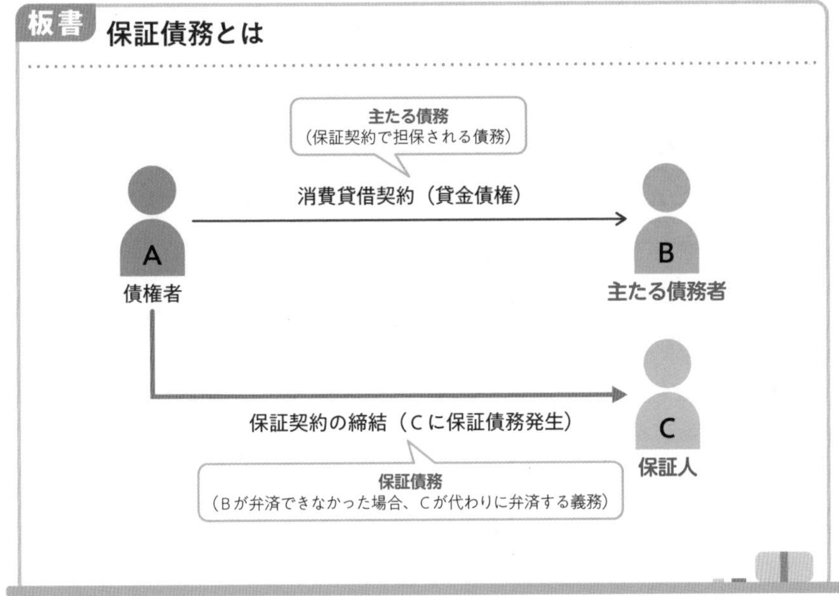

❷ 保証人の資格

保証人の資格については、民法上特に制限はありません。したがって、制限行為能力者が保証人になることも可能です。

ただし、制限行為能力者が有効に保証契約を締結するためには保護者の同意等が必要です。

債務者が保証人を立てる義務のあるときは、**債権者が保証人を指名したときを除き、行為能力者で、かつ弁済をする資力を有する者を保証人に立てなければなりません**。仮に、保証人がこの要件を欠くことになった場合は、**債権者が保証人を指名したときを除き、要件を満たす者に代えるよう債権者は請求できます**。 03

2 保証債務の性質

1 保証債務の基本性質

保証債務には、❶付従性、❷随伴性、❸補充性と呼ばれる性質があります。

❶付従性、❷随伴性は、担保物権の通有性で出てきた性質と同じです。

❶ 付従性

付従性（ふじゅうせい）とは、**主たる債務が成立しなければ保証債務も成立せず、主たる債務が消滅すれば保証債務も消滅する**という性質です。

例えば、主たる債務が無効になれば保証債務も発生しなかったことになりますし、主たる債務が弁済によって消滅すれば保証債務も消滅します。

なお、第１編で学習したとおり、主たる債務の消滅時効が完成すれば、**主たる債務者が時効の援用をしない場合でも保証人は時効の援用が可能です**。

❷ 随伴性

随伴性（ずいはんせい）とは、**主たる債務が移転すると保証債務もそれに伴って移転する**という性質です。

主たる債務が債権譲渡によって他の債権者に移転すると、それに随伴して保証債務の当事者も交代することになります。

ケース1-37 において、ＡがＢに対する債権をＤに譲渡すると、保証契約もDC間で締結されたものとなり、Ｃが保証債務を負う相手方はＤになります。

❸ 補充性

補充性（ほじゅうせい）とは、**保証人は主たる債務者がその債務を履行しない場合に初めて履行すればよい**という性質をいいます。

この補充性の表れとして、民法上、保証人には❶**催告（さいこく）の抗弁権（こうべんけん）**、❷**検索（けんさく）の抗弁権**という２つの抗弁権が認められています。

板書 **催告の抗弁権と検索の抗弁権**

催告の抗弁権	債権者が保証人に債務の履行を請求したとき、保証人は、**まず主たる債務者に履行の催告をするよう請求**できる ただし、主たる債務者が❶**破産手続開始の決定を受けたとき**、❷**その行方が知れないとき**は、催告の抗弁権は行使できません
検索の抗弁権	債権者が主たる債務者に催告をした後であっても、保証人が主たる債務者に❶弁済をする資力があり、かつ、❷強制執行が容易であることを証明したときは、債権者は、**まず主たる債務者の財産について強制執行しなければならない**

04

ケース1-37 においては、債権者Ａが主たる債務者Ｂに履行の催告をすることもなく、保証人Ｃに保証債務の履行を求めてきたときは、催告の抗弁権を行使することができます。

また、債務者Ｂに催告後に保証人Ｃに履行を求めてきたときには、ＣはＢに弁済をする資力があり、かつ、強制執行が容易な財産がＢにあることを証明すれば、検索の抗弁権を行使することができます。

2 保証人が複数いる場合の性質

保証人が複数いる場合、頭割りで分割した額しか保証債務を負わないことを**分別**(ぶんべつ)**の利益**と呼びます。

保証債務には分別の利益があるので、保証人が複数いる場合、保証人は各々頭割りされた金額のみ肩代わりして弁済する責任を負うことになります。

ケース1-38 ＢがＡから100万円を借りる際に、ＣとＤの２人が保証人となった。その後、弁済期が到来してもＢはＡに対して弁済をしなかった。

この場合、ＣとＤはそれぞれ50万円の保証債務を負っていることになります。

3 保証債務の範囲

1 保証債務の範囲

保証債務の内容は主たる債務と同一になります。つまり、主たる債務の元本だけでなく、そこから生じる**利息、違約金、損害賠償その他主たる債務から生じるすべてを含みます**。

保証債務の内容を主たる債務より重くすることはできないので、仮に**保証債務の内容が主たる債務より重くなってしまっている場合、同一内容に減縮されます**。

ただし、保証債務について**違約金や遅延損害金を約定することは許されています**ので、その結果、主たる債務より重くなってもそれは許されます。

2 特定物売買における売主の保証人

特定物の売買契約における売主のための保証人は、どのような保証責任を負っているのでしょうか？

売主が直接に負っている責任は特定物の引渡義務であり、これが履行されなかった場合に備えて保証人が付けられています。しかし、替えのきかない特定物の引渡しを保証人が売主に代わって行うのは至難でしょう。

したがって、この場合の保証人は、特に反対の意思表示のない限り、**債務不履行や解除に基づく損害賠償責任や解除に基づく原状回復義務について保証する責任**を負っているものと考えられます（判例）。

4 保証人の権利

1 保証人の求償権

保証人が保証債務を履行した場合、主たる債務者に対して求償権を行使することができます。

❶ 主たる債務者の委託を受けた保証人

主たる債務者の委託を受けて保証人となった者が保証債務を履行した場合には、**主たる債務を消滅させた弁済の額と免責（弁済）の日以後の法定利息および避けることができなかった費用のほか、生じた損害の賠償も請求することができます**。

また、委託を受けた保証人は、一定の事由がある場合は、**弁済をする前に求償権を行使することもできます**（**事前求償権**（じぜんきゅうしょうけん））。

この事前求償権は、委託を受けて**物上保証人**になった人には、明文の規定がないことを理由に**認められていません。**

❷ 委託は受けていないが主たる債務者の意思に反しない保証人

主たる債務者の委託は受けていないが、主たる債務者の意思に反しない保証人は、**免責（弁済）の当時に主たる債務者が利益を受けた限度で求償ができます**。

これは、弁済した額は求償できるものの、弁済日から求償を受ける日までの**法定利息等は請求できない**ということです。

05

第2編 第1章 債権総論

2 保証人の抗弁権・履行拒絶権

❶ 保証人の抗弁権

保証人は、**主たる債務者が主張することができる抗弁をもって債権者に対抗することができます**。

例えば、主たる債務者が同時履行の抗弁権（相手が履行するまでは自分も履行を拒めるという抗弁権）を持っていれば、保証人も債権者にそれを主張できるということです。

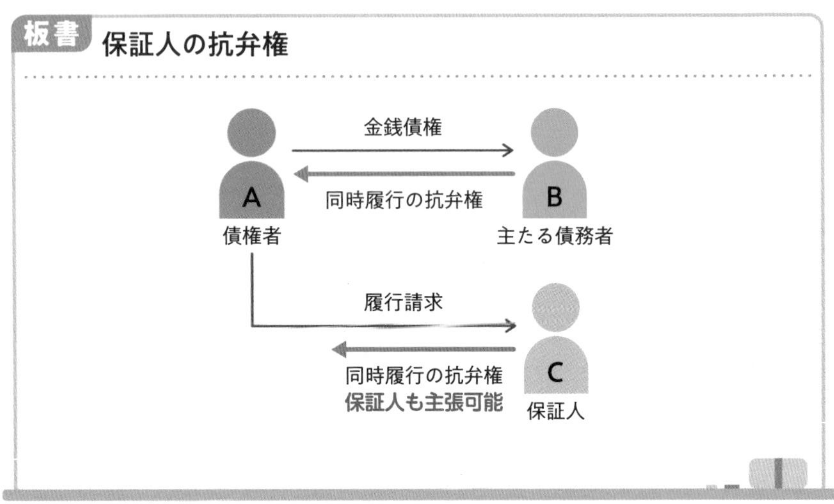

❷ 保証人の履行拒絶権

ケース1-39 Cは、BがAから100万円を借りる際に保証人となった。弁済期到来後も主たる債務者Bは弁済をしておらず、Bは債権者Aに対して反対債権80万円を有しているが、相殺の意思表示をしていない。

主たる債務者が債権者に対して相殺権、取消権または解除権を有している場合、**仮に主たる債務者がこれらの権利を行使したとすれば、主たる債務者が債務を免れるべき限度で、保証人は、債権者に対して債務の履行を拒むことができます**。

つまり、ケース1-39においては、保証人Cは主たる債務者Bが相殺をしたとしたら債務を免れる限度で債権者からの履行請求を拒むことができるので、Aに対して20万円を支払えばよいということになります。

相殺等の権利行使を保証人が主たる債務者に代わってするのは、保証人の権利保護を超えることから、認められていません。

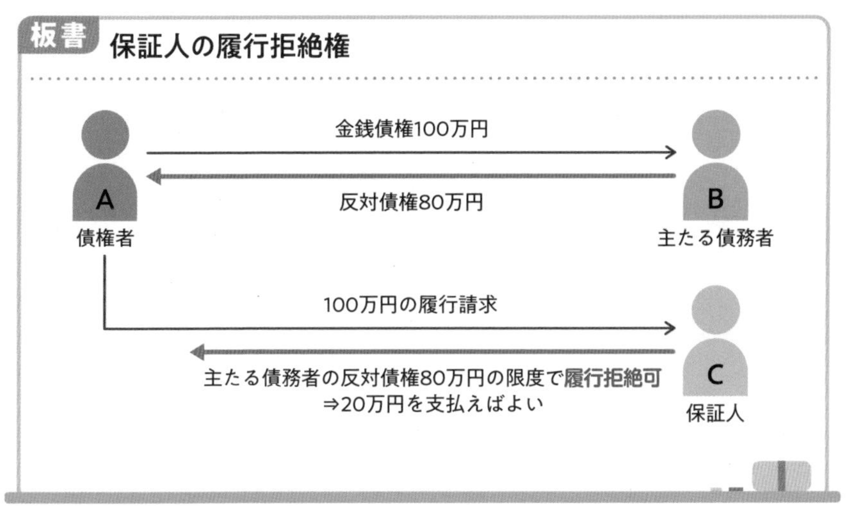

第2編 第1章 債権総論

5 主たる債務者と保証人の相互関係

1 主たる債務者に生じた事由の効力

主たる債務者に生じた事由は、保証人にも効力を生じます。

例えば、主たる債務者に対する履行の請求その他の事由によって時効の完成猶予や更新が生じ、主たる債務の時効の完成が阻止された効果は、保証人に対しても及びますので、保証債務にも完成猶予や更新が生じます。

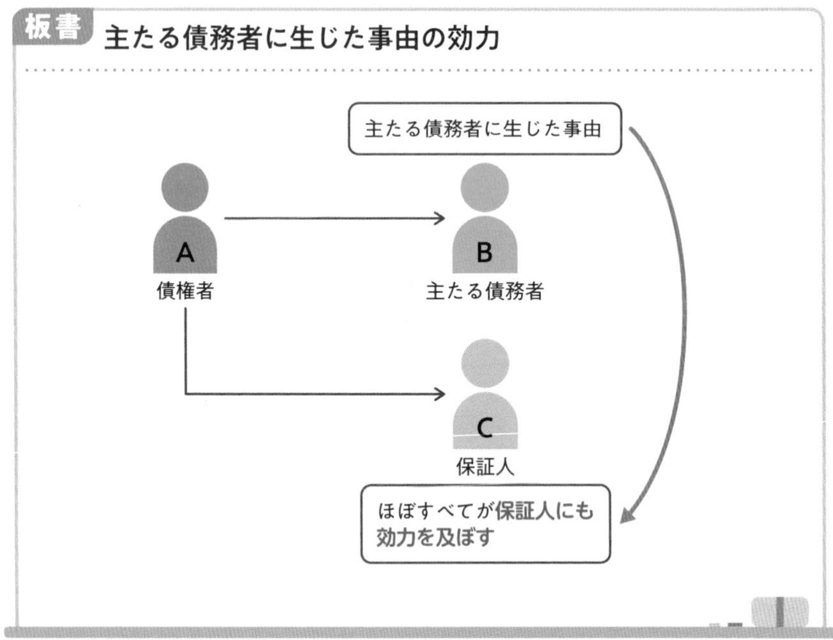

ただし例外的に、主たる債務者が**時効の利益の放棄**をしてもその効果は保証人には及ばず、保証人は、**主たる債務の消滅時効を援用することができる**と考えられています。

2　保証人に生じた事由の効力

保証人に生じた事由は、弁済等（弁済、代物弁済、供託）および相殺といった**債務を消滅させる行為以外は、主たる債務者には効力が及びません**。

板書　保証人に生じた事由の効力

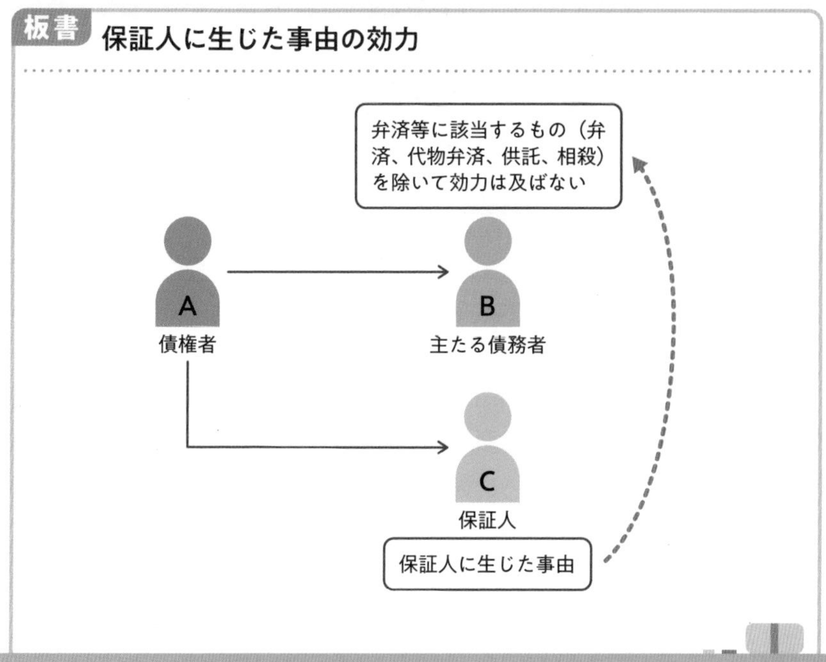

主たる債務者と保証人の相互関係についてまとめると次のとおりです。

板書　主たる債務者と保証人の相互関係

主たる債務者に生じた事由	時効の利益の放棄を除き **保証人に影響する**（絶対効）
保証人に生じた事由	弁済等の債務を消滅させる事由を除き **主たる債務者に影響しない**（相対効）

6 連帯保証

1 連帯保証とは

連帯保証（れんたいほしょう）とは、**保証人が主たる債務者と連帯して債務を負担する旨の合意をした保証**のことです。

つまり、保証契約に連帯する旨の特約が付された場合に、それを連帯保証と呼びます。

2 連帯保証の性質

連帯保証契約も保証契約の一種なので、基本的な性格は保証契約の場合と同様です。したがって、付従性、随伴性を有しています。

しかし、連帯保証は通常の保証と異なり、**補充性がありません**。そのため、**連帯保証人は催告の抗弁権、検索の抗弁権を有しません**。さらに、**分別の利益もありません**ので、連帯保証人が複数いる場合、各連帯保証人は主たる債務の全額を弁済する責任を負うことになります。

多数当事者の債権関係 Ⅱ

- [ ] 保証債務は、保証人と債権者との保証契約によって成立しますが、書面または電磁的記録でしなければ効力を生じません。

- [ ] 保証契約を締結するのに主たる債務者の同意や承諾は不要であり、保証契約は、主たる債務者の意思に反しても締結することが可能です。

- [ ] 債権者が保証人に債務の履行を請求したときは、保証人は、まず主たる債務者に履行の催告をするように請求することができます（催告の抗弁権）。

- [ ] 債権者が主たる債務者に催告をした後であっても、保証人が主たる債務者に弁済をする資力があり、かつ、強制執行が容易であることを証明したときは、債権者は、まず主たる債務者の財産について強制執行をする必要があります（検索の抗弁権）。

- [ ] 特定物の売買契約における売主のための保証人は、債務不履行や解除に基づく損害賠償責任や解除に基づく原状回復義務について保証する責任を負っています。

- [ ] 主たる債務者の委託を受けて保証人となった者が保証債務を履行した場合には、主たる債務を消滅させた弁済の額と免責（弁済）の日以後の法定利息および避けることができなかった費用のほか、生じた損害の賠償も請求することができます。

- [ ] 主たる債務者が債権者に対して相殺権、取消権または解除権を有している場合、主たる債務者が仮にこれらの権利の行使をしたとすれば、主たる債務者が債務を免れるべき限度で、保証人は、債権者に対して債務の履行を拒むことができます。

- [ ] 連帯保証は、通常の保証と異なり、補充性がありません。そのため、連帯保証人は催告の抗弁権、検索の抗弁権を有しません。

第8節 ○×スピードチェック

01 保証債務は、保証人と主たる債務者との間の保証契約によって成立し、保証人は、主たる債務者がその債務を履行しないときに、その履行をする責任を負うが、保証契約は、書面又は電磁的記録でしなくても、その効力を生じる。 特別区Ⅰ類2017改題

× 保証契約は、保証人と債権者との間の契約により成立します。また、保証契約は書面または電磁的記録でしなければ、その効力を生じません。

---

02 主たる債務者が保証契約を締結することに反対している場合でも、保証人となろうとする者は、債権者との間で、保証契約を締結することができる。 裁判所2010

○

---

03 債務者が保証人を立てる義務を負う場合、債権者が保証人を指名したときを除き、その保証人は行為能力者であることが必要である。

国家一般職2017

○

---

04 催告の抗弁権とは、債権者が保証人に債務の履行を請求した場合に、保証人が、まず主たる債務者に催告をすべき旨を請求できる権利をいい、主たる債務者が破産手続開始の決定を受けたときであっても、催告の抗弁権を行使できる。 特別区Ⅰ類2017

× 主たる債務者が破産手続開始の決定を受けたときは、催告の抗弁権は行使できません。

---

05 主たる債務者の委託を受けずに、主たる債務者の意思に反しないで保証をした者が弁済をして、主たる債務者にその債務を免れさせたときは、免責当時に利益を受けた限度において求償できるため、（免責後求償を得るまでの）利息や損害賠償も請求できる。 特別区Ⅰ類2017改題

× 免責当時に利益を受けた限度において求償が可能ですが、それには（免責後求償を得るまでの）利息や損害賠償は含まれません。

第2編

債権・親族・相続

第2章

契約

第1節 契約総論

START! 本節で学習すること

第２章では、債権が発生する主要な原因である契約について、個別に詳しく学習します。第１節ではまず、契約に共通のルールを契約総論として学習していきます。重要なテーマは契約の解除です。解除の要件、催告なしで解除できる場合等をしっかり押さえましょう。
また、同時履行の関係が認められるケース、認められないケースを判別できるようにしましょう。

1 債権各論の全体像

第２章と第３章では、債権が発生する原因について順番に見ていきます。第２章では典型的な債権の発生原因である契約を扱いますが、個別の学習に入る前に、第１節では契約全体に共通のルールを学習します。

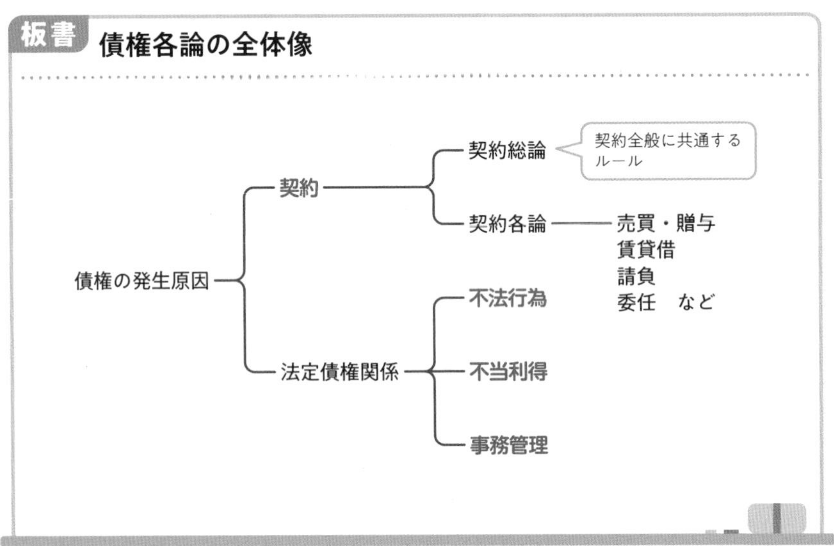

2 契約の成立

1 契約とは

❶ 契約の分類

契約には、❶諾成(だくせい)契約と要物(ようぶつ)契約、❷双務(そうむ)契約と片務(へんむ)契約、❸有償(ゆうしょう)契約と無(む)償(しょう)契約という分類があります。

板書 契約の分類

諾成契約
当事者の**意思表示の合致**だけで成立する契約

原則は諾成契約で、要物契約となるのは極めて例外的

⇔

要物契約
当事者の意思表示の合致のほかに、一方の当事者が**物の引渡しその他の給付**をなすことを成立要件とする契約

第１編第３章で学習した質権設定契約は要物契約

双務契約
契約の両当事者が互いに対価的な関係にある債務を負う契約

売買契約は、売主・買主双方に義務を発生させるため双務契約

⇔

片務契約
契約の一方の当事者のみが債務を負う契約

贈与契約は贈与することを約束した者だけが義務を負うため片務契約

有償契約
契約当事者が互いに対価的意義を有する給付をなす契約

売買契約は、売主が物を引き渡すのに対して、対価として買主が代金を支払うため有償契約

⇔

無償契約
契約当事者が互いに対価的意義を有する給付をしない契約

贈与契約は、対価の支払いがないため無償契約

❷ 契約とは

契約は、当事者の合意（意思表示の合致）により当事者に権利や義務を発生させる法律行為です。

契約自由の原則により、契約の当事者は、契約をするかどうか、どのような内容の契約を締結するか自由に決定することができます。

また、原則として、契約の成立に書面の作成等は不要とされています。

この例外として、書面または電磁的記録による契約を必要とするのが、第１章で学習した保証契約の締結です。

2 契約の成立

契約は、一方の申込みに対して、もう一方が承諾をすることで成立します。

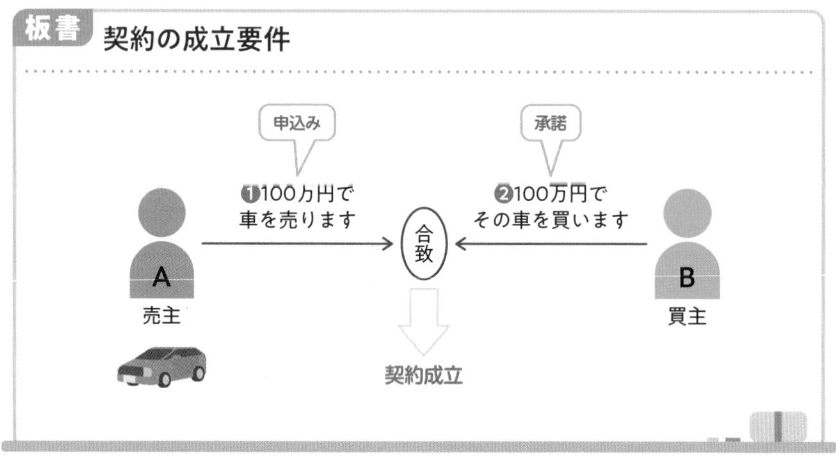

3 同時履行の抗弁権

1 同時履行の抗弁権とは

同時履行の抗弁権（どうじりこうのこうべんけん）とは、**双務契約の当事者の一方は、相手方が債務の履行を提供するまでは、自己の債務の履行を拒むことができるという権利**です。

一方のみが債務の履行をしなければいけないのは不公平です。公平の観点から認められているのが同時履行の抗弁権です。

ケース2-1 A所有のパソコンをBに売却する契約がAB間で締結された。

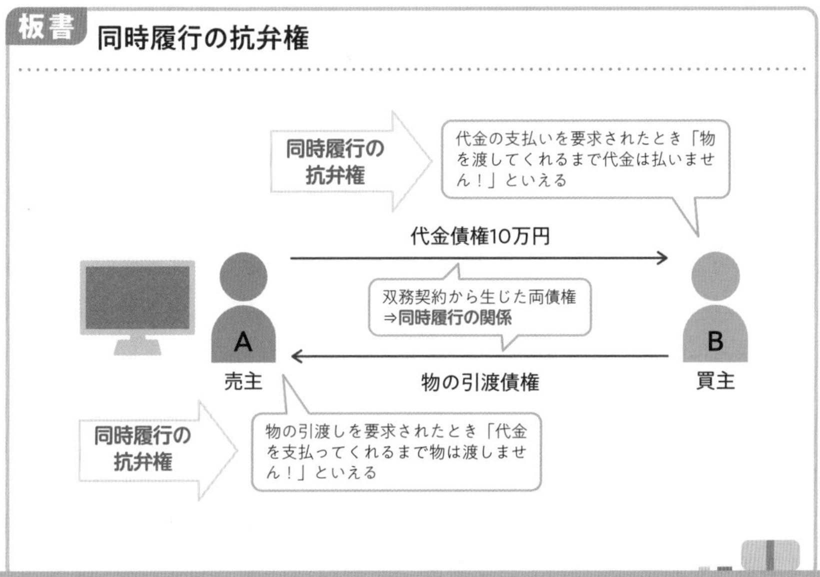

お互いの債務が同時履行の抗弁権を主張し合えるものであるとき、この両債務について**「同時履行の関係に立つ」**としばしば表現されます。

2 同時履行の抗弁権の成立要件と効果

❶ 同時履行の抗弁権の成立要件と効果

同時履行の抗弁権の成立要件と効果は次のとおりです。

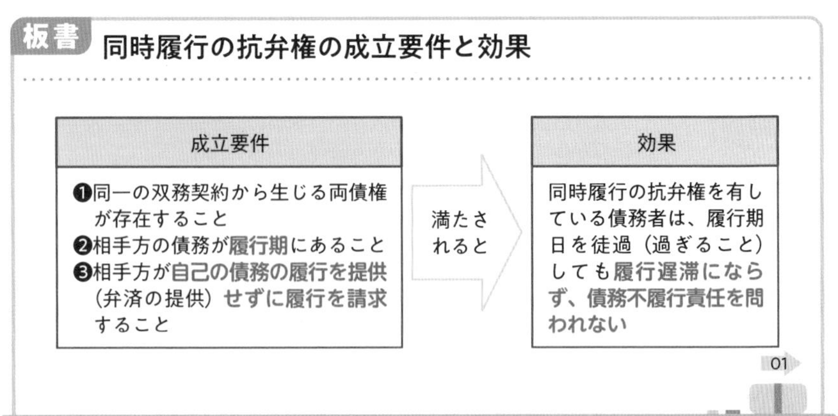

なお、当事者の一方が、債務の履行を請求する訴訟を起こした場合、裁判の中で相手方から同時履行の抗弁権の主張がされたときは、訴えを起こした者（原告）の請求を**棄却する判決（原告敗訴の判決）ではなく、「原告の債務の履行と引換えに被告に債務の履行を命じる旨の判決」がなされます**。この判決を**引換給付判決**（ひきかえきゅうふはんけつ）といいます。 02

❷ 相手方の債務が弁済期にないとき

要件❷から、相手方の債務が弁済期にないとき、つまり**自己の債務が先に履行する義務（先履行義務）を負う場合、同時履行の抗弁権は認められません**。

ケース2-2 Aの所有するパソコンを10万円でBに売却する契約が締結され、パソコンの引渡期日は4月1日、代金の支払期日は6月1日と定められた。

この場合、4月2日にBから引渡しを要求されたAは「代金を支払ってくれるまでは物は渡しません！」とはいえません。

❸ 相手方から履行の提供があったとき

要件❸から、**相手方からの履行の提供（弁済の提供）があれば、同時履行の抗弁権は主張できず履行遅滞になります**。

ケース2-3　Aの所有するパソコンを10万円でBに売却する契約が締結され、パソコンの引渡期日、代金の支払期日ともに４月１日と定められた。４月２日にBはAに対して、代金10万円を持参してパソコンの引渡しを要求した。

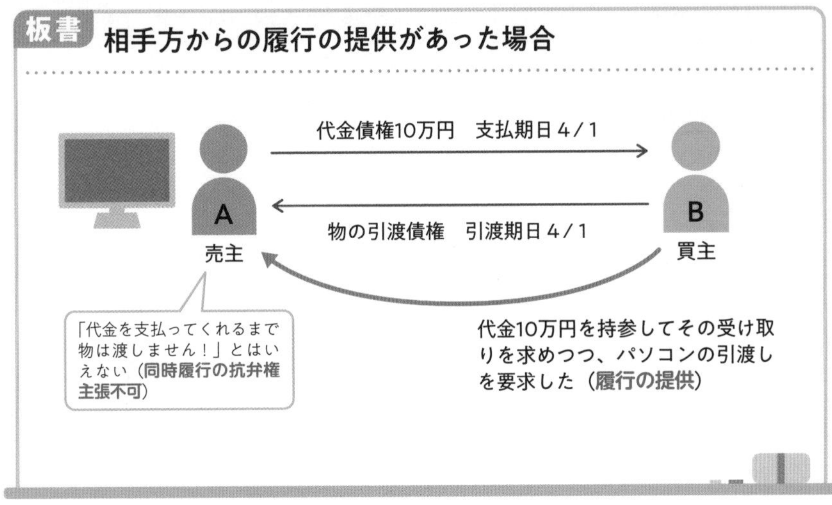

第2編
第2章
契約

3 第三者への主張

同時履行の抗弁権は双務契約の効力として生じる権利であり、**債権的な権利**としての性質を持っています。したがって、**相手方のみに主張可能であり、第三者に対しては主張できません**。

ケース2-4 Aが自己所有の土地をBに売却し、Bが土地の所有者となった。その後、Bがその土地をCに転売し、Cが所有者となった。Aはまだ Bから代金の支払いを受けておらず、土地の引渡しもしていない。

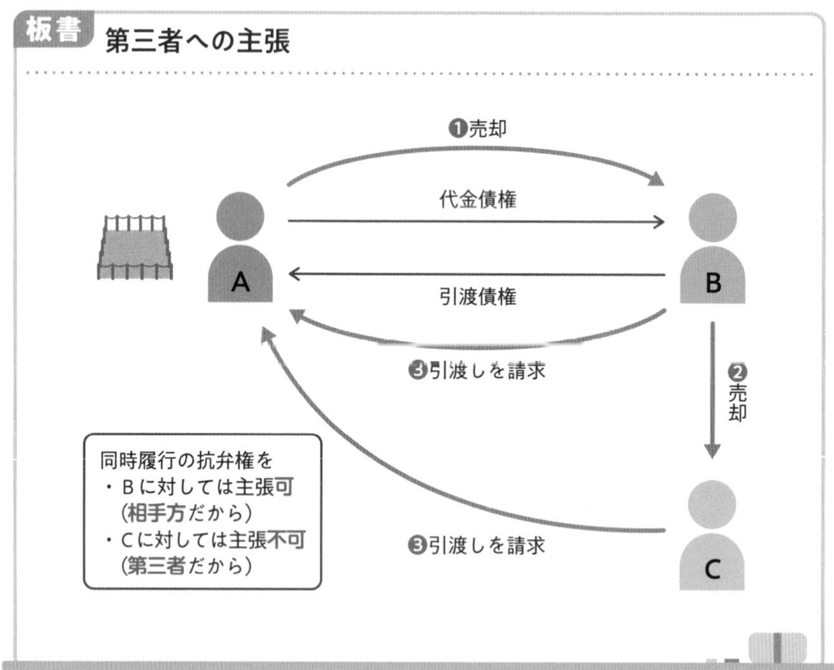

同時履行の抗弁権と留置権は、物の引渡しが双務契約の内容となっている場合に、同じ機能を有するものとして登場します。**留置権は物権なので第三者にも主張可能**である点が同時履行の抗弁権と異なります。

ケース2-4 の場合、AのBに対する代金債権を被担保債権として留置権が成立します。留置権はBだけでなく、Cに対しても主張可能です。

4 同時履行の関係が認められる場合

双務契約から生じる双方の債務は同時履行の関係にあるわけですが、同時履行の関係が生じるか否かはわかりにくいケースもあります。

条文で規定されているものや判例の判断をまとめたものが次の表です。

板書 同時履行の関係が生じる場合と生じない場合

同時履行の関係が 認められるケース	同時履行の関係が 認められないケース
❶ 契約の解除による双方の原状回復義務 ❷ 請負契約における請負人の完成物の引渡義務と注文者の請負代金支払義務 ❸ 負担付贈与における負担の履行と贈与 ❹ 制限行為能力、錯誤、詐欺、強迫による取消しの場合の双方の原状回復義務 ❺ 借地人が建物買取請求権を行使した場合の賃貸人の建物代金支払義務と賃借人の土地明渡義務 ❻ 弁済と受取証書（領収書）の交付	❼ 賃貸借契約終了時における賃貸人の敷金返還義務と賃借人の目的物明渡義務（明渡しが先履行） ❽ 建物賃借人が造作買取請求権を行使した場合の賃貸人の造作代金支払義務と賃借人の建物明渡義務（明渡しが先履行） ❾ 弁済と債権証書（債権の存在を証明する書類）の返還（弁済が先履行） ❿ 弁済と抵当権登記抹消手続（弁済が先履行）

また、不動産の売買契約の場合、**代金の支払いと登記の移転**に同時履行の関係が生じます。**土地の場合は、登記の移転と代金の支払いが同時履行の関係**になり、**建物の場合は、登記の移転および引渡しと代金の支払いが同時履行の関係**になるとされています。

4 解　除

1 解除とは

❶ 解除とは

契約の解除（かいじょ）とは、**契約の一方当事者の意思表示によって、すでに有効に成立している契約の効力を解消させて、その契約がはじめから存在しなかったのと同様の法律効果を生じさせること**をいいます。

❷ 契約の解除がされる状況

契約の解除は、**債務者が債務を履行しないこと（債務不履行）を理由として行われます**。契約が解除されると、**契約は遡及的に消滅します**。

ケース2-5　Aの所有する土地を1,000万円でBに売却して引き渡したが、代金は支払期日を過ぎても支払われていない。

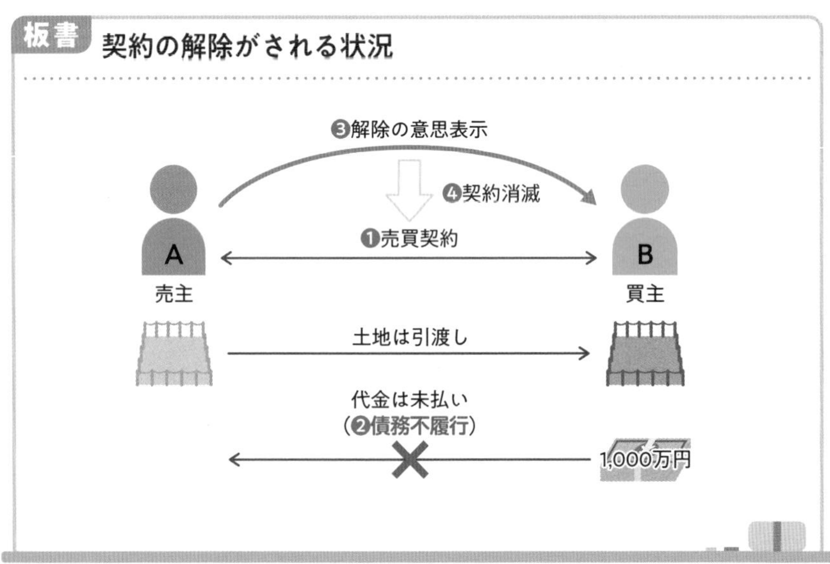

解除をするために、債務者に債務不履行についての責任（帰責事由）があることは必要ありません。**債権者は、債務不履行が債務者の帰責事由によるものでなくても解除可能**です。

2 催告による解除

履行遅滞を原因として解除をする場合、債務者に履行をするための最後の機会を与えるために、**事前に相当期間を定めて履行の催告をすることが必要**です。

履行遅滞を理由とした解除は次の要件を満たす場合に可能です。

板書 履行遅滞を理由とした解除（催告による解除）

❶債務者の**履行遅滞**

債務者に同時履行の抗弁権等がある場合のように、履行しないことが違法ではない場合は履行遅滞にならず、債権者は解除できない

❷債権者が**相当期間を定めて履行の催告**をしたこと

相当な期間を定めずに催告した場合や不相当な期間を定めて催告した場合でも、**その後客観的に見て相当な期間を経過したときは、契約を解除できる**

❸債務者が相当期間内に履行しないこと

❹履行遅滞が契約および取引上の社会通念に照らして**軽微でないこと**

例えば、代金10万円は支払ったが送料700円が未払いという場合、契約および取引上の社会通念に照らして軽微と判断されれば債権者は契約を解除できない

❺**債権者に帰責事由がないこと**

3 催告によらない解除（無催告解除）

履行不能の場合、履行が不可能になってしまっているわけですから、いまさら催告をしても債務者が履行できる可能性はありません。したがって、催告は無意味なので無催告で解除ができます。

このように**催告なしで解除ができる場合**があります。

板書 催告なしで解除（無催告解除）ができる場合

❶履行不能

債務全部の履行が不可能な場合、債権者は無催告で契約を解除できる

❷全部履行拒絶

債務者がその債務の全部の履行を拒絶する意思を明確に表示した場合、債権者は無催告で契約を解除できる

❸定期行為の履行遅滞

一定の日時に履行されなければ意味のない行為（結婚式のケーキ、ウェディングドレスなど）についてその日時が過ぎてしまった場合、債権者は無催告で契約を解除できる

4 解除の方法

契約の解除は、当事者の一方から相手方への解除の意思表示によってなされます。**相手方の承諾は不要**ですし、**理由を示す必要もありません**。

また、いったんなされた解除は**撤回できず**、解除の意思表示には、相手方の地位を不安定にしないために**条件や期限を付けることはできません**。

履行の催告と同時に、**相当期間内に履行しないならば解除するという停止条件を付けた意思表示を行うことはできます**（判例）。この場合は特に相手方を不利益にするわけではないからです。

当事者が複数の場合、解除の意思表示は**全員からまたはその全員に対して**のみすることができます。したがって、１人からまたは１人に対してした解除は効力を生じません。また、解除権が**当事者のうちの１人について消滅したときは、他の者についても解除権は消滅します**。 03

5 解除権特有の消滅原因

解除権者が解除権を行使しない場合、相手方は**相当の期間を定めて解除する**

か否かを確答するよう催告し、その期限内に解除の通知がない場合、解除権が消滅します。

また、解除権者の**故意による目的物の損傷等が生じた場合**や解除権があることを知りながら解除権者が**故意・過失により目的物を著しく損傷、加工、変造**して返還することができなくなった場合も解除権は消滅します。 04

6 解除の効果

契約の解除がされると、**契約ははじめからなかったことになります**。解除によってすでに履行されている部分については、**原状回復義務が生じます**。

ケース2-6 Aは所有する土地を1,000万円でBに売却し引き渡したが、代金1,000万円のうち400万円は催告をしても支払いがなかった。

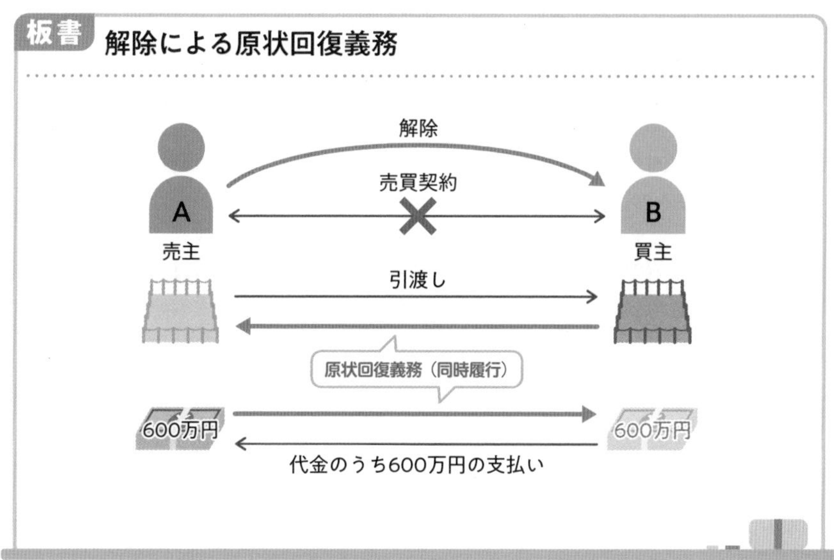

両当事者の**原状回復義務は同時履行の関係**にあります。

契約を解除をしても損害が発生している債権者は、**債務者に対して損害賠償を請求できます**。 05

第1節 契約総論

- [ ] 双務契約において、相手方の債務が弁済期にないとき、つまり、自分が先履行義務を負う場合には、同時履行の抗弁権は認められません。
- [ ] 双務契約において、双方の債務が弁済期にある場合、相手方の履行の提供があれば、同時履行の抗弁権は主張できず、履行遅滞になります。
- [ ] 同時履行の抗弁権は、債権的な権利としての性質を持っているので、相手方のみに主張可能であり、第三者に対しては主張できません。
- [ ] 債権者は、債務不履行が債務者の帰責事由によるものでなくても契約を解除できます。
- [ ] 履行遅滞により解除をする場合、事前に相当期間を定めた履行の催告をすることが必要ですが、相当な期間を定めずに催告した場合でも、その後客観的に見て相当な期間を経過したときは、契約を解除することができます。
- [ ] 履行遅滞が契約および取引上の社会通念に照らして軽微な場合、債権者は契約を解除することができません。
- [ ] 履行不能の場合や債務者がその債務の全部の履行を拒絶する意思を明確に表示している場合、債権者は催告することなく契約を解除できます。
- [ ] 解除の意思表示は当事者が複数いる場合、全員から全員へする必要があります。

第1節 ○×スピードチェック

01 双務契約の当事者の一方は、契約の相手方に対して同時履行の抗弁権を行使した場合であっても、契約上の債務の履行期日を徒過すれば債務不履行の責任を負う。 国家一般職2014

× 期日を徒過しても（過ぎても）債務不履行の責任は負いません。

02 双務契約の当事者の一方が契約の相手方に対して訴訟上で債務の履行を請求する場合であっても、その相手方が同時履行の抗弁権を主張したときは、請求が棄却される。 国家一般職2014

× 引換給付判決が出されます。

03 契約の当事者の一方が数人ある場合には、契約の解除は、その全員から又はその全員に対してのみ、することができ、解除権が当事者のうちの一人について消滅したときは、他の者についても消滅する。 特別区Ⅰ類2016

○

04 解除権を有する者が自己の行為によって契約の目的物を著しく損傷したときは、解除権は消滅するが、加工又は改造によってこれを他の種類の物に変えたときは、解除権は消滅しない。 特別区Ⅰ類2016

× 加工または改造によって他の種類の物に変えたときも解除権は消滅します。

05 解除権が行使されると、解除によって遡及的に契約の効力が失われ、各当事者は相手方を原状に復させる義務を負い、相手方の債務不履行を理由に契約を解除する場合であっても、損害賠償を請求することはできない。 特別区Ⅰ類2016

× 契約を解除しても損害が発生している債権者は、損害賠償を請求できます。

第2節 売買・贈与

START! 本節で学習すること

ここからは、各個別の契約の話に入っていきます。この節では、権利移転型の契約である売買契約と贈与契約を扱います。
特に重要なのが、売買に登場する契約不適合責任です。条文のフレーズが問題の記述にそのまま使われますので、ある程度条文の表現を押さえる必要もあります。
また、手付という仕組みも出題頻度が高いです。

1 売買契約の成立と効力

1 売買契約の成立

ケース2-7 Aが所有する車をBに売却する契約を締結した。

売買契約（ばいばいけいやく）について民法は、「売買は、**当事者の一方がある財産権を相手方に移転することを約し、相手方がこれに対してその代金を支払うことを約する**ことによって、その効力を生ずる」と規定しています。

契約の分類としては、申込みと承諾の合致のみで成立することから**諾成契約**、売主・買主双方が義務を負うことから**双務契約**、対価の支払いがあることから**有償契約**です。

2 売買契約の効力

❶ 売主・買主の義務

売主・買主双方に次のような義務が発生します。

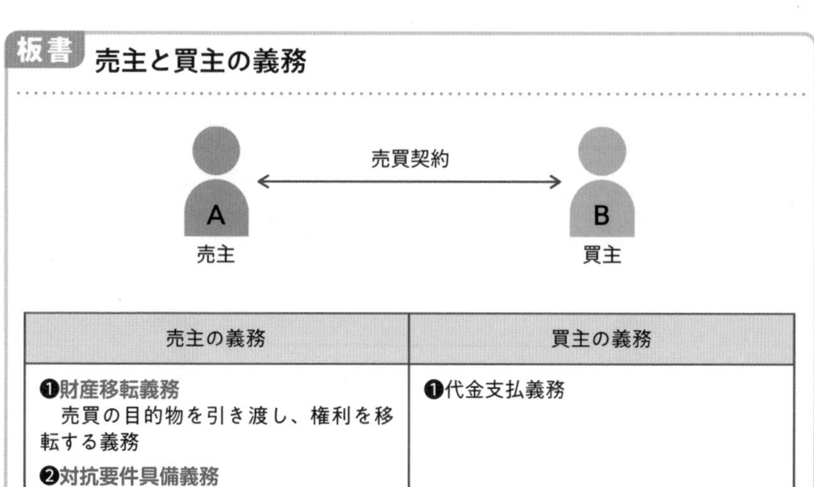

売主の義務	買主の義務
❶財産移転義務 売買の目的物を引き渡し、権利を移転する義務 **❷対抗要件具備義務** 買主に登記を移転させるなど、対抗要件を備えさせるために協力する義務 **❸契約不適合責任** 契約内容に適合しない物を引き渡した場合に買主に対して負う義務	❶代金支払義務

プラスone 売主の義務❶について、かつて特定物売買では、引渡し時の状態で引き渡せば、たとえそれが瑕疵（欠陥等）のある物であっても財産移転義務は果たしたものと考えられていました。しかし、現在では、**特定物売買においても契約内容に適合した瑕疵のない物を引き渡す義務がある**とされています。

❷ 他人物売買

ケース2-8 Aは、Cが所有する甲土地をBに売却する契約を締結した。

売主は、他人の所有している物（他人物（たにんぶつ））を売買契約の目的（対象）とすることも可能です。したがって、**他人物を売買する契約（他人物売買）も契約と**

しては有効に成立します。 01

他人物売買がなされると、他人物売買の**売主は、所有者たる他人からその権利を取得して買主に移転する義務を負います**。売主がこの義務を果たせなかった場合、債務不履行責任を負います。

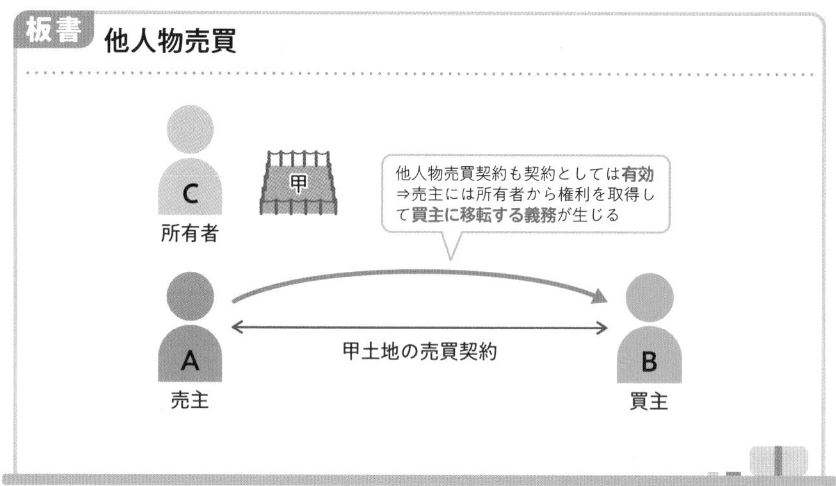

以上のことは、**権利の一部が他人に属する場合の売買契約（一部他人物売買）においても同様**です。

2 手　付

1 手付とは

手付（てつけ）とは、**売買契約を結んだ際にその保証として買主が売主に交付する金銭等**を指します。

手付は売買契約に付随して行われるものですが、**売買契約とは別個の契約である手付契約に基づく**ものです。手付として買主から売主に渡された金銭は、手付としての役割を終えると、後に代金に充当されるか、返金されます。

ケース2-9 5,000万円の土地の売買契約が締結された際に、買主Bが売主Aに手付として500万円を交付した。

板書 **手付とは**

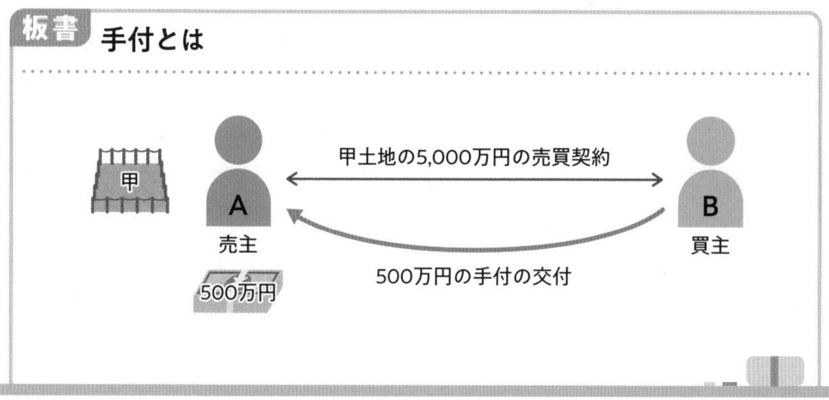

2 手付の種類

手付には、❶証約(しょうやく)手付(てつけ)、❷解約(かいやく)手付、❸違約(いやく)手付の３種類があります。

板書 **手付の種類**

❶証約手付	・契約が成立したことの証拠とするための手付 ・どんな手付にも証約手付としての性質は認められる
❷解約手付	・解除権を留保するために授受される手付 ・当事者が目的を明確にしていなければ、解約手付と推定
❸違約手付	・契約の履行を確保するために、債務不履行があれば当然没収されるという約束で授受される手付

ケース2-9 の手付が解約手付であれば、買主は500万円を放棄すれば、契約を解除できます。また、ケース2-9 の手付が違約手付であれば、買主に代金の未納などの債務不履行があった場合、手付として納めた500万円は当然に売主に没収されてしまいます。

❶証約手付としての性質はすべての手付に備わっていますが、❷解約手付なのか❸違約手付なのかは、当事者の意思によって決まります。

当事者の意思が明確でない場合、解約手付と推定されます。したがって、当事者の反対の意思の表示がない限り、解約手付と解釈されます。

また、解約手付と違約手付は性質の異なるものですが、**1つの手付が両者の性質を兼ねることも可能**です。

3 解約手付

試験上重要なのは解約手付ですので、次に解約手付だけを詳しく見ていきます。解約手付には次のような効果があります。

❶ 買主からの手付解除

解約手付として手付を交付した場合、**買主は、相手方（売主）が履行に着手するまでは、手付を放棄して、自由に解除ができます**（手付解除（てつけかいじょ））。 02

手付解除を行った側は、特約のない限り損害賠償責任は負いません。

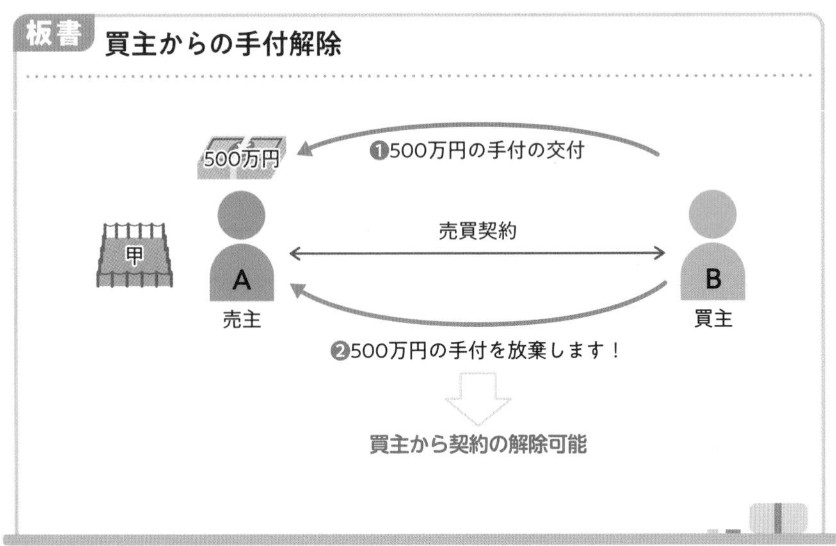

❷ 売主からの手付解除

売主は、**相手方（買主）が履行に着手するまでは、相手方（売主）に手付の倍額を支払うことで、自由に契約を解除できます**。 02

手付と同額だと受け取った物を返しただけで売主は一切負担していないことになりますので、受け取った手付に売主が同額を足すことから倍額の支払いになっています。

支払うといっても、解除を認めたくない相手方（買主）が受け取らない可能性もあります。そこで実際に支払う（履行する）ことまでは求められていませんが、**履行の提供をする必要**があります。

この履行の提供の程度としては、手付の倍額を償還する旨を告げて受領を催告する（口頭の提供）だけでは不十分であり、**現実の提供、つまり金銭を債権者のところに持参して受領を催告することが必要**とされています。

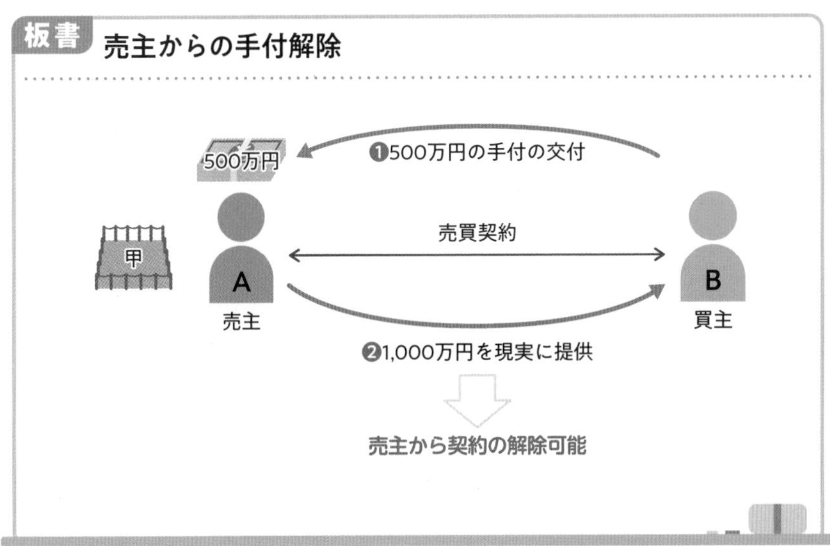

❸ 履行の着手

手付による解除ができるのは、相手方が「履行に着手」するまでです。 02

「履行に着手」とは、客観的に外部から認識できる履行行為の一部、または履行の前提行為を行うこととされています。

例えば、**❶買主が履行期の到来後、売主に明渡しを求め、明渡しがあればい**

つでも残代金の支払いができる状態にあった場合や、❷他人物売買の売主が所有者から不動産の所有権を取得し、その所有権移転登記を受けた場合には、履行の着手があったと認められます。

なお、「履行に着手」するまでという制限があるのは相手方を保護するためなので、**自ら履行に着手していても相手方が履行に着手するまでは解除が可能**です。

3 契約不適合責任

1 契約不適合責任とは

売主は、買主に対して、財産権移転義務として、**契約内容に適合した物を引き渡す義務および契約内容に適合した権利を引き渡す義務**を負っています。

この義務が履行できなかった場合、売主は、**契約不適合責任**（けいやくふてきごうせきにん）（担保責任（たんぽせきにん））および**債務不履行責任**を負います。

板書 契約不適合責任

売主の財産権移転義務
・契約内容に適合した物を引き渡す義務
・契約内容に適合した権利を引き渡す義務

↓ これらの義務が履行できなかった場合に売主が買主に負う責任

契約不適合責任 ＋ **債務不履行責任**

↓ この責任に基づいて、買主が売主に対して行えること

契約不適合責任	債務不履行責任
・追完請求 ・代金減額請求	・損害賠償請求 ・解除権行使

2 不適合の内容

目的物の契約不適合とは次のようなものを指します。

板書 不適合の内容

❶種類の不適合	・契約内容に合致しない種類の物を引き渡された場合
❷品質の不適合	・契約内容に合致しない品質（欠陥品やキズがある等）の物を引き渡された場合
❸数量の不適合	・契約内容と合致しない数量の物を引き渡された場合
❹権利の不適合	・目的物の一部が他人所有であった場合（一部他人物売買） ・目的物に他人の権利（地上権、地役権、留置権、質権等）が付いていた場合 ・建物の売買で存在すべき土地賃借権や地上権が存在しなかった場合

3 責任の内容

引渡しまたは移転された物や権利が契約内容に適合しない場合、買主は売主に対して❶追完請求、❷代金減額請求、❸損害賠償請求、❹解除権の行使が可能です。

❶ 追完請求

引渡しまたは移転された物や権利が契約内容に適合しない場合、買主は売主に対して、**履行の追完（ついかん）（追加して完全な履行をすること）を請求**できます。

その具体的な内容としては、❶目的物の修補、❷代替物の引渡し、❸不足分の引渡しがあります。 03

追完方法の選択権は原則として買主にありますが、**買主に不相当な負担を課すものでない場合は、売主は、買主が請求したのと異なる方法で追完することも可能**です。

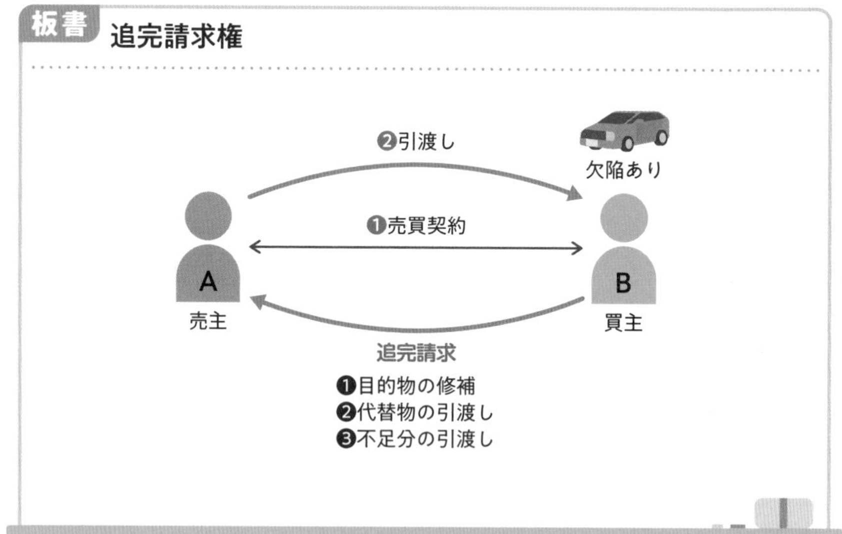

追完請求は、**売主に帰責事由がなくても行使可能**です。ただし、**帰責事由のある買主は行使できません。**

03

❷ 代金減額請求

引渡しまたは移転された物や権利が契約内容に適合しない場合、買主は売主に対して、**相当の期間を定めて履行の追完を催告し、その期間内に追完がない場合は、不適合の程度に応じて代金減額を請求することもできます**。

代金を減額することが契約の一部解除と同じであることから、解除のルールとそろえる観点で、「相当の期間を定めて履行の追完を催告」することを要件しています。

ただし、以下に示す例外のように、履行の追完の催告が不要な場合もあります。

板書 代金減額請求権

原則	**相当の期間を定めて履行の追完を催告**する必要あり ⇒相当期間内に履行がない場合に代金減額請求可能
例外	**❶追完不能** **❷明確な追完拒絶** **❸定期行為** ⇒**無催告**で代金減額請求可能

代金減額請求も追完請求同様、**売主に帰責事由がなくても行使可能**です。ただし、**帰責事由のある買主は行使できません。**

❸ 損害賠償・解除

追完請求や代金減額請求とは別に、それぞれ要件を満たせば、別途、**債務不履行に基づく損害賠償請求**や**債務不履行を理由とした解除権の行使**が可能です。

4 期間制限

種類・品質に関する契約不適合責任においては、**買主が種類・品質に関する契約不適合を知ってから１年以内**にその旨を売主に通知しなければ、契約不適合責任の追及ができなくなってしまいます。 04

この「１年以内の通知」という仕組みは、**数量・権利に関する契約不適合には適用されていません**。

数量・権利の不適合は比較的明らかですが、種類や品質の不適合は不明確な部分もあり、問題はなかったと思っている売主に早めに伝える必要があることから設けられた規定です。

契約不適合責任から生じる権利（追完請求権や代金減額請求権）自体は、消滅時効の規定に基づき、**買主が行使できることを知ってから５年、または引渡しから10年で消滅**します。

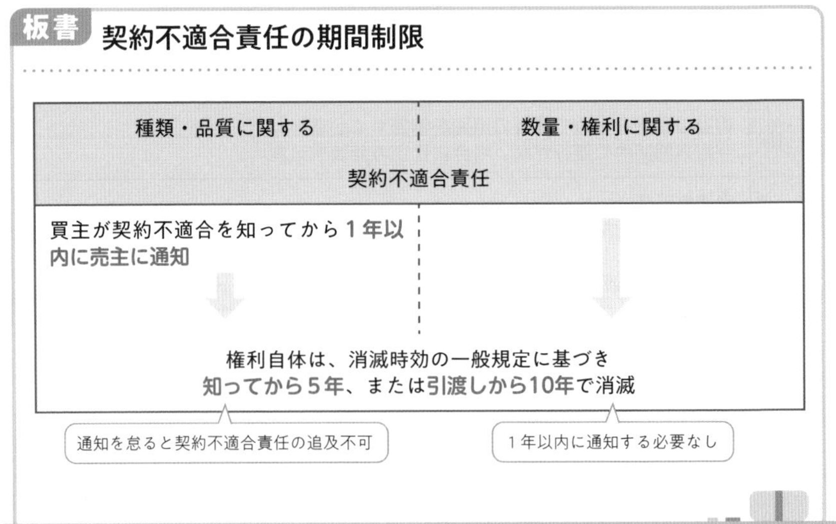

5 特　約

契約不適合責任は任意規定なので、それを**排除する当事者間の特約も有効**です。しかし、排除する特約があっても、**売主が契約不適合を知りながら買主に告げなかった場合は、売主は契約不適合責任を負います**。

4 贈　与

贈与契約（ぞうよけいやく）について民法は、「贈与は、**当事者の一方がある財産を無償で相手方に与える意思を表示し、相手方が受諾をする**ことによって、その効力を生ずる」と規定しています。贈与を行う人（あげる人）を**贈与者**（ぞうよしゃ）、贈与を受ける人（もらう人）を**受贈者**（じゅぞうしゃ）といいます。

契約の分類としては、贈与者と受贈者の意思表示の合致のみで成立することから**諾成契約**、贈与者だけが義務を負い、受贈者は義務を負わないので**片務契約**、対価の支払いがないことから**無償契約**になります。

第2節 売買・贈与

- [ ] **特定物売買**においても、売主には、契約内容に適合した**瑕疵のない物を引き渡す義務**があります。
- [ ] 他人物売買も**契約としては有効に成立**します。他人物売買の売主は、**所有者からその権利を取得して買主に移転する義務**を負います。
- [ ] 手付が交付された場合、その性質について当事者の意思が明確でない場合、**解約手付と推定**されます。
- [ ] 解約手付が交付された場合、売主は、相手方（買主）が履行に着手するまでは、相手方に**手付の倍額を現実に提供して契約を解除**できます。
- [ ] 引渡しまたは移転された物や権利が契約内容に適合しない場合、買主は売主に対して、**履行の追完を請求**できます。
- [ ] 履行の追完請求の具体的な内容としては、❶**目的物の修補**、❷**代替物の引渡し**、❸**不足分の引渡し**があります。
- [ ] 種類・品質に関する契約不適合責任においては、買主が種類・品質に関する契約不適合を知ってから**1年以内**にその旨を売主に通知しなければ、契約不適合責任の追及ができなくなってしまいます。
- [ ] 契約不適合責任は任意規定なので、それを排除する当事者間の特約も有効ですが、**売主が契約不適合を知りながら買主に告げなかった場合は、売主は契約不適合責任を負います。**

第2節 ○×スピードチェック

01 他人の権利を売買の目的とする売買契約を締結した場合において、その他人に権利を譲渡する意思がないことが明らかなときは、その売買契約は原始的不能を理由に無効となる。 国家一般職2017

× 無効とはならず、売主が目的物を引き渡せない場合、債務不履行責任を負います。

02 買主が売主に手付を交付したときは、相手方が契約の履行に着手した後であっても、買主はその手付を放棄し、売主はその倍額を現実に提供することで、契約の解除をすることができる。 特別区Ⅰ類2021

× 相手方が履行に着手しているので解除できません。

03 引き渡された目的物が種類、品質又は数量に関して、買主の責めに帰すべき事由により、契約の内容に適合しないものであるときには、買主は売主に対し、目的物の修補による履行の追完を請求することはできるが、代替物の引渡し又は不足分の引渡しによる履行の追完を請求することはできない。 特別区Ⅰ類2021

× 買主に責めに帰すべき事由があるので修補による履行の追完請求もできません。

04 買主が売主に対して売買の目的物の品質が契約の内容に適合しないことについての担保責任に基づいて契約の解除及び損害賠償を請求する場合、買主は売買契約が成立した時から１年以内にこれをしなければならない。 裁判所2022

× １年以内にしなければならないのは「売主に対する通知」です。

第3節 賃貸借

START! 本節で学習すること

この節では、賃貸借契約について学習します。
契約各論の分野では最も頻出度が高いテーマです。
条文も多いので、まずは条文上の規定をきちんと押さえておくのが大切です。

1 賃貸借契約の成立

1 賃貸借契約とは

ケース2-10 Aは、その所有する車を賃料2万円で、Bに1か月間貸し出すことにした。

賃貸借契約（ちんたいしゃくけいやく）について民法は、「賃貸借は、**当事者の一方がある物の使用及び収益を相手方にさせることを約し、相手方がこれに対してその賃料を支払うことを約する**ことによって、その効力を生ずる」と規定しています。

ケース2-10 のAのような貸す側（貸主）を**賃貸人**（ちんたいにん）、Bのような借りる側（借主）を**賃借人**（ちんしゃくにん）と呼びます。

契約の分類としては、申込みと承諾の合致のみで成立することから**諾成契約**、賃貸人・賃借人双方が義務を負うことから**双務契約**、対価の支払いがあることから**有償契約**です。

民法上の存続期間は**50年を超えることができず**、これより長い期間を定めても50年になります。

継続的な性質を有することから（特に不動産の賃貸借）、**賃貸人と賃借人の信頼関係に基づく契約**という特徴があります。

2 賃貸借契約の効力

賃貸借契約が成立すると、賃貸人・賃借人双方に次のような義務が発生します（双務契約）。特に賃貸人の義務が重要なので、次で詳しく見ていきましょう。

板書 **賃貸人と賃借人の義務**

賃貸人の義務		賃借人の義務
❶使用・収益させる義務 ❷修繕義務 ❸費用償還義務 ❹契約不適合責任（担保責任）	⇔ 双務契約	❶賃料支払義務 ❷用法遵守義務 ❸目的物保管義務 ❹返還義務

2 賃貸人の義務

1 使用・収益させる義務

賃貸人は、**賃借人に目的物を使用・収益させる義務**を負います。賃貸人としての最も基本的な義務です。

2 修繕義務

賃貸人は、**賃貸物の使用・収益に必要な修繕をする義務**を負います。ただし、賃借人の責めに帰すべき事由による場合は義務を負いません。

賃貸人が賃貸物の保存に必要な行為（建物賃貸借の場合でいうと建物の雨漏りを修繕する行為等）をしようとするときは、**賃借人は、これを拒むことができません**。

賃貸人が賃借人の意思に反して保存行為をしようとする場合において、この**保存行為のために賃借人が賃借をした目的を達することができなくなるときは、賃借人は、契約の解除をすることができます**。 01

賃借をした目的を達することができなくなる場合でも、賃借人は**保存行為を拒絶できません**ので注意しましょう。

3 費用償還義務

賃借人が賃貸目的物に対して何らかの費用を支出した際、その費用の償還については、**必要費（物を保存・管理するために必要な費用）と有益費（物の利用・改良のために必要な費用）で分ける**必要があります。

❶ 必要費償還義務

賃借人が**必要費を支出したとき**は、賃貸人は**直ちにその費用を償還**しなければなりません。 02

❷ 有益費償還義務

賃借人が**有益費を支出したとき**は、**賃貸借終了の時において目的物の価格の増加が現存している場合に限り**、賃貸人は、その選択により、**支出された金額または増価額のいずれかを償還**しなければなりません。

板書 費用償還義務

必要費		有益費
支出時	返還時期	賃貸借終了時
特になし	要件	賃貸借終了の時において 目的物の価格の増加が現存している
支出額	金額	支出額か増価額（賃貸人が選択）

4 契約不適合責任

賃貸人も契約に適合しない物を賃貸した場合には、売買契約における売主同様の契約不適合責任を負います。

3 賃借権の譲渡・賃借物の転貸

1 賃借権の譲渡・賃借物の転貸とは

❶ 賃借権の譲渡

賃借権(ちんしゃくけん)の譲渡(じょうと)とは、**賃借人が賃借権を第三者に譲渡すること**です。

ケース2-11 Bが A からその所有する不動産を賃借していたが、Bが転居することになったので、その賃借権をCに譲渡することにした。

これが賃借権の譲渡ですが、**賃借権の譲渡が有効になされると、Bは賃貸借契約から離脱し、AC間に賃貸借契約が成立する**ことになります。

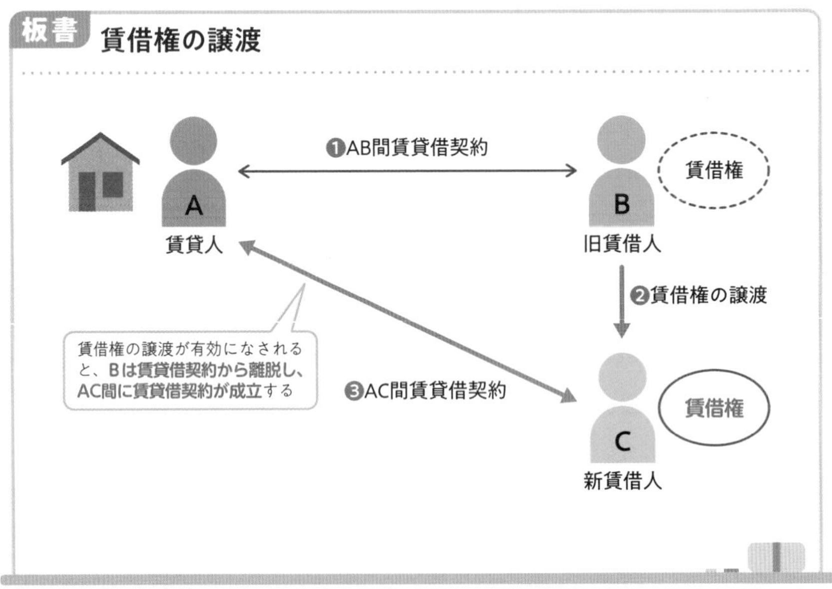

❷ 賃借物の転貸

賃借物の転貸とは、**賃貸人と賃借人の間の賃貸借契約を存続させたまま、賃借人が賃借物を第三者に賃貸すること**です。

ケース2-12 Bは、Aから不動産を賃借していたが、転居することになったので、自分は賃借人の地位にとどまったまま、Cに使わせることにした。

これが賃借物の転貸ですが、転貸が有効になされると、AB間、BC間の**2つの賃貸借契約が併存**することになります。このとき、特にBC間の賃貸借契約を**転貸借契約**と呼んで区別します。BはAとの関係では借りる側ですが、Cとの関係では貸す側になり、Bを**転貸人**、Cを**転借人**と呼びます。

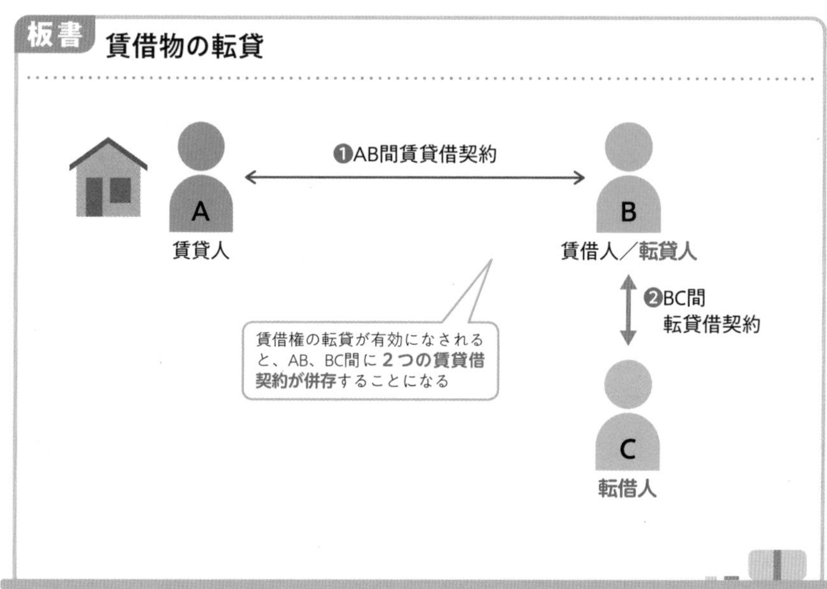

2 譲渡・転貸における賃貸人の承諾

❶ 賃貸人の承諾

賃借人は、**賃貸人の承諾を得なければ、賃借権の譲渡および賃借物を転貸することはできません。**

❷ 賃貸人の承諾がない譲渡・転貸

仮に、賃借人が、賃貸人の承諾を得ないまま、賃借権の譲渡や賃借物の転貸により第三者に賃借物の使用または収益をさせたときは、**賃貸人は、契約の解除をすることができる**のが原則です。

しかし、例外的に、賃借人の行為が、**賃貸人に対する背信的行為と認めるに足らない特段の事情がある場合においては、解除はできません**。 03

「背信的行為と認めるに足らない特段の事情」は、ケースバイケースの判断になりますが、例えば同居の親族間で賃借権の譲渡が行われた場合などは特段の事情が認められる可能性が高いです。

3 適法な転貸が行われた場合の効果

転貸借が適法に（賃貸人の承諾を得て）行われた場合には、次のような効果が生じます。

❶ 転借人の賃貸人に対する義務

転借人は、賃借人（転貸人）だけでなく、賃貸人に対しても、賃借人が賃貸人に負う債務の限度で直接に義務を負います。

したがって、賃借人から賃料の支払いを受けられなくなった賃貸人は転借人に対して直接賃料の支払いを求めることが可能です。賃貸人から直接賃料の請求を受けた転借人は、**賃料を賃借人に前払いしていると主張して、請求を拒むことができません**。

ケース2-13 BがAからその所有する不動産を月額賃料10万円で賃借していたが、Bが転居することになったので、Aの承諾を得たうえでBとCの間で賃貸借契約を締結し、月額賃料12万円でCに使用収益させることにした。その後、BがAへの賃料10万円の支払いを怠るようになった。

この場合、Aは、Cに対して、賃料10万円の支払いを直接請求することが可能です。そして、Cは、Bに対して例えば２年分の賃料を前払いしているような場合でも、そのことを主張してAからの請求を拒むことはできません。

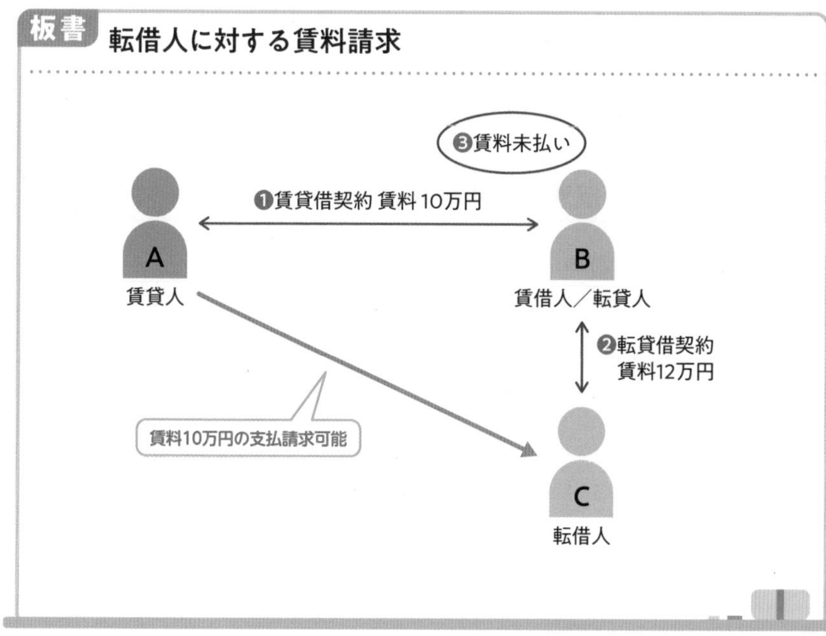

第2編 第2章 契約

❷ 賃貸人の転借人に対する義務

賃貸人は転借人に対しては義務を負いませんので、転借人は賃貸人に対して直接使用・収益させることを求めることや修繕および費用償還の請求をすることはできません。

❸ 賃貸人・賃借人間の賃貸借契約が解除された場合

賃借人の債務不履行を理由として賃貸借契約が解除された場合には、**賃貸人は、あらかじめ転借人に催告をすることなく、解除を対抗することができます**。

例えば、ケース2-13 において、Bが賃料をAに支払わなかったことで、Aが債務不履行を理由にAB間の賃貸借契約を解除しようとする際、事前にCに対して、Bに代わって**賃料を払う機会を与える必要はない**ということです。

そして、AB間の賃貸借契約が債務不履行を理由に解除されると、BC間の**転貸借契約も終了**します。この場合、**賃貸人が転借人に対して目的物の返還を請求した時**に、転貸人の転借人に対する債務の履行不能により、転貸借契約は終了します。

4 賃借人と第三者との関係

1 賃貸目的物が譲渡され新所有者が現れた場合

❶ 民法における対抗要件

不動産の賃貸借において賃貸目的物が譲渡され、新しい所有者が出現した場合、**賃借権の登記があれば、賃借人は、新所有者にも賃借権を対抗することができます**。

対抗できるということは、新所有者から立退きを迫られることはなく、住み続けることができる、ということになります。

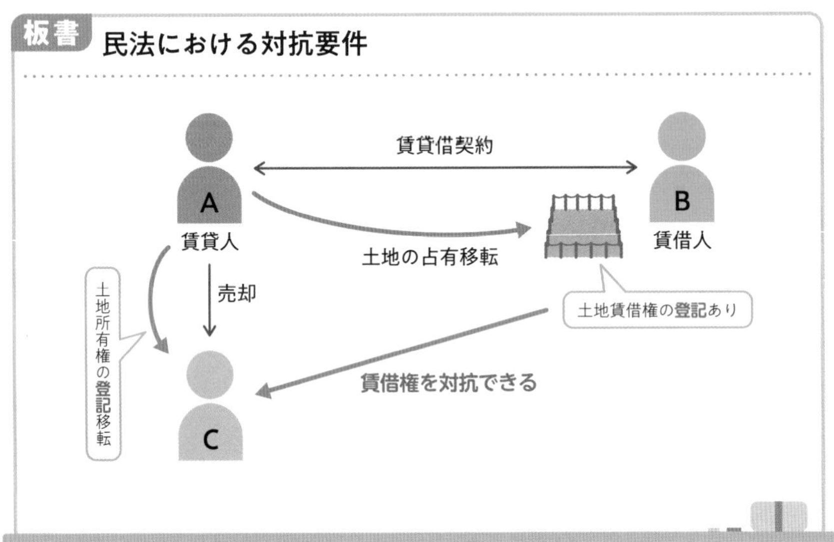

❷ 借地借家法における対抗要件

しかし、不動産の賃貸借において、契約上の義務としては、**賃貸人に賃借権の設定登記に協力する義務はない**ことから、賃貸人の任意の協力を得られないと賃借権の登記の設定はできません。

そこで、借地や借家について定めた特別法である借地借家法では、**借地**については、土地の賃借人（借地人）が**借地上に建物を所有している場合、その建物の所有権登記も土地の賃借権の対抗要件として認めています**。この規定によって、借地人は土地所有者の協力がなくても土地賃借権の対抗要件を自力で具備できます。

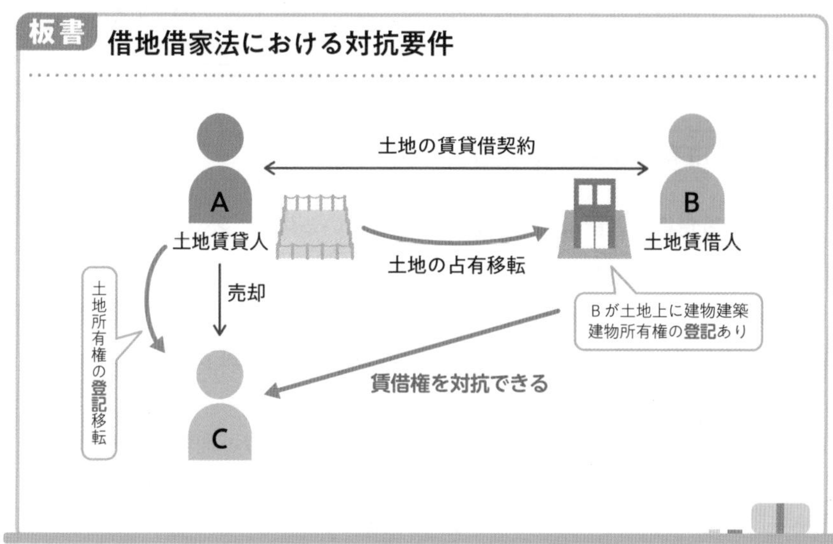

ただし、土地の賃借人と借地上の建物の所有権登記の名義人は同一人でなければならず、**家族等の別人の所有権登記では、土地賃借権の対抗要件としては認められません。**

また、**借家**の場合は、**引渡し（占有の移転）が賃借権の対抗要件として認められています**。

2 賃貸人たる地位の主張

ケース2-14 Aは、Bに賃貸している土地をCに譲渡した。Bは土地の賃借権についての対抗要件を有している。

賃借権に対抗要件のある賃貸不動産が譲渡された場合、**賃借人の承諾を要せず、旧所有者から新所有者へ賃貸人の地位の移転が生じます**。しかし、新所有者が賃貸人たる地位を賃借人に主張し、**賃料請求等を行うには、賃貸不動産についての所有権の移転登記が必要**です。

このケースでAは譲渡についてBの承諾を得る必要はありませんが、新賃貸人としてBに賃料を請求するには、土地所有権の移転登記が必要です。

仮に賃貸不動産が二重譲渡された場合、真の所有者でない者からの請求に応じて賃料を支払ってしまった賃借人が不利益を被ることを防ぐためです。

3 不法占有者に対する関係

賃借人が**賃借権の登記等の対抗要件を有している場合、不法占有者に対して、賃借権に基づく妨害の停止や返還の請求ができます**。

具体的には、賃借人の占有を妨害している第三者に対しては、妨害の停止請求、完全に占有してしまっている第三者に対しては、返還の請求が可能です。

なお、対抗要件を有していない場合、賃借権に基づく請求はできません（その場合も債権者代位権や占有訴権を使った請求はできる可能性があります）。

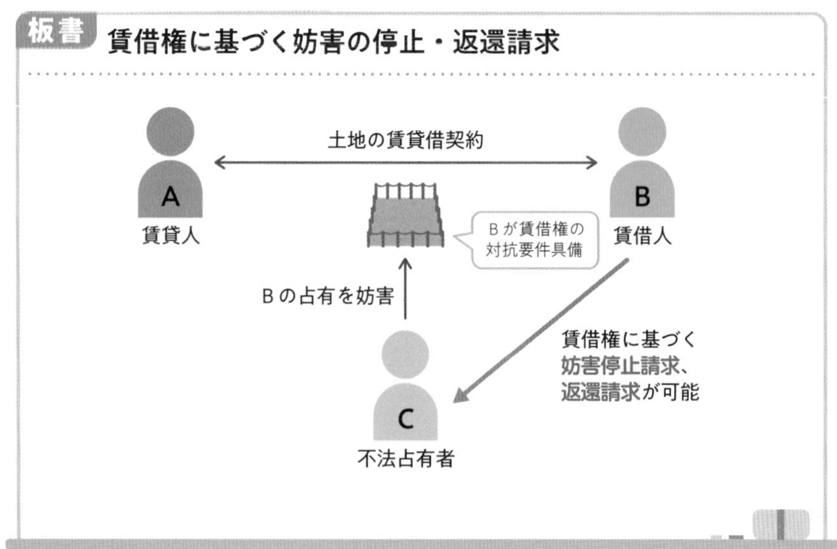

5 敷　金

1 敷金とは

敷金（しききん）とは、賃貸借契約の締結に当たり**賃借人が賃貸人に交付する金銭で、賃借人の賃料その他一切の債務を担保することを目的とするもの**です。

簡単にいうと、賃借人が賃貸人に預ける保証金です。

敷金の交付は、敷金契約に基づいて行われます。敷金契約は、**賃貸借契約に付随して締結される別個独立の契約**です。

賃貸借期間中に未払賃料が生じた場合、賃貸人は敷金から未払賃料に充当することができます。なお、**賃借人から敷金を未払賃料に充当するように求めることはできません**。

2 敷金の返還義務

❶ 返還義務の発生時期

賃貸借契約が終了し、賃借人が賃貸目的物を返還したときには、賃貸人は、賃借人の債務の額（例えば未払賃料等）を差し引いたうえで残額を返還することになります。

敷金返還義務は、賃借人が契約終了後、目的物を明け渡した後に発生します。したがって、**目的物の明渡しが先履行であり、賃借人は同時履行の抗弁権を主張することはできません**（留置権を行使して明渡しを拒むこともできません）。

04

❷ 賃借人が交代した場合の敷金関係の承継

賃借権が賃貸人の承諾を得て旧賃借人から新賃借人に移転された場合、敷金に関する関係は、特段の事情のない限り、**新賃借人には承継されません**。 05

つまり、敷金はいったん旧賃借人に返還されて敷金関係は終了し、
新賃借人は新たに賃貸人に敷金を預けることになります。

6 賃貸借契約の終了

賃貸借契約は、次のような原因で終了します。

1 期間満了

存続期間の定めのある賃貸借は、更新がない限り、**期間満了により終了**します。

2 解約申入れ

存続期間の定めのない賃貸借においては、各当事者はいつでも解約の申入れをすることができます。

そして、**解約申入れの日から一定期間（土地は１年、建物は３か月、動産・貸席は１日）経過後に賃貸借は終了**します。

3 目的物の滅失

賃貸目的物が滅失等により使用および収益ができなくなった場合、賃貸借契約は当然に終了します。

4 解　除

賃貸人は、賃借人の債務不履行（賃料不払い等）や義務違反（用法違反等）を理由に、賃貸借契約を解除することができます。

賃貸借契約が解除された場合は、その解除は、**将来に向かってのみ**その効力を生じます（将来効）。

第3節 賃貸借

- [ ] 賃貸人は、賃貸物の使用・収益に必要な修繕をする義務を負います。賃貸人が賃貸物の保存に必要な行為（雨漏りを修繕する行為等）をしようとするときは、賃借人は、これを拒むことができません。

- [ ] 賃借人が必要費を支出したときは、賃貸人は直ちにその費用を償還しなければなりません。

- [ ] 賃借人が有益費を支出したときは、賃貸借終了の時において目的物の価格の増加が現存している場合に限り、賃貸人は、その選択により、支出された金額または増価額のいずれかを償還しなければなりません。

- [ ] 賃借人が、賃貸人の承諾を得ないまま、賃借権の譲渡・賃借物の転貸により第三者に賃借物の使用または収益をさせたときは、賃貸人は、契約の解除をすることができます。

- [ ] 不動産の賃貸借において賃貸目的物が譲渡された場合、賃借権の登記があれば、賃借人は、新所有者に賃借権を対抗することができます。

- [ ] 新所有者が賃貸人たる地位を賃借人に主張し、賃料請求等を行うには、賃貸不動産についての所有権の移転登記が必要です。

- [ ] 賃借人が賃借権の登記等の対抗要件を有している場合、不法占有者に対して、賃借権に基づく妨害の停止や返還の請求ができます。

- [ ] 敷金とは、賃貸借契約の締結に当たり賃借人が賃貸人に交付する金銭で、賃料その他一切の債務を担保することを目的とするものです。

- [ ] 賃貸人の敷金返還義務と賃借人の目的物の明渡義務は、賃借人の目的物の明渡義務が先履行であり、賃借人は同時履行の抗弁権を主張することはできません。

第3節 ○×スピードチェック

01 賃貸人が賃貸物の保存に必要な行為をしようとするときは、賃借人はこれを拒むことができず、賃貸人が賃借人の意思に反して保存行為をしようとする場合において、そのために賃借人が賃借をした目的を達することができなくなるときであっても、賃借人は契約の解除をすることができない。 特別区Ⅰ類2016

× 解除することができます。

02 賃借人は、賃借物について賃貸人の負担に属する必要費を支出したときは、賃貸人に対し、賃貸借を終了した時に限り、その費用の償還を請求することができる。 特別区Ⅰ類2020

× 必要費は支出後、直ちに償還を請求することができます。

03 賃借人が賃貸人の承諾を得ずに賃借物を転貸して第三者に使用又は収益をさせた場合であっても、賃借人の当該行為が賃貸人に対する背信的行為と認めるに足りない特段の事情があるときには、賃貸人は民法第612条第２項により契約を解除することはできない。 国家専門職2017

○

04 家屋の賃貸借契約が終了しても、賃借人は、特別の約定のない限り、敷金が返還されるまでは家屋の明渡しを拒むことができる。 国家専門職2017

× 家屋の明渡しが先履行であり、返還されるまで明渡しを拒むことはできません。

05 土地の賃借権が賃貸人の承諾を得て旧賃借人から新賃借人に移転された場合であっても、旧賃借人が差し入れた敷金に関する権利義務関係は、特段の事情のない限り、新賃借人に承継されない。 国家専門職2017

○

第4節 請 負

START! 本節で学習すること

この節では、請負契約について学習します。
契約各論の分野では賃貸借、売買に次ぐ頻出度であるため、比較的重要なテーマです。

1 請負契約の成立

1 請負契約とは

ケース2-15 AはBに報酬1,000万円で建物の建築を依頼した。

請負契約(うけおいけいやく)について民法は、「**当事者の一方がある仕事を完成することを約し、相手方がその仕事の結果に対してその報酬を支払うことを約する**ことによって、その効力を生ずる」契約と規定しています。

ケース2-15 におけるAのような仕事の依頼者を**注文者**(ちゅうもんしゃ)、Bのような仕事の依頼を受ける者を**請負人**(うけおいにん)と呼びます。

家屋の建築工事契約、洋服の仕立契約、家具の製作契約等が請負契約の例であり、契約の分類としては、**諾成契約、双務契約、有償契約**となります。

完成を約するものでありその過程は問われないことから、**請負人が下請負人を使って完成させることも許されています。**

2 請負契約の成立

❶ 請負契約の成立

両当事者の意思表示の合致により請負契約が成立すると、**注文者には仕事の完成請求権と引渡債権、請負人には報酬請求権が発生**します。

❷ 報酬の支払い

完成物の**引渡しが予定されている場合、報酬の支払いと引渡しは同時履行の関係**に立ちます。 01

完成物の**引渡しが予定されていない場合**、報酬の支払いと仕事の完成は、**仕事の完成が先履行であり、報酬は仕事の完成後に支払われます**（後払い）。

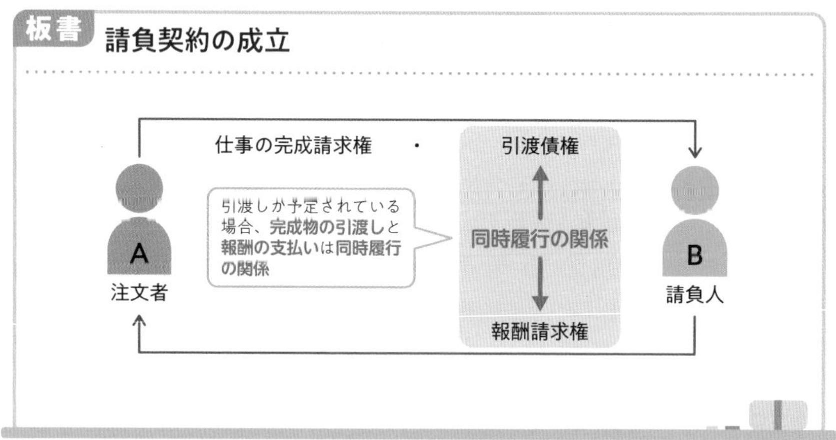

請負人は仕事を完成させた後、完成物の引渡しと同時に報酬の支払いを受けますが、**報酬債権自体は契約の成立時に発生している**点に注意しましょう。 02

3 建築請負契約における建物の所有権

ケース2-16 Aから報酬1,000万円で建物の建築を依頼されたBは、自分で全部の材料を調達し、建物を完成させた。

建築請負契約によって作られた建物が不動産としてこの世に誕生した瞬間に誰が所有者となるかという問題があります。

この話は、請負人の報酬債権を確保しやすくするために議論されてきたものです。

当事者間に特約があればそれに従いますが、材料の提供者で決めるのが判例の基本的な考え方です。

板書 建築請負契約における建物の所有権の帰属

判例の基本的立場：特約があれば特約に従う、なければ**材料の提供者**で決める

請負人が全部もしくは主要部分の材料を提供	原則	**完成時には請負人が所有権を取得**し、引渡しによって注文者に移転
	例外	請負人がすでに報酬の支払いを受けている場合は、**完成当初から注文者が所有権を取得**
注文者が全部もしくは主要部分の材料を提供		**注文者が所有権を取得**

03

ケース2-16 では、請負人Bが全部の材料を調達して建物を完成させていますので、完成時に請負人が所有者になり、引渡しによって注文者に所有権が移転することになります。

2 目的物に滅失・損傷等が生じた場合

1 仕事完成前の滅失・損傷

ケース2-17　AはBに報酬1,000万円で建物の建築を依頼し、Bが建物の建築を進めていたが、6割程度完成したところで地震により倒壊してしまった。

❶ 完成が可能な場合

滅失・損傷等が生じたものの完成が可能な場合は**請負人の仕事完成義務が存続し、請負人は引き続き仕事完成義務を負います**。 04

ケース2-17 において、請負人Aは最初から工事をやり直す必要があります。**特約がない限り、追加費用や報酬の増額を注文者に要求することはできません**。

請負は完成させることを約束する契約だからです。完成させられる以上は、当初の約束どおりに完成させる必要があります。

❷ 完成が不可能な場合

滅失・損傷等が生じたために完成が不可能な場合は**請負人の仕事完成義務が履行不能により消滅**します。

請負人に責任がある場合は、債務不履行責任（損害賠償責任）を負います。

ケース2-17 の場合のように自然災害が原因の場合は、請負人に責任はないので債務不履行責任は負いません。

なお、請負人がすでにした仕事の結果（これを出来形部分（できがたぶぶん）と呼びます）のうち、**可分な部分の給付によって注文者が利益を受ける場合は、注文者が受ける利益の割合に応じて報酬を請求することができます**。

ケース2-18 AはBに家具一式の製作を報酬50万円で依頼した。Bは製作を進めていたが、すべてが完成する前に工場が地震により倒壊してしまい、完成の目処が立たなくなってしまった。このとき依頼された家具一式のうち10万円相当のタンスだけが完成していた。

この場合、タンスだけでもAが欲しいということで引き渡した場合、BはAに10万円を請求できるということです。

2 仕事の完成・引渡し後の目的物の瑕疵

❶ 請負人の契約不適合責任

仕事の完成・引渡し後に目的物に瑕疵があることが判明した場合、**請負人は、売買契約における売主と同様の契約不適合責任（担保責任）を負う**ことになります。

ただし、**注文者が提供した材料や注文者が与えた指示によって契約不適合が生じた場合**は、契約不適合責任の追及はできなくなります。

プラスone その場合であっても、**請負人が材料・指図が不適当であることを知って、告げなかった場合には責任追及が可能**になります。

板書 請負人の契約不適合責任（担保責任）

原則	契約不適合責任 ＋ 債務不履行責任 この責任に基づいて、注文者が請負人に対して行えること ❶追完請求 ❷代金減額請求 ❸損害賠償請求 ❹解除権行使
例外	**注文者が提供した材料や注文者が与えた指示**によって契約不適合が生じた場合は**責任追及不可**
例外の例外	**請負人が材料・指図が不適当であることを知って、告げなかった場合には責任追及可能**

❷ 期間制限

注文者は、目的物についての種類・品質に関する**契約不適合を知ってから1年以内にその旨を請負人に通知しなければなりません**。

この通知を怠った場合、契約不適合責任の追及ができなくなります。

板書 請負人の契約不適合責任（担保責任）の期間制限

種類・品質に関する契約不適合責任
注文者が契約不適合を知ってから**1年以内に請負人に通知** ↓ 権利自体は、消滅時効の一般規定に基づき **知ってから5年**、または**引渡しから10年**で消滅

注文者が通知を怠ると契約不適合責任の追及ができなくなります。 ただし、引渡し時または仕事終了時に請負人が不適合について悪意または重過失の場合には、責任追及が可能です。

3 請負契約の終了

1 注文者の解除権

注文者は、**仕事完成前は、理由を問わず、いつでも契約を解除することができます**。ただし、注文者は**請負人に生じた損害を賠償する必要があります**。

この損害の賠償を**解除に先立って行う必要はありません。** 05

2 請負人の解除権

請負人は、**注文者が破産手続開始の決定を受けた場合**、仕事の完成前であれば契約を解除できます。

第4節 請 負

- [ ] 請負契約において、完成物の引渡しが予定されている場合、**報酬の支払いと引渡しは同時履行の関係**に立ちます。
- [ ] 請負人が材料をすべて提供して建築された建物の所有権は、**完成時に請負人が取得し、引渡しとともに注文者に所有権が移転**します。
- [ ] 仕事の完成・引渡し後に目的物に瑕疵があることが判明した場合、請負人は、**売主同様の契約不適合責任（担保責任）を負います**。
- [ ] **注文者が提供した材料や注文者が与えた指示によって契約不適合が生じた場合**は、原則として、注文者は請負人の**契約不適合責任の追及ができなくなります**。
- [ ] 注文者は、目的物についての種類・品質に関する契約不適合を**知ってから1年以内にその旨を請負人に通知**しなければならず、この通知を怠った場合、契約不適合責任の追及ができなくなります。
- [ ] 注文者は、仕事完成前であれば、**いつでも契約を解除することができます**が、注文者は請負人に生じた**損害を賠償する必要があります**。

第4節 ○×スピードチェック

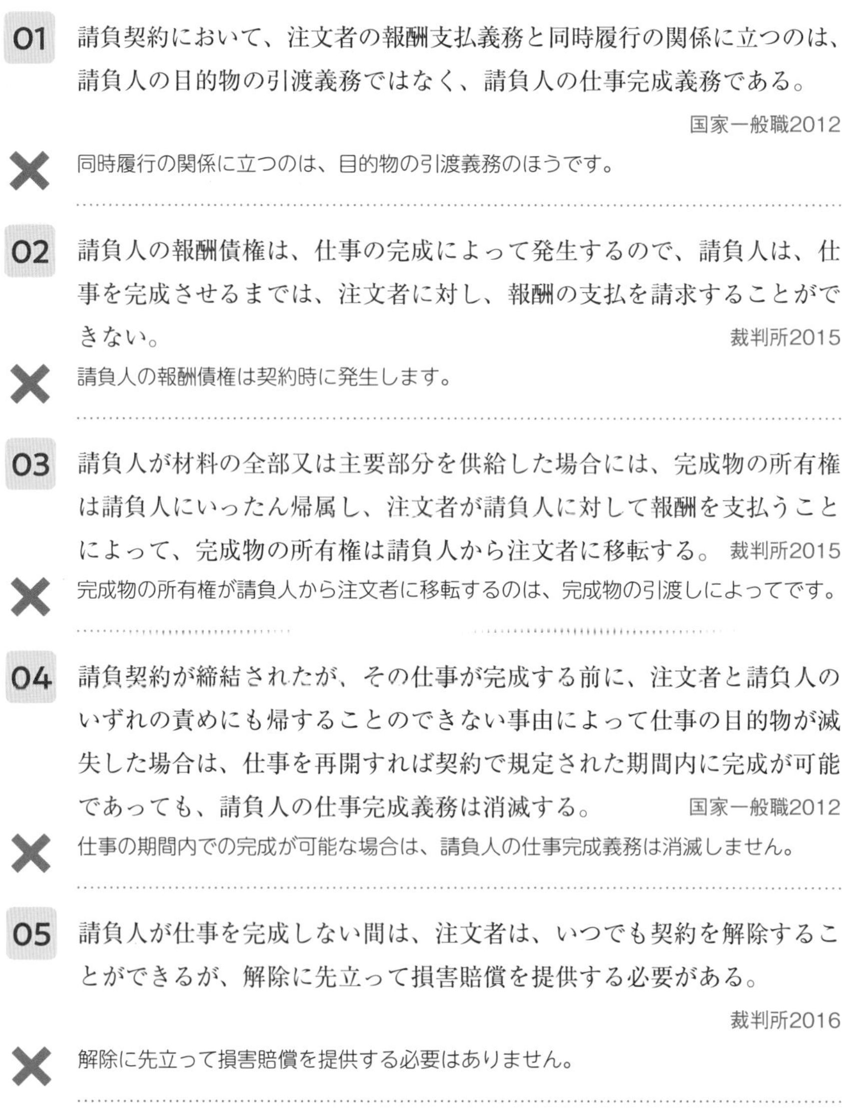

01 請負契約において、注文者の報酬支払義務と同時履行の関係に立つのは、請負人の目的物の引渡義務ではなく、請負人の仕事完成義務である。

国家一般職2012

× 同時履行の関係に立つのは、目的物の引渡義務のほうです。

02 請負人の報酬債権は、仕事の完成によって発生するので、請負人は、仕事を完成させるまでは、注文者に対し、報酬の支払を請求することができない。 裁判所2015

× 請負人の報酬債権は契約時に発生します。

03 請負人が材料の全部又は主要部分を供給した場合には、完成物の所有権は請負人にいったん帰属し、注文者が請負人に対して報酬を支払うことによって、完成物の所有権は請負人から注文者に移転する。 裁判所2015

× 完成物の所有権が請負人から注文者に移転するのは、完成物の引渡しによってです。

04 請負契約が締結されたが、その仕事が完成する前に、注文者と請負人のいずれの責めにも帰することのできない事由によって仕事の目的物が滅失した場合は、仕事を再開すれば契約で規定された期間内に完成が可能であっても、請負人の仕事完成義務は消滅する。 国家一般職2012

× 仕事の期間内での完成が可能な場合は、請負人の仕事完成義務は消滅しません。

05 請負人が仕事を完成しない間は、注文者は、いつでも契約を解除することができるが、解除に先立って損害賠償を提供する必要がある。

裁判所2016

× 解除に先立って損害賠償を提供する必要はありません。

第5節 委　任

START! 本節で学習すること

この節では委任契約について学習します。
委任契約の当事者に生じる義務（委任者の義務、受任者の義務）が学習の中心で、単純な暗記事項がほとんどです。

1 委任契約の成立

1 委任契約とは

ケース2-19 Aは訴訟の代理人を弁護士Bに依頼した。

委任契約（いにんけいやく）とは、「**当事者の一方が法律行為をすることを相手方に委託し、相手方がこれを承諾する**ことによって、その効力を生ずる」契約です。ケース2-19のAのように委任を行う人を**委任者**（いにんしゃ）、Bのように委任を受ける人を**受任者**（じゅにんしゃ）と呼びます。

具体的には、弁護士に訴訟での代理人を依頼する、不動産取引の代理人となることを依頼する、医師に治療を依頼すること等が委任契約の例です。

医師の治療のように法律行為ではない事柄を依頼するのは、正式には準委任といいますが、同じルールが適用されるので区別する必要はないでしょう。したがって、何らかの事務処理を依頼することを広く含みます。

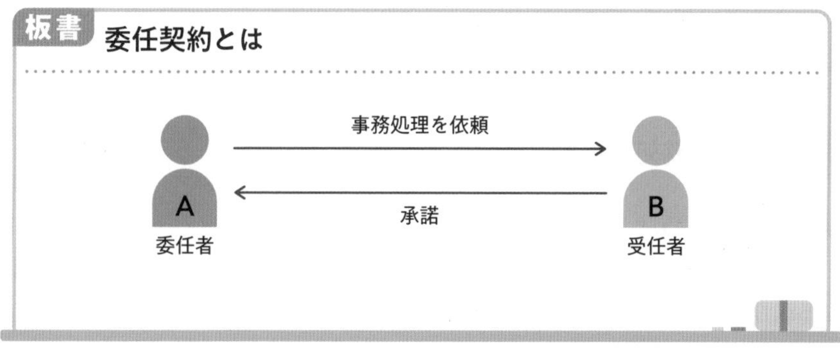

2 委任契約の法的性格

委任契約は委任者と受任者の意思表示の合致で成立する**諾成契約**であり、契約書面の作成や委任状の交付などが契約の成立のために必要なわけではありません。

特約がなければ無報酬なので、原則として**片務契約かつ無償契約**となります。**特約があれば報酬が発生**し、**双務契約かつ有償契約**となります。 01

3 受任者・委任者の義務

委任契約が成立すると、受任者・委任者双方に次のような義務を生じさせます。

板書 **受任者・委任者の義務**

受任者の義務	委任者の義務
❶委任事務処理義務 ❷報告義務 ❸受領物等引渡義務 ❹金銭消費の責任	❶事務処理費用支払義務 ❷損害賠償義務 ❸代弁済義務 ❹報酬支払義務（特約がある場合）

これを受任者から順に見ていきましょう。

2 受任者の義務

1 委任事務処理義務

❶ 善管注意義務

受任者は、委任の本旨に従い、**善良な管理者の注意をもって委任事務を処理する義務（善管注意義務）を負います**。

有償であるか無償であるかにかかわらず、受任者には善管注意義務が発生し

ます。 02

無償であるからといって、「**自己の財産に対するのと同一の注意義務**」になるわけではないので注意しましょう。

❷ 自ら事務を処理する義務（自己執行義務）

受任者は、原則として、**委任された事務を自ら処理する義務を負います**。委任された事務を他人に依頼することはできません。

委任者から委任事務の処理を頼まれる人を復受任者（ふくじゅにんしゃ）といいますが、復受任者を選任できるのは、**委任者の許諾を得たとき、またはやむを得ない事由があるとき**に限られます。

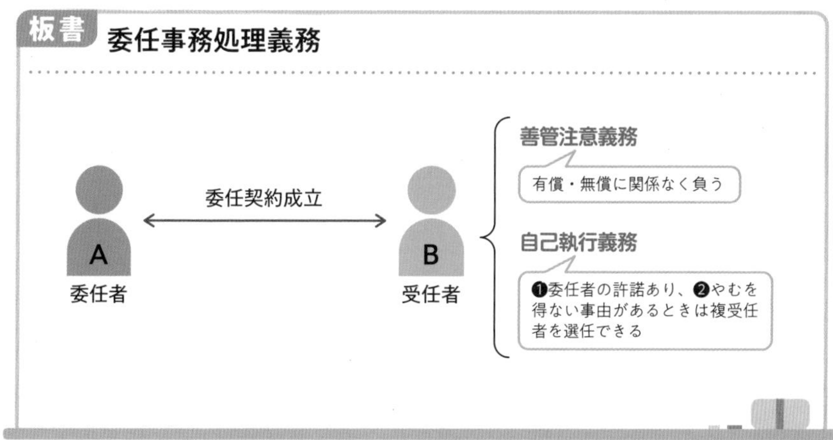

第2章 契約

2 報告義務

受任者には、**委任者の請求に応じて、委任事務の処理の状況を報告**しなければならない義務があります。

また、委任が終了した後は、受任者は、委任者に対して、**遅滞なくその経過および結果を報告**しなければなりません。

委任事務の**最中は求めがあれば報告、終了後は必ず報告**、ということです。

3 受領物等引渡義務

受任者には、委任事務を処理するに当たって受け取った**金銭等（収取した果実も含みます）を委任者に引き渡す義務**があります。

また、受任者は、委任者のために**自己の名で取得した権利を委任者に移転**しなければなりません。

4 金銭消費の責任

受任者は、委任者に引き渡すべき金銭等を自己のために消費してしまった場合は、その**消費した日以後の利息**を支払わなければならず、損害が発生しているときは、その**損害を賠償する責任**も負います。 03

3 委任者の義務

1 事務処理費用支払義務

❶ 費用支払義務

受任者が委任事務を処理するに当たって必要とされる費用を支出した場合、その費用は委任者の負担すべきものになりますので、**委任者にはその費用の支払義務が発生**します。この場合、受任者は、委任者に対し、その**費用および支出の日以後におけるその利息の償還**を請求することができます。

❷ 前払義務

委任事務の処理について費用を要すると見込まれている場合、受任者からの請求があれば、委任者は、事務処理費用について**前払いをする必要**があります。

04

2　損害賠償義務（委任者の無過失責任）

受任者が、自分には特に過失がないにもかかわらず、委任事務を処理するために損害を受けた場合、委任者に対して、その**賠償を請求**することができます。

例えば、不動産売買の代理人を依頼された受任者がその不動産の現地調査の際、土砂災害に巻き込まれて怪我をしたような場合です。

この場合、**たとえ委任者に過失がなくても、委任者は受任者の損害を賠償する必要があります**（委任者の無過失責任）。

3　代弁済義務

受任者が委任事務を処理するのに必要と認められる債務を負担した場合、受任者は、委任者に対して、**自己に代わってその弁済をすることを請求**することができます。

4　報酬支払義務（特約がある場合）

❶ 無報酬の原則

受任者は、特約がなければ、委任者に対し報酬を請求することができません。

❷ 報酬の支払時期

報酬が発生する場合、受任者は、**委任事務を履行した後**でなければ、報酬の支払いを請求することができません。つまり、後払いが原則です。

しかし、**期間によって報酬を定めた場合には、その期間の経過した時に請求が可能**です。また、委任が履行の中途で終了した場合、すでにした履行の割合に応じて報酬を請求できます。

4 委任の終了

1 任意の解除権

各当事者（委任者・受任者）は**いつでも委任契約を解除することができます**。特に理由なども必要ありません。

委任は信頼関係に基づく契約であることから、信頼関係が失われた場合に契約を維持させるのは無意味であると考えられているからです。

ただし、相手方の不利な時期に解除した場合、**解除した理由がやむを得ない事由による場合を除き、その損害を相手方に対して賠償する必要があります**。

05

相手方の不利な時期であっても、**契約を解除をすること自体は制約されていません**ので注意しましょう。

2 当事者の死亡等による終了原因

委任者、受任者の死亡等、次のような事由の発生によって委任契約は終了します。

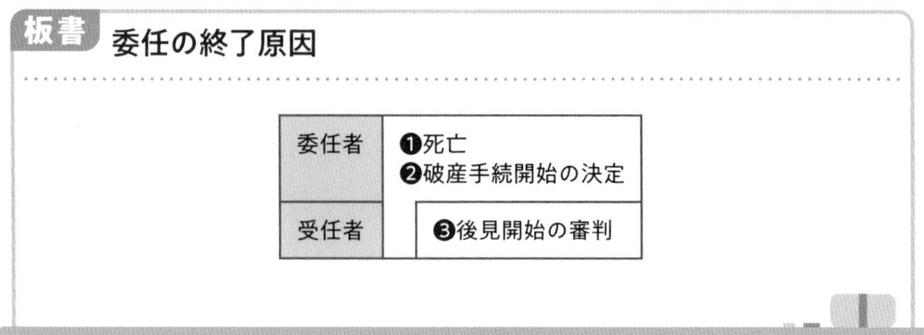

板書 委任の終了原因

委任者	❶死亡 ❷破産手続開始の決定	
受任者		❸後見開始の審判

第1編で学習した任意代理の終了原因と重なっています。

第5節 委 任

- [ ] 委任契約は、委任者と受任者の意思表示の合致で成立する**諾成契約**であり、契約書面の作成や委任状の交付などが**契約の成立のために必要なわけではありません。**

- [ ] 委任契約は、**原則として片務契約かつ無償契約**となります。**特約があれば報酬が発生**し、**双務契約かつ有償契約**になります。

- [ ] 受任者は、**有償か無償かにかかわらず**、善良な管理者の注意をもって委任事務を処理する義務（**善管注意義務**）を負います。

- [ ] 受任者は、原則として、**委任された事務を自ら処理する義務**を負い、受任者が復受任者を選任できるのは、**委任者の許諾を得たとき、またはやむを得ない事由があるとき**に限られます。

- [ ] 受任者は、委任者に引き渡すべき金銭等を自己のために消費してしまった場合は、その**消費した日以後の利息**を支払わなければなりません。

- [ ] 委任事務を処理するについて費用を要すると見込まれている場合、受任者からの請求があれば、委任者は、事務処理費用について**前払い**をする必要があります。

- [ ] 受任者が、自分には特に過失がないにもかかわらず、**委任事務を処理するために損害を受けた場合**、委任者に対して、**その賠償を請求**することができます。

- [ ] 受任者は、特約がなければ、委任者に対して報酬を請求することができず、報酬が発生する場合は、**報酬の支払いは後払い**が原則です。

- [ ] 委任者および受任者は、**いつでも委任契約を解除することができます。**ただし、相手方の不利な時期に解除した場合、**やむを得ない事由による場合を除き、その損害を相手方に対して賠償する必要**があります。

第5節 ○×スピードチェック

01 受任者は、委任者が報酬の支払義務を負わない旨の特約がない限り、委任者に報酬の支払を請求することができるが、原則として、委任事務を履行した後でなければ、報酬の支払を請求することができない。

国家一般職2019

× 無報酬が原則であり、報酬を支払う旨の特約があれば例外的に報酬を請求できます。

02 有償の委任契約においては、受任者は、委任の本旨に従い、善良な管理者の注意をもって事務を処理する義務を負うが、無償の委任契約においては、受任者は、委任の本旨に従い、自己の事務をするのと同一の注意をもって事務を処理する義務を負う。

国家一般職2016

× 有償・無償に関係なく、受任者は善管注意義務を負います。

03 受任者が委任者に引き渡すべき金銭や委任者の利益のために用いるべき金銭を自己のために消費した場合は、受任者は、消費した日以後の利息を支払わなければならず、さらに利息以上の損害があるときには、その賠償責任も負う。

国家一般職2019

○

04 有償委任の委任者は、受任者の請求があった場合、委任事務処理費用の前払をしなければならないが、無償委任の委任者は、同様の請求があっても、当該費用の前払をする必要はない。

国家専門職2018

× 有償・無償に関係なく、受任者から請求があれば費用の前払いの必要があります。

05 委任は、各当事者がいつでもその解除をすることができるが、当事者の一方が相手方に不利な時期に委任の解除をした場合には、やむを得ない事由があっても、その当事者の一方は、相手方の損害を賠償しなければならない。

国家一般職2019

× やむを得ない事由がある場合は、賠償をする必要はありません。

第2編

債権・親族・相続

第3章

法定債権関係

第1節 不法行為

START! 本節で学習すること

第３章では、契約に基づかずに債権債務が発生する法定債権関係を学習します。その中で最も重要なのが、この節で学習する不法行為です。
抵当権と並んで出題が大変多く、条文だけでなく判例についてもある程度学習する必要があります。

1 不法行為制度

1 不法行為とは

❶ 法定債権関係

債権や債務が発生するのは多くは契約に基づく場合ですが、**契約に基づかずに法律の規定によって債権や債務が発生する場合**があります。

それが不法行為、不当利得、事務管理という３つの制度です。その中で最も重要なのが不法行為です。

❷ 不法行為とは

不法行為（ふほうこうい）という制度は、**違法な行為によって受けた損害を被害者が加害者に賠償させるもの**です。

例えば、喧嘩や交通事故で負傷したり物を壊されたりした場合、当事者間にあらかじめ契約は存在しないので、加害者・被害者間に治療費・弁償についての合意はありません。そこで、民法は、このような場合にも加害者と被害者の間に債権債務関係が当然に発生するものとして、治療費などの損害の支払債務（損害賠償責任）を加害者に負わせることにしました。

ケース3-1 Aは、飲酒運転をしていて運転を誤り、歩行車のBを轢いてしまった。その結果、Bが怪我をした。

被害者Bは加害者Aに対して入院費等の損害賠償請求ができますが、このような交通事故のケースが不法行為の典型的な例であり、その際の損害賠償請求権の根拠となっているのが、民法の不法行為制度なのです。

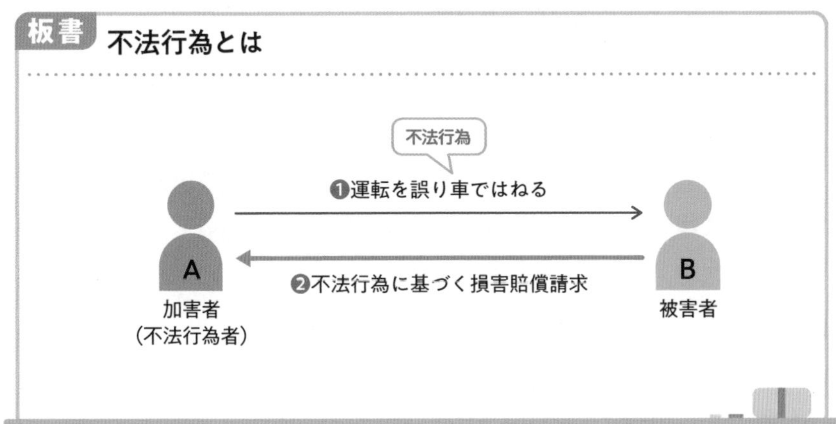

不法行為制度の趣旨は、❶被害者の救済を図ること、❷損害の公平な分担を図ること、❸将来的に不法行為の抑止を図っていくこと、にあります。

2 一般不法行為と特殊不法行為

不法行為の制度には、一般不法行為と特殊不法行為があります。

一般不法行為は、**加害者自らが損害賠償責任を負うもの**です。

特殊不法行為は、**一般不法行為の例外として責任が発生する場合**です。直接の加害者以外の者に責任が生じる場合等を定めています。

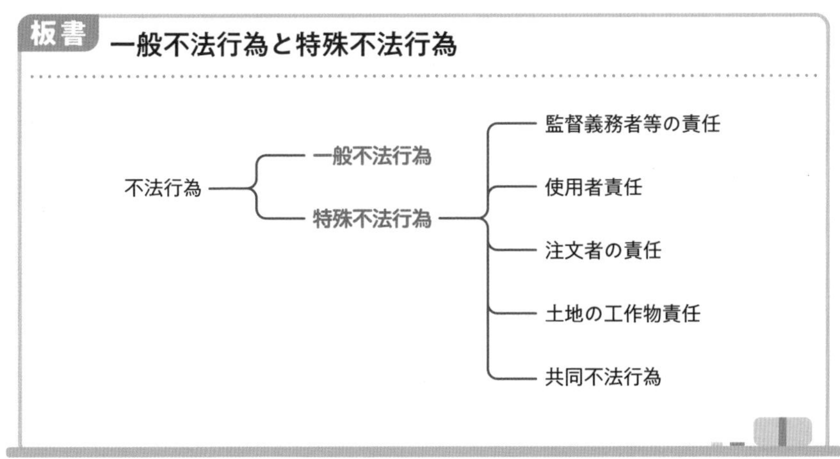

第2編 第3章 法定債権関係

2 一般不法行為の要件

1 一般不法行為の成立要件

一般不法行為は、**加害者の故意または過失による行為を原因として被害者に損害が生じた場合に、加害者自らが損害賠償責任を負うもの**です。

次の要件を満たす必要があります。

板書 一般不法行為の成立要件

❶加害者の故意または過失による行為（**加害行為**）があること
❷加害者に**責任能力**があること
❸権利または法律上保護される利益の**侵害**があること
❹**損害**が発生すること
❺行為と損害との間に（相当とされる）**因果関係**があること

❷以外の要件は、**損害賠償を求める側（被害者）に立証する責任があります**。

❷については、被害者側が「加害者に責任能力があったこと」を**積極的に立証する必要がありません。**逆に加害者側が不法行為責任を逃れるには、「自分に責任能力がないこと」を立証する必要があります。

2 加害者の故意または過失による行為（加害行為）があること

不法行為責任が成立するためには、**加害者に故意または過失があることが必要**です（**過失責任の原則**）。

不法行為制度は加害者に結果責任を問うものではありませんので、加害者が無過失の場合は責任を負いません。

この場合の「過失」は、**平均的な能力の一般人を想定**して、その者に期待される注意義務に違反して行為をしてしまうことを指しています。

3 加害者に責任能力があること

❶ 責任能力とは

不法行為の時に加害者に注意できる能力がなければ、不注意であったと責めることができません。そこで、不法行為が成立するためには、加害者に責任能力が必要となります。

責任能力（せきにんのうりょく）とは、**自己の行為の責任を弁識するに足りる知能**のことであり、自分の行為が違法な行為として法律上の責任を生ずることを認識できるだけの精神能力を指します。

❷ 責任能力を欠くケース

この責任能力は個別のケースごとにその有無が判定されますが、未成年者の場合、だいたい12歳前後の能力とされています。また、精神病の人や泥酔者など精神上の障害により責任能力が欠けると判断される人もいます。

したがって、未成年者や精神上の障害のある者が、**責任能力を欠く状況で加害行為を行った場合には損害賠償責任を負いません**。

ただし、**故意または過失によって一時的にその状態を招いた場合**（わざと泥酔状態に陥って事件を起こしたような場合）は、免責されません。

4 損害が発生すること

ここでの「損害」には、財産的なものだけでなく、**精神的苦痛を金銭に見積もったもの（精神的損害）も含まれます**。この精神的苦痛に対する損害賠償請求のことを慰謝料請求（いしゃりょうせいきゅう）と呼びます。

5 行為と損害との間に因果関係があること

被害者に生じた損害が加害者の行為によってもたらされたものであることが必要です。

3 一般不法行為の効果

1 損害賠償の方法

不法行為が成立すると、被害者は加害者に対して損害賠償の請求が可能となります。その損害賠償の方法は、**金銭賠償が原則**です。ただし**名誉毀損の場合は、謝罪広告の掲載など原状を回復する措置によることも認められます**。

2 損害賠償の請求権者

❶ 原　則

原則として、**被害者本人が請求権者**となります。

❷ 本人が死亡している場合

不法行為によって生じた損害賠償請求権は相続の対象となるため、本人が死亡している場合には**相続人が請求権者となります**。財産的損害に関する損害賠償請求権だけでなく、**精神的損害に関する損害賠償請求権（慰謝料請求権）も当然に相続の対象となります**。

つまり、**本人が生前に請求する意思を示していない慰謝料請求権も相続の対象**となりますし、**本人即死の場合でも死亡の瞬間に慰謝料請求権が発生**し、相続人に相続されます。

❸ 被害者の近親者固有の慰謝料請求権

被害者が不法行為を原因として死亡した場合、**被害者の父母、配偶者および子**には、その財産権が侵害されなかった場合においても、加害者に対して、**711条に基づき慰謝料を請求することができます**。

711条に規定される近親者固有の慰謝料請求権とは、相続人である子などが**相続によって取得した被害者の慰謝料請求権とは別物**です。したがって、被害者に子がいるために、父母は相続人でない場合も711条に基づく慰謝料請求権は行使できます。

711条に規定されている「父母、配偶者及び子」以外の者であっても、**それ**

に同視できる者は、711条を類推適用して請求可能な場合があります（判例上は、被害者の夫の妹からの請求が認められたことがあります）。 01

プラスone　また、被害者が死亡に至らなくても**死亡したのと比肩し得るような精神的苦痛を受けた場合**（例えば、娘の顔に大きな傷跡が残ったような場合）には、近親者は、709条、710条（通常の不法行為に基づく損害賠償請求権の根拠条文）に基づいて慰謝料請求が可能です（判例）。 02

第2編　第3章　法定債権関係

4 過失相殺

1 過失相殺とは

❶ 過失相殺とは

不法行為の被害者にも過失があった場合に、裁判所が被害者の過失も考慮して損害賠償の額を定めることを過失相殺（かしつそうさい）といいます。これは損害の公平な分担のための仕組みです。

ケース3-2　道路に飛び出したAをわき見運転をしていたBが轢いて重傷を負わせた。

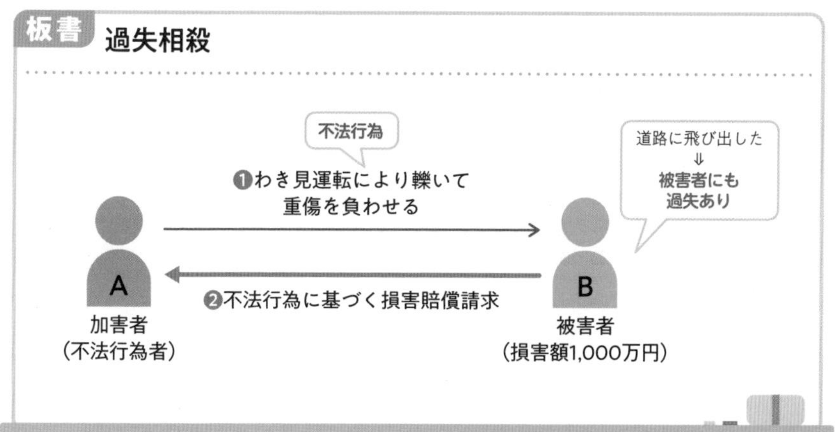

このケースの被害者はAですが、A自身にも道路に飛び出したという過失があります。この点を考慮して、例えばBの過失の割合を２割程度と見積もり、Bに生じた損害1,000万円から２割減額した金額を損害賠償の金額とするのが過失相殺です。

❷ 裁判官の裁量

過失相殺を行うか否かは、**裁判官の裁量に委ねられています**（任意的）。ただし、**被害者救済の観点から全額の免除はできません**。

債務不履行の場合の過失相殺は、**必ず行う必要がある必要的なものでしたし、全額の免除も可能**である点が、不法行為の場合の過失相殺と異なります。

❸ 被害者の事理弁識能力

過失相殺を行うためには、**被害者が責任を弁識する能力（責任能力）を有している必要はありませんが、事理を弁識する能力（事理弁識能力）があることが必要**とされています。 03

この事理弁識能力は６歳前後の能力とされていますので、ケース3-2 において、飛び出したのが４歳の幼児の場合、過失相殺をすることはできません。

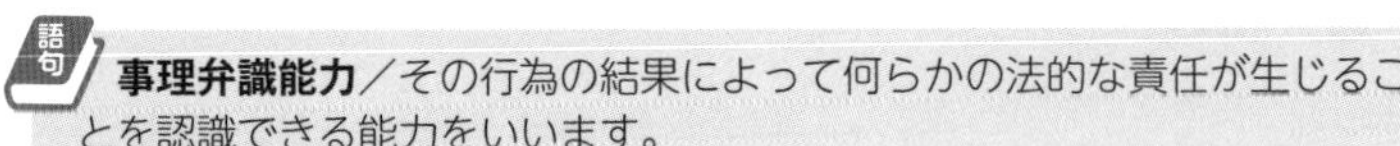

語句 **事理弁識能力**／その行為の結果によって何らかの法的な責任が生じることを認識できる能力をいいます。

不法行為の成立には加害者の責任能力が必要であることと、**過失相殺を行う際に被害者に責任能力までは必要ない**ことを混同しないようにしましょう。

2 被害者側の過失

被害者自身の過失ではありませんが、**被害者の側にいる一定の立場の人の過失**を、「被害者側の過失」として過失相殺の対象とすることがあります。

「被害者側の過失」として過失相殺の対象となり得るのは、「**被害者と身分上・生活関係上一体をなす者**の過失」とされています（判例）。

具体的には、**幼児が被害者の場合の親権者の過失**などがそれに該当します。一方、幼児が被害者の場合にその**幼児を預かっていた保育園の保育士の過失は、「被害者側の過失」として過失相殺の対象とすることはできない**とされています（判例）。

5 消滅時効期間および履行遅滞となる時期

1 消滅時効期間

❶ 原　則

不法行為に基づく損害賠償請求権は、❶被害者が損害および加害者を知った時から３年、❷不法行為の時から20年、のいずれか早いほうが経過すると時効により消滅します。

❷ 人の生命または身体の侵害の場合（例外）

人の生命または身体の侵害を理由とする不法行為に基づく損害賠償請求権は、❶被害者が損害および加害者を知った時から５年、❷不法行為の時から20年、のいずれか早いほうが経過すると時効により消滅します。

つまり❶の知った時を起算点にする期間が３年から**5年に伸長**されています。これにより、債務不履行に基づく損害賠償請求権と請求期間をそろえています。

2 履行遅滞となる時期

不法行為に基づく損害賠償請求権は、不法行為時（事件・事故の発生時）に生じます。したがって、たとえ被害者からの請求がなくても、加害者は、**不法行為時より履行遅滞に陥っている**ことになります（判例）。 04

被害者救済の観点から履行遅滞となる時期が前倒しとなっています。これにより加害者は不法行為時から実際に支払う時までの**遅延損害金の支払いをする必要**が生じます。

6 特殊不法行為

ここからは5つの特殊不法行為について見ていきます。

1 監督義務者の責任

❶ 監督義務者の責任

加害者が責任無能力者であって責任を負わない場合に、**責任無能力者を監督する法定の義務を有する者が責任を負います**。これを監督義務者（かんとくぎむしゃ）の責任といいます。

監督義務者とは、未成年者における親権者などのことです。

ケース3-3 10歳のAが自転車に乗っていて、Aの親権者Cが目を離したときに歩行者Bと衝突して怪我を負わせてしまった。

このケースの加害者はAですが、10歳なので責任能力がなく、不法行為に基づく損害賠償責任を負いません。

加害者に責任能力がなく損害賠償責任を負わない場合、**その者を監督すべき法定の義務を負う者（監督義務者）が責任を負う**ことになります。

このケースでは、被害者Bは、加害者Aの監督義務者である親権者Cに対して損害賠償請求をすることができます。

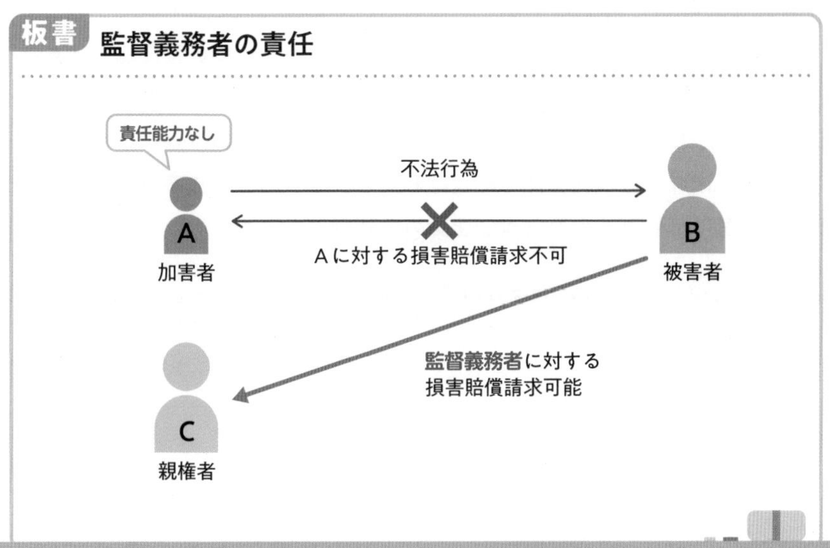

ただし、監督義務者は、その**義務を怠らなかったことなどを証明すれば、免責**されます。

❷ 未成年者が責任能力者であった場合

例えば加害者が16歳だった場合、**未成年者ではあるものの責任能力はある年齢**となります。このような場合、未成年者自身が一般不法行為責任（709条）を負うことから、監督義務者の責任（714条）は生じません。

しかし、未成年者は支払能力に欠けることが多いので、**被害者救済の観点から、親権者に一般不法行為の責任を認めた**判例があります。

ケース3-4 16歳で責任能力のある未成年者Aが、自宅から車を持ち出し無免許で暴走運転を繰り返した結果、Bを轢いてしまった。Aの親権者CはAの暴走行為を知りながら、やめるよう指導していなかった。

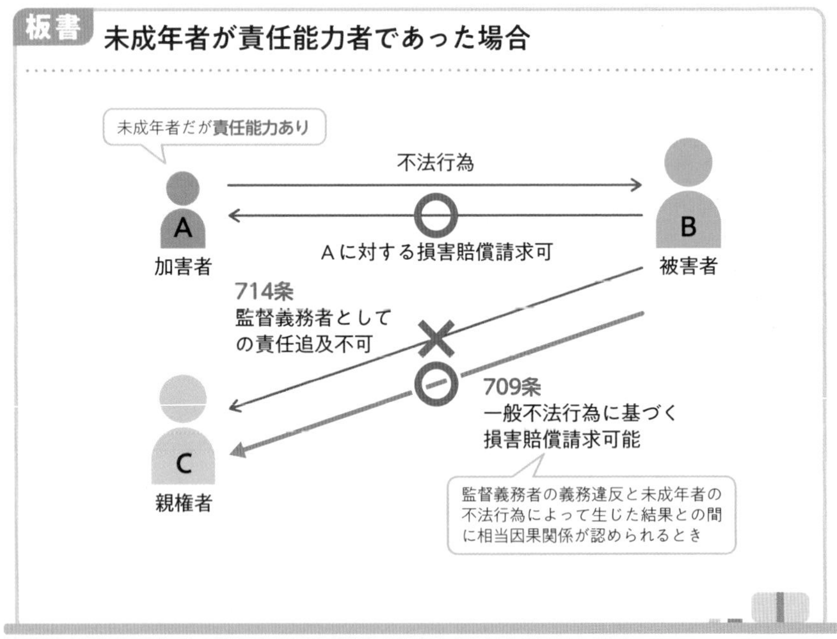

2 使用者責任

❶ 使用者責任とは

ケース3-5 Cの経営する店で働いているAが、配達の途中で居眠りをしてしまい、歩行者Bを轢いてしまった。

人を雇って事業を行っている者は、**その事業活動の中で雇っている者が起こした損害の賠償責任**を負います。これが**使用者責任**(しようしゃ)と呼ばれる雇い主・会社側に生じる責任です。**ケース3-5** のCのような雇い主を**使用者**(しようしゃ)、Aのような雇われている人を**被用者**(ひようしゃ)と呼びます。

民法では、「ある事業のために他人を使用する者は、**被用者がその事業の執行について第三者に加えた損害を賠償する責任を負う**」と規定されています。

使用者は、被用者を使って利益を上げていることから、生じる損害についても責任を負うべきとする考え方が背景にあります。

ケース3-5 では、被用者Aが職務の執行中に行った行為について、使用者Cは使用者責任を負うことになります。したがって、被害者Bは、Cに対して、使用者責任に基づき損害賠償請求をすることができます。

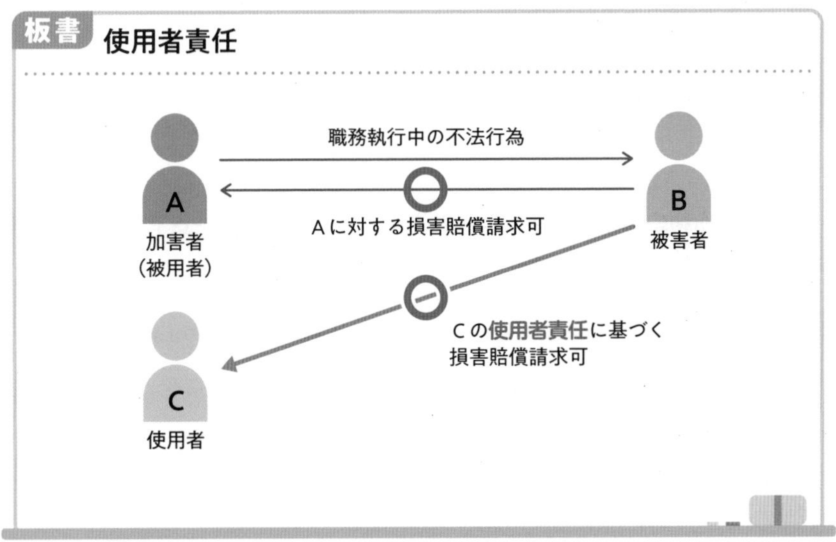

プラスone 被用者Aと使用者CはBに対して連帯債務（不真正連帯債務）を負う形となり、BはA、Cいずれに対しても**全額の請求ができます。**

❷「事業の執行につき」とは

使用者が使用者責任を負うのは、**被用者が「事業の執行につき」行った行為**である場合です。

この「事業の執行につき」とは、**行為の外形から見て、事業執行と見えるか否かで客観的に判断**されます（外形説）。したがって私用で行動している場合でも、外形から見て（外から見て）会社の業務遂行中（仕事中）と見えれば使用者（会社側）は責任を負うことになります。

例えば、従業員が、勤務時間外に、勤務する会社所有の自動車（会社名のロゴが車体にプリントされている営業車）を運転していた場合、**外からは会社の業務遂行中に見えますので、使用者責任が生じ得る**ことになります。

❸ 求償権

使用者が第三者に対して損害を賠償した場合、**不法行為を行った被用者に対して求償権を行使することが可能**です。また、被用者が第三者に対して損害を賠償した場合も、使用者に求償することが可能です（判例）。

3 土地の工作物責任

❶ 土地の工作物責任とは

土地の工作物の保存、設置に瑕疵があった場合に所有者や占有者が負う責任を土地の工作物（こうさくぶつ）責任といいます。

ケース3-6 AがCから賃借して居住している建物の壁が崩れ、歩行者のBが怪我をした。

土地の工作物とは、建物等の土地に設置されている建造物をいい、塀、柵、鉄塔などもこれに含まれます。保存、設置の瑕疵とは、工作物（建物、建造物等）が通常有する安全性に欠けることをいいます。

❷ 占有者の責任と所有者の責任

土地の工作物の保存、設置に瑕疵があった場合、まずは**第一次的に占有者（賃借人等）が損害賠償責任を負います**。ただし、占有者は損害の防止に必要な注意をしていた場合には免責されます。

そしてその場合、**第二次的に、所有者が損害賠償責任を負う**ことになります。この**所有者の責任は無過失責任であり、免責の余地はありません**。 05

ケース3-6 では、賃借人Aは占有者であり、Bに対する損害賠償責任を負いますが、Aが必要な注意をしていたことを立証した場合には免責されます。

Aが免責された場合には、所有者Cが責任を負うことになり、Bは所有者Cに対して損害賠償請求をすることになります。

4 注文者の責任

請負人がその仕事につき第三者に損害を加えた場合、注文者が負う責任を注文者の責任といいます。**注文または指図について注文者に過失があったとき**を除き、注文者は責任を負いません。 06

請負人は注文者の指揮監督下にあるわけではないので、原則的に注文者には責任が生じないこととしています。

第2編 第3章 法定債権関係

5 共同不法行為

❶ 共同不法行為とは

ケース3-7 制限速度を超過するスピードで車を運転し、追突事故を起こしたAとBは、歩行者のCを巻き添えにして重傷を負わせた。

複数の者が共同で被害を発生させる不法行為を行うことを共同不法行為（きょうどうふほうこうい）といいます。このケースにおけるのABの行為が共同不法行為の例です。

❷ 共同不法行為の損害賠償責任

数人が共同の不法行為によって他人に損害を加えた場合、または**共同不法行為者のうち誰がその損害を加えたかわからない場合**には、共同不法行為者は、**各自が連帯してその損害賠償責任を負う**ことになります。

プラスone 不法行為者をそそのかしてその不法行為を行うように仕向けた者（**教唆者**）や手助けした者（**幇助者**）も共同不法行為者となります。

❸ 共同不法行為者の連帯責任

共同不法行為者は連帯責任（連帯債務）を負うので、**被害者は、損害全額について各不法行為者に損害賠償請求をすることができます**。

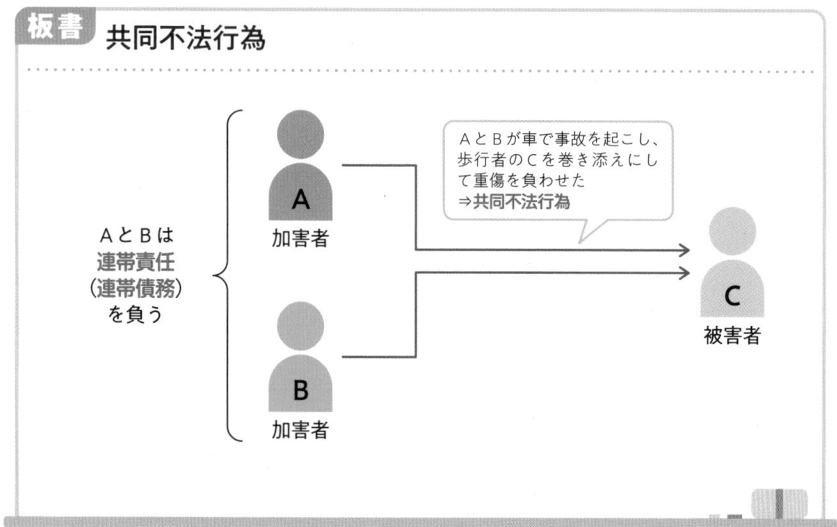

第1節 不法行為

- [ ] 被害者が不法行為を原因として死亡した場合、**被害者の父母、配偶者および子**には、その財産権が侵害されなかった場合においても、加害者に対して、**近親者固有の慰謝料請求**をすることができます。

- [ ] 過失相殺を行うためには、被害者が**責任能力を有している必要はありませんが、事理弁識能力があることが必要**とされています。

- [ ] 不法行為に基づく損害賠償請求権は、被害者が損害および加害者を知った時から**3年**、不法行為の時から**20年**のいずれか早いほうが経過すると**時効により消滅**します。

- [ ] 不法行為に基づく損害賠償請求権は、**不法行為時**（事件・事故の発生時）**に生じ**、たとえ被害者からの請求がなくても、加害者は、**不法行為時より履行遅滞に陥ります**。

- [ ] 加害者が責任能力のない者であるため損害賠償責任を負わない場合、その者の**監督義務者が責任を負います**。

- [ ] 使用者責任の成立には、被用者が「**事業の執行につき**」行った行為であることが必要ですが、この「事業の執行につき」とは、**行為の外形から見て、事業執行と見えるか否かで客観的に判断**されます。

- [ ] 土地の工作物の設置・保存に瑕疵があった場合、**まずは占有者が損害賠償責任を負います**が、占有者が必要な注意をしたとして免責された場合、**所有者が無過失でも損害賠償責任を負う**ことになります。

第1節 ○×スピードチェック

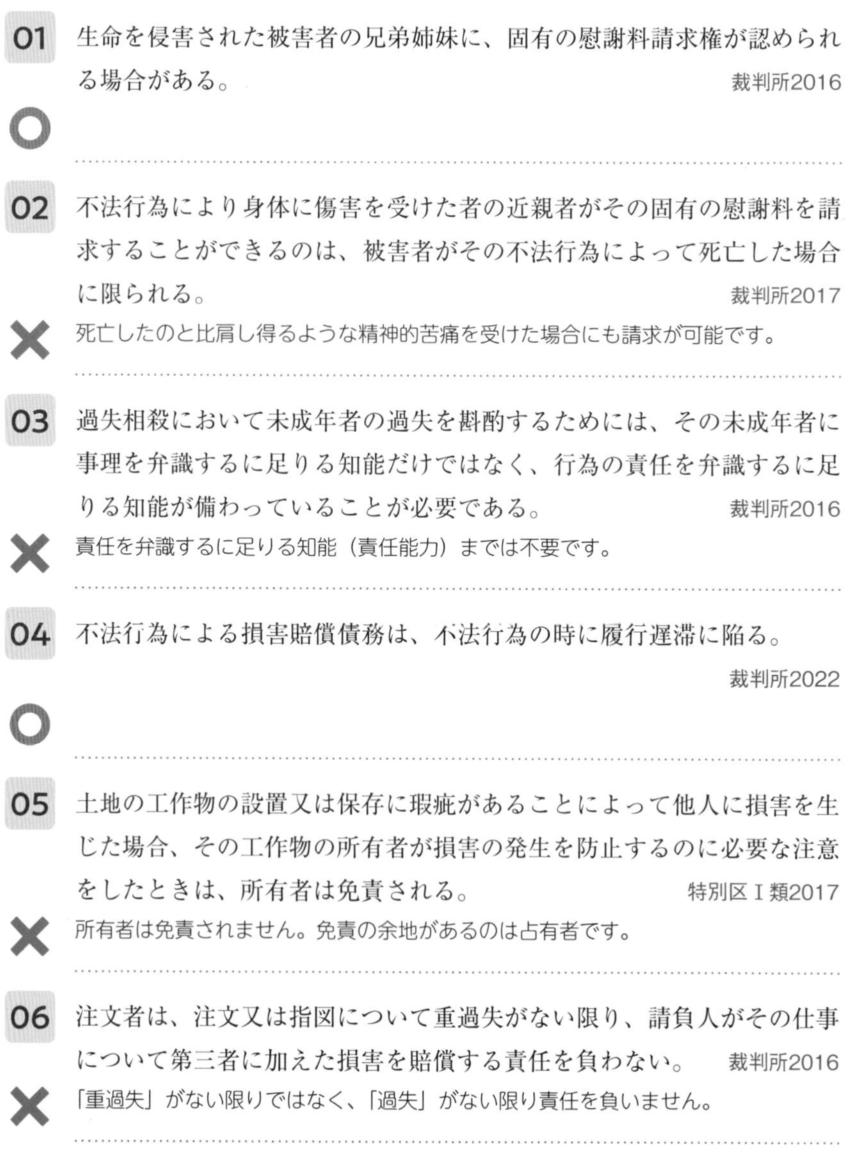

01 生命を侵害された被害者の兄弟姉妹に、固有の慰謝料請求権が認められる場合がある。　裁判所2016

○

02 不法行為により身体に傷害を受けた者の近親者がその固有の慰謝料を請求することができるのは、被害者がその不法行為によって死亡した場合に限られる。　裁判所2017

× 死亡したのと比肩し得るような精神的苦痛を受けた場合にも請求が可能です。

03 過失相殺において未成年者の過失を斟酌するためには、その未成年者に事理を弁識するに足りる知能だけではなく、行為の責任を弁識するに足りる知能が備わっていることが必要である。　裁判所2016

× 責任を弁識するに足りる知能（責任能力）までは不要です。

04 不法行為による損害賠償債務は、不法行為の時に履行遅滞に陥る。　裁判所2022

○

05 土地の工作物の設置又は保存に瑕疵があることによって他人に損害を生じた場合、その工作物の所有者が損害の発生を防止するのに必要な注意をしたときは、所有者は免責される。　特別区Ⅰ類2017

× 所有者は免責されません。免責の余地があるのは占有者です。

06 注文者は、注文又は指図について重過失がない限り、請負人がその仕事について第三者に加えた損害を賠償する責任を負わない。　裁判所2016

× 「重過失」がない限りではなく、「過失」がない限り責任を負いません。

第2節 不当利得・事務管理

START! 本節で学習すること

この節では不当利得と事務管理を学習します。
頻出度が高いテーマは、特殊不当利得の１つである不法原因給付です。ただ、近年は特殊不当利得の他の類型も出題されていますので、基本的な内容は押さえておきましょう。

1 不当利得とは

1 不当利得とは

ケース3-8 Aは誤って、Bの銀行口座に100万円を送金してしまった。

不当利得(ふとうりとく)とは、**法律上の原因がないにもかかわらず財産が移転し、一方に損失、他方に利得が生じた場合に、この財産を元に戻させる制度**です。このケースのAのように損失を被った人を**損失者**(そんしつしゃ)、利益を得た人を**受益者**(じゅえきしゃ)と呼びます。

ケース3-8 では、Aの預金残高が100万円減る一方でBの預金残高は100万円増えます。しかし、Bの財産の100万円の増加には**正当な理由（法律上の原因）がありません**。常識的に考えても、BからAに100万円を戻すべきだということになります。

板書 不当利得とは

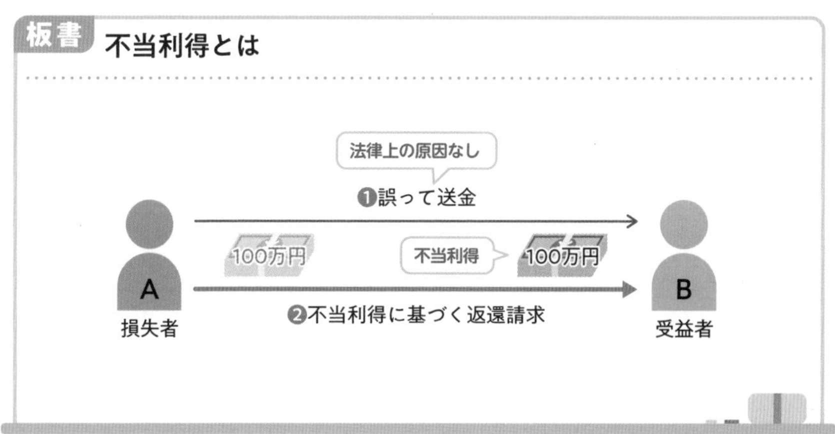

このような場合に、Bの財産100万円の増加を「不当利得」として、BにAへ返還させる義務（AにBに対して返還を請求する権利）を発生させるのが不当利得制度です。

2 不当利得の要件と効果

❶ 不当利得の要件

不当利得が成立するためには、次の要件を満たすことが必要です。

板書 不当利得の成立要件

	ケース3-8 に即した例
❶他人の財産または労務によって利益を受けたこと（**受益**）	Bの預金残高が100万円増加
❷他人に損失を与えたこと（**損失**）	Aの預金残高が100万円減少
❸受益と損失の間に**因果関係**があること	❶の結果❷が生じている
❹**法律上の原因がない**こと	Bが100万円を得たことに正当な理由はない

❹は、公平や正義の観点からその利益を保持させることが正当とはいえないことを指します。

❷ 不当利得が成立した場合の効果

不当利得が成立すると、**損失者から受益者に対して利得の返還請求権が発生**します。**受益者には損失者に対する利得の返還義務が発生**します。

このとき、法律上の原因がないことについて受益者が善意であったか悪意であったかによって、次のように返還すべき範囲が異なります。

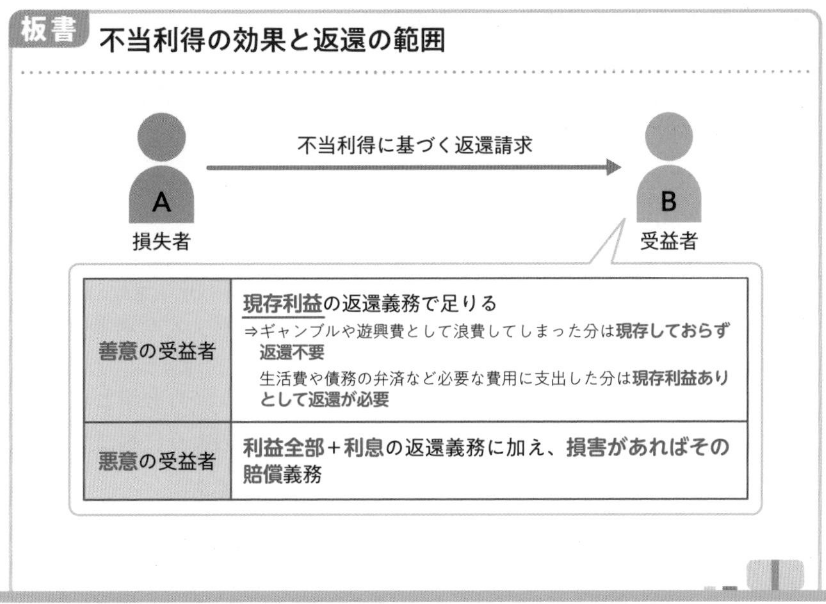

善意の受益者	**現存利益**の返還義務で足りる ⇒ギャンブルや遊興費として浪費してしまった分は**現存しておらず返還不要** 生活費や債務の弁済など必要な費用に支出した分は**現存利益ありとして返還が必要**
悪意の受益者	**利益全部＋利息**の返還義務に加え、**損害があればその賠償義務**

善意の受益者の返還の範囲は、制限行為能力を理由とした取消しの場合における**制限行為能力者の返還の範囲と同じ**です。

2 特殊不当利得

不当利得ではあるのですが、個別に規定があって特殊な扱いをするものもあります。以下に挙げる4つの場合には、返還請求が制限されます。

1 債務の不存在を知ってした弁済

自分には債務がないとわかっていながら自分の債務として弁済をする場合、弁済として給付したものの**返還を請求することができなくなります**。あくまで不存在を知って弁済した場合であり、**過失によって知らなかった場合は含まれません**。

ケース3-9 Aが知り合いのBから「昔、貸した2万円を返してほしい」と言われた。Aは借りていないことがわかっていながら、Bがお金に困っていることを知り、2万円を返済として渡した。

このケースの場合、Aは債務がないことがわかっていながら弁済として給付しており、Bに2万円をあげる意図と推測できます。このように推認できることから、もはや返還を求めることはできないとされています。

この規定が適用されるためには、**給付が任意にされたものであることが必要**とされています。債務がないことは知っているものの、強制執行を避けるためになど、**やむを得ず弁済をしたような場合には、給付したものの返還を請求できます**。

01

2 期限前の弁済

弁済の期限より前に弁済をした場合、もはや弁済として給付したもの**返還を求めることはできません**。

ケース3-10　AはBに100万円を貸し付け、1年ごとの利息を3万円とした。5年後に返済する約束だったが、Bは4年が経過した時に、期限を勘違いして元本100万円と5年分の利息を合わせた115万円をAに弁済した。

このケースの場合、Bが期限より1年早く弁済してしまったことに気づいて、弁済した115万円を戻してほしい、とAに要求することはできません。

ただし、期限前に弁済したのが、**弁済期が到来したと期限を勘違い（錯誤）したためだった場合、債権者はこれによって得た利益を返還しなければなりません**。このケースにおいて、Bは1年前倒して弁済していますから、1年分の利息に相当する3万円は返還するようにAに請求できます。 02

3 他人の債務の弁済

債務者でない者が、錯誤により（他人の）債務を自己の債務として弁済をした場合、弁済者は債権者に返還を請求できるのが原則です。

しかし、弁済を受けた債権者が善意で、**❶債権証書を滅失・損傷**、**❷担保を放棄**、**❸時効でその債権が消滅**した場合には、弁済者はもはや返還を請求することができなくなります。

債権者が真の債務者に弁済を求めることが難しくなっているからですね。

ケース3-11　Aは、弟B宛に届いたCからの債務の弁済請求を自分宛と勘違いし、Cに弁済をしてしまった。弁済を受けたCは債権証書を廃棄した。

この場合、弁済したAは債権者（弁済の相手）Cに対して**返還を請求することはできません**が、本当の債務者である弟Bに**求償することができます**。 03

第2編 第3章 法定債権関係

4　不法原因給付

❶ 不法原因給付とは

ケース3-12　Aは、愛人関係維持のためにBに1,000万円を贈与した。

賭博、愛人契約等の**不法な原因のため給付をした場合、その原因（契約）は、公序良俗に反して無効**になります。

すると、その給付は法律上の原因を欠くことから、本来は、不当利得として返還請求ができるはずです。しかし、それでは、法が不法な行為に関与した者に助力することになってしまいます。

そこで、**不法な原因に基づき給付をした者（給付者）は、給付したものを不当利得として返還請求できない**こととしました。これが**不法原因給付**（ふほうげんいんきゅうふ）と呼ばれる仕組みです。

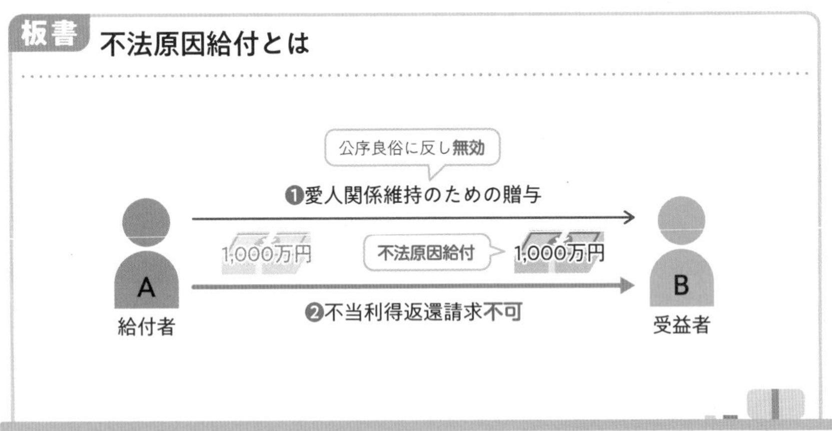

これは、不法な行為に関与した者に対して公権力（裁判所）は助力しないとする**クリーン・ハンズの原則の表れ**とされています。

❷ 不法原因給付の要件と効果

不法原因給付が成立する要件と、成立した場合の効果は次のとおりです。

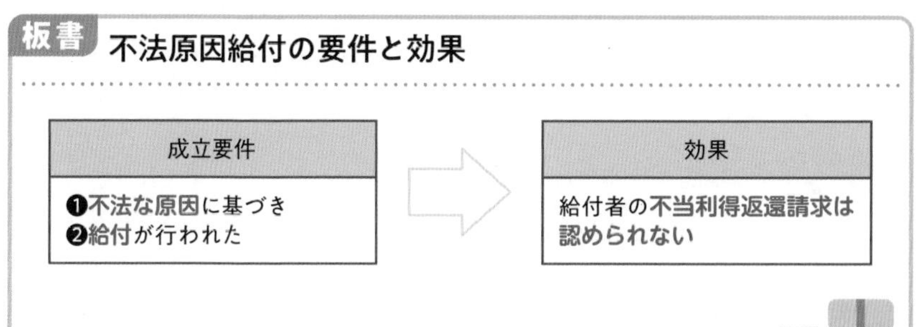

❸「不法な原因」とは

「不法な原因」とは、**公序良俗に反する行為**（90条違反行為）を指します。例えば、賄賂の給付、賭博金の掛金の支払い、愛人関係維持のための対価の支払いや不動産の贈与、賭博資金・麻薬資金を貸すこと等がその例です。

ただし、不法原因給付であって給付者が法的には返還を請求することができなくなった場合でも、**当事者間で返還の合意がされた場合、その返還の特約自体は有効**です。 04

この規定は、不法に関わった者に民法が助力することを拒絶している趣旨です。終局的な給付でないのに返還を認めない規定になっていたら、例えば既登記マンションの引渡しだけ受けていた受益者は、さらに移転登記請求を行うことが考えられます。すると裁判所はこの請求を認めざるを得ず、不法に関わった受益者に手を貸すことになってしまいます。

なお、**不法の原因が受益者にのみ存在する場合、返還請求は可能**です。例えば、目的を知らずに麻薬の購入資金を貸した場合などです。この場合の給付者は特に不法に手を染めているわけではないからです。

❹「給付」とは

「給付が行われた」というためには、**終局的な給付**である必要があります。具体的には、**登記済み（既登記）不動産の場合は、引渡しと登記の移転の両方がされていること、未登記不動産の場合は、引渡しがされていること**です（登記の移転までは不要）。 05

終局的な給付でないのに返還を認めないとすると、それを確保するために公権力（裁判所）が不法に関わった者に手を貸すことになってしまうからです。

ケース3-13 Aは、愛人契約維持のためにBにマンション（登記済みの不動産）を贈与したが、その後、愛人関係が解消され、贈与したAは受贈者Bに対して返還を請求しようとしている。

このケースで、マンションについて引渡しのみで登記の移転がない場合は、「給付が行われた」とはいえず、返還請求が認められます。一方、引渡しに加えて登記の移転もされていた場合は、「給付が行われた」といえ、返還請求が認められません。

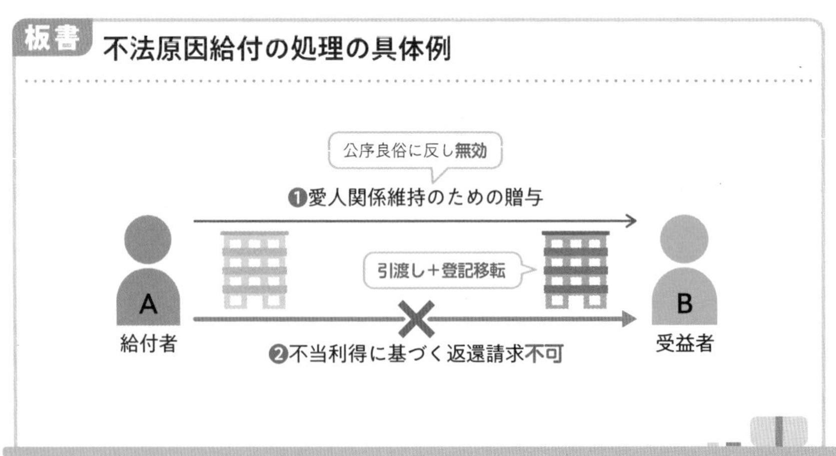

3 事務管理

ケース3-14 Aは、隣家の屋根が台風で壊れてしまい雨漏りをしているのに気づいた。所有者のBは海外に長期出張中であったので、Aが修理業者Cに依頼して修理してもらい、修理代金を支払った。

事務管理（じむかんり）とは、**法律上の義務なく、他人のために事務（仕事）をすること**をいいます。このケースのAのように事務管理をする人を**管理者**（かんりしゃ）、Bのように事務管理によって利益を受ける人を**本人**（ほんにん）と呼びます。

AにはBのために隣家の屋根の修理をしなければいけない法律上の義務がなく、ある意味おせっかいな行為でもあります。しかし、隣人を助ける行為を一概に否定することもできません。

そこで、民法では、このような場合に事務管理と呼ばれる制度を適用することにして、管理者の義務や権利を定めています。

ケース3-14 では事務管理が成立し、管理者Aは、本人Bに対して、修理に要した**費用の償還請求をすることができます**。

板書 **事務管理とは**

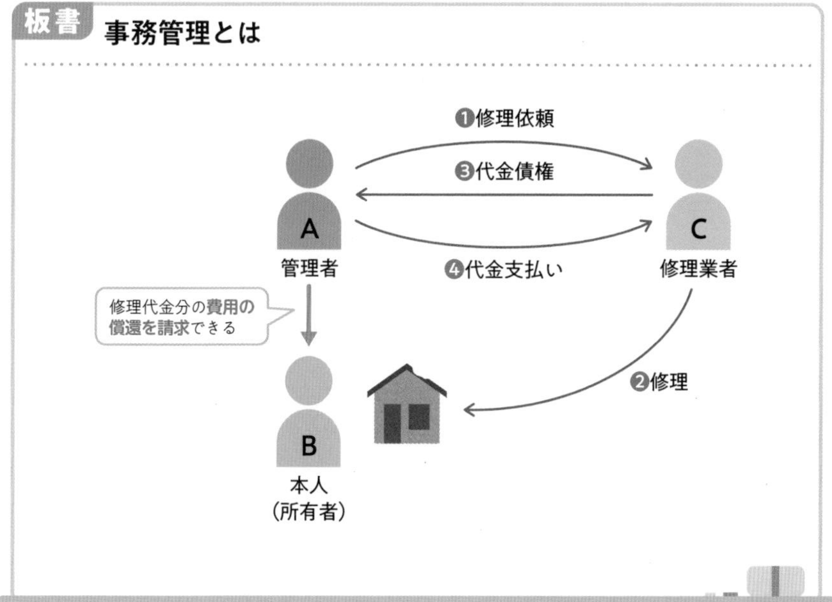

第2編 第3章 法定債権関係

第2節 不当利得・事務管理

- [ ] 不当利得が成立すると、**損失者から受益者に対して利得の返還請求権**、**受益者には損失者に対する利得の返還義務**が発生します。

- [ ] 不当利得の受益者が法律上の原因がないことを知らなかった場合は、**現に利益の存する限度（現存利益）で返還**することになります。

- [ ] 不当利得の受益者が法律上の原因がないことを知っていた場合は、**利益のすべてに利息を付けて返還**する必要があります。さらに、**損害が生じている場合には、損害の賠償も必要**です。

- [ ] 自分には債務がないとわかっていながら自分の債務として弁済をした場合、弁済として給付したものの**返還を請求することはできません**。

- [ ] 債務者でない者が錯誤により他人の債務を自己の債務として弁済をした場合において、**債権者が善意で債権証書を捨ててしまった場合、弁済者はもはや返還を請求することができなくなります**。

- [ ] 賭博、愛人契約等の**不法な原因のため給付**をした場合、給付者は受益者に対して不当利得による**返還を請求することはできません**。

第2節 ○×スピードチェック

01 債務が存在しないことを知りながらその債務の弁済として給付をした者は、やむを得ずその給付をした場合でも、給付したものの返還請求をすることができない。 裁判所2016

× 任意ではなくやむを得ず給付をした場合は、返還請求が可能です。

02 債務者は、弁済期にない債務の弁済として給付をしたときは、その給付したものの返還を請求することができないが、債務者が錯誤によってその給付をしたときは、債権者は、これによって得た利益を返還しなければならない。 特別区Ⅰ類2018

○

03 債務者でない者が錯誤によって債務の弁済をした場合において、債権者が善意で証書を滅失させ若しくは損傷し、担保を放棄し、又は時効によってその債権を失ったときは、その弁済をした者は、返還の請求をすることができるため、債務者に対して求償権を行使することができない。 特別区Ⅰ類2018

× 返還を請求できないため、債務者に対して求償権を行使できます。

04 最高裁判所の判例では、不法の原因のため給付をした者にその給付したものの返還請求することを得ないとしたのは、かかる給付者の返還請求に法律上の保護を与えないということであり、当事者が、先に給付を受けた不法原因契約を合意の上解除してその給付を返還する特約をすることは許されないとした。 特別区Ⅰ類2018

× 返還する特約をすることは許されます。

05 不法な原因のために登記された建物の引渡しをした者は、所有権移転登記手続を完了したかどうかにかかわらず、その建物の返還請求をすることができない。 裁判所2016

× 所有権移転登記手続を完了していない場合は、返還を請求できます。

第4章
親族・相続

第1節 親　族

START! 本節で学習すること

第４章では家族法を学習します。この節では親族についてのルールを見ていきます。重要度が高い婚姻の成立要件について重点的に把握しましょう。

1 親族とは

1 親族に関わる用語

まずは、次の図を参照しながら、親族に関わる用語を見ていきましょう。

板書 親族関係図

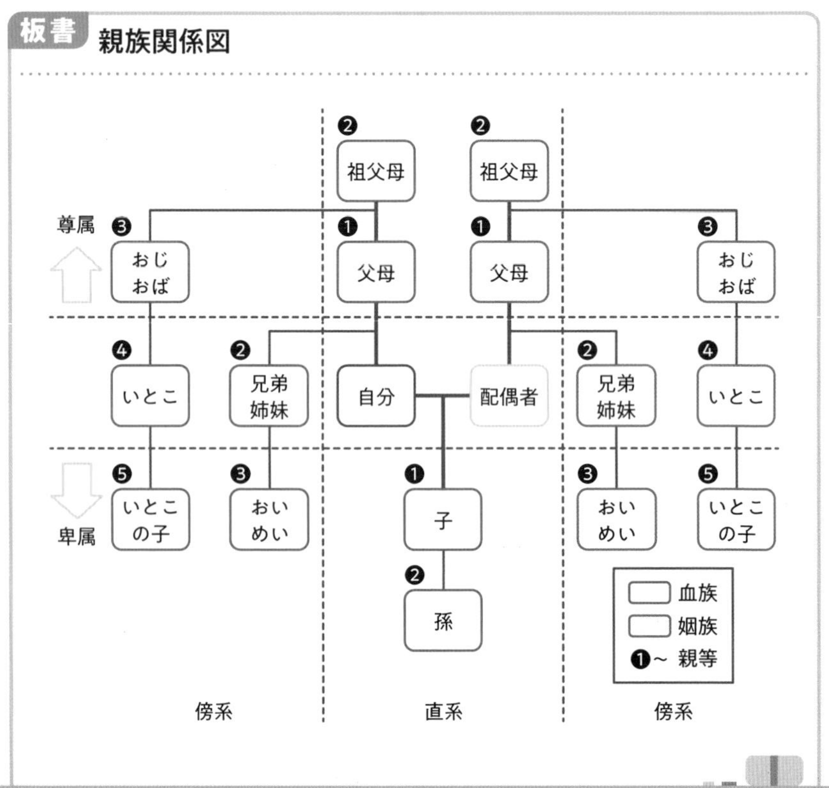

❶ 血族と姻族

血族とは**血統のつながりのある者**を指します。血族には養子も含まれるので、血縁のある**自然血族**（実親と実子等）と血縁のない**法定血族**（養親と養子等）とさらに区別することもあります。

一方、**姻族**とは、**婚姻によって生じた親族関係**であり、自分と配偶者の血族との関係を表す言葉です。

配偶者は、**血族にも姻族にも含まれません。**

❷ 直系と傍系

親族関係を図に表した場合に**一本の線で自分とつなげることのできる**のが**直系**です（父母、祖父母、子、孫など）。一方、親族関係を図に表した場合に祖先のどこかで枝分かれが生じ、**一本の線では自分とつなげることのできない**のが**傍系**です（おじおば、おいめい、いとこ等）。

❸ 尊属と卑属

尊属とは、父母、祖父母、おじおばのように**自分より上の世代の親族**を指します。一方、**卑属**とは、子、孫、おいめいのように**自分よりも下の世代の親族**を指します。

❹ 親　等

親等とは、**親族関係の遠近を表す数字**です。

直系の場合は、その人のところまで順番に数えていきます（父母❶→祖父母❷、子❶→孫❷）。傍系の場合は、その人と共通の祖先までさかのぼった後にその人のところまで下りながら数えていきます（おじおばなら、父母❶→祖父母❷→おじおば❸）。

配偶者には、**親等は存在しません。**

2 親族の範囲

法律上親族とされる範囲は、**配偶者、6親等内の血族、3親等内の姻族**です。

この親族の範囲が具体的意味を持つことは試験上ほぼありません。単純に覚えておけば十分です。

2 夫婦Ⅰ（婚姻）

1 婚姻の成立

婚姻（こんいん）とは、**結婚すること、法律上の夫婦となること**をいいます。

婚姻の成立には次のように、それが**欠けると婚姻が無効となる要件**（無効原因）と、それが**欠けると婚姻を取り消すことのできる要件**（取消し原因）があります。

❶ 無効原因

婚姻には、**届出と婚姻意思の合致が必要**になります。これらが欠けている場合、婚姻は無効となります。

婚姻意思には、届出をする意思だけでなく、**実質的な夫婦関係を設定する意思（実質的婚姻意思）が必要**です（判例）。

在留する資格を得るためや子を嫡出子にするための婚姻は、「**婚姻意思の合致」がないので無効**となります。

❷ 取消し原因

婚姻には取消しの対象になる要件（婚姻障害（こんいんしょうがい）といいます）もあります。

板書 婚姻の成立要件

<table>
<tr><th colspan="3">要件</th><th>要件が欠けた場合</th></tr>
<tr><td rowspan="2">無効原因</td><td colspan="2">婚姻の届出</td><td>無効（もしくは不成立）</td></tr>
<tr><td colspan="2">婚姻意思の合致</td><td>無効</td></tr>
<tr><td rowspan="3">取消し原因</td><td rowspan="3">婚姻障害がないこと</td><td>婚姻適齢（18歳以上）であること</td><td>原則：取消し可能
例外：適齢に達した後は取消し不可</td></tr>
<tr><td>重婚（複数の相手と重ねて結婚すること）でないこと</td><td>取消し可能</td></tr>
<tr><td>近親婚でないこと</td><td>取消し可能</td></tr>
</table>

「近親婚」に該当するのは、❶直系血族間、３親等内の傍系血族間の婚姻、❷直系姻族間の婚姻、❸養子（その配偶者、養子の直系卑属およびその配偶者を含む）と養親（またはその直系尊属）の婚姻です。❷❸については倫理的道徳的観点からの禁止なので、**姻族関係終了後や離縁による親族関係終了後も禁止の効力が及びます。** 01

婚姻障害事由に該当する場合、自治体に婚姻届を提出する際に受理してもらえません。したがって、取消しになるのは、間違って受理されてしまった場合です。

さらに、**詐欺・強迫によって婚姻をした者も、その取消しを家庭裁判所に請求することができます**。ただし、当事者が、詐欺を発見し、または強迫を免れた後**３か月を経過した場合や追認があった場合は、もはや取消しはできなくなります**。 02

2 取消しの方法と請求権者

❶ 取消しの方法

婚姻障害に違反した婚姻や詐欺・強迫による婚姻を取り消すためには、**一定の者（取消権者）が、その取消しを家庭裁判所に請求**する必要があります。

❷ 取消しの請求権者

詐欺・強迫を理由とする婚姻の取消しは、**詐欺・強迫を受けた当事者**が請求権者です。

婚姻障害に違反した婚姻の取消しは、**各当事者、その親族および検察官**が請求権者です。しかし、**検察官は当事者の一方が死亡した後は請求権者ではなくなります**。

3 取消しの効果

婚姻における取消しは一般的な取消しと異なり、さかのぼる効果（遡及効）はなく、**将来に向かって効力を失います**。

婚姻によって財産を得た者がいた場合、**婚姻時に取消しの原因があることを知らなかった（善意の）当事者は、現に利益の存する限度で返還をしなければなりません**。

一方、**婚姻時に取消しの原因があることを知っていた（悪意の）当事者は、利益の全部を返還しなければなりません**。その場合において、相手方が善意の場合は、相手方の損害も賠償する責任を負います。

4 婚姻の効力が問題になるケース

成年被後見人も婚姻届を作成する時点で意思能力を有していれば、有効に婚姻をすることができます。特に**成年後見人の同意などは不要**です。

プラスone 事実上の夫婦の一方が他方の意思に基づかないで婚姻届を作成・提出した場合において、その当時、夫婦としての実質的な生活が営まれていた状況があり、届出後に他方の配偶者が届出の事実を知ってこれを追認したときは、婚姻届は、**追認により届出時にさかのぼって有効**になります（判例）。

3 夫婦Ⅱ（離婚）

1 離婚の方式

❶ 協議離婚

夫婦は、協議によって離婚できます。

離婚も**離婚意思の合致と届出**によって効力を生じます。

離婚意思は婚姻の場合と異なり、**届出を出すことについての形式的な意思で構わない**とされています。例えば、生活保護の受給資格を得るための離婚も無効にはなりません。

❷ 裁判離婚

裁判による離婚もあります。法定の離婚事由がある場合に、夫婦の一方は離婚の訴えを提起することが可能です。この場合、**離婚を命じる判決の確定**によって効力を生じます。

板書 法定の離婚事由

❶不貞行為
❷悪意の遺棄
❸３年以上の生死不明
❹回復の見込みがない強度の精神病
❺その他婚姻を継続し難い重大な事由があること

❸ 離婚の効果

婚姻によって氏を変更した夫または妻は、**離婚によって当然に婚姻前の氏に戻ります**（復氏）。しかし、**離婚の日から３か月以内に届け出れば、離婚の際に称していた氏（婚姻中の氏）を名乗ることもできます**（婚氏続称）。 03

姻族関係は離婚によって当然に終了します。

離婚（もしくは婚姻の取消し）の場合は、義理の父母（姑や舅）との親族関係（姻族関係）は、離婚によって当然に切れるということです。一方、配偶者と死別した場合には当然には親族関係はなくならず、親族関係を終了させるためには、**生存配偶者による姻族関係終了の意思表示**を必要とします。

離婚した者の一方は、相手方に対して**財産の分与を請求**できます。財産分与に関する当事者の協議が不成立または不可能なときは、当事者は家庭裁判所に対して**協議に代わる処分を請求**することが可能です。

4 親　子

親子関係には実子関係と養子関係、実子関係には嫡出子と非嫡出子の区別が、養子関係には普通養子と特別養子の区別があります。

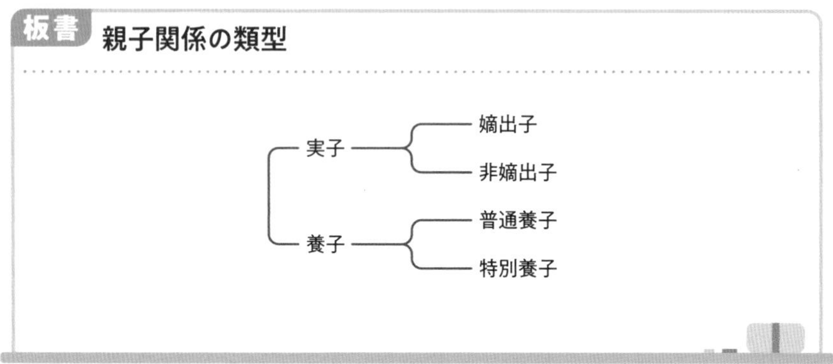

1 実　子

実子には、嫡出子と非嫡出子がいます。

嫡出子（ちゃくしゅつし）とは、**婚姻関係にある男女間に生まれた子**です。

非嫡出子（ひちゃくしゅつし）とは、**婚姻関係のない男女間に生まれた子**です。父と非嫡出子との親子関係は、父が**認知**（にんち）をすることによって生じます。母と子との親子関係（母子関係）は分娩の事実により当然発生するので、母の認知は不要です。 04

認知は、戸籍法の定めるところにより届け出ることで行います。**遺言によって行うこともできます**。

父が未成年者または成年被後見人であっても、**意思能力さえあれば、法定代理人の同意なしで**有効に認知できます。

2 養　子

❶ 養子制度

親子としての血縁関係がないところに親子関係を人為的に作り出す手続が**養子縁組**（ようしえんぐみ）です。養子縁組によって親となる者を**養親**（ようしん）、子となる者を**養子**（ようし）と呼びます。

❷ 普通養子と特別養子

養子制度には普通養子と特別養子があります。

普通養子（ふつうようし）は**一般的な養子制度**であり、家の後継者を得る目的や老後の面倒を見てもらう目的などさまざまな目的で使われるものです。

一方**特別養子**（とくべつようし）は、**小さい子を引き取って実子同然に養育することを目的として作られた仕組み**です。

第1節 親　族

- □ 法律上親族とされる範囲は、❶**配偶者**、❷**6親等内の血族**、❸**3親等内の姻族**です。
- □ 婚姻の際に要求される婚姻意思には、届出をする意思だけでなく、実質的な夫婦関係を設定する意思（**実質的婚姻意思**）が必要です。
- □ 養子と養親の婚姻禁止の規定は、離縁によって**養子と養親の親族関係が終了したあとも効果が及びます。**
- □ 婚姻障害に違反した婚姻や詐欺・強迫による婚姻を取り消すためには、一定の者が、その取消しを**家庭裁判所に請求**する必要があります。
- □ 婚姻時に取消しの原因があることを知っていた（悪意の）当事者は、**利益の全部を返還**しなければなりません。その場合において、相手方が善意の場合は、**相手方の損害も賠償する責任を負います。**
- □ 成年被後見人も婚姻届を作成する時点で意思能力を有していれば、**成年後見人の同意がなくとも有効に婚姻をすることができます。**
- □ 姻族関係は離婚によって当然に終了しますが、配偶者と死別した場合に、姻族関係を終了させるためには、**生存配偶者による姻族関係終了の意思表示**を必要とします。
- □ 父が、未成年者または成年被後見人であっても、意思能力さえあれば、**法定代理人の同意がなくとも有効に認知できます。**

第1節

○×スピードチェック

01 養子又はその配偶者と養親又はその直系尊属との間では、離縁により親族関係が終了した後でも、婚姻をすることができず、これに違反した婚姻は無効とする。 特別区Ⅰ類2016

× 無効ではなく、取消しの対象です。

02 詐欺又は強迫によって婚姻をした者は、その婚姻の取消しを家庭裁判所に請求することができるが、その取消権は、当事者が詐欺を発見し、若しくは強迫を免れた後３か月を経過し、又は追認をしたときは、消滅する。 特別区Ⅰ類2016

○

03 離婚によって婚姻前の氏に復した夫又は妻は、離婚の日から３か月以内に戸籍法の定めるところにより届け出ることによって、離婚の際に称していた氏を称することができる。 国家専門職2020

○

04 嫡出でない子との間の親子関係について、父子関係は父の認知により生ずるが、母子関係は、原則として、母の認知をまたず、分娩の事実により当然発生する。 国家一般職2019

○

第2節 相続

START! 本節で学習すること

この節では相続について学習します。
相続の承認・放棄が頻出であるほか、代襲相続もきちんと押さえておきたいテーマです。法定相続の計算を求められることはほとんどないのであまり習熟する必要がありません。
遺言については、自筆証書遺言を押さえておきましょう。

1 相続とは

1 相続とは

人が亡くなったことで、その人が**生前有していた権利や負っていた義務など諸々の法律関係を配偶者や子などが引き継いでいく**（承継）のが**相続**（そうぞく）です。

死亡し、承継される人を**被相続人**（ひそうぞくにん）、財産を承継する配偶者や子などを**相続人**（そうぞくにん）といいます。

被相続人の死亡によって相続の手続がスタートしますが、相続の手続には、被相続人の意思である遺言に基づく相続（**遺言相続**（いごん））と民法の規定に基づく相続（**法定相続**（ほうてい））があります。

2 相続の基本的な流れ

❶ 相続の開始

被相続人が死亡した瞬間に、その有していた財産等は（当人たちは何もしていなくても）相続人と推定される人たち（**推定相続人**（すいていそうぞくにん））に共同で相続され、共有状態が形成されます。

❷ 熟慮期間

各人は相続の開始を知ってから（自分が相続人になっていることを知ってから）**3か月以内に、相続人となるかならないかを決める**必要があります。この期間を**熟慮期間**（じゅくりょきかん）と呼び、具体的には、この期間内に相続の限定承認や放棄の意思表示をします。この期間の経過により、相続の放棄をした人は相続人にはならないこと、放棄をしなかった人は相続人となることが確定します。

❸ 遺産分割協議

正式に相続人が決まると、**相続人間で具体的な遺産の分割の仕方を相談**することになります。これが**遺産分割協議**(いさんぶんかつきょうぎ)です。この話し合いがまとまると遺産が分割され、各相続人の相続した財産が明確になります。

板書 **相続の流れ**

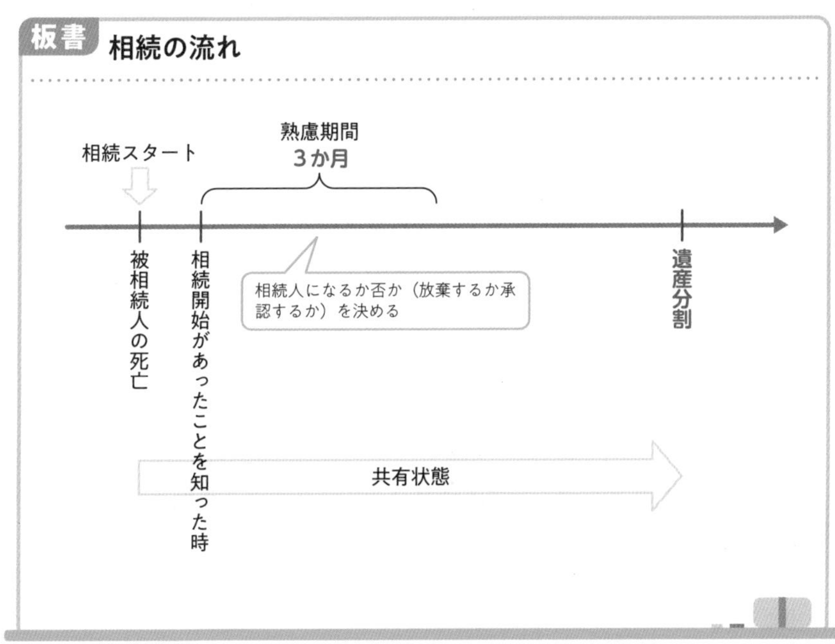

2 相続の承認・放棄

相続をするか否かについて、相続人には以下に示す単純承認、限定承認、放棄という3つの選択肢が用意されています。**いったん承認や放棄がされたら、熟慮期間内であっても撤回することはできません。** 01

第2編 第4章 親族・相続

1　単純承認

単純承認（たんじゅんしょうにん）とは、**相続人が、被相続人の地位を包括的に承継することを確定させる行為**です。

相続人が単純承認をすると、相続人は被相続人の権利義務を無限に承継します。

なお、相続人が自己のために相続の開始があったことを知った時から３か月以内（熟慮期間内）に**限定承認または相続の放棄をしなかった場合は、単純承認をしたものと扱われます。**

2　限定承認

限定承認（げんていしょうにん）とは、**相続人が、相続で得た財産の限度で被相続人の債務を弁済するという条件付きで相続の承認をすること**です。

つまり、相続財産を精算して、プラスが出たらそれは相続人がもらい、マイナスが出たら、相続人は自分は知りません、といえるというものです。

限定承認は、**相続を放棄した者を除き共同相続人全員で家庭裁判所に限定承認をする旨の申述**をしなければなりません。

相続人が自己のために相続の開始があったことを知った時から３か月以内（熟慮期間内）に行う必要があります。

3　放　棄

相続の放棄（そうぞくのほうき）とは、**自分は相続人にならないことの意思表明**です。これにより相続放棄をした相続人は、初めから相続人とならなかったものとみなされます。

放棄をするためには、相続人が自己のために相続の開始があったことを知った時から３か月以内（熟慮期間内）に**家庭裁判所に放棄をする旨の申述**をしなければなりません。

3 相続人

1 相続人となる者とその順位

被相続人の**配偶者は、常に相続人**になります。

血族は、❶**子**、❷**直系尊属**、❸**兄弟姉妹**(けいていしまい)の順で相続人になります（血族相続人）。先順位の者がいる場合には、後順位の者は相続人にはなれません。

したがって、法定相続では、**配偶者と血族相続人の先順位の者とが相続人として、次の相続分（法定相続分）に応じて相続する**ことになります。

法定相続分とは、民法によって定められた共同相続人が取得する相続財産における相続割合のことです。遺言がない場合には、この法定相続分に基づき相続が行われます。

同順位の血族相続人が複数いる場合には、原則として均等に相続（頭割り）することになります。

板書 法定相続分

配偶者	子	直系尊属	兄弟姉妹
2分の1	2分の1	−	−
3分の2	×	3分の1	−
4分の3	×	×	4分の1

×：存在しないことを表す
−：存在していても相続人とはならないことを表す

第2編 第4章 親族・相続

ケース4-1 Xが6,000万円の相続財産を残して亡くなった。Xの家族は、配偶者YとYとの子AとBであり、両親は亡くなっているが、Xの弟Zがいる。

板書 具体的な相続分の計算

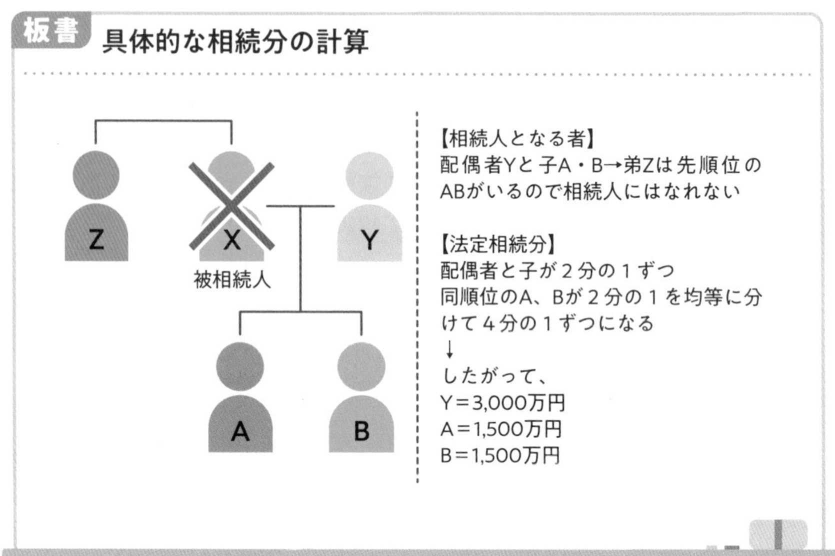

2 相続資格の喪失

相続人の資格を失わせる仕組みとして相続欠格と廃除があります。

❶ 相続欠格

相続欠格（そうぞくけっかく）は、**被相続人を殺害した者や殺害しようとした者、または遺言書を偽造、隠匿した者の相続権を失わせる制度**です。

相続欠格に該当すると、法律上当然に相続人となることができなくなります。

❷ 推定相続人の廃除

廃除（はいじょ）は、相続人となる配偶者と子、父母（遺留分を有する推定相続人）が被相続人を虐待した場合やそれらの者に著しい非行があった場合に、**被相続人が家庭裁判所に請求して、その者の相続権を失わせる制度**です。

3 代襲相続

❶ 代襲相続とは

代襲相続（だいしゅうそうぞく）とは、**相続開始以前に、相続人である子等が死亡、欠格、廃除によって相続権を失っている場合に、その相続人の子（あるいは孫）が代わりに相続する制度**です。

元の相続人を**被代襲者**（ひだいしゅうしゃ）、代わりに相続人となった者を**代襲相続人**（だいしゅうそうぞくにん）と呼びます。

代襲相続人となるのは被代襲者の子、孫であり、**配偶者が対象とならない**点に注意しましょう。

❷ 代襲相続の原因

代襲原因は死亡、欠格、廃除の３つに限定されています。

相続放棄は代襲原因になっていませんので、相続放棄をした者の子や孫は、代襲相続人にはなりません。 02

❸ 代襲相続人が複数いる場合

代襲相続人は、被代襲者（死亡した者、欠格事由に該当した者、廃除された者）の相続分を受け取ることになるので、**代襲相続人となる者が複数いる場合には、均等に分け合う**ことになります。

❹ 再代襲

代襲する予定の者がすでに亡くなっている場合などは、さらにその子に再度代襲があります（再代襲）。

直系卑属に関しては、特に制限なく代襲が続きます（再々代襲、再々々代襲）。

ケース4-2　Xが6,000万円の相続財産を残して亡くなった。Xの家族は、配偶者YとYとの子AとBである。Bはすでに死亡しており、Bには子CとDがいる。

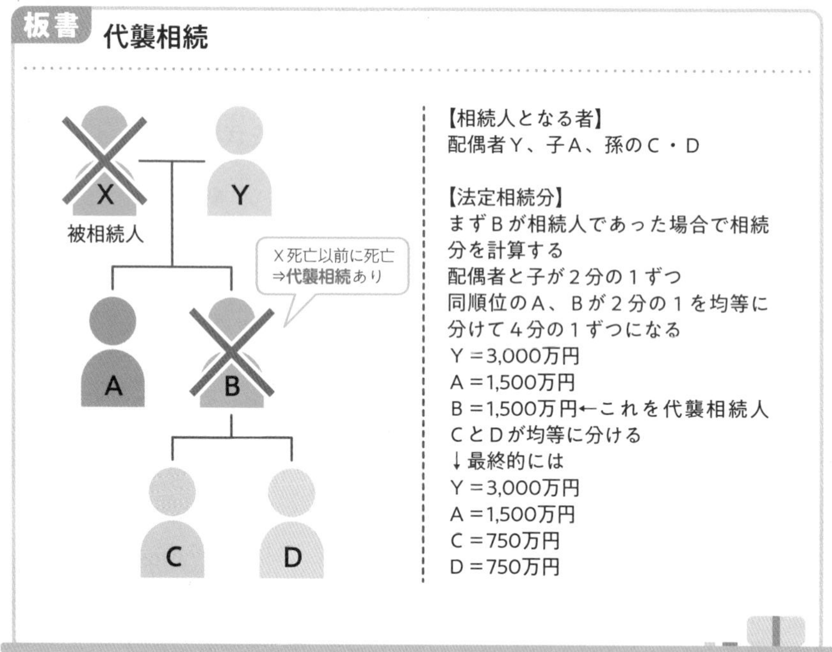

4 遺　言

1 遺言とは

遺言とは、**自分が死亡した後の財産の処分についての遺言者の最終的意思であり、それに対して法的効果を生じさせる仕組み**を指します。遺言を行う人を遺言者と呼びます。

未成年者であっても**15歳以上であれば、単独で有効に遺言ができます**（15歳未満は遺言を残せません）。 03

成年被後見人も**意思能力さえ有していれば、医師2人以上の立会いのもと遺言をすることができます**。

2 遺言の方式

遺言の方式には以下の３種類があります。

なお、**複数の者が同一の証書により共同で遺言をした場合、無効**となります。

❶ 自筆証書遺言

自筆証書遺言（じひつしょうしょいごん）は、**遺言者が遺言の全文、日付、氏名を自書し、押印する必要がある遺言**です。

ただし、**相続財産の目録は自書でなくてもよく、パソコン等で作成することができます**。カーボン紙を用いて複写する方法も自書として認められています（判例）。 04

日付については、「令和６年１月吉日」などと記載された自筆証書遺言は、日付の記載を欠くものとして無効と判断されています（判例）。

❷ 公正証書遺言

公正証書遺言（こうせいしょうしょいごん）は、**遺言者が口述したものを公証人が筆記した遺言**です。

❸ 秘密証書遺言

秘密証書遺言（ひみつしょうしょいごん）は、**遺言者が署名・押印した遺言を封印したうえで、公証人等の署名押印を受けた遺言**です。

3 遺言の撤回

遺言者は**いつでも遺言の方式に従って、その遺言を撤回することができます（遺言撤回自由の原則）**。

遺言の撤回は、遺言の方式に従って行う必要がありますが、**同一の方式でないと撤回できないということはありません**。例えば、自筆証書遺言を秘密証書遺言で撤回することもできます。

また、**遺言の撤回権を放棄することはできません**。したがって、もう撤回はしないと約束したとしても、自由に遺言の撤回はできます。

第2節 相続

□ 相続人が自己のために相続の開始があったことを知った時から3か月以内（熟慮期間内）に限定承認または相続の放棄をしなかった場合は、**単純承認をしたものと扱われます。**

□ 限定承認は、相続を放棄した者を除き**共同相続人全員で家庭裁判所に限定承認をする旨の申述**をしなければなりません。

□ 放棄をするためには、相続人が自己のために相続の開始があったことを知った時から3か月以内（熟慮期間内）に**家庭裁判所に放棄をする旨の申述**をしなければなりません。

□ 被相続人の**配偶者は、常に相続人**になります。血族は、**❶子**、**❷直系尊属**、**❸兄弟姉妹**の順で相続人になります。

□ 相続開始以前に、相続人である子が死亡、欠格、廃除によって相続権を失っている場合に、その相続人の子が代わりに相続することを**代襲相続**といいます。

□ 相続放棄は代襲原因になっていませんので、**相続放棄をした者の子や孫は、代襲相続人にはなりません。**

□ 未成年者であっても**15歳以上であれば、単独で有効に遺言**ができます。

□ 自筆証書遺言は、遺言者が遺言の全文、日付、氏名を自書し、押印する必要があります。ただし、**相続財産の目録は自書でなくても構いません。**

□ 遺言者は**いつでも遺言の方式に従って、その遺言を撤回することができます。**

第2節 ○×スピードチェック

01 相続人は、自己のために相続の開始があったことを知った時から３か月以内であれば、一度した相続の承認及び放棄を撤回することができる。

国家一般職2016

× 一度した相続の承認や放棄は撤回できません。

---

02 被相続人の子が、相続の開始以前に死亡した場合、又は相続を放棄した場合には、被相続人の子の配偶者及び被相続人の子の子は、被相続人の子を代襲して相続人となることができる。

国家一般職2016

× 放棄は代襲原因ではありませんし、配偶者は代襲相続人にはなりません。

---

03 遺言とは、遺言者の死亡とともに一定の効果を発生させることを目的とする相手方のない単独行為であり、未成年者もその年齢にかかわらずこれをすることができる。

特別区Ⅰ類2022

× 15歳に達した者であれば遺言をすることができます。

---

04 自筆証書で遺言をする場合において、自筆証書遺言にこれと一体のものとして相続財産の全部又は一部の目録を添付するときには、その目録についても遺言者が自書することを要し、パソコンにより作成することはできない。

特別区Ⅰ類2022

× 財産目録については自書する必要はなく、パソコンで作成できます。

索引

■ さ行 ■

■た行■

■ な行 ■

■ は行 ■

■ ま行 ■

■ や行 ■

■ ら行 ■

分冊冊子の使い方

次の図のように、色紙から各分冊の冊子を取り外してご利用ください。

※色紙と各分冊の冊子が、のりで接着されています。乱暴に扱いますと、破損する危険性がありますので、丁寧に取り外すようにしてください。

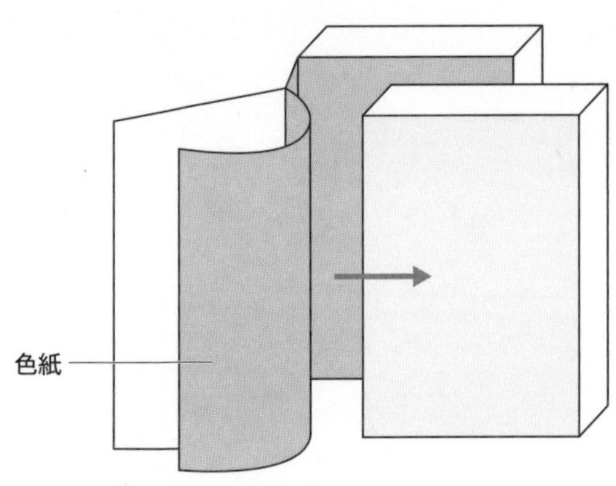

※抜き取る際の損傷についてのお取替えはご遠慮願います。

民法の教科書＆問題集

問題集編

目次

第1編 総則・物権

第1章 総　則

第2章 物　権

第3章 担保物権

第2編 債権・親族・相続

第1章 債権総論

第2章 契　約

第3章 法定債権関係

第4章 親族・相続

難易度 A　制限行為能力者　第1章第1節

問題1　制限行為能力者に関する次の**ア～オ**の記述のうち、妥当なもののみを全て挙げているものはどれか（争いのあるときは、判例の見解による。）。

裁判所2022

ア　成年被後見人がした行為であっても、日用品の購入は、取り消すことができない。

イ　制限行為能力者のした契約について、制限行為能力者及びその法定代理人が取消権を有するときは、契約の相手方も取消権を有する。

ウ　未成年者は、単に自身が未成年者であることを黙秘して契約を締結したにすぎないときは、その契約を取り消すことができる。

エ　未成年者は、単に義務を免れる法律行為について、その法定代理人の同意を得ないとすることができない。

オ　後見開始の審判は本人が請求することはできないが、保佐開始の審判及び補助開始の審判は本人も請求することができる。

1　**ア、イ**
2　**ア、ウ**
3　**イ、ウ**
4　**ウ、エ**
5　**ウ、オ**

正　解 2

オが少し細かい内容であるものの、確実に正解したい基本問題です。

ア ○ 

成年被後見人の法律行為は、取り消すことができます。ただし、**日用品の購入その他日常生活に関する行為**については、取り消すことができません（9条）。

イ ×　相手方には取消権なし 

なお、取消権を有するのは、制限行為能力者本人、その代理人、承継人、同意権者に限られています（120条1項）。

ウ ○ 7

制限行為能力者が行為能力者であることを信じさせるため**詐術を用いたときは、取り消すことができなくなります**（21条）。しかし、制限行為能力者であることを**単に黙秘していたことは、「詐術」には該当しない**（判例）ので、本記述の場合、取り消すことが可能です。

なお、制限行為能力者であることを黙秘していた場合でも、それが制限行為能力者の他の言動などと相まって相手方を誤信させ、また誤信を強めたという場合には詐術に当たります（判例）。

エ ×　単に義務を免れる法律行為には同意不要 3

単に権利を得る、または義務を免れる法律行為については、未成年者も単独で有効に法律行為をすることができます（5条1項）。

オ ×　後見開始の審判も本人が請求可能 

保佐開始の審判、補助開始の審判だけでなく、後見開始の審判も本人が請求することができます。

プラスone 後見開始の審判は、本人、配偶者、4親等内の親族、未成年後見人、未成年後見監督人、保佐人、保佐監督人、補助人、補助監督人または検察官の請求により行われます（7条）。

難易度 A

制限行為能力者

第1章第1節

問題2 民法に規定する制限行為能力者に関する記述として、妥当なのはどれか。

特別区Ⅰ類2015

1 未成年者が法律行為をするときは、法定代理人の同意を得なければならないが、法定代理人が目的を定めて処分を許した財産は、その目的の範囲内において、未成年者が自由に処分することができ、目的を定めないで処分を許した財産を処分することはできない。

2 補助人の同意を得なければならない行為について、補助人が被補助人の利益を害するおそれがないにもかかわらず同意をしないときは、家庭裁判所は、被補助人の請求により、補助人の同意に代わる許可を与えることができる。

3 家庭裁判所は、被保佐人のために特定の法律行為について、保佐人に代理権を付与する旨の審判をすることができるが、保佐人の請求により代理権を付与する場合において、被保佐人の同意は必要としない。

4 被保佐人の相手方が、被保佐人が行為能力者とならない間に、保佐人に対し、相当の期間を定めて取り消すことができる行為を追認するかどうかを確答すべき旨の催告をした場合、保佐人がその期間内に確答を発しないときは、その行為を取り消したものとみなす。

5 成年被後見人の法律行為は、日用品の購入その他日常生活に関する行為を除き、成年後見人の同意を得ないでした場合、これを取り消すことができるが、成年後見人の同意を得てなされたときは、これを取り消すことができない。

正解 2

3は少し細かいですが、他の記述は基本的な出題なので易しい問題といえるでしょう。確実に正解したいですね。

1 ✕ 目的を定めないで処分を許した財産も処分可能 3

目的を定めないで処分を許した財産としては、いわゆるおこづかいが挙げられ、**未成年者が自由に処分できます**（5条3項）。

2 ○ 5 6

条文により正しい記述です（17条3項）。

3 ✕ 本人以外の請求の場合は被保佐人の同意が必要 5

被保佐人以外の請求により、保佐人に代理権を付与する審判をするには、**被保佐人の同意**が必要です（876条の4第2項）。

4 ✕ 保護者が期間内に確答しなかった場合は「追認」 

催告を受けた保佐人が期間内に確答をしなかった場合、**追認したもの**とみなされます（20条1項、2項）。

5 ✕ 成年後見人に同意権なし 

前半は正しいですが、後半は誤っています。**成年後見人には同意権がない**ので、成年後見人の同意を得て行われた成年被後見人の行為も取り消すことができます（9条）。

難易度 A

制限行為能力者

第1章第1節

問題3　民法に規定する制限行為能力者に関する記述として、妥当なのはどれか。

特別区Ⅰ類2021

1　制限行為能力者は、成年被後見人、被保佐人、被補助人の３種であり、これらの者が単独でした法律行為は取り消すことができるが、当該行為の当時に意思能力がなかったことを証明しても、当該行為の無効を主張できない。

2　制限行為能力者の相手方は、その制限行為能力者が行為能力者となった後、その者に対し、１か月以上の期間を定めて、その期間内にその取り消すことができる行為を追認するかどうかを確答すべき旨の催告をすることができる。

3　家庭裁判所は、精神上の障害により事理を弁識する能力が著しく不十分である者については、本人、配偶者、四親等内の親族、補助人、補助監督人又は検察官の請求により、後見開始の審判をすることができる。

4　被保佐人は、不動産その他重要な財産に関する権利の得喪を目的とする行為をするには、その保佐人の同意を得なければならないが、新築、改築又は増築をするには、当該保佐人の同意を得る必要はない。

5　家庭裁判所は、保佐監督人の請求により、被保佐人が日用品の購入その他日常生活に関する行為をする場合に、その保佐人の同意を得なければならない旨の審判をすることができる。

正　解 2

5は保佐監督人が登場しているため正誤の判定が難しいですが、その他の記述は基本的な内容です。

1　✕　制限行為能力者には未成年者も含まれる 

制限行為能力者が行為当時の意思能力を有しなかった場合、それを証明することで、**無効を主張することも可能**です。

2　○ 

制限行為能力者の相手方は、制限行為能力者が行為能力者となった後、本人に対し、１か月以上の期間を定めて、追認するかどうかを確答すべき旨の催告をすることができます（20条１項前段）。

なお、催告を受けた者（本人）が期間内に確答を発しないときは、その行為を追認したものとみなされます（20条１項後段）。

3　✕　「著しく不十分」な場合、保佐開始の審判 

後見開始の審判は、精神上の障害により事理を弁識する能力を**欠く常況**の者が対象となります。

4　✕　重要度の高い財産行為には保佐人の同意が必要 

「不動産その他重要な財産に関する権利の得喪を目的とする行為」は保佐人の同意を必要とする行為として13条１項に列挙されている事項です。同じく、**「新築、改築又は増築」も列挙事項に該当します**（13条１項３号）。

5　✕　Skip ▶I　日用品の購入その他日常生活に関する行為は審判の対象外

家庭裁判所は、保佐監督人等の請求により、13条１項に列挙された行為以外の行為でも、追加する形で、保佐人の同意を得なければならないとする旨の審判をすることができます。しかし、用品の購入その他日常生活に関する行為については、その対象とすることができません（13条２項、９条ただし書）。

（保佐）監督人とは、保佐人などの保護者を監督するために家庭裁判所が必要に応じて付する人です。

難易度 A

制限行為能力者

第1章第1節

問題 4　行為能力制度に関する**ア～オ**の記述のうち、妥当なもののみを全て挙げているのはどれか。

国家一般職2018

ア　未成年者Ａが、親権者Ｂの同意を得ずに、祖父Ｃから大学進学の資金として100万円の贈与を受けた場合には、Ｂは、Ａが締結したＣとの贈与契約を取り消すことができる。

イ　成年被後見人Ａが、成年後見人Ｂの同意を得ずに、自宅近くにあるスーパーマーケットＣで日常の食事の材料として食料品を購入した場合には、Ｂは、Ａが締結したＣとの売買契約を取り消すことができる。

ウ　家庭裁判所は、保佐人Ａの請求により、被保佐人Ｂの同意を得ることなく、Ｂが所有する家屋の売買についてＡに代理権を付与する旨の審判をすることができる。

エ　家庭裁判所が、補助開始の審判によってＡを被補助人とし、補助人としてＢを選任した上で代理権を付与したが、同意権は付与しなかった場合には、Ａの行為能力は制限されない。

オ　未成年者Ａが、親権者Ｂの同意を得ずに、大型家電量販店Ｃで高価な家電製品を購入した場合において、Ｃは、Ａが成年に達しない間に、Ｂに対し、１か月以上の期間を定めて、Ａが締結したＣとの売買契約を追認するかどうかその期間内に確答すべき旨の催告をすることができる。

1　**ア、イ**
2　**ア、オ**
3　**ウ、エ**
4　**ウ、オ**
5　**エ、オ**

正　解 5

エは細かい知識が問われていますが、**ア**、**ウ**が誤りとわかれば正解できますので、基本的な問題といえるでしょう。

ア　✕　単に権利を得るだけの行為は取消し不可 3

未成年者であっても、**単に権利を得るだけの行為**については、単独で有効に行うことができます（5条1項ただし書）。「100万円の贈与を受ける」のは、単に権利を得るだけの行為に当たりますので、取り消すことはできません。

イ　✕　日常生活に関する行為は取消し不可 4

「日常の食事の材料として食料品を購入」することは、日常生活に関する行為に当たり（9条ただし書）、成年被後見人であっても有効に行うことができます。したがって、取り消すことはできません。

ウ　✕　本人以外の請求の場合は被保佐人の同意が必要 5

被保佐人以外の者の請求によって代理権付与の審判をするためには、**被保佐人本人の同意が必要**です（876条の4）。

エ　○ Skip

被補助人については、同意権付与の審判を行わず、代理権付与の審判だけを行うことが可能です。同意権付与の審判がされていない被補助人（A）は、行為能力の制限はされていないことになります。

オ　○ 7

制限行為能力者の相手方は、**制限行為能力者が行為能力者とならない間に、法定代理人等の保護者**に対して1か月以上の期間を定めて追認するか否かの催告をすることができます（20条2項、1項）。したがって、本記述のとおり、Cは、Aが成年に達しない間、Bに対して催告が可能です。

制限行為能力者

第1章第1節

問題5　制限行為能力者に関する**ア～オ**の記述のうち、妥当なもののみを全て挙げているのはどれか。ただし、争いのあるものは判例の見解による。

国家専門職2016

ア　成年被後見人は、精神上の障害により事理を弁識する能力を欠く常況にある者であるため、成年被後見人自身が行った、日用品の購入その他日常生活に関する行為を取り消すことができる。

イ　被保佐人の相手方は、被保佐人が行為能力者とならない間に、その保佐人に対し、その権限内の行為について、１か月以上の期間を定めて、その期間内にその取り消すことができる行為を追認するかどうかを確答すべき旨の催告をすることができる。この場合において、その保佐人がその期間内に確答を発しないときは、その行為を追認したものとみなされる。

ウ　被保佐人は、精神上の障害により事理を弁識する能力が著しく不十分な者であるため、元本の領収や借財をするといった重要な財産上の行為を、保佐人の同意があったとしても行うことができない。

エ　被補助人は、精神上の障害により事理を弁識する能力が不十分な者であるが、自己決定の尊重の趣旨から、本人以外の者の請求によって補助開始の審判をするには本人の同意が必要である。

オ　制限行為能力者が行為能力者であることを信じさせるために「詐術」を用いた場合には、取消権を行使することができない。「詐術」とは、制限行為能力者が相手方に対して、積極的に術策を用いたときに限られるものではなく、単に制限行為能力者であることを黙秘しただけであっても、詐術に当たる。

1　**ア、ウ**
2　**ア、オ**
3　**イ、エ**
4　**ア、イ、ウ**
5　**イ、エ、オ**

正解 3

エが少し細かい知識を問うていますが、他は基本知識で解答できます。

ア ✕ 日常生活に関する行為は取消し不可 4

成年被後見人も**日用品の購入その他日常生活に関する行為**については、有効に行為を行うことができます（9条）。したがって、取消しはできません。

イ ○ 7

保佐人に対して催告した場合、保佐人が期間内に確答を発しないときは、その行為を**追認したもの**とみなされます（20条1項、2項）。

ウ ✕ 同意があれば行える 

被保佐人が13条1項に列挙されている事項を行うためには、**保佐人の同意が必要**であり、同意なく行った場合には取消しの対象となります。**元本の領収、借財は列挙事項に該当**しますが、保佐人の同意を得たうえで、有効に行うことは可能です。

エ ○ 

条文どおりで正しい記述です（17条2項）。本人以外の者の請求によって補助開始の審判をするには、**本人の同意が必要**です。

被補助人にはある程度判断能力が残っており、その自己決定を尊重する趣旨です。

オ ✕ 黙秘しただけでは詐術に当たらず 

前半は正しいですが（21条）、後半は誤っています。制限行為能力者が行為能力者であることを信じさせるため詐術を用いたときは、その行為を取り消すことができません（21条）。そして、**「詐術」には、単に制限行為能力者であることを黙秘することは含まれていません**。

なお、制限行為能力者であることを黙秘していた場合であっても、他の言動などと相まって相手方を誤信させ、または、誤信を強めたと認められる場合には「詐術」に当たります（判例）。

難易度 **B**

制限行為能力者

第1章第1節

問題 6　行為能力に関する**ア～オ**の記述のうち、妥当なもののみを全て挙げているのはどれか。

国家専門職2019

ア　未成年者が不動産の売買契約を締結するには親権者の同意を得なければならないが、親権者が二人いる場合であっても、当該同意は、原則として一方の親権者のみでよい。

イ　成年被後見人が締結した売買契約は、いかなる場合においても取り消すことができる。

ウ　被保佐人が保佐人の同意を得ずに不動産の売買契約を締結した場合において、当該契約の相手方が、被保佐人に対し、１ヶ月以上の期間を定めて、保佐人の追認を得るよう催告したときは、その期間内に被保佐人が追認を得た旨の通知を発しなければ、追認があったものとみなされる。

エ　被保佐人が借主となった金銭消費貸借契約が取り消された場合、被保佐人は、その行為によって現に利益を受けている限度において返還義務を負うため、当該契約によって被保佐人が得た利益のうち、賭博に浪費されて現存しない部分については返還の義務を負わないとするのが判例である。

オ　行為能力の制限によって取り消すことができる行為は、当該行為を行った制限行為能力者自身も、単独で取り消すことができる。

1　**ア、イ**
2　**ア、エ**
3　**イ、オ**
4　**ウ、エ**
5　**エ、オ**

正解 **5**

イを**×**、**オ**を**○**と判定して**5**を正解と確定するのが最も効率的な解き方です。平均的なレベルの出題です。

ア × Skip ▸| **親権者双方の同意が必要**

未成年者が法律行為をするには、その法定代理人（親権者等）の同意が必要です（5条1項本文）。父母の婚姻中は父母が親権を共同して行うことが原則ですが（夫婦共同親権の原則：818条3項）、例外的に父母の一方が親権を行うことができないときに、他の一方の同意でよいとされています。

イ × **日常生活に関する行為は取消し不可** 

成年被後見人の法律行為は原則として取り消すことができます（9条本文）。しかし、成年被後見人も、**日用品の購入その他日常生活に関する行為**は単独で有効に行うことができるので（同条ただし書）、取り消すことはできません。したがって、「いかなる場合においても」とはいえません。

ウ × **被保佐人が期間内に確答しなかった場合は「取消し」** 

相手方は、**被保佐人**に対して、1か月以上の期間を定めて保佐人の追認を得るべき旨の催告をすることができます（20条4項前段、同条1項）。そして、その期間内に被保佐人が追認を得た旨の通知を発しないときは、その行為は**取り消したもの**とみなされます（20条4項後段）。

エ ○ 3

制限行為能力を理由として法律行為が取り消された場合、制限行為能力者は、その行為によって**現に利益を受けている限度（現存利益）**において、返還の義務を負います（121条の2第3項後段）。ただし、賭博や遊興等に浪費した場合は現存利益はないが、生活費や借金の弁済に充てた場合は、現存利益はあると判断されます（判例）。

オ ○ 

制限行為能力者自身も単独で取り消すことができます（120条1項）。

制限行為能力者

第1章第1節

問題 7　権利能力及び行為能力に関する**ア～オ**の記述のうち、妥当なもののみを全て挙げているのはどれか。　国家一般職2020

ア　自然人の権利能力は死亡によって消滅するため、失踪者が、失踪宣告によって死亡したものとみなされた場合には、その者が生存していたとしても、同宣告後その取消し前にその者がした法律行為は無効である。

イ　未成年者は、法定代理人が目的を定めて処分を許した財産については、法定代理人の同意を得なくとも、その目的の範囲内において自由に処分することができるが、法定代理人が目的を定めないで処分を許した財産については、個別の処分ごとに法定代理人の同意を得なければ処分することはできない。

ウ　未成年者が法定代理人の同意を得ずに土地の売買契約を締結した場合、当該契約の相手方は、当該未成年者が成人した後、その者に対し、１か月以上の期間を定めて、その期間内に当該契約を追認するかどうかを確答すべき旨の催告をすることができ、その者がその期間内に確答しなかったときは、追認したものとみなされる。

エ　成年被後見人は、日用品の購入その他日常生活に関する行為を単独で確定的に有効になすことができるが、これ以外の法律行為については、成年後見人の同意を得ても、単独で確定的に有効になすことはできない。

オ　被保佐人が、保佐人の同意を得ずに、同意が必要とされる行為をした場合、被保佐人自身のほか、保佐人も当該行為を取り消すことができる。

1　**ア、イ**
2　**エ、オ**
3　**ア、ウ、オ**
4　**イ、ウ、エ**
5　**ウ、エ、オ**

正解 **5**

アの失踪宣告の知識がなくても、他の記述の正誤を判定できれば正解を確定できます。標準的なレベルの問題です。

ア ✕ Skip ▶| **生存していた失踪者の法律行為は無効とならず**

失踪宣告は、失踪者の失踪当時の住所および家族を中心とする法律関係において、失踪者を死亡したとみなす制度です。仮に失踪者が生存していた場合、その失踪者の権利能力まで奪うものではありません。したがって、失踪宣告後その取消し前に失踪者が他の場所で行った法律行為は無効とはなりません。

イ ✕ おこづかい等は自由に処分可 3

前半は正しい記述です（５条３項前段）。しかし、法定代理人が**目的を定めないで処分を許した財産**（おこづかい等）については、未成年者が**自由に処分**できます（５条３項後段）。したがって、後半は誤っています。

ウ ○ 7

制限行為能力者が行為能力者となった後、相手方が本人に催告をした場合、期間内に確答を発しないときは、**追認したものとみなされます**（20条１項）。本記述では、未成年者が成人し、行為能力者となった後に、催告がされているので、期間内に確答を発しないと、追認したものとみなされます。

エ ○ 4

成年被後見人も**日用品の購入その他日常生活に関する行為**は、有効にできます（９条）。また、**成年後見人には同意権はなく**、成年被後見人は、成年後見人の同意を得ても、法律行為を有効に行うことはできません。

オ ○ 5

被保佐人が保佐人の同意を得ずに、保佐人の同意を必要とする行為（行為能力を制限された行為）をした場合、取り消すことが可能です（13条４項）。取消権は、**被保佐人本人、保佐人のいずれも行使可能**です（120条１項）。

意思表示

第1章第2節

問題8　意思表示に関する記述として最も妥当なものはどれか（争いのあるときは、判例の見解による。）。

裁判所2018改題

1　表示と内心の意思とが一致していないときは、たとえ表意者がその不一致を知って意思表示をした場合であっても、意思表示の効力は生じない。

2　虚偽表示を理由とする意思表示の無効は、善意の第三者にも対抗することができる。

3　表意者が法律行為の基礎とした事情についての認識が真実に反する錯誤があったとしても、それを理由として意思表示の取消しを主張できる余地はない。

4　第三者の強迫により意思表示を行った者は、相手方が強迫の事実を知っていたときに限り、その意思表示を取り消すことができる。

5　隔地者に対する意思表示は、原則として、その通知が相手方に到達した時から、その効力を生ずる。

正 解 **5**

5が正解ですが重要度は低い記述です。他の記述をしっかり学習しておくことが大切です。

第1編 第1章 総則

1 ✕ 心裡留保による意思表示は原則有効 

「表示と内心の意思とが一致していないときは、たとえ表意者がその不一致を知って意思表示をした場合」という部分から、これが心裡留保のことを指していることがわかります。そして、心裡留保は**原則として有効であり、相手方が悪意または有過失の場合に無効**となります（93条1項）。

2 ✕ 善意の第三者には対抗不可 

虚偽表示は無効ですが、その無効を**善意の第三者に対抗することはできません**（94条2項）。

3 ✕ 相手方に表示されていれば取消しの対象となり得る 

「表意者が法律行為の基礎とした事情についての認識が真実に反する錯誤」を**基礎事情の錯誤**といいますが、基礎事情に錯誤があった場合も、**その事情（動機）が法律行為の基礎とされていることが相手方に表示**されていれば、取消しを主張できる余地はあります（95条1項2号、2項）。

4 ✕ 相手方が強迫の事実を知らなくても取消しできる 6

第三者の強迫による意思表示は、相手方が強迫の事実を知らなくても（善意）、取り消すことができます。

第三者の詐欺による意思表示は、相手方が詐欺の事実を知り（悪意）、または知ることができたとき（有過失）に限り、取り消すことができることと区別しましょう。

5 ○ 

隔地者間の意思表示は、到達した時に効力を生じる**到達主義**を原則としています（97条1項）。

難易度 **A**

意思表示

第1章第2節

問題 9　民法に規定する意思表示に関する記述として、妥当なのはどれか。

特別区Ⅰ類2018

1　表意者が真意ではないことを知ってした意思表示は、表意者の内心を考慮して無効となるが、相手方が表意者の真意を知り、又は知ることができたときは、その意思表示は有効である。

2　相手方と通じてした虚偽の意思表示は、無効であるが、その意思表示の無効は、当該行為が虚偽表示であることを知らない善意の第三者に対抗することができない。

3　詐欺による意思表示は、取り消すことができるが、相手方に対する意思表示について第三者が詐欺を行った場合においては、相手方がその詐欺の事実を知っていたときに限り、取消しができるものとはならず、当然に無効となる。

4　強迫による意思表示は、意思表示の相手方以外の第三者が強迫した場合に取り消すことができるが、強迫を理由とする取消しの効果は善意の第三者に対抗することができない。

5　隔地者に対する意思表示は、表意者が通知を発した後に死亡したときであってもその効力は妨げられず、契約の申込みの意思表示において、相手方が表意者の死亡を申込通知の到達前に知っていた場合にも、その効力は妨げられない。

正　解 **2**

5は細かい知識を求めています。他の記述は重要度が高いので、**5**以外の記述は確実に正誤判定できるようにしましょう。

1　×　心裡留保は原則有効、例外で無効 ②

表意者が真意でないことを知ってした意思表示（心裡留保）は**原則、有効**ですが、相手方が表意者の真意を**知り、または知ることができたとき（悪意または有過失の場合）は、無効**となります（93条１項）。

2　〇 ③

条文どおりで正しい記述です（94条）。

3　×　当然に無効となるのではなく、取消しの対象となる 

第三者の詐欺による意思表示は、相手方が詐欺の事実を**知り（悪意）または知ることができたとき（有過失）に限り、取り消すことができます**。

ひとこと　第三者の強迫の場合との違いに十分注意しましょう。

4　×　強迫による取消しは善意の第三者にも対抗可 

第三者の強迫による意思表示は、相手方が善意でも取り消すことができます。また、**強迫による取消しは善意の第三者にも対抗できます**（96条３項反対解釈）。

5　×　Skip　申込みの効力は生じない

前半は正しいですが（97条３項）、後半は誤っています。契約の申込みにおいて、相手方が承諾の通知を発する前に、表意者の死亡の事実を知ったときは、その申込みは効力を生じません（526条）。

意思表示

第1章第2節

問題10　法律行為に関する**ア～オ**の記述のうち、妥当なもののみを全て挙げているのはどれか。

国家専門職2015改題

ア　法律行為が公の秩序に反する場合には、当該法律行為は無効であり、当該法律行為をした者以外の第三者であっても、かかる無効を主張することができる。

イ　意思表示の表意者が、表示行為に対応する意思のないことを知りながら単独でした意思表示は、原則として無効である。

ウ　意思表示が意思表示に対応する意思を欠く錯誤に基づくものであり、その錯誤が法律行為の目的及び取引上の社会通念に照らし重要なものであるときは、その意思表示を取り消すことができる。

エ　強迫による意思表示は、取り消すことができるが、当該意思表示の取消しは、善意の第三者に対抗することができない。

オ　相手方に対する意思表示について第三者が詐欺を行った場合、当該意思表示には瑕疵が存在することから、当該意思表示の相手方が詐欺の事実について過失なく知らなかったときであっても、表意者は当該意思表示を取り消すことができる。

1　**ア、イ**
2　**ア、ウ**
3　**イ、オ**
4　**ウ、エ**
5　**エ、オ**

正　解 **2**

アは第５節で学習しますが、基本的な内容です。本問はすべての記述が基本事項の確認になっており、確実に正解したい問題です。

ア　○　Skip ▶|

公の秩序に反する場合には、当該法律行為は無効であり（90条）、その無効は誰であっても主張することが可能です。

イ　×　心裡留保による意思表示は原則有効　2

「表示行為に対応する意思のないことを知りながら単独でした意思表示」とは心裡留保による意思表示のことです。**心裡留保による意思表示は原則として有効**になります（93条１項）。

ウ　○　4

条文どおりで正しい記述です（95条１項）。

エ　×　強迫による取消しは善意の第三者にも対抗可　6

強迫による意思表示は、取り消すことが可能であり（96条１項）、その**取消しは善意の第三者にも対抗できます**（同条３項反対解釈）。

オ　×　相手方が善意かつ無過失ならば取消し不可　5

第三者の詐欺による意思表示は、相手方が詐欺の事実を**知り（悪意）または知ることができたとき（善意かつ有過失）に限り、取り消すことができます**（96条２項）。

□□□

難易度 B　意思表示

第1章第2節

問題 11　Aは、Bに対し、通謀虚偽表示により、甲土地を売却した（以下「本件売買」という。）。この事例に関する次の**ア～オ**の記述のうち、妥当なもののみを全て挙げているものはどれか（争いのあるときは、判例の見解による。）。

裁判所2019改題

ア　本件売買後、Bが死亡し、Bの唯一の相続人であるCがBを相続して甲土地を取得した場合、Cは、民法第94条第２項の「第三者」に該当する。

イ　本件売買後、Bが甲土地上に建物を建築して、当該建物をCに賃貸した場合、Cは民法第94条第２項の「第三者」に該当する。

ウ　本件売買後、Bは、甲土地をCに売却したところ、Cは、甲土地を購入した時点では善意であったが、その後、悪意となった。この場合、Cは民法第94条第２項の「第三者」として保護される。

エ　本件売買後、Bは、甲土地をCに売却した。この場合、Cは、Aと対抗関係に立つから、Cは、善意であり、甲土地の登記を具備すれば、民法第94条第２項の「第三者」として保護される。

オ　本件売買後、Bは、甲土地をCに売却し、Cは、甲土地をDに売却した。Cは善意であったが、D自身は悪意であった。この場合、Dは甲土地の所有権を取得することができる。

1　**ア、イ**
2　**ア、エ**
3　**イ、オ**
4　**ウ、エ**
5　**ウ、オ**

正　解　**5**

妥当な記述**ウ**、**オ**は少し難しい内容を問うています。消去法で正解できるようにしておきましょう。

ア　✕　相続人は「第三者」に該当せず　3

当事者の**相続人**は、当事者の地位を承継する者であり、当事者と同視されるので、**94条２項の「第三者」には該当しません**。

イ　✕　土地上の建物の賃借人は「第三者」に該当せず　3

土地が虚偽表示によりＢに譲渡され、Ｂがその**土地上に建築した建物を賃借した者**Ｃは**94条２項の「第三者」に該当しません**（判例）。

ウ　○　

94条２項の「第三者」の善意・悪意の判断は、**第三者が利害関係を有するに至った時期を基準**になされます（判例）。つまり、購入した時が基準になります。したがって、購入した時点に善意であったＣは94条２項の「第三者」として保護されます（守ってもらえる）。

エ　✕　第三者として保護されるために登記は不要　

対抗関係とは、互いに、登記があって初めて自分が所有者であることを主張できる間柄のことを指します。ＡとＣは対抗関係には立ちませんので、ＣはＡに所有権を取得したことを主張できます。また、Ｃが94条２項の第三者として保護されるには善意であればよく、**登記を具備する必要はありません**（判例）。

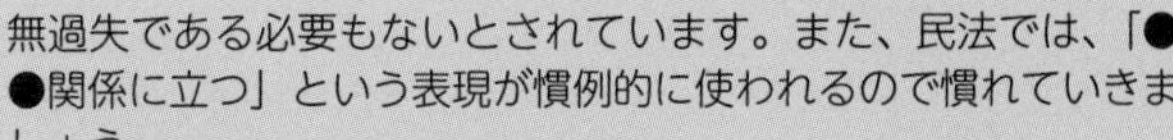
無過失である必要もないとされています。また、民法では、「●●関係に立つ」という表現が慣例的に使われるので慣れていきましょう。

オ　○　Skip ▸|

第三者Ｃが善意であるため94条２項の「第三者」として保護される場合、そのＣから土地を譲り受けた転得者Ｄは悪意であっても有効に権利を取得することができます（判例）。

難易度 **B**

意思表示

第1章第2節

問題 12　意思表示に関する次の**ア～エ**の記述の正誤の組合せとして最も妥当なものはどれか（争いのあるときは、判例の見解による。）。　裁判所2020

ア　Aが自己の所有する不動産をBに仮装譲渡して登記を移転した後、Bがその不動産を善意のCに譲渡した場合、CはAB間の譲渡が無効であることを主張することができない。

イ　Aが自己の所有する不動産をBに仮装譲渡して登記を移転した後、Cがその不動産を差し押さえた場合、Cは民法第94条2項の第三者にあたる。

ウ　AがBの詐欺により意思表示をした場合、Aに重過失があっても、Aはその意思表示を取り消すことができる。

エ　AがBの強迫を受けて畏怖したことにより意思表示をしたが、意思の自由を完全に失った状態ではなかった場合、Aは意思表示を取り消すことができない。

	ア	イ	ウ	エ
1	誤	誤	正	正
2	誤	正	正	誤
3	正	誤	誤	正
4	正	正	誤	誤
5	正	誤	正	誤

正　解　**2**

アは迷ってしまう人が多い記述です。ただ、**イ**、**ウ**の正誤をきちんと判定できれば正解を導き出せます。平均レベルの問題です。

ア　✕　第三者の側からは無効を主張可　3

虚偽表示の無効は善意の第三者に対抗することができません（94条２項）。これは善意の第三者に対しては無効であることを主張できないということであり、**第三者の側から無効を主張することは可能**です。

これはCが実はその土地がいらなくなってしまったので、虚偽表示であることを理由に無効にしてしまおうと考えたようなケースを前提にしています。この問いは盲点になっていることが多いです。あくまでも94条２項は善意の第三者に「対抗できない」としていることに注意しましょう。

イ　〇　

仮装譲渡された不動産を**差し押さえた債権者は、94条２項の第三者に当たります**（判例）。

ウ　〇　5

詐欺の場合、重過失があることで取消権が制限される規定は特にありません。したがって、詐欺により意思表示をした者に**重過失があっても取消しはできます**。

錯誤による意思表示は重過失があると取消しできなくなりますが、これとの違いに注意しましょう。

エ　✕　Skip ▶|　完全な意思の自由の喪失までは不要

強迫による意思表示と認められるためには、表意者に畏怖を生じさせた結果、意思表示をしたことが必要ですが、完全に意思の自由を失うことまでは必要ではありません。したがって、意思の自由を完全に失った状態ではなかった場合でも、Aは意思表示を取り消すことができます。

仮に意思の自由を完全に失った状態の場合、意思無能力状態と考えられるため、無効を主張することも可能です。

意思表示

第1章第2節

問題 13　意思表示に関する**ア～オ**の記述のうち、妥当なもののみを全て挙げているのはどれか。ただし、争いのあるものは判例の見解による。

国家一般職2017改題

ア　表意者が真意でないことを知りながらした意思表示は、原則として有効であるが、相手方がその真意を知っている場合や知ることができた場合は無効となる。

イ　相手方と通じてした虚偽の意思表示の無効は、善意の第三者に対抗することはできないが、第三者が利害関係を持った時点では善意であっても、その後に虚偽であることを知った場合は、善意の第三者ではなくなるから、意思表示の無効を対抗することができる。

ウ　相手方と通じてした虚偽の意思表示の無効を対抗することができないとされている第三者は、善意であることに加えて、無過失であることが必要である。

エ　意思表示が法律行為の目的及び取引上の社会通念に照らし重要な錯誤によりなされたものであっても、錯誤により意思表示をした者に重大な過失がある場合は、原則として意思表示の取消しをすることができない。

オ　詐欺による意思表示は、善意かつ無過失の第三者に対してもその取消しを対抗することができ、強迫による意思表示も、詐欺と比べて表意者を保護すべき要請が大きいため、当然に善意かつ無過失の第三者に対してその取消しを対抗することができる。

1　**ア、イ**
2　**ア、エ**
3　**イ、ウ**
4　**イ、エ**
5　**ウ、オ**

正解 **2**

各記述とも基本的な内容を問うています。確実に正解したい基本問題です。

ア ○ 2

「表意者が真意でないことを知りながらした意思表示」を心裡留保といいます。心裡留保による意思表示は**原則、有効**ですが、相手方が表意者の真意を**知り、または知ることができたとき（悪意または有過失の場合）は、無効**となります（93条1条）。

イ ✕ 善意・悪意の判定は利害関係を持った時期 

94条2項の「第三者」の善意・悪意の判断は、**第三者が利害関係を持った時期を基準**になされます（判例）。したがって、利害関係を持った時点では善意だった第三者が後に悪意となっても、なお94条2項の「第三者」として保護されます。

ウ ✕ 善意であればよく無過失は不要 

民法94条2項の「第三者」として保護されるためには、**善意であればよく、無過失であることまでは必要とされていません**（判例）。

エ ○ 

錯誤により意思表示をした者に**重大な過失がある場合は、原則として意思表示の取消しをすることができません**（95条3項）。

オ ✕ 詐欺による取消しは善意かつ無過失の第三者に対抗不可 

詐欺による取消しは善意かつ無過失の第三者に対抗できませんが、強迫による意思表示の取消しは善意かつ無過失の第三者にも対抗できます（96条3項）。

意思表示

第1章第2節

問題 14　民法に規定する意思表示に関する**A～D**の記述のうち、妥当なものを選んだ組合せはどれか。

特別区Ⅰ類2021

A　意思表示は、表意者がその真意ではないことを知ってしたときであっても、そのためにその効力を妨げられないが、相手方が表意者の真意を知っていたときに限り、その意思表示は無効となり、当該無効は、善意の第三者に対抗することができない。

B　公示による意思表示は、最後に官報に掲載した日又はその掲載に代わる掲示を始めた日から２週間を経過した時に、相手方に到達したものとみなすが、表意者が相手方を知らないこと又はその所在を知らないことについて過失があったときは、到達の効力を生じない。

C　相手方に対する意思表示について第三者が詐欺を行った場合においては、相手方がその事実を知り、又は知ることができたときに限り、その意思表示を取り消すことができるが、当該取消しは、善意でかつ過失がない第三者に対抗することができない。

D　意思表示は、表意者が法律行為の基礎とした事情についてのその認識が真実に反する錯誤に基づくものであって、その錯誤が法律行為の目的及び取引上の社会通念に照らして重要なものであるときは取り消すことができ、当該取消しは、その事情が法律行為の基礎とされていることが表示されていたか否かを問わず、することができる。

1　A　B
2　A　C
3　A　D
4　B　C
5　B　D

正　解　**4**

Bは細かい知識が問われていますが、**B**の正誤の判定ができなくても、**A**、**D**を**✕**と判断することで容易に正解できる問題です。

A　✕　相手方が善意かつ有過失のときも無効　2

意思表示は、表意者がその真意ではないことを知ってしたとき（心裡留保）であっても、そのためにその効力を妨げられません（有効）。しかし、相手方が表意者の真意を知っていたとき（悪意の場合）に限らず、**知ることができたとき（善意かつ有過失の場合）**も、その意思表示は無効となります。そして、当該無効は、**善意の第三者に対抗することができません**（93条）。

B　〇　Skip ▶I

公示による意思表示は、最後に官報に掲載した日またはその掲載に代わる掲示を始めた日から２週間を経過した時に、相手方に到達したものとみなされます。ただし、表意者が相手方を知らないことまたはその所在を知らないことについて過失があったときは、到達の効力は生じません（98条３項）。

C　〇　5

第三者の詐欺による意思表示は、相手方が詐欺の事実を**知り（悪意）、または知ることができたとき（善意かつ有過失）に限り、取り消すことができます**（96条２項）。そして、この取消しは、**善意かつ無過失の第三者に対抗できません**（同条３項）。

D　✕　表示されていたことが必要　

「表意者が法律行為の基礎とした事情についてのその認識が真実に反する錯誤」を基礎事情の錯誤（もしくは動機の錯誤）といいます。この場合、「その錯誤が法律行為の目的及び取引上の社会通念に照らして重要なもの」であるだけでなく、その事情が法律行為の基礎とされていることが**表示されていた場合**に、取消しが可能となります（95条２項）。

□□□

難易度 B　意思表示　第1章第2節

問題 15　意思表示に関する**ア～オ**の記述のうち、妥当なもののみを全て挙げているのはどれか。ただし、争いのあるものは判例の見解による。

国家専門職2021

ア　意思表示は、表意者がその真意ではないことを知ってしたときであっても、そのためにその効力を妨げられないが、相手方がその意思表示が表意者の真意ではないことを知り、又は知ることができたときは、その意思表示は無効である。また、かかる意思表示の無効は、善意の第三者に対抗することができない。

イ　AがBとの間で土地の仮装売買を行い、A所有の土地の登記名義をBとしていたところ、Bがその土地を自分のものであるとしてCに売却した。この場合、Cが保護されるためには、AB間の売買契約が通謀虚偽表示に基づくものであることにつき、Cが善意かつ無過失であることが必要である。

ウ　意思表示に対応する意思を欠く錯誤があり、その錯誤が法律行為の目的及び取引上の社会通念に照らして重要なものであるときは、当該意思表示は、原則として取り消すことができる。

エ　Aは、Bから金銭を借りる際に、Cを欺罔し、Cは自らがAの保証人となる保証契約をBと結んだ。この場合、BがAの欺罔行為を知っていたとしても、Cは当該保証契約を取り消すことができない。

オ　Aは、Bから金銭を借りる際に、Cを強迫し、Cは自らがAの保証人となる保証契約をBと結んだ。この場合、BがAの強迫行為を過失なく知らなかったときは、Cは当該保証契約を取り消すことができない。

1　**ア、イ**
2　**ア、ウ**
3　**イ、エ**
4　**ウ、オ**
5　**エ、オ**

正 解 2

エ、**オ**は保証という論点が出てくるので、第２編で学習する知識が必要となります。ただ、**ア**、**ウ**は基本的な内容であり、これらをストレートに○と判定することで現時点でも十分正解できる問題です。

第1編 第1章 総則

ア ○ ②

条文どおりで正しい記述です（93条）。

イ ✕ 善意であればよく無過失は不要 ③

94条２項の「第三者」として保護されるためには、善意のみが要求されており、**無過失であることや登記を備えることは要求されていません**（判例）。

ウ ○ ④

条文どおりで正しい記述です（95条）。

エ ✕ Skip ▶| **相手方が悪意なら取消し可**

ＣはＡに欺罔されてＢと保証契約を締結しています。保証契約の当事者はＣとＢなので、Ａは第三者になります。つまり、これは「第三者による詐欺」のケースです。第三者による詐欺の場合、相手方がその事実を知り、または知ることができたときに限り、その意思表示を取り消すことができます（96条２項）。したがって、詐欺による意思表示の相手方であるＢが、Ａの欺罔行為について知り、または知ることができた場合（悪意または有過失の場合）に、ＣはBC間の保証契約を取り消すことができます。

オ ✕ Skip ▶| **強迫による意思表示は相手方が善意かつ無過失でも取消し可**

エと似た事例ですが、「第三者による強迫」のケースになっています。第三者による強迫の場合、相手方の善意・悪意にかかわらず取消しができます（96条２項反対解釈）。

代　理

第1章第3節

問題 16　代理に関する**ア**～**オ**の記述のうち、妥当なもののみを全て挙げているのはどれか。

国家一般職2022

ア　代理人が、本人のためにすることを示さないで相手方に意思表示をした場合において、相手方が、代理人が本人のためにすることを知り、又は知ることができたときは、その意思表示は、本人に対して直接に効力を生ずる。

イ　代理人が相手方に対してした意思表示の効力が、ある事情を知っていたこと又は知らなかったことにつき過失があったことによって影響を受けるべき場合には、その事実の有無は、原則として、代理人を基準として決する。

ウ　制限行為能力者が他の制限行為能力者の法定代理人としてした行為は、行為能力の制限を理由として取り消すことができない。

エ　委任による代理人は、自己の責任で復代理人を選任することができるが、法定代理人は、本人の許諾を得たとき、又はやむを得ない事由があるときでなければ、復代理人を選任することができない。

オ　復代理人は、その権限内の行為について代理人を代表し、また、本人及び第三者に対して、その権限の範囲内において、代理人と同一の権利を有し、義務を負う。

1　**ア、イ**
2　**ア、エ**
3　**イ、ウ**
4　**ウ、オ**
5　**エ、オ**

正解 1

基本的なレベルの問題です。**ア**、**イ**をストレートに○と判断して正解するのが望ましいです。

ア ○ 

代理人が本人のためにすることを示さないでした意思表示（顕名のない意思表示）は、**自己のためにしたものとみなされます**が、相手方が、代理人が本人のためにすることを知り、または知ることができたときは（悪意または有過失の場合）、本人に対して直接に効力を生じます（100条）。

イ ○ 

善意や悪意、過失の有無によって意思表示の効力が影響を受ける場合、原則として、**代理人を基準**に判断します（101条1項、3項）。

ウ × 例外的に取消し可 4

制限行為能力者が他の制限行為能力者の**法定代理人**としてした行為については、取り消すことができます（102条ただし書）。

制限行為能力者が任意代理人としてした行為を、代理人の制限行為能力を理由に取り消すことはできません（102条本文）。

エ × 任意代理人は自己の責任で選任不可、法定代理人は可 

委任による代理人（任意代理人）は、**本人の許諾を得たとき、またはやむを得ない事由があるとき**でなければ、復代理人を選任できません（104条）。一方、法定代理人は、自己の責任で復代理人を選任できます（105条前段）。

オ × 復代理人は本人を代表する 

復代理人は、本人の代理人であって代理人の代理人ではないので、本人を代表します（106条1項）。復代理人は、本人および第三者に対して、その権限の範囲内において、代理人と同一の権利を有し、義務を負うので（106条2項）、後半は正しい記述です。

代　理

第1章第4節

問題 17　代理に関する**ア～オ**の記述のうち、妥当なもののみを全て挙げているのはどれか。ただし、争いのあるものは判例の見解による。

国家一般職2019

ア　委任による代理人は、本人の許諾又はやむを得ない事由がなくても、自己の責任で復代理人を選任することができるが、やむを得ない事由により復代理人を選任した場合には、その選任及び監督についてのみ、本人に対してその責任を負う。

イ　代理人が本人のためにすることを示さないで意思表示をした場合には、その意思表示は、原則として本人のみならず代理人に対してもその効力を生じないが、相手方が、代理人が本人のために意思表示をしたことを知り、又は知ることができたときは、その意思表示は、本人に対して直接にその効力を生ずる。

ウ　代理権を有しない者が他人の代理人としてした契約は、本人がその追認をしなければ、本人に対してその効力を生じない。また、追認は、相手方が追認の事実を知ったときを除き、相手方に対してしなければ、その相手方に対抗することができない。

エ　権限の定めのない代理人は、財産の現状を維持・保全する保存行為をすることはできるが、代理の目的である物又は権利の性質を変えない範囲内において、その利用又は改良を目的とする行為をすることはできない。

オ　委任による代理権は、原則として本人の死亡により消滅する。ただし、当事者間において本人の死亡によって代理権が消滅しない旨の合意があれば、代理権は消滅しない。

1　**ア、イ**
2　**ア、オ**
3　**イ、エ**
4　**ウ、エ**
5　**ウ、オ**

正　解　5

ア、**エ**が**✕**とわかれば最も効率的に正解に至れます。各記述とも難しいものではないので、平均的なレベルの出題です。

ア　✕　任意代理人は自己の責任で復代理人を選任できず　第3節 5

委任による代理人（任意代理人）は、本人の許諾を得たとき、またはやむを得ない事由があるときでなければ、復代理人を選任することができません（104条）。

やむを得ない事由により復代理人を選任した場合の責任については明文の規定はなく、代理権授与の前提として委任契約等が存在していると考えられるので、その契約の債務不履行の問題として処理されます。

イ　✕　原則代理人、例外で本人に対して効力を生じる　第3節 3

代理人が本人のためにすることを示さないでした意思表示（顕名のない意思表示）は、原則として**自己のためにしたものとみなされ、代理人に対して効力が生じます**。例外的に、相手方が、代理人が本人のためにすることを知り、または知ることができたときは（悪意または有過失の場合）、本人に対して直接に効力を生じます（100条）。

ウ　○　1

条文どおりで正しい記述です（113条）。

エ　✕　利用行為、改良行為も性質を変えない範囲で可能　第3節 2

権限の定めのない代理人は、財産の現状を維持・保全する**保存行為、代理の目的である物または権利の性質を変えない範囲の利用または改良を目的とする行為**をする権限を有します（103条）。

オ　○　第3節 2

委任による代理権（任意代理）は、本人の死亡により消滅します（111条1項）。ただし、当事者間でこれと異なる合意をすることは可能です（判例）。

第1編 第1章 総則

□□□

難易度 B　代　理　第1章第4節

問題 18　代理に関する次の**ア～オ**の記述のうち、妥当なもののみを全て挙げているものはどれか（争いのあるときは、判例の見解による。）。 裁判所2021

ア　代理人が、本人のためにすることを示さずに相手方との間で売買契約を締結した場合、相手方が、代理人が本人のために売買契約を締結することを知り又は知ることができたときは、本人と相手方との間に売買契約の効力が生ずる。

イ　代理人が、相手方の詐欺により、本人のためにすることを示して相手方との間で売買契約を締結した場合、本人は、その売買契約を取り消すことができない。

ウ　法定代理人は、やむを得ない事由がなくとも復代理人を選任することができ、この場合、本人に対して、復代理人の選任及び監督についての責任のみを負う。

エ　判例の趣旨に照らすと、既に合意されている契約条項に基づいて、代理人が双方の当事者を代理して公正証書を作成する場合には、双方代理の禁止に関する規定の法意に違反しない。

オ　無権代理行為の相手方は、表見代理が成立する場合であっても、表見代理の主張をせずに、直ちに無権代理人に対して、履行又は損害賠償の請求をすることができるが、これに対し無権代理人は、表見代理の成立を主張してその責任を免れることができる。

1　**ア、ウ**
2　**ア、エ**
3　**イ、エ**
4　**イ、オ**
5　**ウ、オ**

正解 2

エは細かい論点ですが、他の記述の正誤がわかれば十分正解できます。平均的なレベルの問題です。

ア ○ 第3節 3

代理人が本人のためにすることを示さないでした意思表示（顕名のない意思表示）も、相手方が、代理人が本人のためにすることを**知り、または知ることができたときは（悪意または有過失の場合）**、本人に対して直接に効力を生じます（100条）。本記述では、**本人と相手方との間に売買契約の効力が生じます**。

イ ✕ 取消権は本人に帰属 第3節 4

代理人が相手方の詐欺により契約を締結した場合における**取消権は、本人に帰属**します。代理行為の効果は本人に帰属するので、そこで発生した取消権も代理人ではなく本人に帰属することになるからです。

ウ ✕ やむを得ない事由なく選任した場合、全責任を負う 第3節 5

法定代理人は、自己の責任で復代理人を選任することができます。そして、選任した復代理人の行為については、やむを得ない事由があるときを除き、本人に対して**すべての責任**を負います（105条）。

やむを得ない事由があって選任した場合は、その選任および監督についての責任のみを負います。

エ ○ 第3節 2

双方の当事者を代理して公正証書を作成する行為は、新たに契約条項を決定する性質のものではありません。したがって、本人を害する可能性は低く、双方代理の禁止を定めた108条1項の法意に違反しません（判例）。

オ ✕ 無権代理人は表見代理の成立を主張不可 2

無権代理行為の相手方が無権代理人の責任（117条）を追及してきた場合、**無権代理人が表見代理の成立を主張してその責任を免れることはできません**（判例）。

代　理

第1章第4節

問題 19　民法に規定する代理に関する記述として、通説に照らして、妥当なのはどれか。

特別区Ⅰ類2019

1　代理は、本人の意思で他人に代理権を授与する場合に限り始まるものであるから、本人から何らの権限も与えられていない者が行った代理行為は、無権代理行為となる。

2　代理人が本人のためにすることを示さないでした意思表示は、代理人が本人のためにすることを相手方が知り、又は知ることができたとき、代理人に対して直接にその効力を生じる。

3　権限の定めのない代理人は、保存行為及び代理の目的である物又は権利の性質を変えない範囲内において、その利用又は改良を目的とする行為をする権限を有する。

4　無権代理人と契約を締結した相手方は、本人に対し、相当の期間を定めて、追認をするかどうかを確答すべき旨の催告をすることができるが、この場合において、本人がその期間内に確答をしないときは、追認したものとみなす。

5　本人の完成した意思表示を相手に伝えるために、本人の意思表示を書いた手紙を届けたり、本人の口上を伝えたりする行為は代理行為であり、本人のために自ら意思を決定して表示する者は使者である。

正　解　3

5の重要性は低いです。全体的に基本的で平易な問題です。

1　✕　任意代理のほかに法定代理があり　第3節 2

代理には、本人の意思で他人に代理権を授与する**任意代理**と、本人の意思とは関係なく法律の規定に基づいて代理権が発生する**法定代理**があります。

2　✕　相手方が悪意または有過失なら本人に効果帰属　第3節 3

代理人が本人のためにすることを示さないでした意思表示（顕名のない意思表示）も、代理人が本人のためにすることを相手方が**知り、または知ることができたときは（悪意または有過失の場合）、本人に対して直接に効力を生じます**（100条）。

3　○　第3節 2

権限の定めのない代理人も**保存行為、代理の目的である物または権利の性質を変えない範囲の利用または改良を目的とする行為**をする権限を有します（103条）。

4　✕ 　確答がなければ追認を拒絶したものとみなす　1

無権代理人と契約を締結した相手方は、本人に対し、相当の期間を定めて、**追認をするかどうかを確答すべき旨の催告**をすることができます。そして、催告に対して、本人がその期間内に確答をしないときは、**追認を拒絶**したものとみなされます（114条）。

5　✕　「代理行為」と「使者」が逆　第3節 1

本人の完成した意思表示を相手に伝えるために、本人の意思表示を書いた手紙を届けたり、本人の口上を伝えたりする者を「使者」といいます。

使者と代理人との違いは、代理人は意思決定の権限があるのに対し、使者にはそれが全くないことです。

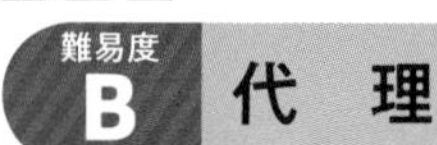

難易度B　代　理

第1章第4節

問題20　代理に関する次の**ア〜エ**の記述の正誤の組合せとして最も妥当なものはどれか（争いのあるときは、判例の見解による。）。　裁判所2019

ア　民法第109条は、本人が、第三者に対して他人に代理権を与えた旨を表示した場合の規定であるから、本人が、第三者に対して他人に自己の名前や商号の使用を許したことを表示した場合には、適用されない。

イ　登記申請行為は公法上の行為であるから、これが契約上の債務の履行という私法上の効果を生ずる場合であっても、登記申請行為についての代理権は民法第110条の基本代理権とはならない。

ウ　民法第112条は、代理権が消滅した場合の規定であるから、いったんは正規の代理権が存在していたことが必要である。

エ　無権代理行為の相手方は、当該無権代理行為につき表見代理が成立する可能性がある場合であっても、民法第117条に基づき、無権代理人に対し、履行又は損害賠償の請求をすることができる。

	ア	イ	ウ	エ
1	正	正	誤	正
2	正	誤	正	誤
3	誤	誤	誤	正
4	誤	誤	正	正
5	誤	正	誤	誤

正解 4

ア、**イ**は難しい内容です。**ウ**、**エ**を○と判断することで正解できるようにしていきましょう。少し難易度が高い問題です。

ア ✕ 自己の名前、商号の使用許可にも適用 2

他人に自己の名称、商号等の使用を許した場合も「第三者に対して他人に代理権を与えた旨を表示した」に該当します（判例）。

イ ✕ Skip 私法上の義務履行であれば基本代理権となる

公法上の行為の代理権は、原則として民法110条の基本代理権にはなり得ません。しかし、例外的に、公法上の行為である登記申請の代理権であっても、私法上の契約による義務の履行ためになされる場合には、民法110条の基本代理権になります（判例）。

ウ ○ 2

民法112条の代理権消滅後の表見代理は、与えられた代理権が消滅したことを想定した場合の規定なので、**いったんは正規の代理権が存在していたこと**を必要とします。

エ ○ 2

民法117条の無権代理人の責任と表見代理のいずれも成立する可能性がある場合、どちらを主張するかは無権代理行為の**相手方が自由に選択**できます。

□□□

代　理

第1章第4節

問題 21　代理に関する次の**ア〜エ**の記述の正誤の組合せとして、最も適当なものはどれか（争いのあるときは、判例の見解による。）。　裁判所2016

ア　未成年者Aの法定代理人Bは、Aの許諾を得ずに、またやむを得ない事由もないのに、友人Cを復代理人に選任した。この場合、Cは適法な復代理人ではない。

イ　Aは、Bを代理してB所有の自動車をCに譲渡したが、この売買契約の際、CはAを欺罔した。この場合、詐欺を理由として意思表示を取り消すことができるのはAであって、Bは取り消すことはできない。

ウ　本人Aの無権代理人Bと契約を締結した相手方Cが、Bに対して履行請求をした場合、この請求に対するBの「表見代理が成立し、契約の効果はAに帰属するから、自分は履行の責任を負わない」との主張は認められない。

エ　Aは、何らの代理権もないにもかかわらず、Bの代理人と称してCとの間でB所有の土地を譲渡する契約をした。この場合、BはAに対して追認をすることができるが、Cが追認の事実を知った後でなければ、BからCに対して追認の効果を主張することはできない。

	ア	イ	ウ	エ
1	誤	正	正	誤
2	正	誤	誤	正
3	誤	正	誤	誤
4	正	正	正	誤
5	誤	誤	正	正

正　解　5

4つの記述のうち2つの正誤が確実にわかれば、かなりの確率で正解に至れます。正解するのは難しくない問題です。

ア　✕　法定代理人は自由に選任可　第3節 5

法定代理人は、自己の責任で復代理人を自由に選任することができます（105条）。

任意代理人は、本人の許諾を得たとき、またはやむを得ない事由があるときでなければ、復代理人を選任することができません。

イ　✕　取消権は本人に帰属　第3節 4

代理人が相手方の詐欺により契約を締結した場合における取消権は、本人（B）に帰属します。代理行為の効果は本人に帰属するので、そこで発生した取消権も代理人ではなく本人に帰属することになるからです。

ウ　○　2

民法117条の無権代理人の責任と表見代理のいずれも成立する可能性がある場合、どちらを主張するかは無権代理行為の**相手方が自由に選択**できます。そして、民法117条の責任（履行責任もしくは損害賠償責任）を追及された無権代理人は、表見代理の成立を理由に免責を主張することは認められません（判例）。

エ　○　1

本人が無権代理行為を追認するときは、相手方に対してしなければ、追認の効果を相手方に主張することはできませんが（113条2項本文）。無権代理人に対してした追認であっても、**相手方が追認の事実を知った後**であれば、相手方に主張することができます（113条2項ただし書）。したがって、Cが追認の事実を知った後でなければ、追認の効果を主張できません。

難易度 B　代　理

第1章第4節

問題22　代理に関する**ア～エ**の記述のうち、妥当なもののみを全て挙げているのはどれか。ただし、争いのあるものは判例の見解による。

国家専門職2017

ア　代理人が保佐開始の審判を受けた場合、法定代理と任意代理のいずれにおいても、代理権は消滅する。

イ　Ａが、ＢにＡ所有の土地の売却に関する代理権を与えたところ、Ｂは、売却代金を自己の借金の弁済に充てるつもりで、その土地をＣに売却した。この場合、ＢはＡに土地売買の効果を帰属させる意思があることから、Ｂの代理行為は常に有効となる。

ウ　Ａの子Ｂは、Ａに無断でＡ所有の土地をＣに売却した。その後、Ａが何らの意思表示もせず亡くなり、Ａの子Ｂ、Ｄ及びＥがＡを相続した場合に、Ｂの無権代理行為につきＤ及びＥが追認を拒絶したときは、Ｂの法定相続分についても無権代理行為は有効とはならない。

エ　無権代理行為を本人が追認した場合、別段の意思表示がなければ、その効力は契約の時に遡って生ずる。この本人の追認は、無権代理人と無権代理の相手方のいずれに対して行ってもよいが、無権代理人に対して行った追認は、追認の事実を知らない相手方に対抗することができない。

1　**ア、イ**
2　**ア、ウ**
3　**イ、エ**
4　**ウ、エ**
5　**ア、ウ、エ**

正　解 4

ウは難しいです。**ア**、**イ**を✕と確実に判定することで、正解を絞り込めるようにしましょう。

ア　✕　保佐開始の審判で代理権は消滅しない　第3節 2

代理人が保佐開始の審判を受けたことは、法定代理、任意代理のいずれにおいても、代理権消滅原因になっていません（111条1項）。

消滅原因となるのは、代理人が後見開始の審判を受けた場合です。

イ　✕　相手方が悪意または有過失なら無権代理　第3節 2

本記述は代理人（B）が自己の利益を図る目的で代理行為を行っている**代理権の濫用**のケースです。この場合、**原則として代理行為は有効**ですが、相手方（C）がその目的を**知り、または知ることができたとき（悪意または有過失の場合）は、無権代理**となります。

ウ　〇　Skip ▶|

本記述の場合、無権代理人以外の他の共同相続人全員（D・E）の追認がない限り、無権代理人（B）の法定相続分についても、無権代理行為は、当然に有効となるわけではありません（判例）。

エ　〇

追認は、別段の意思表示のないときは**契約の時にさかのぼって**その効力を生じます（116条本文）。追認は無権代理人と無権代理行為の相手方のいずれに対して行ってもよいのですが、無権代理人に対して行った追認は、**追認の事実を知らない相手方に対抗できません**（113条2項）。

つまり、本人が追認した事実を相手方が知るまでは、相手方は取消しができるということになります。

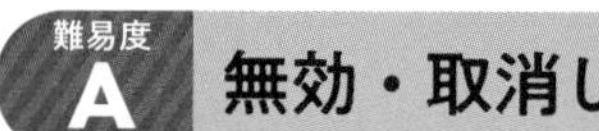

無効・取消し

第1章第5節

問題 23　民法に規定する無効又は取消しに関する記述として、通説に照らして、妥当なのはどれか。　特別区Ⅰ類2022

1　当事者が、法律行為が無効であることを知って追認をしたときは、追認の時から新たに同一内容の法律行為をしたものとみなすのではなく、初めから有効であったものとみなす。

2　錯誤、詐欺又は強迫によって取り消すことができる法律行為は、瑕疵ある意思表示をした者又はその代理人により取り消すことができるが、瑕疵ある意思表示をした者の承継人は取り消すことができない。

3　取り消された法律行為は、取り消された時から無効になるため、その法律行為によって現に利益を受けていても返還の義務を負うことはない。

4　取り消すことができる法律行為の相手方が確定している場合には、その取消し又は追認は、相手方に対する意思表示によって行う。

5　取り消すことができる法律行為を法定代理人が追認する場合は、取消しの原因となっていた状況が消滅し、かつ、取消権を有することを知った後にしなければ、追認の効力を生じない。

正　解　4

各記述とも基本知識を問うているので、正誤を判定するのに難しい点はないでしょう。基本的なレベルの問題です。

1　✕　初めから有効ではなく新たな行為とみなす 

無効な行為は、追認があってもその効力を生じません。しかし、当事者がその行為の無効であることを知って追認をしたときは、それは**新たな行為をしたもの**とみなされます（119条）。

つまり、その時点（追認時）で新しく契約等を締結したと考えるということです。

2　✕　承継人も取消し可 

錯誤、詐欺、強迫によって取り消すことができる行為は、瑕疵ある意思表示をした者、その代理人、**承継人（相続人等）が取消権を有しています**（120条2項）。

3　✕　初めから無効とみなされ、返還義務が生じる 

取り消された行為は、**取り消された時からではなく、初めから無効**であったものとみなされます（121条）。つまり、遡及効があります。そして、無効な行為に基づく債務の履行として給付を受けた者は、原則として、相手方を**原状に復させる義務を負います**（121条の2第1項）。

4　〇

取り消すことができる行為の相手方が確定している場合には、その取消しまたは追認は、相手方に対する意思表示によってします（123条）。

5　✕　法定代理人の場合は消滅前でも可 

追認は、取消しの原因となっていた状況が消滅し、かつ、取消権を有することを知った後にしなければ、その効力を生じませんが（124条1項）、**法定代理人が追認をする場合には、取消しの原因となっていた状況が消滅した後にすることを要しません**（124条2項1号）。

無効・取消し

第1章第5節

問題24 無効及び取消しに関する**ア～オ**の記述のうち、妥当なもののみを全て挙げているのはどれか。

国家一般職2022

ア 無効な行為は、追認によっても、その効力を生じない。ただし、当事者がその行為の無効であることを知って追認をしたときは、遡及的に有効となる。

イ 無効な無償行為に基づく債務の履行として給付を受けた者は、給付を受けた当時その行為が無効であることを知らなかったときは、その行為によって現に利益を受けている限度において、返還の義務を負う。

ウ 無効は、取消しとは異なり、意思表示を要せず、最初から当然に無効であり、当事者に限らず誰でも無効の主張ができるものであるから、無効な行為は、強行規定違反又は公序良俗違反の行為に限られる。

エ 取り消すことができる行為の追認は、原則として、取消しの原因となっていた状況が消滅し、かつ、取消権を有することを知った後にしなければ、その効力を生じない。

オ 追認をすることができる時以後に、取り消すことができる行為について取消権者から履行の請求があった場合は、取消権者が異議をとどめたときを除き、追認をしたものとみなされる。

1 ア、ウ
2 イ、エ
3 エ、オ
4 ア、ウ、オ
5 イ、エ、オ

正　解 **5**

ア、**ウ**が**✕**とわかるだけでなく、**イ**、**エ**、**オ**をすべて**○**と判定する必要がある、難しめの問題です。

ア　✕　新たな行為をしたものとみなされる

無効な行為は、追認があってもその効力を生じません。しかし、当事者がその行為の無効であることを知って追認をしたときは、それは**新たな行為をしたものとみなされます**（119条）。

イ　○

無効な**無償行為**に基づく債務の履行として給付を受けた者は、給付を受けた当時その行為が無効であることを知らなかったとき（**善意**の場合）は、**現に利益を受けている限度（現存利益）**で返還義務を負います（121条の２第２項）。

ウ　✕　無効となる場合はほかにもあり

無効となるのは、挙げられているもの以外にも、意思無能力者による行為（３条の２）や虚偽表示（94条）の場合などがあります。

エ　○

取り消すことができる行為の追認は、原則として、**取消しの原因となっていた状況が消滅し、かつ、取消権を有することを知った後**にしなければ、その効力を生じません（124条）。

ひとこと　その例外が法定代理人が追認するとき等の場合です。

オ　○

追認をすることができる時以後に、取消権者から履行の請求があったときは、異議をとどめたときを除き、**追認をしたものとみなされます**（125条）。

ひとこと　これを「法定追認」といいます。

□□□

難易度 B　無効・取消し　第1章第5節

問題 25　未成年者A（16歳）は、法定代理人Bの同意を得ることなく、自己の所有する自転車を代金10万円でCに売却する契約を締結した。この事例に関する次の**ア～オ**の記述のうち、適当なもののみを全て挙げているものはどれか（争いのあるときは、判例の見解による。）。　裁判所2016改題

ア　Aは売買契約を締結した後で思い直し、A単独でこれを取り消す意思表示をした。Aの取消しの意思表示は、Bの同意なくなされたものであるから、Bはこの意思表示を取り消すことができる。

イ　Aは、Cから売買代金の内金として３万円を受け取り、この３万円の大部分をゲームセンターで使ってしまった。Bがこの売買契約を取り消した場合、Aは受領した３万円全額をCに返還しなければならない。

ウ　売買契約を締結してから１年後、CはAに対し、２か月以内に追認するか、取り消すかの返事をするよう催告したが、Aは２か月の間に返事をしなかった。Bはこの売買契約を取り消すことができる。

エ　売買契約を締結してから４年後、Aは売買契約を取り消すことができることを知りながらCに自転車を引き渡した。Aは売買契約を取り消すことができる。

オ　Cが売買代金を支払わないため、Aは、売買契約を締結してから１年後にCに対し、代金を支払うよう請求した。Bはこの売買契約を取り消すことができる。

1　ア、イ
2　イ、ウ
3　ア、エ
4　ウ、オ
5　エ、オ

正　解　**4**

ア、**ウ**は第１節で学習した内容です。**イ**、**エ**を**✕**と判定できるようにしておく必要があり、法定追認が絡むので少し難易度が高い問題です。

ア　✕　未成年者単独で取消し可　第1節 3

未成年者本人が取消しをする場合、**法定代理人の同意は不要**です（120条１項）。

イ　✕　現存利益のみ返還　1

制限行為能力を理由とする取消しが行われた場合、制限行為能力者（未成年者）の返還義務は、**現に利益の存する限度（現存利益）**でよいとされています（121条の２第３項）。そして、金銭等を**浪費した場合には現存利益はない**と判断されます。Aがゲームセンターで使ってしまった３万円の大部分は浪費したものとして返還不要となります。

ウ　○　第1節 

１年後、Aはまだ17歳の未成年者であり、**未成年者に対する催告は無効**です。したがって、確答をしなかったとしても、追認等の効力を生じることはなく、Bは取消しが可能です。

エ　✕　法定追認に該当し取消し不可　

４年後、Aは20歳であり、成年者（18歳以上）となっています。成年者となり（追認することができる時以後に）、Aが、**売買契約の履行をしているので、追認**をしたものとみなされます（125条１号）。したがって、Aはもはや取消しはできません。

オ　○　

１年後、Aはまだ17歳の未成年者であり、制限行為能力者のままです。つまり、まだ取消しの原因となっていた状況が消滅していないので、AがCに代金の支払いを請求しても**法定追認とはなりません**。

難易度 A　時　効

第1章第6節

問題 26　取得時効に関する次の**ア～オ**の記述のうち、妥当なもののみを全て挙げているものはどれか（争いのあるときは、判例の見解による。）。

裁判所2022

ア　土地の継続的な用益という外形的事実が存在し、かつ、それが賃借の意思に基づくことが客観的に表現されているときは、土地賃借権の時効取得が可能である。

イ　占有者がその占有開始時に目的物について他人の物であることを知らず、かつ、そのことについて過失がなくても、その後、占有継続中に他人の物であることを知った場合には、悪意の占有者として時効期間が計算される。

ウ　時効取得を主張する相続人は、自己の占有のみを主張することも、被相続人の占有を併せて主張することもできる。

エ　賃借人が、内心では所有の意思をもって占有している場合、その占有は自主占有となる。

オ　他人の物を占有することが取得時効の要件であるから、所有権に基づいて不動産を占有していた場合には、取得時効は成立しない。

1　**ア、ウ**
2　**ア、エ**
3　**イ、オ**
4　**ウ、エ**
5　**エ、オ**

正 解 1

イ、**エ**は**✕**と確実に判定したい記述です。それにより**1**を正解と導き出せる、基本的なレベルの問題です。

ア ○ Skip ▶|

土地賃借権の時効取得は、土地の継続的な用益という外形的事実が存在し、かつ、それが賃借の意思に基づくことが客観的に表現されているときは可能とされています（判例）。

「賃借の意思に基づくことが客観的に表現」とは、賃料の支払いをしていることなどを指します。

イ ✕ 占有中に悪意に転じても善意と判定 2

善意・悪意の判定基準時は占有開始時です。したがって、占有開始時に善意かつ無過失であれば、占有開始後に悪意となった場合でも、善意かつ無過失の占有者として10年の時効期間（162条２項）でその所有権を時効取得できます。

ウ ○ 2

占有の承継人は、その選択に従い、自己の占有のみを主張し、または自己の占有の前の占有者の占有を併せて主張することができます（187条１項）。相続の場合もこの規定に基づき、**相続人は自己の占有のみを主張することも、被相続人の占有を併せて主張することも可能**です。

エ ✕ 賃借人の占有は他主占有 2

所有の意思は、占有者の内心の意思ではなく、**占有取得の原因によって外形的・客観的に決められる**ものです。したがって、賃借により取得した賃借人の占有は、外形的・客観的に見て所有の意思のない占有（他主占有）となります。

オ ✕ 自己の物を時効取得することも可能 

取得時効の対象物は必ずしも他人の物である必要はなく、**自己の物であっても時効取得は可能**です。

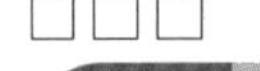

時　効

第1章第6節

問題 27　取得時効又は占有に関する記述として最も妥当なものはどれか（争いのあるときは、判例の見解による。）。　裁判所2018

1　甲土地を占有していたＡを相続したＢは、Ａの権利義務を包括承継したことになるから、取得時効の成立に関して、自己の占有にＡの占有を併せて主張しなければならず、甲土地について自己の占有のみをもって取得時効の成立を主張することはできない。

2　所有権の取得時効が成立するためには、他主占有による占有の継続でも足りるから、甲土地を占有している賃借人Ａが取得時効によって甲土地の所有権を取得することを防ぐためには、賃貸人Ｂは、Ａとの間で、Ａが占有を継続しても甲土地の所有権を時効取得しない旨の合意をしなければならない。

3　占有者が占有物について行使する権利は、適法に有するものと推定されるから、甲土地の所有者であるＡが、甲土地を占有するＢに対し、所有権に基づき、甲土地の返還を求める場合には、Ａにおいて、Ｂが占有正権原を有しないことを主張立証しなければならない。

4　甲土地を占有していたＡから甲土地を買い受けたＢは、自己が甲土地を占有開始した時点において、悪意であったとしても、自己の占有にＡの占有を併せて取得時効の成立を主張するときは、Ａが甲土地を占有開始した時点において、善意かつ無過失であった場合、取得時効の成立に必要な占有継続の期間としては、10年間の占有継続を主張すれば足りる。

5　取得時効によって取得できる財産権は、所有権に限られるから、土地の賃借権を時効取得することはできない。

正解 **4**

3は難しいですが、正解である**4**をストレートに○と判定できるようにしておきたい問題です。

1 ✕ 占有者が選択できる ②

占有者は自己の占有のみを主張するか、前の占有者の占有期間も併せて主張するかを**選択することができます**（187条1項）。そして、相続人にもこの規定は適用されるので、相続人も自己の占有のみをもって取得時効の成立を主張することができます。

2 ✕ 他主占有で取得時効は成立せず 

取得時効の成立要件の１つとして、「所有の意思」のある占有（自主占有）があり、**他主占有では取得時効は成立しません**。

3 ✕ Skip 他人の土地の占有権原は占有者に立証責任あり

所有者に対して占有権原を主張するときには占有者が自ら占有権原を立証する必要があります（判例）。

4 ○ ②

取得時効期間が10年となるための占有者の善意や無過失については、占有開始時点で判定されます。そして、前の占有者の占有を併せて主張する場合には、前の占有者（A）の占有開始時点で判定されます。

5 ✕ 土地の賃借権も時効取得し得る 

取得時効の対象となる権利は、**所有権に限られているわけではありません**。地上権や地役権なども対象になります。また、土地の賃借権も時効取得が可能な場合があります。

時　効

第1章第6節

問題 28　取得時効に関する次の**ア～オ**の記述のうち、妥当なもののみを全て挙げているものはどれか（争いのあるときは、判例の見解による。）。

裁判所2021

ア　Aが、B所有の甲土地を5年間継続して占有していたCから、甲土地を購入して引渡しを受け、さらに6年間継続して占有している場合、甲土地がB所有であることについてCが善意無過失であっても、Aが善意無過失でなければ、Aは甲土地を時効取得することができない。

イ　Aが、B所有の甲土地をBから購入して10年間継続して占有している場合、Aにとって甲土地は他人の物ではないから、Aは甲土地を時効取得することができない。

ウ　Aが、B所有の甲土地を自己所有の土地として、第三者であるCに賃貸し、Cが甲土地を20年間継続して占有している場合、Aは甲土地を時効取得することができる。

エ　Aが、B所有の甲土地をB所有であると知りながら5年間継続して占有していたCから、甲土地を購入して引渡しを受け、さらに11年間継続して占有している場合、Aが、甲土地がB所有であることにつき善意無過失であれば、Aは甲土地を時効取得することができる。

オ　AがB所有の甲土地をBから賃借して20年間継続して占有している場合、Aは甲土地を時効取得することができる。

1　**ア、イ**
2　**ア、オ**
3　**イ、ウ**
4　**ウ、エ**
5　**エ、オ**

正 解 **4**

ア、イ、オを✕と判定することで消去法で正解を導きましょう。事例になっているので解答するのに少し時間がかかる問題です。

ア ✕ 善意・悪意の判定は前占有者の占有開始時 ②

占有者の承継人は、自己の占有に前の占有を併せて主張することができるので（187条１項）、ＡがＣの占有も併せて主張した場合、11年間占有していることになります。合算した場合の善意・悪意の判定時は前占有者の占有開始時であり、Ｃが善意かつ無過失なので10年の時効取得が適用され、Ａは善意かつ無過失でなくても時効取得することができます。

イ ✕ 自己の物を時効取得することも可能 ②

自己の物であっても時効取得は可能です。

ウ ○ Skip ▶I

賃借人Ｃの占有を通じて賃貸人Ａの間接占有が甲土地には及んでいます。Ｃが甲土地を20年間継続して占有している場合、Ａの間接占有も20年間継続していることなります。したがって、Ａは甲土地を時効取得することができます。

間接占有については第２章第３節で学習します。

エ ○ ②

占有者の承継人は、その選択に従い、**自己の占有のみを主張し、または自己の占有に前の占有者の占有を併せて主張することもできます**（187条１項）。Ａが善意かつ無過失であれば、自己の占有のみを主張して、10年間の占有により甲土地を時効取得することができます（162条２項）。

オ ✕ 賃借人に「所有の意思」は認められず ②

賃貸借契約に基づき占有を取得した場合、その**賃借人の占有は、所有の意思のない占有（他主占有）となります**。所有の意思のない占有を何年続けても、所有権を時効取得することはできません。

時　効

第1章第6節

問題 29　時効に関する**ア**～**オ**の記述のうち、妥当なもののみを全て挙げているのはどれか。ただし、争いのあるものは判例の見解による。

国家専門職2020

ア　時効の利益は、時効完成の前後を問わず、放棄することができる。

イ　10年の取得時効を主張する占有者は、自己が善意・無過失であることや占有が平穏かつ公然であることを立証する必要はないが、所有の意思をもって占有していることについては立証する必要がある。

ウ　後順位抵当権者は、先順位抵当権の被担保債権の消滅により抵当権の順位が上昇し、これにより自己の被担保債権に対する配当額が増加することがあり得るため、先順位抵当権の被担保債権の消滅時効を援用することができる。

エ　債務者が、消滅時効の完成後に債権者に対し当該債務の承認をした場合には、時効完成の事実を知らなかったときでも、その完成した消滅時効を援用することは信義則に反し許されない。

オ　民法が時効取得の対象物を他人の物としたのは、通常の場合において自己の物について取得時効を援用することは無意味であるからであって、自己の物について取得時効の援用を許さない趣旨ではない。

1　**ア、イ**
2　**ア、オ**
3　**イ、ウ**
4　**ウ、エ**
5　**エ、オ**

正　解　5

ウは第３章を学習した後に再度確認してみましょう。**エ**、**オ**をストレートに○と判定することで正解したい問題です。

ア　×　時効完成前は放棄できず　4

時効完成前には時効の利益を放棄することができません（146条）。

イ　×　無過失は立証必要、所有の意思は立証不要　2

占有者は、**所有の意思をもって、善意で、平穏に、かつ公然と占有をするものと推定される**（186条１項）ので、「所有の意思ある占有」を占有者が立証する必要はありません。一方、**無過失は推定されない**ので、無過失であることを主張する占有者は自ら立証する必要があります。

ウ　×　後順位抵当権者には援用権なし　4

後順位抵当権者は、先順位抵当権の被担保債権の消滅時効を**援用することができません**（判例）。

エ　○　4

消滅時効の完成後に債務の承認をした債務者は、たとえ時効完成の事実を知らなかったときでも、もはや**消滅時効の援用をすることはできません**（判例）。

オ　○　2

自己の物であっても時効取得は可能です。

時　効

第1章第6節

問題 30　民法に規定する時効に関する記述として、通説に照らして、妥当なのはどれか。

特別区Ⅰ類2017改題

1　裁判外の請求（催告）は時効の更新事由となるが、承認は観念の通知であって、それ自体は法律行為ではないため、時効の更新事由とはならない。

2　完成が猶予された時効は、その完成猶予の事由が終了した時から、新たにその進行を始めるが、裁判上の請求によって完成が猶予された時効については、その訴えの提起の時から、新たにその進行を始める。

3　時効の期間の満了の時に当たり、天災その他避けることのできない事変のため時効を時効の完成猶予及び更新にかかる手続をすることができないときは、その障害が消滅した時から３か月を経過するまでの間は、時効は完成しない。

4　他人の物を所有の意思をもって平穏かつ公然と、占有開始の時から善意無過失で10年間占有した者はその所有権を取得するが、占有開始後に悪意となった場合は、占有開始の時から20年間占有しなければその所有権を取得できない。

5　確定判決によって確定した権利については、判決確定時に弁済期の到来していない債権であっても、その時効期間は10年とする。

正　解　**3**

正解の**3**は少し細かいです。消去法も駆使して正解したい、標準的なレベルの問題です。

1　✕　催告は時効の完成猶予事由、承認は時効の更新事由　④

催告があったときは、その時から6か月は**時効の完成が猶予**されます（150条1項）。一方、**承認は時効の更新事由**であり、権利の承認があったときは、時効はその時から新たにその進行を始めます（152条1項）。

2　✕　「訴え提起時」でなく「判決によって権利が確定した時」から　④

裁判上の請求によって完成が猶予された時効については、「その訴えの提起の時」からではなく、**「判決によって権利が確定した時」から新たにその進行を始めます**（147条2項）。

3　○　④

条文どおりで正しい記述です（161条）。

4　✕　占有中に悪意に転じても善意と判定　②

善意・悪意の判定基準時は占有開始時です。したがって、占有開始時に善意かつ無過失であれば、占有開始後に悪意となった場合でも、善意かつ無過失の占有者として10年の時効期間（162条2項）でその所有権を時効取得できます。

5　✕　弁済期未到来の場合は例外　③

確定判決によって確定した権利については、**判決確定時に弁済期の到来していない債権を除き**、10年より短い時効期間の定めがあるものであっても、その時効期間は、10年となります（169条1項）。

時　効

第1章第6節

問題 31　時効に関する記述として最も妥当なものはどれか（争いのあるときは、判例の見解による。）。　裁判所2022

1　所有権自体は消滅時効にかからないが、所有権に基づく返還請求権は、所有権から発生する独立の権利であるから、消滅時効にかかる。

2　土地の所有権を時効取得すべき者から、土地上に同人が所有する建物を賃借している者は、土地の所有権の取得時効を援用することができる。

3　Ａ所有の不動産をＢが占有し、取得時効が完成した後、登記を具備しないでいる間に、ＣがＡから当該不動産を譲り受けて登記を経由した場合、Ｂは、Ｃに対し、当該不動産の時効による所有権取得を対抗することができる。

4　消滅時効は、一定の期間権利を行使しないことによってその権利を失う制度であるから、債務者とされる者は時効の起算日以降に発生した遅延損害金について支払義務を負う。

5　保証人が主債務に係る債権の消滅時効を援用しても、その効力は主債務者に及ばないが、主債務者が消滅時効を援用する場合、主債務だけでなく保証債務も消滅する。

正解 5

正解である**5**は少し難しいものの、これをストレートに○と判断できるようにしましょう。**3**は第2章で学習します。

1 ✕ 所有権に基づく権利も対象外 

所有権も、**所有権に基づく物の返還請求権も、消滅時効にかかりません**（判例）。

2 ✕ 建物の賃借人には土地の時効取得に直接の利益なし

建物賃貸人による敷地所有権の取得時効が完成している場合であっても、建物賃借人は、建物賃貸人による敷地所有権の取得時効を**援用することはできません**（判例）。

建物賃借人は、土地所有権の時効取得によって直接利益を受ける者ではないとされているからです。

3 ✕ Skip 対抗関係に立ち、登記を要する

時効取得者と時効完成後の第三者は、177条の対抗関係に立ち、登記のあるほうが優先します。

4 ✕ 遅延損害金の支払義務は負わない 

時効の効力は起算日にさかのぼります（144条）。つまり、債権が時効により消滅すると、その債権は起算日に消滅したことになります。したがって、起算日以降に利息や遅延損害金が発生することはなく、支払義務も負いません。

5 ○ 

時効の援用は相対効であり、保証人が主債務の消滅時効を援用したとしても、その効果は主債務者には及びません。一方、主債務者が消滅時効を援用した場合、主債務が消滅するとともに、付従性により**保証債務も消滅します**。

時　効

第1章第6節

問題 32　消滅時効の援用に関する記述として最も妥当なものはどれか（争いのあるときは、判例の見解による。）。　裁判所2020

1　物上保証人は、当該抵当権の被担保債権について、その消滅時効を援用することができない。

2　後順位抵当権者は、先順位抵当権者の被担保債権について、その消滅時効を援用することができる。

3　時効の完成後にそのことに気付かないで債務の弁済をした場合には、後に時効の完成を知ったとき改めて時効を援用することができる。

4　保証人が主債務の消滅時効を援用した場合、その効果は主債務者に及ばない。

5　保証人が時効完成後に主債務の時効の利益を放棄した場合、その効果は主債務者にも及ぶ。

正 解 **4**

1、**2**は第３章で学習する内容に関連します。**3**、**4**、**5**の正誤判定ができるようにしておきましょう。

1 ✕ 物上保証人は援用権者 4

物上保証人は、当該抵当権の被担保債権について、その消滅時効を**援用することができます**（判例）。

2 ✕ 後順位抵当権者には援用権なし 4

後順位抵当権者は、先順位抵当権者の被担保債権について、その消滅時効を**援用することができません**（判例）。

3 ✕ 時効完成後に債務を承認すると援用不可 4

時効の完成後に債務の承認に該当する行為（弁済はこれに該当します）をした場合、たとえ時効完成を知らないでしてしまったとしても、**改めて時効を援用することはできません**（判例）。

4 ○ 4

時効の援用は相対効であり、保証人が主債務の消滅時効を援用したとしても、その効果は**主債務者には及びません**。

5 ✕ 時効の利益の放棄は相対効 

時効の完成後の時効の利益の放棄は相対効であり、保証人が時効完成後に主債務の時効の利益を放棄したとしても、その効果は**主債務者には及びません**。したがって、なお、主債務者は時効の援用が可能です。

物権総論

第2章第1節

問題33 物権に関する次の記述のうち、妥当なのはどれか。ただし、争いのあるものは判例の見解による。

国家専門職2021

1 民法は、「物権は、この法律その他の法律に定めるもののほか、創設することができない。」と規定していることから、慣習法上の物権は認められていない。

2 物権は絶対的・排他的な支配権であるから、その円満な支配状態が妨げられたり、妨げられるおそれがあるときには、その侵害の除去又は予防を請求することができる。この請求権を物権的請求権といい、当該請求権を有する者は、侵害者に故意又は過失があることを要件として、これを行使することができる。

3 物の用法に従い収取する産出物を天然果実といい、物の使用の対価として受けるべき金銭その他の物を法定果実という。このうち、天然果実は、その元物から分離する時に、これを収取する権利を有する者に帰属する。

4 物権の客体は、一個の独立した物でなければならず、一個の物の一部分や数個の物の集合体が一つの物権の客体となることはない。

5 土地に生育する立木は、取引上の必要がある場合には、立木だけを土地とは別個の不動産として所有権譲渡の目的とすることができるが、未分離の果実や稲立毛は、独立の動産として取引の対象とされることはない。

正解 **3**

4、**5**は細かい内容です。**1**、**2**、**3**をしっかり理解しておきましょう。重要度の低い問題です。

1　✕　慣習法上の物権も認められている

物権法定主義により、物権は、民法その他の法律に定めるもののほか、創設することができません（175条）。しかし、判例上は、譲渡担保権や流水利用権、温泉専用権を**慣習法上の物権として認めています**。

2　✕　侵害者に故意または過失がなくても行使可 

前半の物権的請求権の説明は正しいです。しかし、物権的請求権を行使するには、**相手方（侵害者）の故意や過失は必要ではありません**。

3　〇 

条文どおりで正しい記述です。天然果実は、その**元物から分離する時に、これを収取する権利を有する者に帰属**します（89条1項）。

4　✕　一個の独立した物でない場合もあり 

一筆の土地の一部が所有権の対象になることは認められています。また、**数個の物の集合体**を対象として成立する物権（例えば、倉庫にある在庫品を対象とする集合物譲渡担保権など）も認められています。

5　✕　Skip ▶|　未分離の果実や稲立毛も対象となり得る

立木（りゅうぼく）は、取引上の必要がある場合には、土地とは別個の不動産として譲渡の目的とすることができます。また、未分離の果実や稲立毛（いなたちげ）も独立の動産として取引の対象となり得ます（判例）。

立木／土地に植えられている木を指します。
稲立毛／刈り入れ前の稲穂のことです。

物権的請求権・共有

第2章第1節

問題 34　所有権に関する記述として最も妥当なものはどれか（争いのあるときは、判例の見解による。）。

裁判所2022改題

1　A所有の土地上に無権原でBが甲建物を所有し、B及びその妻Cが甲建物で同居していた場合に、Aは、Cに対し、土地所有権に基づく返還請求権としての建物収去土地明渡請求権を行使することができる。

2　A所有の土地上に無権原でBが甲建物を所有し、BがこれをDに賃貸し、Dが甲建物に居住している場合、建物を占有しているのはDであるから、Aは、Bに対し、土地所有権に基づく返還請求権としての建物収去土地明渡請求権を行使することはできない。

3　共有に係る建物を第三者に賃貸している場合、賃貸借契約の解除は、共有者全員の同意がない限り、することができない。

4　A及びBが共有している土地について、Cが無断で占有している場合に、Aは、単独でCに対し建物収去土地明渡しを求める訴えを提起することはできない。

5　A及びBが甲土地を共有している場合に、Bの持分についてC名義の不実の持分移転登記がなされた場合、Aは、Cに対し、自己の持分権に基づき、単独で当該持分移転登記の抹消登記手続を請求することができる。

正　解　**5**

1、**2**は物権的請求権、**3**、**4**、**5**が共有に関する出題です。**3**、**4**、**5**をしっかり押さえておきましょう。

1　✕　建物収去土地明渡請求の相手方は建物の所有者　1

Cは甲建物の所有者ではなく、これを収去する権限を有しません。したがって、**物権的請求権（建物収去土地明渡請求権）の相手方とはなり得ません**。

2　✕　Skip ▶|　建物収去土地明渡請求の相手方は建物の所有者

Dが賃借権者および自己占有者、Bが所有者および代理占有者であり、建物を収去する権限を持っているのは建物所有者Bです。したがって、Aは、Bに対し、建物収去土地明渡請求権を行使することができます。

Dは、甲建物を収去する権限がないので、建物収去請求の相手方にはなりません。

3　✕　管理行為は持分価格の過半数の同意で可能　2

賃貸借契約の解除は、管理行為として各共有者の**持分価格の過半数の同意で可能**であり（252条）、共有者全員の同意までは不要です。

4　✕　保存行為は単独で可能　2

共有地を不法占有している者に対する明渡しを求める訴えは、保存行為（252条5項）として、**各共有者が単独ですることができます**（判例）。

5　○　2

不動産の共有者の1人は、その持分権に基づき、共有不動産について無権利者が不実の持分移転登記をしている場合、単独でその持分移転登記の抹消登記手続を請求できます（判例）。不実の持分移転登記の抹消請求は保存行為に該当するからです。

難易度 B

共　有

第2章第1節

問題 35　民法に規定する共有に関する記述として、判例、通説に照らして、妥当なのはどれか。

特別区Ⅰ類2022改題

1　各共有者が分割を請求することができる共有物については、５年を超えない期間内は分割をしない旨の契約をすることができ、また、当該契約を５年を超えない期間で更新することもできる。

2　共有物について権利を有する者及び各共有者の債権者は共有物の分割に参加することができ、共有者は共有物を分割する際に、共有物について権利を有する者及び各共有者の債権者へ通知する義務がある。

3　共有物の管理に関する事項は、共有物の形状又は効用の著しい変更の場合を除き、各共有者の持分の価格にかかわらず、共有者の人数の過半数で決するが、保存行為は各共有者がすることができる。

4　最高裁判所の判例では、持分の価格が過半数を超える共有者は、過半数に満たない自己の持分に基づいて現に共有物を占有する他の共有者に対して、当然に共有物の明渡しを請求することができ、明渡しを求める理由を主張し立証する必要はないとした。

5　最高裁判所の判例では、共有者の一部が他の共有者の同意を得ることなく共有物に変更を加える行為をしている場合には、他の共有者は、各自の共有持分権に基づいて、行為の禁止を求めることはできるが、原状回復を求めることはできないとした。

正　解　1

2、5は細かい内容なので、1をストレートに○と判定できないと正解するのは難しいでしょう。少し難易度が高い問題です。

1　○

各共有者は、いつでも共有物の分割を請求することができますが、5年を超えない範囲で分割をしない旨の契約（不分割特約）をすることもできます（256条1項）。この**不分割特約は更新することが可能ですが、更新後の期間も更新の時から5年を超えることはできません**（256条2項）。

2　×　Skip ▸|　通知する義務は特にない

共有物について権利を有する者および各共有者の債権者は、自己の費用で、分割に参加することができます（260条1項）。共有物を分割する際に、通知をする義務は規定されていません。

3　×　人数の過半数ではなく、持分価格の過半数

共有物の管理に関する事項は、共有物の形状または効用の著しい変更を伴うものを除き、**各共有者の持分の価格の過半数で決まります**（252条1項）。ただし、保存行為は、各共有者が単独ですることができます（252条5項）。

4　×　当然には共有物の明渡しを請求不可

共有物の持分の価格が過半数を超える共有者（多数持分権者）であっても、共有物を単独で占有する他の共有者（少数持分権者）に対し、**当然には、その占有する共有物の明渡しを請求することはできません**（判例）。少数持分権者にも持分に基づく使用収益権はあるからです。

5　×　Skip ▸|　原状回復を求めることも可能

共有者が他の共有者の同意を得ることなく共有物に変更を加える行為をしている場合には、他の共有者は、各自の共有持分権に基づいて、行為の禁止を求めることおよび共有物を原状に復させることを求めることもできます（判例）。

□□□

難易度 A 共　有

第2章第1節

問題36　Aが３分の１、Bが３分の２の持分で甲土地を共有している場合に関する次の**ア**～**エ**の記述のうち、妥当なもののみを全て挙げているものはどれか（争いのあるときは、判例の見解による。）。

裁判所2020

ア　第三者Cが無断で甲土地を占有している場合、Aは単独でCに対して、甲土地全部の明渡請求をすることができる。

イ　A及びBが賃貸人となり、第三者Dとの間で甲土地を目的とする賃貸借契約を締結した場合、Bは単独で上記賃貸借契約の解除をすることができる。

ウ　A及びBが甲土地を分割する場合、甲土地をAの単独所有とし、AからBに対して持分の価格を賠償させる方法による分割は許されない。

エ　AがBに無断で甲土地全体を単独で占有している場合、Bは、自己の共有持分が過半数を超えることを理由として、Aに対し、甲土地全体の明渡しを求めることができる。

1　**ア、イ**
2　**ア、ウ**
3　**ア、エ**
4　**イ、ウ**
5　**ウ、エ**

正　解　**1**

各記述ともに共有の分野では重要性の高い内容です。しっかり正誤判定ができるようにしておきましょう。

ア　○　2

共有地を不法占有している者に対する明渡請求は、**保存行為**（252条５項）として、**各共有者が単独ですることができます**（判例）。

イ　○　2

賃貸借契約の解除は、**管理行為として各共有者の持分価格の過半数**の同意で可能です（252条）。したがって、Ｂは単独で行えます。

ウ　×　賠償分割も許される　2

「甲土地をＡの単独所有とし、ＡからＢに対して持分の価格を賠償させる方法」は**賠償分割の方法**に当たりますが、このような分割方法も可能です。

エ　×　少数持分権者にも使用権あり　

少数持分権者であるＡも持分に応じた使用収益権はあるので、多数持分権者であるＢは、共有地全体をＡが無断で単独使用していても、当然に**共有地全体の明渡しを求めることができるわけではありません**（判例）。

用益物権

第2章第1節

問題 37　次の民法に規定する物権**A**～**E**のうち、用益物権を選んだ組合せとして、妥当なのはどれか。　特別区Ⅰ類2018

A　留置権
B　永小作権
C　先取特権
D　入会権
E　地役権

1　A　B　D
2　A　C　D
3　A　C　E
4　B　C　E
5　B　D　E

正解 5

単純な暗記物です。確実に正解したい平易な問題です。

A ✕ 留置権は担保物権の一種 3

留置権は用益物権ではなく、担保物権の一種です。

B ○ 3

永小作権は用益物権に該当します。

C ✕ 先取特権は担保物権の一種 3

先取持権は用益物権ではなく、担保物権の一種です。

D ○ 3

入会権は用益物権に該当します。

E ○ 3

地役権は用益物権に該当します。

難易度 A

不動産物権変動

第2章第2節

問題 38　不動産の物権変動に関する次の記述のうち、判例に照らし、妥当なのはどれか。

国家専門職2022

1　Aが所有する甲不動産について、Bが自己に所有権がないことを知りながら20年間占有を続けた。その占有開始から15年が経過した時点でAはCに甲不動産を譲渡していた。Cは民法第177条にいう第三者に当たるので、Bは登記がなければ甲不動産の所有権の時効取得をCに対抗することができない。

2　Aが自己の所有する甲不動産をBに譲渡し登記を移転したが、Bが代金を支払わなかったため、AがBとの売買契約を解除した場合において、契約解除後にBが甲不動産をCに譲渡したときは、Aは登記がなくとも甲不動産の所有権をCに対抗することができる。

3　Aが自己の所有する甲不動産をBに譲渡した後、その登記が未了の間に、Cが甲不動産をAから二重に買い受け、さらにCからDが買い受けて登記を完了した。この場合において、Cが背信的悪意者であるときは、Cの地位を承継したDも背信的悪意者とみなされるため、Bは登記がなくとも甲不動産の所有権の取得をDに対抗することができる。

4　Aが自己の所有する甲不動産をBに譲渡したが、Cが甲不動産を不法に占有している場合、不法占有者は民法第177条にいう第三者に当たらないため、Bは、登記がなくとも甲不動産の所有権の取得をCに対抗することができ、その明渡しを請求することができる。

5　Aが、自己の所有する甲不動産をBに譲渡し、その後、甲不動産をCにも二重に譲渡した場合において、AがBに甲不動産を譲渡したことについてCが悪意であるときは、Cは、登記の欠缺を主張することが信義則に反すると認められる事情がなくとも、登記の欠缺を主張するにつき正当の利益を有する者とはいえず、民法第177条にいう第三者に当たらない。

正　解　4

各記述の文章が少し長いですが、問われているのは基本的な理解です。しっかり正解できるようにしておきましょう。

1　✕　時効完成前の第三者は177条の第三者に当たらず

Ｃは**時効完成前の第三者**となり、ＢとＣは**当事者類似の関係**に立ちます。したがって、Ｃは177条の第三者には当たらず、Ｂは登記がなくても時効取得をＣに対抗することができます。

2　✕　解除後の第三者は177条の第三者

解除者Ａと解除後の第三者Ｃは**対抗関係に立ちます**。したがって、Ａは登記がなければ甲不動産の所有権をＣに対抗することができません。

3　✕　背信的悪意者からの転得者は177条の第三者

背信的悪意者Ｃからの譲受人Ｄは、**背信的悪意者とみなされるわけではなく、177条の第三者**として、第一譲受人Ｂと対抗関係に立ちます。したがって、Ｂは登記を備えなければ、Ｄに対し不動産所有権の取得を対抗することはできません。

4　○

不法占有者は177条にいう第三者に当たりません。したがって、Ｂは、登記がなくても甲不動産の所有権の取得を不法占有者Ｃに対抗することができ、その明渡しを請求することができます。

5　✕　単純悪意者は177条の第三者 

悪意であっても「登記の欠缺を主張することが信義則に反すると認められる事情」がない、ということは、背信的悪意者ではなく**単なる悪意者**にすぎないということなので、Ｃは177条の第三者に該当します。

難易度 **B**

不動産物権変動

第2章第2節

問題 39 民法第177条に関する**ア～エ**の記述のうち、妥当なもののみを全て挙げているのはどれか。

国家専門職2018

ア 時効期間経過中の登記名義の変更は、取得時効とは無関係であり、取得時効の主張者は、時効完成時の登記名義人に対し、登記なくして時効による所有権の取得を対抗することができるとするのが判例である。

イ Aが死亡し、その子B及びCが共同相続人となったが、Bが相続放棄をした場合において、Cは、相続財産たる不動産がBの相続放棄により自己の単独所有となったことにつき登記を経なければ、当該相続放棄後に当該不動産につきBに代位してB及びCの共有の相続登記をした上でBの持分を差し押さえたBの債権者Dに対して、当該相続放棄の効力を対抗することはできないとするのが判例である。

ウ A名義の不動産を、Bが文書を偽造して自分の名義に移転し、Cに譲渡して所有権移転登記を経た場合であっても、Cは民法第177条にいう「第三者」に当たり、Aから当該不動産を有効に譲り受けたDは、登記なくしてその所有権取得をCに対抗することができない。

エ 売主から不動産を買い受けた買主が所有権移転登記を経ていない場合において、売主の債権者が当該不動産を差し押さえたときは、買主は当該不動産の所有権取得を登記なくして当該債権者に対抗することができず、また、売主の一般債権者に対しても同様であるとするのが判例である。

1 **ア**
2 **イ**
3 **ア、イ**
4 **ウ、エ**
5 **イ、ウ、エ**

正解 1

イは事例設定が少し難しいです。事例になっているので全体的に難しく感じますね。少し難易度の高い問題です。

ア ○ 2

取得時効を主張する占有者は、**時効完成前の第三者**に対し、**登記がなくても時効による所有権の取得を対抗することができます**。

イ × 相続放棄による遡及効は絶対的 2

相続人Cは、相続放棄後に放棄者Bの持分を差し押さえた者Dに対しては、**登記がなくても放棄による効力（不動産の全部取得）を対抗することができます**。

ウ × Skip ▶| 無権利者からの譲受人は177条の第三者に当たらず

Bは単なる無権利者であり、Bから権利を譲り受けたCも有効に権利を取得することはできず、単なる無権利者にすぎません。したがって、Dは、登記がなくてもその所有権取得をCに対抗することができます。

エ × 一般債権者は177条の第三者に当たらず 2

差押債権者は177条の第三者に該当するため、登記がなければ対抗できません。一方、**一般債権者は177条の第三者に該当せず**、登記がなくても対抗できます。

□□□

難易度 B 不動産物権変動

第2章第2節

問題 40 不動産の物権変動に関する**ア〜オ**の記述のうち、判例に照らし、妥当なもののみを全て挙げているのはどれか。 国家一般職2017

ア AがBの強迫によりA所有の不動産をBに売却した後、Bが当該不動産を更に善意のCへ売却した場合において、Aが強迫を理由としてAB間の売買を取り消したのがBC間の売買の前であったときは、AはCに対し登記なくして自己の権利を対抗することができ、AB間の売買を取り消したのがBC間の売買の後であったときも、同様である。

イ Aが、Bに自己の所有する不動産を売却したところ、Bが代金を支払わないため売買契約を解除した場合において、AB間の契約解除前にBがCに当該不動産を売却していたときには、CはAに対し登記なくして自己の権利を対抗することができないが、AB間の契約解除後にBがCに当該不動産を売却していたときには、CはAに対し登記なくして自己の権利を対抗することができる。

ウ Aが死亡し、その相続人であるBが、共同相続人であるCに無断で相続財産である不動産について自己名義の単独登記をし、Dに当該不動産を売却した場合、CはDに対し登記なくして自己の共有持分を対抗することができない。

エ Aが死亡し、その相続人であるBが、共同相続人であるCとの遺産分割協議の結果、その相続財産である不動産を単独で相続した後に、Cが当該不動産に係る遺産分割前の自己の共有持分をDに譲渡した場合、BはDに対し登記なくして遺産分割による法定相続分を超える権利取得を対抗することができない。

オ AがBに自己の所有する不動産を売却し、その後当該不動産についてCの取得時効が完成した場合には、CはBに対し登記なくして自己の権利取得を対抗することができるが、Cの時効完成後にAがBに当該不動産を売却した場合には、CはBに対し登記なくして自己の権利取得を対抗することができない。

1 ア、イ　**2** ア、ウ　**3** イ、オ　**4** ウ、エ　**5** エ、オ

正解 **5**

ア、**イ**、**オ**は前段と後段で時間的な流れを替えた2つのケースを問うており、慎重に読む必要があります。難易度は高めです。

ア ✕ 取消し後の第三者は177条の第三者 ②

強迫による取消しをした者と取消し後の第三者は対抗関係に立ちます。したがって、取り消したのがBC間の売買の前であったときは、AはCに対し**登記がなければ自己の権利を対抗することができません**。なお、AB間の売買を取り消したのがBC間の売買の後であったときは、Aは取消し前の第三者Cに対し**登記がなくても自己の権利を対抗することができます**。

イ ✕ 第三者は解除の前後にかかわらず登記が必要 ②

解除者と解除後の第三者は対抗関係に立つので、解除者Aは、その所有権取得の登記をしなければ、解除後の第三者に対して、所有権の復帰をもって対抗できません。

ウ ✕ 相続人は自己の持分を対抗可 ②

本記述は、**共同相続人の登記冒用**と呼ばれるケースです。たとえ相続人Bが無断で自己名義の単独登記をしても、Cの相続分に相当する部分については、単なる無権利者にすぎません。したがって、CはDに対し**登記がなくても自己の共有持分を対抗することができます**。

エ ○ Skip ▸|

遺産分割により相続分を超えて相続した者は、遺産分割後の第三者と対抗関係に立ちます（899条の2第1項）。したがって、BはDに対し登記がなければ遺産分割による法定相続分を超える権利取得を対抗することができません。

オ ○ ②

前半のBは時効完成前の第三者なので、Cは、登記がなくても時効取得を対抗できますが、後半のBは時効完成後の第三者なので、Cは登記がなければ時効取得を対抗できません。

難易度 A

不動産物権変動

第2章第2節

問題 41　Ａは、自己の所有する甲土地をＢに対して売却したが、その所有権移転登記は未了であった。この事例に関する次の**ア～ウ**の記述の正誤の組合せとして最も妥当なものはどれか（争いのあるときは、判例の見解による。）。

裁判所2018

ア　Ｃは、Ａに対する貸金債権を回収するために甲土地の差押えをした。Ｂは、Ｃに対し、甲土地の所有権移転登記なくして、甲土地の所有権の取得を対抗することはできない。

イ　Ａは、甲土地をＣに対しても売却し、Ｃは、甲土地をＤに対して売却し、それぞれの売買に伴い、甲土地の所有権移転登記がされた。Ｃが、ＡからＢに対する甲土地の所有権の移転について悪意であり、かつ、その所有権の移転についてＢの登記の欠缺を主張することが信義に反すると認められる事情のある第三者（背信的悪意者）であった場合には、Ｂは、ＡからＢに対する甲土地の所有権の移転について善意であるＤに対し、甲土地の所有権移転登記なくして、甲土地の所有権の取得を対抗することができる（ただし、AB間の売買契約は、公序良俗に反しないものとする。）。

ウ　Ｂから甲土地を購入したＣは、Ａに対し、甲土地の所有権移転登記なくして、甲土地の所有権の取得を対抗することができない。

	ア	**イ**	**ウ**
1	正	正	正
2	正	誤	正
3	正	誤	誤
4	誤	誤	正
5	誤	正	誤

正 解 3

記述が3つしかなく、2つの正誤がわかれば正解に至れます。比較的易しい問題といえます。

ア ○ ②

差押債権者Cは177条の第三者に該当し、土地の譲受人Bは、**登記がなければ所有権の取得を対抗できません**。

イ × 背信的悪意者からの転得者は177条の第三者 ②

背信的悪意者からの譲受人Dと第一譲受人Bは、**D自身が背信的悪意者でない限り対抗関係に立ちます**。Dは善意なので、BDは対抗関係に立ち、Dに登記が移転されていることから、Bは、Dに対し、甲土地の**所有権移転登記がなければ甲土地の所有権の取得を対抗することはできません**。

ウ × 後主からみた前主は177条の第三者に当たらず ②

CとAは**前主と後主の関係にあり、対抗関係に立ちません**。したがって、Cは、Aに対し、甲土地の**所有権移転登記がなくても、甲土地の所有権の取得を対抗することができます**。

難易度 B

不動産物権変動

第2章第2節

問題 42　不動産物権変動に関する次の**ア～エ**の記述の正誤の組合せとして最も妥当なものはどれか（争いのあるときは、判例の見解による。）。裁判所2019

ア　Aが、その所有する甲土地をBに売却し、その旨の所有権移転登記がされた後、Aが、Bの詐欺を理由としてBに対する甲土地の売買の意思表示を取り消した。その後、BがCに対し甲土地を売却し、その旨の所有権移転登記がされた場合、Aは、Cに対し、甲土地の所有権の復帰を対抗できない。

イ　Aがその所有する甲土地をBに譲渡し、その旨の所有権移転登記が未了の間に、AがCに対しても甲土地を譲渡し、さらにCが甲土地をDに譲渡して、AC間及びCD間の所有権移転登記がされた場合、CがBとの関係で背信的悪意者に当たるとしても、DがBとの関係で背信的悪意者に当たらない限り、Dは、Bに対し甲土地の所有権の取得を対抗できる。

ウ　Aが、その所有する乙建物をBに賃貸し、Bに対し乙建物を引き渡した後、AがCに対し乙建物を売却したが、その旨の所有権移転登記は未了であった場合において、Bは、Cから所有権に基づき乙建物の明渡しを求められたときは、Cの登記の欠缺を主張してこれを拒むことができるが、Cから乙建物の賃料を請求されたときは、Bは、Cの登記の欠缺を主張してこれを拒むことはできない。

エ　Aがその所有する乙建物をB及びCに二重に譲渡し、AからBへの所有権移転登記も、AからCへの所有権移転登記もされていない間に、Dが乙建物を勝手に占拠した場合、Bは、Aから所有権移転登記をするまでは、Dに対し、乙建物の所有権を主張することができない。

	ア	イ	ウ	エ
1	正	正	誤	誤
2	正	誤	正	誤
3	正	誤	誤	正
4	誤	正	誤	正
5	誤	誤	正	誤

正解 1

ウは第2編第2章第3節で学習する知識です。また、**エ**も二重譲渡が絡んでいるので迷った人もいると思います。**ア**、**イ**を○と判断することで正解できるようにしておきたい問題です。

ア ○ 2

取消しをした者と取消し後の第三者は対抗関係に立ちます。したがって、Cに登記が移転されている以上、Aは、Cに対し、甲土地の所有権の復帰を対抗できません。

イ ○ 2

背信的悪意者からの譲受人Dと第一譲受人Bは、**D自身が背信的悪意者でない限り対抗関係に立ちます**。Dは背信的悪意者に当たらない限りBDは対抗関係に立ち、すでにDに登記が移転されていることから、Dは、Bに対し甲土地の所有権の取得を対抗できます。

ウ × Skip **賃料の請求も登記の欠缺を主張して拒むことができる**

賃貸不動産の譲受人が賃貸人として賃料請求をするためには、所有権の移転登記をしておく必要があります。

エ × 不法占有者は177条の第三者に当たらず 

不法占有者Cは177条の第三者ではありません。したがって、Bは所有権の移転登記を受けていなくても、Dに対して乙建物の所有権を主張できます。

難易度 **B**

不動産物権変動

第2章第2節

問題 43　不動産物権変動に関する次の**ア**～**エ**の記述の正誤の組合せとして、最も適当なものはどれか（争いのあるときは、判例の見解による。）。

裁判所2016

ア　Aは、自己の所有する甲土地をBに売却し、その後、Aは、甲土地をCに売却して登記を移転した。Cは、いわゆる背信的悪意者であったが、甲土地をDに売却して登記を移転した。DがAB間の売買契約について単なる悪意である場合、Dは、Bに対して甲土地の所有権を対抗することができる。

イ　Aは、Bの所有する甲土地を時効取得した。その後、Bは、甲土地をCに売却して登記を移転した。CがAの時効取得について単なる悪意である場合、Aは、Cに対して甲土地の所有権を対抗することができる。

ウ　Aは、自己の所有する甲土地をBに売却し、Bは、甲土地をCに転売したが、登記はBとCのいずれにも移転していなかった。その後、Aは、AB間の売買契約をBの債務不履行を理由として解除した。CがAB間の売買契約について単なる悪意である場合、Cは、Aに対して甲土地の所有権を対抗することができる。

エ　Aが死亡し、相続人であるBとCがAの所有する甲土地を共同相続した。その後、Bは、甲土地を単独相続した旨の虚偽の登記を備え、これに基づいて甲土地をDに売却して登記を移転した。DがBとCの共同相続について善意である場合、Cは、Dに対して甲土地の自己の相続分を対抗することができる。

	ア	イ	ウ	エ
1	正	誤	正	誤
2	正	正	誤	誤
3	正	誤	誤	正
4	誤	正	正	誤
5	誤	誤	誤	正

正　解 **3**

事例になっており難易度は少し高めですが、**ア**、**イ**、**ウ**の正誤を確実に判定することで正解したい問題です。

ア　○ ②

背信的悪意者Cからの譲受人Dと第一譲受人Bは、**D自身が背信的悪意者でない限り対抗関係に立ちます**。Dは単なる悪意者なので、BDは対抗関係に立ち、すでにDに登記移転されていることから、Dは、Bに対し甲土地の所有権の取得を対抗できます。

イ　× 時効完成後の第三者は177条の第三者 ②

時効取得者Aと時効完成後の第三者Cは対抗関係に立ちます。背信的悪意者ではないCにすでに登記が移転されている以上、Aは、Cに対して甲土地の所有権を対抗することができません。

ウ　× 解除前の第三者が保護されるには登記が必要 ②

Cは**解除前の第三者**であり、登記があれば545条１項ただし書の第三者として保護されます。登記がないCは545条１項ただし書の第三者として保護されません。したがって、Cは、Aに対して甲土地の所有権を対抗することができません。

エ　○ ②

本記述は、**共同相続人の登記冒用**と呼ばれるケースです。たとえ相続人Bが自己名義とする虚偽の単独登記をしても、Cの相続分に相当する部分については、単なる無権利者にすぎません。したがって、CはDに対し**登記がなくても自己の相続分を対抗することができます**。

□□□

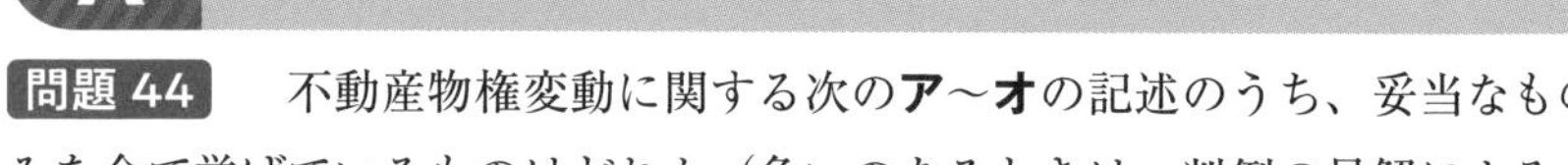

難易度 A

不動産物権変動

第2章第2節

問題44 不動産物権変動に関する次の**ア**～**オ**の記述のうち、妥当なもののみを全て挙げているものはどれか（争いのあるときは、判例の見解による。）。

裁判所2021

ア Aは、その所有する甲土地をBに売却し、Bへの所有権移転登記がされたが、Bの債務不履行を理由としてAB間の売買契約を解除した場合、その解除後に、Bが、甲土地をCに売却し、Cへの所有権移転登記がされれば、Aは、Cに対し、契約解除による甲土地の所有権の復帰を対抗することができない。

イ Aが、その所有する甲土地をBに売却した後、Bが、甲土地をCに売却した場合、甲土地につきCへの所有権移転登記がされていなければ、Cは、Aに対し、甲土地の所有権の取得を対抗することができない。

ウ BがA所有の甲土地を占有し、取得時効が完成した後、Aが、甲土地をCに売却した場合、甲土地につきCへの所有権移転登記がされていたとしても、Bは、Cに対し、甲土地の所有権の時効取得を対抗することができる。

エ Aが、A所有の甲土地をBに売却し、Cに対しても甲土地を売却した後で、AB間で上記売買契約を合意解除した場合、Cへの所有権移転登記がされていなければ、Cは、Bに対し、甲土地の所有権の取得を対抗することができない。

オ Aは、A所有の甲土地をBに売却した後、Cに対しても甲土地を売却し、さらにCがDに対して甲土地を売却した場合、CがBとの関係で背信的悪意者にあたるが、DがBとの関係で背信的悪意者と評価されないとき、Bへの所有権移転登記がされていなければ、Bは、Dに対し、甲土地の所有権の取得を対抗することができない。

1 **ア**、**イ**
2 **ア**、**オ**
3 **イ**、**ウ**
4 **ウ**、**エ**
5 **エ**、**オ**

正解 2

エを除いて特に難しいことは問われておらず、標準的なレベルの問題です。

ア ○ ②

解除者と解除後の第三者は対抗関係に立つので、解除者Aは、その所有権移転の登記をしなければ、解除後の第三者Cに対して、所有権の復帰をもって対抗できません。

イ × 後主からみた前主は177条の第三者に当たらず ②

AとCは**前主と後主の関係にあり、対抗関係には立ちません**。したがって、登記がされていなくても、Cは、Aに対し、甲土地の所有権の取得を対抗することができます。

ウ × 時効完成後の第三者は177条の第三者 ②

時効取得者Bと時効完成後の第三者Cは対抗関係に立ちます。Cにすでに登記が移転されている以上、Bは、Cに対して甲土地の所有権を対抗することができません。

エ × Skip ▶| 無権利者は177条の第三者に当たらず

AB間の売買契約が合意解除されたことで、Bは無権利者となっています。したがって、Cは登記がなくても、Bに対し、甲土地の所有権の取得を対抗することができます。

本記述はA→B、A→Cの二重譲渡の事例です。合意解除（当事者の合意でされる解除）によりA→Bの売却はなかったことになります。

オ ○ ②

背信的悪意者Cからの譲受人Dと第一譲受人Bは、**D自身が背信的悪意者でない限り対抗関係に立ちます**。したがって、Bへの所有権移転登記がされていなければ、Bは、Dに対し甲土地の所有権の取得を対抗することができません。

占有権

第2章第3節

問題 45　占有権に関する**ア**～**オ**の記述のうち、妥当なもののみを全て挙げているのはどれか。

国家専門職2015

ア　不動産の所有者が当該不動産を第三者に賃貸した場合、賃借人は当該不動産の占有権を取得するが、賃貸人の占有権も失われるわけではなく、代理占有により占有権を有することとなる。

イ　権原の性質上、占有者に所有の意思がある場合を自主占有といい、所有の意思がない場合を他主占有という。権原の性質によって所有の意思の有無は決定されるから、例えば、売買契約の買主が取得する占有は、当該売買契約が無効なものであったとしても自主占有となる。

ウ　占有権とは、物に対する現実の支配に基づいて認められる権利であり、前の占有者における占有期間は、現在の占有者自身が当該物を現実に支配していたとはいえないから、現在の占有者が取得時効の成立を主張する場合において、前の占有者の占有期間を併せて主張することは認められない。

エ　占有者は、第三者にその占有を奪われた場合には、占有回収の訴えにより、その物の返還を請求することができるが、当該第三者が訴訟において自身に所有権があることを主張・立証した場合には、裁判所は、占有者が所有権を有しないことを根拠として、当該占有回収の訴えを棄却することになる。

オ　占有者は、所有の意思をもって、善意・無過失で、平穏かつ公然と占有をするものと法律上推定される。

1　**ア**、**イ**
2　**ア**、**オ**
3　**イ**、**ウ**
4　**ウ**、**エ**
5　**エ**、**オ**

正解 1

エが少し難しい内容になっています。**ウ**、**オ**を確実に✖と判定することが正解の決め手になります。標準的なレベルの問題です。

ア ○ 1

賃貸人は、自己占有（直接占有）ではなくなるものの**賃借人を通じての代理占有（間接占有）により、占有権を持ち続けている**ことになります。

イ ○ 

自主占有・他主占有の定義は正しいです。さらに、所有の意思の有無は、占有者の内心の意図によって決まるものではなく、**占有を取得した原因（権原）によって客観的に決まります**。買主としての占有の取得は、客観的に見て所有の意思あるものと判断されます。

ウ ✖ 前の占有者の占有期間も併せて主張可 第1章第6節 2

占有者は自己の占有のみを主張するか、前の占有者の占有期間も併せて主張するかを**選択することができます**。

エ ✖ Skip ▶| 本権の理由に基づいた裁判はできない

占有の訴えは、所有権等の本権の訴えに関する理由に基づいて裁判することはできない（202条２項）ので、占有の訴えの当否の判断に当たって本権の有無等を持ち出すことはできません。

オ ✖ 無過失は推定されず 

占有者は所有の意思をもって、善意で、平穏に、かつ公然と占有するものと推定されています（186条１項）。しかし、**無過失を推定する規定はありません**。

占有権

第2章第3節

問題 46　民法に規定する占有権に関する記述として、妥当なのはどれか。

特別区Ⅰ類2018

1　善意の占有者は、占有物から生ずる果実を取得することができるが、善意の占有者が本権の訴えにおいて敗訴したときは、その敗訴した時から悪意の占有者とみなされ、既に消費した果実の代価を償還する義務を負う。

2　占有物が占有者の責めに帰すべき事由によって滅失し、又は損傷したときは、その回復者に対し、占有者はその善意、悪意を問わず、いかなる場合であっても、その損害の全部の賠償をする義務を負う。

3　占有者が占有物を返還する場合には、その物の保存のために支出した金額その他の必要費を回復者から償還させることができるが、占有者が果実を取得したときは、通常の必要費は、占有者の負担に帰する。

4　占有者がその占有を妨害されるおそれがあるときは、占有保全の訴えにより、その妨害の予防を請求することはできるが、損害賠償の担保を請求することはできない。

5　善意の占有者は、その占有を奪われたときは、占有侵奪者に対し、占有回収の訴えにより、その物の返還及び損害の賠償を請求することができるが、悪意の占有者は、その物の返還及び損害の賠償を請求することができない。

正解 3

全体的に細かい出題なので、難易度は少し高めです。

1 ✕ 敗訴した時ではなく、訴え提起時から

本権の訴えで敗訴したときは、**訴え提起時にさかのぼって**悪意の占有者とみなされます（189条2項）。

2 ✕ 賠償範囲は一様でない 

善意かつ自主占有の占有者は、現に利益を受けている限度において賠償の責任を負う（191条）と規定される等、善意か悪意かなどで損害賠償を負う範囲が異なる規定となっています。

3 ○ 

占有者が**果実を取得した場合、通常の必要費は占有者負担**となります（196条1項）。

4 ✕ 損害賠償の担保請求も可 

占有保全の訴えにおいては、その**妨害の予防または損害賠償の担保を請求**することができます（199条）。

5 ✕ 善意・悪意を問わず行使可能 

占有回収の訴えは**善意、悪意を問わず**、占有を奪われた占有者が行使できるものです（200条1項）。

難易度B 占有権

第2章第3節

問題 47　占有に関する**ア～オ**の記述のうち、妥当なもののみを全て挙げているのはどれか。ただし、争いのあるものは判例の見解による。

国家専門職2017

ア　Aは、Bのりんご畑のりんごを自己の畑の物と誤信して収穫した。Aが占有取得時に善意無過失の場合、Aは当該りんごを即時取得する。

イ　Aは、古美術商Bから50万円の絵画を購入したが、当該絵画がC宅から盗まれた物であった場合、Aが当該絵画が盗品であることにつき善意であれば、Aは、Cから50万円の代価の弁償の提供があるまで、当該絵画を自宅に飾るなど使用収益することができる。

ウ　占有者がその占有を奪われたときは、占有回収の訴えにより、その物の返還を請求することができるが、占有回収の訴えは、占有を奪われたことを知った時から1年以内に提起しなければならない。

エ　占有者が占有物の改良のために有益費を支出した場合、その価格の増加が現存しているか否かにかかわらず、回復者はその費用を償還しなければならない。

オ　Aは、Bの家をBから賃借しているものと誤信して占有していたところ、Aの不注意によってBの家の壁を損壊した。この場合、Aは、自己に占有権原がないことにつき善意であっても、損害全部の賠償をしなければならない。

1　**ア、ウ**
2　**ア、エ**
3　**イ、ウ**
4　**イ、オ**
5　**エ、オ**

正　解　4

イは少し難しい内容です。**オ**も細かい内容なので、**ウ**、**エ**を✕と判定することで正解したい問題です。

ア　✕　取引行為によらなければ即時取得不可　3

即時取得を成立させるには**取引行為によって占有を取得する**必要があります。収穫によって占有を取得することは取引行為によるものではないので、即時取得は成立しません。

イ　〇　Skip

盗品をその物と同種の物を販売する商人から善意で買い受けたときは、被害者は占有者が支払った代価を弁償しなければ、その物を回復することができません（194条）。そして、占有者は弁済の提供があるまではその物（盗品）の使用収益を行う権原があります（判例）。

ウ　✕　知った時ではなく占有を奪われた時から１年以内　2

占有回収の訴えは、**占有を奪われた時から１年以内**に提起する必要があります（201条３項）。

エ　✕　価格の増加が現存している場合に限り　2

占有者が支出した有益費を回復者（所有者等）が償還しなければならないのは、その支出による**価格の増加が現存している場合**に限られます（196条２項）。

オ　〇　2

善意占有者でも**他主占有の場合は、損害全部の賠償をしなければなりません**（191条）。

占有権

第2章第3節

問題 48　民法に規定する占有権に関する記述として、妥当なのはどれか。

特別区Ⅰ類2021

1　占有者の承継人は、その選択に従い、自己の占有のみを主張し、又は自己の占有に前の占有者の占有を併せて主張することができ、前の占有者の占有を併せて主張する場合であっても、その瑕疵は承継しない。

2　悪意の占有者は、果実を返還し、かつ、既に消費し、又は過失によって損傷した果実の代価を償還する義務を負うが、収取を怠った果実の代価を償還する義務は負わない。

3　占有物が占有者の責めに帰すべき事由により滅失したときは、その回復者に対し、善意であって、所有の意思のない占有者は、その滅失により現に利益を受けている限度で賠償する義務を負い、その損害の全部を賠償することはない。

4　占有者が、盗品又は遺失物を、競売若しくは公の市場において、又はその物と同種の物を販売する商人から、善意で買い受けたときは、被害者又は遺失者は、占有者が支払った代価を弁償しなければその物を回復することができない。

5　占有者がその占有を妨害されたときは、占有保持の訴えにより、損害の賠償を請求することができるが、他人のために占有をする者は、その訴えを提起することができない。

正 解 **4**

全体的に細かい出題が多いので、正解である**4**を○と判定できるとよいでしょう。

1 ✕ 瑕疵も承継する 第1章第6節 2

占有者の承継人は自己の占有のみを主張するか、前の占有者の占有期間も併せて主張するかを選択することができます（187条1項）。ただし、**前の占有者の占有期間も併せて主張する場合は、その瑕疵も承継します**（187条2項）。

2 ✕ 収取を怠った果実の代価も償還する 2

悪意の占有者は、果実を返還する義務を負うだけでなく、すでに消費し、過失によって損傷した果実の代価を償還する義務も負います。さらに、**収取を怠った果実の代価も償還する義務を負います**（190条1項）。

3 ✕ 他主占有者は全損害を賠償 2

善意占有者であって自主占有の場合は、現に利益の存する限度において賠償する義務を負います。一方、**善意占有者であっても他主占有の場合は、損害全部を賠償する義務を負います**（191条）。

4 ○ 3

条文どおりで正しい記述です（194条）。

5 ✕ Skip ▶| 占有代理人も提起可

占有保持の訴え（198条）は占有を妨害されたときに行使できるものであり、他人のために占有をする者（占有代理人）であっても占有者であれば行使は可能です（197条）。

難易度A　即時取得　第2章第3節

問題49　即時取得に関する記述として最も適当なものはどれか（争いのあるときは、判例の見解による。）。　裁判所2016

1　即時取得の対象は、動産に限られる。したがって、道路運送車両法による登録を受けている自動車は即時取得の対象となるが、土地から分離されていない立木は即時取得の対象とならない。

2　即時取得は、前主が所有者を名乗っていたが真実は無権利者であった場合だけでなく、前主が所有者の代理人を名乗っていたが真実は無権代理人であった場合にも成立する。

3　即時取得が成立するためには、占有の取得が平穏かつ公然と行われ、取得者が前主の無権限について善意かつ無過失であることが必要である。これらの要件のうち、平穏、公然及び善意は推定されるが、無過失は推定されない。

4　即時取得は、現実の引渡し、簡易の引渡し又は占有改定によって占有を取得した場合には成立するが、指図による占有移転によって占有を取得した場合には成立しない。

5　即時取得が成立する場合であっても、原所有者が盗難によって占有を喪失したときは取得者又は転得者に対して回復請求をすることができるが、詐欺によって占有を喪失したときは回復請求をすることができない。

正 解 **5**

即時取得の重要知識を列挙した内容になっている問題です。しっかりマスターしておきたいですね。

1 ✕ 登録済みの自動車は対象外 3

道路運送車両法による**登録を受けている自動車は即時取得の対象となりません**が、登録を受けていない自動車は対象となります。また、土地から分離されていない立木は不動産の一部として扱われ、即時取得の対象とはなりません。

2 ✕ 無権代理人から買い受けた場合は対象外 3

即時取得制度は、**取引の安全のために占有者を権利者と信じた者を保護する仕組み**であり、無権代理人に代理権があると信じたことを保護するものではありません。

3 ✕ 無過失も推定される 3

即時取得の要件としての**無過失は、推定されています**（判例）。

4 ✕ 指図による占有移転は対象、占有改定は対象外 

即時取得は、現実の引渡し、簡易の引渡し、指図による占有移転によって占有を取得した場合には成立しますが、**占有改定によって占有を取得した場合には成立しません**。

5 ○ 

原所有者が盗難・遺失によって占有を喪失したときは、取得者または転得者に対して回復請求をすることができますが、これは盗品・遺失物だけを対象とした規定です（193条）。したがって、**詐欺によって占有を喪失した場合は含みません**。

即時取得

第2章第3節

問題 50　物権に関する**ア～オ**の記述のうち、妥当なもののみを全て挙げているのはどれか。

国家専門職2019

ア　金銭は、特別の場合を除いては、物としての個性を有せず、単なる価値そのものと考えるべきであり、価値は金銭の所在に随伴するものであるから、金銭の所有権者は、特段の事情のない限り、その占有者と一致するとするのが判例である。

イ　動産に関する物権の譲渡は、その動産の引渡しがなければ第三者に対抗することができないが、ここにいう「引渡し」には、占有改定により物の現実の授受と同視すべき場合も含まれるとするのが判例である。

ウ　ある者が不動産を買い受け、その登記が未了の間に、二重譲渡がなされ、さらに第二譲受人から転得者が当該不動産を買い受けて登記を完了した場合において、第二譲受人が背信的悪意者に当たるときは、転得者は、第一譲受人に対する関係で転得者自身が背信的悪意者と評価されるものではなくとも、当該不動産の所有権取得を第一譲受人に対抗することはできないとするのが判例である。

エ　詐欺によって占有が失われた物について即時取得が成立した場合、詐欺の被害者は、詐欺によって占有を失った日から二年間、占有者に対してその物の回復を請求することができる。

オ　即時取得の成立を主張する譲受人たる占有者は、権利者たる外観を有する譲渡人にその外観に対応する権利があるものと誤信し、かつ、このように信ずるについて過失がないことを立証しなければならないとするのが判例である。

1　**ア、イ**
2　**ア、エ**
3　**イ、ウ**
4　**ウ、オ**
5　**エ、オ**

正 解 1

ウは第２節で取り扱った重要事例です。**ウ**、**エ**、**オ**をきちんと**✕**と判定することが大切です。標準的なレベルの問題です。

ア ○ 3

金銭の場合、占有者が所有者になります（判例）。したがって、**金銭は即時取得の対象になりません**。

イ ○ 1

動産の譲渡の対抗要件としての「引渡し」には、**占有改定も含まれます**。

ウ ✕ 背信的悪意者からの転得者は177条の第三者 第2節 2

転得者自身が背信的悪意者と評価されるものでなければ、当該不動産の所有権取得を第一譲受人に対抗することができます。

エ ✕ 詐欺の場合は回復請求不可 

２年間の回復請求権の規定（193条）は、盗品・遺失物だけを対象にした特則であり、**詐欺の場合は対象になりません**。

オ ✕ 無過失も推定される 

即時取得の成立要件としての**無過失については推定される**ので、占有者は、その立証は不要です。

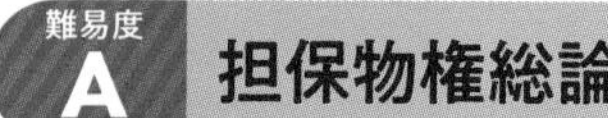

難易度A 担保物権総論

第3章第1節

問題 51 担保物権の性質及び効力に関する**ア～オ**の記述のうち、妥当なもののみを全て挙げているのはどれか。

国家一般職2020

ア 担保物権には、被担保債権が発生しなければ担保物権も発生せず、被担保債権が消滅すれば担保物権も消滅するという性質がある。この性質は、担保物権が債権の強化のために存在するものであることから、全ての担保物権に共通して当然に認められるものである。

イ 担保物権には、被担保債権の全部の弁済を受けるまでは、目的物の全部についてその権利を行使することができるという性質がある。この性質は、留置権、先取特権及び質権には認められるが、抵当権については、目的物の一部に対して実行することも可能であるから、認められない。

ウ 担保物権には、目的物の売却、賃貸、滅失又は損傷によって債務者が受けるべき金銭その他の物に対しても行使することができるという性質がある。この性質は、担保の目的物を留置することによって間接的に債務の弁済を促そうとする留置権には認められない。

エ 担保物権には、担保権者が被担保債権の弁済を受けるまで目的物を留置することができるという効力がある。この効力は、留置権にのみ認められるもので、その他の担保物権には認められない。

オ 担保物権には、担保権者が目的物の用法に従いその使用及び収益をすることができるという効力がある。この効力が認められるものとして、不動産質権が挙げられる。

1 **ア、イ**
2 **ア、エ**
3 **イ、ウ**
4 **ウ、オ**
5 **エ、オ**

正　解 **4**

イ、**エ**を**✕**と判断すれば正解できるため易しい問題です。

ア　✕　元本確定前の根抵当権には付従性なし ③

このような担保物権の共通の性質を**付従性**といい、基本的にすべての担保物権に認められる性質です。しかし、**元本確定前の根抵当権**という例外があります。

イ　✕　抵当権にも不可分性あり 

このような担保物権の共通の性質を**不可分性**といい、**４つの担保物権すべてに共通して認められる性質**です。

ウ　〇 

このような担保物権の共通の性質を**物上代位性**といい、**留置権には認められていません**。

エ　✕　質権にも留置的効力あり 

このような担保物権の効力を**留置的効力**といい、**留置権と質権において認められています**。

オ　〇 

このような担保物権の効力を**収益的効力**といい、**不動産質権において認められています**。

抵当権

第3章第2節

問題 52　抵当権に関する**ア～オ**の記述のうち、妥当なもののみを全て挙げているのはどれか。ただし、争いのあるものは判例の見解による。

国家一般職2021

ア　地上権及び借地借家法上の建物所有目的の土地賃借権については、抵当権を設定することができる。

イ　抵当権者は、利息その他の定期金を請求する権利を有するときは、原則としてその満期となった最後の５年分について、その抵当権を行使することができる。

ウ　宅地に抵当権が設定された当時、その宅地に備え付けられていた石灯籠及び取り外しのできる庭石は、抵当権の目的である宅地の従物であるため、その抵当権の効力が及ぶ。

エ　建物を所有するために必要な土地の賃借権は、特段の事情のない限り、その建物に設定された抵当権の効力の及ぶ目的物には含まれない。

オ　抵当権設定者が、抵当権が設定された建物の賃貸借契約に基づき賃料債権を有している場合において、抵当権の担保する債権について不履行があったときは、その後に生じた賃料債権にも、その抵当権の効力が及ぶ。

1　**ア、イ**
2　**ア、オ**
3　**イ、エ**
4　**ウ、エ**
5　**ウ、オ**

正　解　**5**

各記述とも正誤判定したい基本問題です。**ア**、**イ**、**エ**を確実に**✕**と判断して、少なくとも消去法では正解できるようにしましょう。

第1編　第3章　担保物権

ア　✕　土地賃借権は対象外　

民法上、抵当権の対象は**不動産、地上権、永小作権**に限られており（369条）、**賃借権には設定できません**。

イ　✕　5年分ではなく2年分　3

抵当権者は、利息その他の定期金を請求する権利を有するときは、原則として、その**満期となった最後の2年分**についてのみ、抵当権の行使ができます（375条1項本文）。

これは時の経過によって膨らむ利息等については、優先できる範囲を直近の2年分に限定することで後順位の抵当権者の期待を保護するためです。

ウ　〇　

石灯籠や取り外しのできる庭石は、抵当権の目的である宅地の従物に当たり、宅地の抵当権の効力は**抵当権設定当時の従物にも及びます**（判例）。

エ　✕　従たる権利（土地の賃借権）にも及ぶ　

建物に抵当権が設定された場合、その**土地の賃借権にも抵当権の効力は及びます**。

オ　〇　

抵当権は、被担保債権について**不履行があったとき**は、その後に生じた抵当不動産の**果実（賃料）に及びます**（371条）。

抵当権

第3章第2節

問題 53　抵当権に関する次の**ア～ウ**の記述の正誤の組合せとして最も妥当なものはどれか（争いのあるときは、判例の見解による。）。　裁判所2019

ア　抵当権者は、目的物が第三者の行為により滅失した場合、物上代位権を行使することにより、その第三者に対して、目的物の所有者が有する損害賠償請求権から優先弁済を受けることができる。

イ　Ａは、自身が所有する建物について抵当権を設定したところ、抵当権設定当時、その建物内には畳や建具が備え付けられていた。抵当権者Ｂは、特約がない限り、畳や建具についても抵当権の効力を主張することができる。

ウ　ＡのＢに対する金銭債権を担保するために、ＢがＣに賃貸している建物を目的とする抵当権が設定された。Ａのために抵当権設定登記がされた後にＣに対する賃料債権がＢからＤに譲渡されてその第三者対抗要件が具備された場合、Ａは、同じ賃料債権を差し押さえて優先弁済を受けることができる。

	ア	**イ**	**ウ**
1	誤	誤	正
2	誤	正	誤
3	正	誤	正
4	正	誤	誤
5	正	正	正

正　解　5

ウが難しいものの、選択肢の組合せから**ア**、**イ**が○と判定できれば正解はできます。

ア　○　3

第三者の不法行為により抵当建物が取り壊されたことを原因とする損害賠償請求権は、抵当権の目的物が滅失したことによって生じた債権なので**物上代位の対象**となります。したがって、抵当権者は、抵当不動産の所有者が、第三者に対して有する**損害賠償請求権から優先弁済を受けることができます**。

イ　○

建物内に備え付けられた畳や建具は**従物**に該当しますが、宅地の抵当権の効力は、**抵当権設定当時の従物にも及びます**（判例）。

ウ　○　Skip ▶|

抵当権者の物上代位による債権の差押えが、対象となる債権が譲渡され対抗要件が備えられた後でも可能なのかが問題となるケースです。物上代位は対象となる債権の払渡し前に行う必要がありますが、債権譲渡は払渡しには該当しないので、債権譲渡がされ、その対抗要件が備えられた後でも、抵当権者は、対象となる債権を差し押さえて物上代位権を行使できます（判例）。

ただし、これは、あくまでも抵当権の設定登記が債権譲渡の対抗要件の具備よりも前になされていることが前提となっている判断です。

抵当権

第3章第2節

問題 54　抵当権に関する次の記述のうち、妥当なのはどれか。

国家専門職2018

1　抵当権は、附従性、随伴性、不可分性は有するが、目的物の担保価値を把握する性質の権利である以上、物上代位性は有しない。

2　抵当権の目的となるのは不動産のみで、動産は抵当権の目的となり得ない。

3　抵当権の被担保債権は金銭債権でなければならず、金銭債権以外の債権を被担保債権とする抵当権設定契約は無効である。

4　抵当権は、債務者及び抵当権設定者に対しては、その担保する債権と同時でなければ、時効によって消滅しない。

5　抵当権は、あくまでも目的物の担保価値を把握するものである以上、抵当不動産の果実に及ぶことはない。

正 解 **4**

基本的な知識が列挙されている問題です。正解**4**をストレートに〇と判定できるようにしておきたいです。

1 ✕ 物上代位性も有している ①

抵当権は、付従性、随伴性、不可分性だけでなく、**物上代位性も有しています**。

2 ✕ 不動産のみではなく、地上権、永小作権も対象 

動産が抵当権の目的（対象）となり得ないとする点は正しいですが、目的（対象）となり得るものに**地上権、永小作権**もあるため（369条2項）、不動産のみとはいえません。

3 ✕ 被担保債権は金銭債権に限られず 

金銭債権以外の債権（例えば買主が売主に対して有する売買目的物の引渡債権）であっても、債務不履行によって損害賠償債権に変わり、結局は金銭債権となります。したがって、**金銭債権以外の債権を被担保債権とする抵当権設定契約も有効**とされています。

4 〇 ④

条文どおりで正しい記述です（396条）。

5 ✕ 果実に及ぶこともある 

抵当権は、被担保債権について**不履行**があったときは、その後に生じた抵当不動産の**果実（賃料）に及びます**（371条）。

抵当権

第3章第2節

問題55　民法に規定する抵当権に関する記述として、通説に照らして、妥当なのはどれか。　特別区Ⅰ類2022

1　抵当権設定契約の抵当権設定者は、必ずしも債務者に限られず、債務者以外の第三者であっても、抵当権設定者とすることができる。

2　抵当権の目的とすることができるものは不動産に限られ、地上権及び永小作権を抵当権の目的とすることはできない。

3　抵当権の順位は、各抵当権者の合意によって変更することができ、利害関係を有する者の承諾を得る必要はない。

4　抵当権の処分方法のうち、転抵当とは、同一の債務者に対する抵当権のない他の債権者の利益のために抵当権を譲渡することをいう。

5　債務者又は抵当権設定者でない者が、抵当不動産について取得時効に必要な要件を具備する占有をしても、抵当権は消滅しない。

正　解　1

真っ先に1が正解であることがわかってしまう問題です。4、5には細かい知識も含まれていますが、正解すること自体は容易な問題です。

1　○ 

第三者であっても、抵当権設定者とすることができます（369条1項）。

このような第三者を物上保証人といいましたね。

2　×　不動産のみでなく、地上権、永小作権も対象 

不動産だけでなく、**地上権、永小作権も抵当権の目的とすることができます**（369条1項、2項）。

3　×　利害関係者の承諾が必要

抵当権の順位は、各抵当権者の合意によって変更することができますが、**利害関係を有する者がいる場合、その者の承諾を得る必要があります**（374条1項）。

例えば抵当権が転抵当の目的となっているような場合です。その場合は、転抵当権者の承諾が必要になります。

4　×　Skip ▶|　転抵当ではなく抵当権の譲渡

「同一の債務者に対する抵当権のない他の債権者の利益のために抵当権を譲渡すること」は「抵当権の譲渡」を指します。「転抵当」とは、抵当権を他の債権の担保とすることです（376条1項）。

5　×　抵当権は消滅する 

債務者または抵当権設定者でない者が抵当不動産を時効取得すると、抵当権は消滅します（397条）。**時効取得された不動産に付着していた権利（抵当権等）は消滅する**のが原則です。しかし、債務者や物上保証人が抵当不動産を時効取得した場合、抵当権が消滅するのは不当なので、例外的に抵当権は消滅しないことを条文で規定しています。

抵当権

第3章第3節

問題 56　抵当権に関する**ア～オ**の記述のうち、妥当なもののみを全て挙げているのはどれか。ただし、争いのあるものは判例の見解による。

国家専門職2014

ア　抵当権は目的物の利用を伴わない価値権であるため、第三者が抵当不動産を不法占有することにより抵当不動産の交換価値の実現が妨げられ抵当権者の優先弁済権の行使が困難となるような状態があるときであっても、抵当権に基づく妨害排除請求として、抵当権者が当該状態の排除を求めることは認められない。

イ　抵当権者は、債務者である抵当権設定者から被担保債権の一部について弁済を受けた場合であっても、被担保債権全部について弁済を受けるまでは、目的物の全部について抵当権を実行することができる。

ウ　抵当権設定契約は、諾成契約であり、当事者の合意のみで効力を生ずる。

エ　抵当権の目的物が第三者の放火により焼失した場合、抵当権者は、目的物の所有者である抵当権設定者が取得した請求権のうち、損害賠償請求権に対しては物上代位権を行使することができるが、火災保険金請求権に対しては物上代位権を行使することができない。

オ　抵当権設定当時に土地及び建物の所有者が異なっていた場合であっても、その土地又は建物に対する抵当権の実行による競落の際に、土地及び建物が同一人の所有に帰していたときは、法定地上権の成立が認められる。

1　**ア、エ**
2　**ア、オ**
3　**イ、ウ**
4　**イ、オ**
5　**ウ、エ**

正 解 **3**

エ、**オ**を✕と確実に判定することで、消去法により正解を**3**と絞り込めます。平易な問題といえるでしょう。

第1編

ア ✕ 妨害排除請求権を行使可能 第2節 3

第三者が抵当不動産を不法占有している場合、抵当権に基づく妨害排除請求として、抵当権者が不法占有状態の排除を求めることを許される場合があります。それは、**抵当不動産の交換価値の実現が妨げられ、抵当権者の優先弁済請求権の行使が困難となるような状態があるとき**です。

この要件は、不法占有者がいることで、抵当不動産の競売を実施しても、抵当権者が被担保債権の満足を受けられない状態を指しています。

第3章 担保物権

イ ○ 第2節 1

抵当権には**不可分性**があるので、たとえ被担保債権の一部について弁済を受けていても、**被担保債権全部について弁済を受けるまでは、目的物の全部について抵当権を実行することができます**。

ウ ○ 第2節 2

抵当権設定契約は、**当事者間の合意のみによって成立する諾成契約**です。

エ ✕ 火災保険金請求権にも物上代位可能 第2節 3

損害賠償請求権だけでなく、**火災保険金請求権**についても物上代位が認められます（判例）。

オ ✕  設定当時に同一人の所有であることが必要 1

抵当権設定当時に土地と建物の所有者が異なっている場合、法定地上権は成立しません（388条）。

難易度B 抵当権

第3章第3節

問題57 民法に規定する抵当権に関する記述として、判例、通説に照らして、妥当なのはどれか。

特別区Ⅰ類2016

1 抵当権の設定は、債務者以外の第三者の所有する不動産につき、その第三者と債権者との間で行うことができ、債務者以外の第三者の所有不動産上に抵当権が設定されたときの第三者を物上保証人というが、この場合、抵当権設定契約は当事者の意思表示だけでは有効に成立しない。

2 抵当権の設定後に抵当地に建物が築造されたときは、抵当権者は、その建物の所有者が抵当地を占有するについて抵当権者に対抗できる権利を有する場合を除き、土地とともにその建物を競売することができ、その優先権は、土地及び建物の代価について行使することができる。

3 最高裁判所の判例では、抵当不動産の賃貸により抵当権設定者が取得する賃料債権に対しては、抵当権者は物上代位権を行使することができ、抵当不動産の賃借人が取得する転貸賃料債権についても、常に物上代位権を行使することができるとした。

4 最高裁判所の判例では、抵当権設定当時土地及び建物の所有者が異なる場合において、その土地又は建物に対する抵当権の実行による競落の際、当該土地及び建物の所有権が同一の者に帰することとなったときは、法定地上権は成立するとした。

5 最高裁判所の判例では、第三者が抵当不動産を不法占有することにより、抵当不動産の交換価値の実現が妨げられ、抵当権者の優先弁済請求権の行使が困難となるような状態があるときは、抵当権者は、所有者の不法占有者に対する妨害排除請求権を代位行使することができるとした。

正　解 **5**

1、**3**、**5**は前節で学習した内容です。各記述の文章が長めで、少し難易度の高い問題です。

1　×　当事者の意思表示だけで成立　第2節 ②

抵当権設定契約は諾成契約であり、たとえ**物上保証人が当事者である場合でも、当事者の意思表示だけで有効に成立**します。

2　×　優先権は土地の代価についてのみ　

更地に抵当権を設定した後、抵当地上に建物が築造された場合、当該建物は抵当権者に対抗できないものとなるので、抵当権者は、原則として、土地とともに建物も競売することができます（389条）。これを「一括競売」と呼びます。その際、**抵当権者が優先弁済権を行使できるのは、土地の代価についてのみ**です。

建物の代価部分は、その建物の所有者（抵当権設定者）が受け取ることになります。

3　×　転貸賃料債権には、原則として物上代位不可　第2節 ③

賃料債権について、抵当権者は物上代位権を行使できますので、前半は正しいです。しかし、転貸賃料債権については、抵当権者は、**賃借人を抵当権設定者と同視できる場合を除き、物上代位権を行使できません**（判例）。

4　×　法定地上権は成立しない　

抵当権設定当時、土地および建物の所有者が異なっており、法定地上権の成立要件を満たしていないことから、法定地上権は成立しません。

抵当権設定時が問題であって、その後に同一人所有となっても法定地上権が成立することはありません。

5　○　第2節 ③

判例と同趣旨の内容であり、正しい記述です。

抵当権

第3章第3節

問題 58　抵当権と法定地上権に関する次の記述のうち、妥当なのはどれか。ただし、争いのあるものは判例の見解による。　　国家専門職2013

1　抵当権の被担保債権は、抵当権設定時に存在していなければならないから、将来発生する債権は被担保債権とすることはできない。

2　宅地に対する抵当権の効力は、特段の事情がない限り、抵当権設定時に当該宅地の従物であった石灯籠及び庭石にも及ぶ。

3　法定地上権は法律上当然に発生するため、法定地上権の地代は、当事者の請求によることなく、裁判所が定める金額としなければならない。

4　土地及びその地上建物の所有者が建物の取得原因である譲受けにつき所有権移転登記を経由しないまま土地に対し抵当権を設定した場合には、法定地上権が成立することはない。

5　所有者が土地及び地上建物に共同抵当権を設定した後、建物が取り壊され、土地上に新たに建物が建築された場合には、新建物の所有者が土地の所有者と同一であり、かつ、新建物が建築された時点での土地の抵当権者が新建物について土地の抵当権と同順位の共同抵当権の設定を受けたなどの特段の事情に関係なく、新建物のために法定地上権が成立する。

正　解 2

1、**2**は第２節で学習した内容、**3**、**4**、**5**は法定地上権の成否が問われています。正解を**2**と確定するのは容易です。

第1編 第3章 担保物権

1　×　将来発生する債権のための抵当権も有効　第2節 ②

将来発生する債権を被担保債権として抵当権を設定することも可能です。

2　○　第2節 ③

抵当権の効力は、**抵当権設定当時に設置されている従物にも及びます**。

3　×　請求により裁判所が定める　①

法定地上権が成立する場合に、その地代は、**当事者の請求により裁判所が定めます**。当事者からの請求がないままに裁判所が定めることはありません。

4　×　登記でなく真の権利関係で判断　①

「抵当権設定時に土地と建物が同一人所有」という法定地上権の成立要件は、**登記ではなく、真の権利関係で判断します**。したがって、登記の移転がされていなくても、土地と建物の真の権利者が同一人であれば、法定地上権は成立します。

5　×　本記述のような特段の事情が必要　①

❶新建物の所有者が土地の所有者と同一で、かつ、**❷新建物が建築された時点での土地の抵当権者が新建物について土地の抵当権と同順位の共同抵当権の設定を受けた**などの特段の事情がある場合は、新建物のために法定地上権は成立します（判例）。

抵当権

第3章第3節

問題 59　抵当権に関する**ア〜オ**の記述のうち、妥当なもののみを全て挙げているのはどれか。ただし、争いのあるものは判例の見解による。　国家専門職2016

ア　Aの所有する土地及び地上建物のうち、建物についてBのために抵当権が設定された。その後、抵当権が実行されてCが当該建物の買受人となった。この場合、Aは、Cに対して土地利用権限がないことを理由に建物収去・土地明渡しを請求することができる。

イ　所有者が土地及び地上建物に共同抵当権を設定した後、当該建物が取り壊され、当該土地上に新たに建物が建築された場合、新建物の所有者が土地の所有者と同一であり、かつ、新建物が建築された時点での土地の抵当権者が新建物について土地の抵当権と同順位の共同抵当権の設定を受けたとき等特段の事情のない限り、新建物のために法定地上権は成立しない。

ウ　抵当権設定後に抵当不動産の所有者から占有権原の設定を受けてこれを占有する者がいる場合、その占有権原の設定に抵当権実行としての競売手続を妨害する目的が認められ、その占有により抵当不動産の交換価値の実現が妨げられて抵当権者の優先弁済請求権の行使が困難となるような状態があるときは、抵当権者は当該占有者に対して抵当権に基づく妨害排除請求をすることができる。

エ　抵当権は弁済によって消滅するが、一部弁済の場合、担保物権の不可分性により、抵当権は全体として存続する。

オ　AのBに対する5,000万円の債権の担保のため、B所有の甲土地（時価4,000万円）と乙土地（時価6,000万円）に一番抵当権が共同抵当として設定されていた。また、乙には、CのBに対する4,000万円の債権を担保するための二番抵当権が設定されていた。乙が先に競売され、Aに5,000万円配当された場合、Cは、3,000万円を限度として、Aに代位して甲につき抵当権を行使することができる。

1　**ア、イ**　　**2**　**イ、ウ**　　**3**　**エ、オ**
4　**ア、ウ、オ**　　**5**　**イ、ウ、エ**

正　解　5

ウは第２節で学習した内容です。**オ**は無視しましょう。**イ**、**ウ**、**エ**を○と確定しないと正解に至れないので、難易度の高い問題といえます。

ア　×　法定地上権が成立する 1

本記述は、法定地上権が成立する典型的なケースです。建物のために法定地上権が成立したことから、Ｃには土地利用権限があり、ＡはＣに対して**建物収去・土地明渡しを請求できません**。

イ　○ 1

判例と同趣旨の内容であり、正しい記述です。

ウ　○ 第2節 3

判例と同趣旨の内容であり、正しい記述です。

エ　○ 第1節 3

抵当権は全部の弁済があると付従性により当然に消滅します。また、抵当権は不可分性という性質を有していますので、たとえ**一部の弁済があっても、抵当権は担保目的物の全体に存続します**。

オ　×　Skip ▸|　2,000万円が限度

１番抵当権が複数の不動産に共同抵当として設定されている場合、まず、同時配当がされた場合を前提に、甲、乙２つの不動産におけるＡが受け取れる金額を不動産の価値の割合で割り振ります（割付け）。その結果、同時配当においてＡは甲から2,000万円、乙から3,000万円を受け取れることになっていました。しかし、実際には乙が先に競売され、そこからＡは5,000万円全額を回収してしまっています。その結果、乙の２番抵当権者Ｃは1,000万円しか受け取れませんでした。その場合、同時配当であったならばＡが甲から受け取れた2,000万円分に代位することが認められています。

抵当権

第3章第3節

問題 60　ＡはＢに対する債務を担保するため、自己の所有する甲不動産に抵当権を設定し、登記をした。この事例に関する次の**ア～オ**の記述のうち、適当なもののみを全て挙げているものはどれか（争いのあるときは、判例の見解による。）。

裁判所2016

ア　Ｂの債権が将来のある時期に成立する債権である場合、Ｂの抵当権は、設定の時点で被担保債権が存在していないから、ＢはＡに対して抵当権の成立を主張できない。

イ　Ａはその後、甲不動産をＣに賃貸し、さらにＣがこれをＤに転貸した。Ａが弁済期になっても債務を弁済しない場合、Ｂは、甲不動産のＣの転貸賃料について、原則として物上代位権を行使することができる。

ウ　Ａはその後、甲不動産をＣに賃貸し、さらにＡはＣに対する賃料債権をＤに譲渡し、Ｄは対抗要件を備えた。Ａが弁済期になっても債務を弁済しない場合、Ｂは、ＡのＣに対する賃料債権について、物上代位権を行使することができる。

エ　Ａはその後、甲不動産をＣに売却した。ＡのＢに対する債務が1,500万円、甲不動産の価格が1,200万円であった場合、ＣはＢからの請求に対して1,200万円を支払うことでＢの抵当権を消滅させることができる。

オ　その後、Ｃが甲不動産を権限なく占有し始めた。Ｂが抵当権を実行するに当たって、ＢはＣに対して、不法行為に基づき、不法占有によって生じた賃料相当額の損害の賠償を求めることはできない。

1　**ア、ウ**
2　**イ、エ**
3　**ウ、オ**
4　**イ、ウ、エ**
5　**ウ、エ、オ**

正　解　**5**

ア、**イ**を**×**と判断して**3**か**5**まで絞った後、さらに**エ**を判定できないと正解には至れません。**ウ**は難しいので無視して構わないでしょう。

第1編 第3章 担保物権

ア　×　将来発生する債権のための抵当権も有効　第2節 2

将来生じる債権も抵当権の被担保債権になり得ます。したがって、将来債権を被担保債権として、BはAに対して抵当権の成立を主張可能です。

イ　×　転貸賃料債権には、原則として物上代位不可　第2節 3

抵当不動産の賃借人を所有者と同視することを相当とする場合を除き、原則として、抵当権者は、賃借人が取得する**転貸賃料債権について、物上代位権を行使できません**（判例）。

ウ　○　Skip ▶I

賃料債権は物上代位の対象となります。さらに、物上代位の目的債権（賃料債権）が譲渡され第三者に対する対抗要件を備えた後であっても、抵当権者は、目的債権を差し押さえて物上代位権を行使できます（判例）。

エ　○　2

本記述は**代価弁済**についての事例です。抵当権者Bからの求めに応じて、代金1,200万円をCが支払っているので、抵当権は消滅します。

オ　○　第2節 3

抵当権侵害を理由として、不法行為に基づき、抵当権者が、不法占有者に対して賃料相当額の損害金の支払いを請求することは認められません（判例）。

難易度 B　留置権

第3章第4節

問題 61　留置権に関する次の**ア〜エ**の記述の正誤の組合せとして最も適当なものはどれか（争いのあるときは、判例の見解による。）。　裁判所2017

ア　留置権者は、債務者の承諾を得て留置物を賃貸した場合、賃貸によって得た利得を被担保債権の弁済に充当することができる。

イ　留置権者は、債務者の承諾を得なくても、留置物を使用することができる。

ウ　留置権者は、競売により目的物を換価することができる。

エ　債務者は、留置権者に対し、相当の担保を提供すれば、留置権の消滅を請求することができる。

	ア	イ	ウ	エ
1	正	正	誤	正
2	正	正	誤	誤
3	正	誤	正	正
4	誤	誤	正	正
5	誤	誤	正	誤

正解 3

ウは留置権に優先弁済的効力がないことから推測して逆に間違ってしまった人がいたと思います。ただ**ウ**は無視していいでしょう。**ア**、**イ**の正誤を確定できれば正解できるので、標準的な問題です。

ア ○

留置権者は債務者の承諾があれば留置物を賃貸することができます（298条２項本文）。そして、その賃貸によって得た**果実は、被担保債権の弁済に充当することが可能です**（297条１項）。

イ ✕ 債務者の承諾が必要 

留置権者が留置物を使用するためには、**債務者の承諾を得る必要があります**（298条２項本文）。

ウ ○ Skip ▶|

留置権者は、競売により目的物を換価することができます。留置権には優先弁済権はありませんが、民事執行法で一定の場合に競売の権利が認められています。ただし、留置権者には優先弁済権はないので、換価金を所有者に返還する義務を負います。

エ ○ 

条文どおりで正しい記述です（301条）。

留置権

第3章第4節

問題 62　留置権に関する次の記述のうち、妥当なのはどれか。

国家専門職2015

1　他人の物の占有者は、その物に関して生じた債権を有するときは、その債権の弁済を受けるまで、留置権の成立を根拠として、その物を留置することが認められるから、当該占有が不法行為によって始まった場合であっても、留置権を主張することができる。

2　留置権者は、債権の弁済を受けるまでの担保として、物の占有を継続することが認められるにすぎないから、留置物から果実が生じた場合にこれを収取することは許されない。

3　留置権者は、留置権が成立する間、物の占有を継続することが認められる以上、当該物に関する必要費は自己の負担で支出する必要があり、所有者に当該必要費の償還を請求することはできない。

4　債務者の承諾を得た場合であっても、留置権者が第三者に留置物を賃貸したときは、留置権は消滅する。

5　債権者において留置権が成立している場合であっても、債務者は、相当の担保を提供して、留置権の消滅を請求することができる。

正解 **5**

5をストレートに**○**と判定して正解したい問題です。留置権における比較的重要な知識が列挙されているので、きちんと確認しておきましょう。

1　✕　不法行為によって始まった場合は主張できず　1

留置権は、その留置物の占有が**不法行為によって始まった場合でないこと**を要求しています（295条2項）。

2　✕　果実からの弁済充当が可能 

留置権者は、留置物から生じる**果実を収取し、他の債権者に先立って、これを自己の債権の弁済に充当することができます**（297条1項）。

3　✕　必要費は償還請求可 

留置権者は、必要費を支出した場合、**所有者に必要費の償還を請求することができます**（299条1項）。

4　✕　承諾があれば賃貸可能 

債務者の承諾を受ければ、留置権者は留置物を賃貸することができます。当然ながら留置権は消滅しません。なお、留置権者が債務者の承諾を受けずに無断で賃貸してしまったとしても、債務者は留置権の消滅を請求できるだけであり、留置権が当然に消滅するわけではありません。

5　○ 

債務者は、**相当の担保を提供して、留置権の消滅を請求**することができます（301条）。

質　権

第3章第4節

問題 63　民法に規定する質権に関する記述として、妥当なのはどれか。

特別区Ⅰ類2020

1　質権者は、その権利の存続期間内において、自己の責任で、質物について、転質をすることができ、この場合において、転質をしたことによって生じた損失については、不可抗力によるものであれば、その責任を負わない。

2　質権者は、質権の目的である債権を直接に取り立てることができ、また、債権の目的物が金銭であるときは、自己の債権額に対応する部分に限り、これを取り立てることができる。

3　動産質権者は、継続して質物を占有しなければ、その質権をもって第三者に対抗することができず、質物の占有を奪われたときは、質権に基づく返還請求により、その質物を回復することができる。

4　不動産質権者は、管理の費用を支払い、その他不動産に関する負担を負うが、設定行為に別段の定めがない限り、質権の目的である不動産の用法に従い、その使用及び収益をすることができない。

5　不動産質権の存続期間は、10年を超えることができないが、設定行為でこれより長い期間を定めたときであれば、その期間は10年を超えることができ、また、不動産質権の設定は、更新することができる。

正　解　2

正解の**2**は少し細かい知識を問うており、難易度が高い問題です。

1　✕ Skip ▶|　**不可抗力でも責任を負う**

質権者は、存続期間内であれば、自己の責任で転質をすることができます(348条)。転質をしたことによって生じた損失については、不可抗力によるものであっても、質権者がその責任を負います。

2　〇 

質権者は、債権質において、その質権の目的である債権を直接に取り立てることができます（366条1項）。また、債権の目的物が金銭であるときは、質権者は、**自己の債権額に対応する部分に限り、これを自分で直接、債務者から取り立てることができます**（同条2項）。

3　✕　**質権に基づく返還請求による回復は不可** 

動産質権の対抗要件は占有なので、動産質権者は、継続して質物を占有しなければ、その質権を第三者に対抗できません（352条）。したがって、前半は正しい記述です。しかし、動産質権者は、質物の占有を奪われたときは、**占有回収の訴えによってのみ、その質物を回復することができます**（353条）。

4　✕　**不動産質権は使用・収益可** 

不動産質権には収益的効力があります。不動産質権者は、設定行為に別段の定めがなければ、質権の目的である不動産の用法に従い、その使用・収益をすることができます（356条、359条）。

その代わり、利息を請求することができないことになっています。

5　✕　**存続期間は10年まで** 

不動産質権の存続期間は、**10年を超えることができません**（360条1項）。更新することは可能ですが、その存続期間は、更新の時から10年を超えることはできません（同条2項）。

第1編　第3章　担保物権

□□□

難易度 A

債務不履行

第1章第1節

問題 64　債務不履行の責任等に関する次の記述のうち、妥当なのはどれか。

国家一般職2021

1　債務の履行が不能である場合、債権者は、これによって生じた損害の賠償を請求することができるが、契約に基づく債務の履行がその契約の成立時に既に不能であったときは、そもそも債権が発生していないのであるから、その履行の不能によって生じた損害の賠償を請求することはできない。

2　債務者が任意に債務の履行をしない場合、債権者が民事執行法その他強制執行の手続に関する法令の規定に従い履行の強制を裁判所に請求することができるのは、その不履行が債務者の責めに帰すべき事由によって生じたときに限られる。

3　債務が契約によって生じたものである場合において、債権者が債務の履行に代わる損害賠償の請求をすることができるのは、債務の不履行による契約の解除権が発生したときではなく、実際にその解除権を行使したときである。

4　債権者が債務の履行を受けることができない場合において、その債務の目的が特定物の引渡しであるときは、債務者は、履行の提供をした時からその引渡しをするまで、自己の財産に対するのと同一の注意をもって、その物を保存すれば足り、注意義務が軽減される。

5　債務者が、その債務の履行が不能となったのと同一の原因により債務の目的物の代償である権利を取得したときは、債権者は、その受けた損害の額にかかわらず、債務者に対し、その権利の全部の移転を請求することができる。

正　解　4

4が受領遅滞のことを問うていることがわかれば難しくなかったでしょう。標準レベルの問題です。

1　×　原始的不能でも契約は有効　3

債務の履行が不能である場合、債権者は、これによって生じた損害の賠償を請求することができます（415条1項本文）。契約に基づく債務の履行が**契約の成立時にすでに不能（原始的不能）であったとしても、契約自体は有効**なので、「そもそも債権が発生していない」とはいえませんし、損害の賠償を請求することもできます。

2　×　債務者に帰責事由がなくても可　4

履行の強制をする場合、その不履行が**債務者の責めに帰すべき事由によって生じたことは必要とされていません**。

3　×　解除権が発生した段階で填補賠償を請求可能　4

契約が解除された場合だけでなく、**契約の解除権が発生した場合**も、債務の履行に代わる損害賠償（填補賠償）の請求をすることができます（415条2項3号）。

4　○　5

条文どおりで正しい記述です（413条1項）。債権者の受領遅滞により、債務者が負うべき善管注意義務（400条）が**「自己の財産に対するのと同一の注意義務」に軽減**されています。

5　×　受けた損害の額が限度　4

このような請求を代償請求権（422条の2）といいます。代償請求権は、**債権者の受けた損害の額の限度**において認められるものです。

難易度 B　債務不履行　第1章第1節

問題 65　債務不履行に基づく損害賠償に関する**ア**～**エ**の記述のうち、妥当なもののみを全て挙げているのはどれか。　国家一般職2022

ア　売買契約における債務の不履行に対する損害賠償の請求は、その損害が特別の事情によって生じた場合には、当事者が契約締結時にその事情を予見していたときに限りすることができる。

イ　将来において取得すべき利益についての損害賠償の額を定める場合において、その利益を取得すべき時までの利息相当額を控除するときは、その損害賠償の請求権が生じた時点における法定利率により行う。

ウ　金銭の給付を目的とする債務の不履行に基づく損害賠償については、債務者は、不可抗力をもって抗弁とすることができない。

エ　売買契約の当事者は、債務の不履行について損害賠償の額を予定した場合であっても、解除権を行使することができる。

1　**ア、ウ**
2　**イ、ウ**
3　**イ、エ**
4　**ア、イ、エ**
5　**イ、ウ、エ**

正　解　**5**

アを✕、**ウ**を〇と判定するのは容易ですが、それだけでは**2**か**5**の二択までしか絞れず**エ**についての判定が必要です。少し難易度が高くなっています。

ア　✕　　債務不履行時にその事情を予見すべきであったとき　4

特別の事情によって生じた損害については、当事者がその事情を**予見すべきであったとき**は、債権者は、その賠償を請求することができます（416条2項）。したがって、「予見していたとき」に限られません。また、予見時期についても「契約締結時」ではなく、「**債務不履行時**」と考えられています。

イ　〇　Skip

条文どおりで正しい記述です（417条の2第1項：中間利息の控除）。

ウ　〇　4

金銭の給付を目的とする債務の不履行に基づく損害賠償については、債務者は、**不可抗力をもって抗弁とすることができません**（419条3項）。

エ　〇　

当事者は、債務の不履行について損害賠償の額を予定することが可能であり、たとえ**賠償額の予定をしても解除権を行使することは可能**です（420条）。

難易度 B

債務不履行

第1章第1節

問題 66　民法に規定する債務不履行に関する記述として、妥当なのはどれか。

特別区Ⅰ類2021

1　債権者が債務の履行を受けることができない場合において、履行の提供があった時以後に当事者双方の責めに帰することができない事由によってその債務の履行が不能となったときは、その履行の不能は、債務者の責めに帰すべき事由によるものとみなす。

2　債務者が任意に債務の履行をしないときは、債権者は、民事執行法その他強制執行の手続に関する法令の規定に従い、直接強制、代替執行、間接強制その他の方法による履行の強制を裁判所に請求することができるが、債務の性質がこれを許さないときは、この限りでない。

3　債務者がその債務の本旨に従った履行をしないとき、債権者は、その債務の不履行が契約その他の債務の発生原因及び取引上の社会通念に照らして債務者の責めに帰することができない事由によるものであるときであっても、これによって生じた損害の賠償を請求することができる。

4　金銭の給付を目的とする債務の不履行の損害賠償については、債権者が損害の証明をすることを要し、その損害賠償の額は債務者が遅滞の責任を負った最初の時点における法定利率によって定める。

5　当事者は、債務の不履行について損害賠償の額を予定することができるが、当事者が金銭でないものを損害の賠償に充てるべき旨を予定することはできない。

正　解　2

2は条文どおりの内容ですが、自信を持って○とするのは少し難しいでしょう。**5**も細かいので消去法も難しく、難易度は高めの問題です。

1　×　受領遅滞中の履行不能は債権者に帰責　5

債権者が債務の履行を受けることを拒み、または受けることができない場合（受領遅滞の場合）において、履行の提供があった時以後に当事者双方の責めに帰することができない事由によってその債務の履行が不能となったときは、その履行の不能は、**債権者の責めに帰すべき事由によるものとみなされます**（413条の２第２項）。

2　○　4

条文どおりで正しい記述です（414条１項）。

3　×　損害賠償請求には債務者の帰責事由が必要　4

債権者が債務者に債務不履行を理由として損害賠償請求をするためには、**債務者の帰責事由（責めに帰することができる事由）によるものであることが必要**です（415条１項）。

4　×　金銭債務の不履行では損害の証明不要　4

金銭債務の不履行については、その損害賠償の額は、原則として、債務者が遅滞の責任を負った最初の時点における法定利率によって定め、この損害賠償については、**債権者は損害の証明をすることを要しません**（419条１項、２項）。

5　×　Skip ▶|　金銭以外を充てる予定も可

当事者は、債務の不履行について損害賠償の額を予定することができます（420条１項）。そして、当事者が金銭でないものを損害の賠償に充てるべき旨を予定することも可能です（421条参照）。

□□□

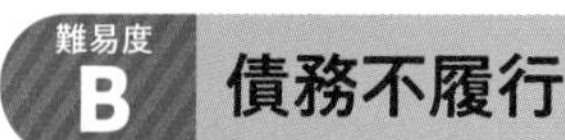

難易度 B 債務不履行

第1章第1節

問題 67 債務不履行による損害賠償に関する次の記述のうち、妥当なのはどれか。ただし、争いのあるものは判例の見解による。　国家一般職2016

1 損害が債務者の帰責事由だけではなく、債権者の過失も原因となって発生した場合には、発生した損害の全てを債務者に負担させることは公平に反するため、裁判所は、債権者の過失に応じて損害賠償額を減額することができるが、債務者の責任全てを免れさせることはできない。

2 債務不履行による損害賠償の方法には、金銭賠償と原状回復とがある。金銭賠償とは金銭を支払うことによって損害が発生しなかった状態を回復するものであり、原状回復とは債務者が自ら又は他人をして現実に損害を回復するものであり、損害賠償の方法としては、金銭賠償が原則である。

3 債務者が、その債務の履行が不能となったのと同一の原因により債務の目的物の代償である利益を取得した場合には、その利益を債務者に享受させることは公平に反するため、債権者は、その受けた損害の額の限度を超えても、債務者に対し、その利益全ての償還を請求することができる。

4 債権者と債務者との間であらかじめ違約金を定めておいた場合には、その違約金は原則として債務不履行に対する制裁であるため、債務者は、債権者に対し、現実に発生した損害賠償額に加えて違約金を支払わなければならない。

5 債務不履行により債権者が損害を被った場合には、債務不履行による損害賠償の範囲は、債務不履行がなければ生じなかった損害全てに及び、特別な事情による損害も、通常生ずべき損害と同様に、損害賠償の対象となる。

正　解　**2**

4が少し難しいですが、他の記述は基本的な内容です。確実に正解したい問題といえます。

1　✕　過失相殺は義務的で、免責も可

債務の不履行に関して債権者に過失があったときの過失相殺は、裁判所はこれを「考慮する」と規定されており（418条、過失相殺）、**義務的なものと**なっています。さらに、裁判所の判断で、**債務者の責任をすべて免れさせることも可能**です。

2　○

金銭賠償および原状回復の定義は本記述のように解釈されています。また、**金銭賠償が原則**です（417条）。

3　✕　受けた損害の額が限度

このような請求を代償請求権（422条の２）といいます。代償請求権は、**債権者の受けた損害の額の限度**において認められます。

4　✕　違約金は賠償額の予定と推定 

違約金は損害の賠償額の予定と推定されており（420条）、**現実に発生した損害賠償額に加えて支払われるものではありません**。

5　✕　相当とされる因果関係がある範囲に限定 

損害賠償として認められるかは、債務者に賠償させることが社会通念上相当（相当とされる因果関係がある）といえるか否かによって決まります（判例）。したがって、**損害すべてが当然に賠償の対象に含まれるわけではありません**。

なお、特別な事情による損害（特別損害）が認められるのは、当事者がその事情を予見すべき場合に限定されています（416条２項）。

債権者代位権

第1章第2節

問題 68　債権者代位権に関する**ア～オ**の記述のうち、妥当なもののみを全て挙げているのはどれか。

国家一般職2021

ア　債権者は、その債権の期限が到来しない間であっても、裁判上の代位によれば、債務者に属する権利を行使することができる。

イ　債権者は、債務者に属する権利を行使する場合において、その権利の目的が可分であるときは、自己の債権の額の限度においてのみ、その権利を代位行使することができる。

ウ　債権者は、債務者に属する権利を行使する場合において、その権利が金銭の支払を目的とするものであるときは、相手方に対し、その支払を債務者に対してすることを求めることはできるが、自己に対してすることを求めることはできない。

エ　債権者が債務者に属する権利を行使した場合であっても、債務者は、その権利について、自ら取立てをすることができる。

オ　登記をしなければ権利の得喪及び変更を第三者に対抗することができない財産を譲り受けた者は、その譲渡人が第三者に対して有する登記手続をすべきことを請求する権利を行使しないときであっても、その第三者の同意を得れば、その権利を行使することができる。

1　**ア、イ**
2　**ア、オ**
3　**イ、エ**
4　**ウ、エ**
5　**ウ、オ**

正　解 **3**

ア、**ウ**を✕と判定することは簡単です。それができれば正解は**3**に絞れますので、確実に正解したい易しい問題といえます。

ア　✕　被保全債権の弁済期前に代位行使できる条件は「保存行為」 3

債権者は、被保全債権の期限が到来しない間でも、**保存行為の場合**は、債務者に属する権利を代位行使することができます（423条2項）。

イ　○ 4

条文どおりで正しい記述です（423条の2）。

ウ　✕　金銭の支払いは自己に対してするよう求められる 5

被代位権利が金銭の支払いまたは動産の引渡しを目的とするものであるときは、相手方に対し、その支払いまたは引渡しを**自己に対してすることを求めることができます**（423条の3）。

エ　○ 5

条文どおりで正しい記述です（423条の5前段）。

オ　✕　第三者の同意を得る必要はない 6

「登記をしなければ権利の得喪及び変更を第三者に対抗することができない財産を譲り受けた者」というのは、不動産の買主などを指しています。つまり、不動産の買主は、その譲渡人（売主）が第三者（元の所有者）に対して有する登記手続または登録手続をすべきことを請求する権利を行使しないときは、その権利を**代位行使することができます**（423条の7前段）。

これは特定債権保全のための債権者代位権の転用と呼ばれるケースです。

債権者代位権

第1章第2節

問題 69　債権者代位権に関する**ア～オ**の記述のうち、妥当なもののみを全て挙げているのはどれか。

国家専門職2022

ア　債権者は、債権者代位権を、債務者の代理人として行使するのではなく自己の名において行使することができるが、相手方は、債務者に対して主張することができる抗弁をもって、債権者に対抗することができる。

イ　名誉を侵害されたことを理由とする被害者の加害者に対する慰謝料請求権は、被害者が当該請求権を行使する意思を表示しただけでその具体的な金額が当事者間で客観的に確定しない間は、被害者の債権者がこれを債権者代位の目的とすることはできないが、具体的な金額の慰謝料請求権が当事者間において客観的に確定したときは、債権者代位の目的とすることができるとするのが判例である。

ウ　債権者代位権は裁判外において行使することはできず、裁判所に被代位権利の行使に係る訴えを提起しなければならないが、訴えを提起した債権者は、遅滞なく債務者に対し訴訟告知をしなければならない。

エ　債権者が債権者代位権を行使した場合において、債務者が債権者の権利行使につき通知を受けたとき又はこれを知ったときは、債務者は、被代位権利について、自ら取立てその他の処分をすることができない。

オ　債権者は、債権者代位権を行使する場合において、被代位権利が金銭の支払又は不動産の明渡しを目的とするものであるときは、相手方に対し、その支払又は明渡しを自己に対してすることを求めることができる。

1　**ア、イ**
2　**ア、エ**
3　**イ、ウ**
4　**ウ、オ**
5　**エ、オ**

正　解　**1**

ウ、エを**✕**としっかり判定できるようにしておきましょう。標準的なレベルの問題です。

ア　○　4

債権者は、**債務者の代理人としてではなく、自己の名において**債権者代位権を行使します。また、相手方（第三債務者）は、**債務者に対して主張することができる抗弁をもって、債権者に対抗することができます**（423条の４）。

イ　○　3

不法行為に基づく慰謝料請求権は、一身に専属する権利（423条１項ただし書）として、本来は代位行使の対象とはなりません。しかし、**具体的な金額の慰謝料請求権が当事者間において客観的に確定した場合には、単なる客観的な金銭債権となり、代位行使の対象となり得ます**（判例）。

ウ　✕　債権者代位権は裁判外でも行使可　

債権者代位権は**裁判外でも行使することができる**ので、前半は誤っています。一方、債権者は、被代位権利の行使に係る訴えを提起したときは、遅滞なく、**債務者に対し、訴訟告知をしなければなりません**ので（423条の６）、後半は正しい記述です。

エ　✕　自ら取立てその他の処分が可能　5

債権者が被代位権利を行使した場合であっても、債務者は、被代位権利について、**自ら取立てその他の処分をすることが可能です**（423条の５）。

オ　✕　不動産の明渡しを自己に求めることは不可　

債権者は、被代位権利が金銭の支払いまたは動産の引渡しを目的とするものであるときは、相手方に対し、その支払いまたは引渡しを自己に対してすることを求めることができます（423条の３前段）。しかし、**不動産が対象となる場合、自己への明渡しを求めることはできません**。

債権者代位権

第1章第2節

問題 70　民法に規定する債権者代位権に関するA～Dの記述のうち、妥当なものを選んだ組合せはどれか。　特別区Ⅰ類2021

A　債権者は、その債権が強制執行により実現することのできないものであるときは、被代位権利を行使することができない。

B　債権者は、その債権の期限が到来しない間は、保存行為であっても、裁判上の代位によらなければ被代位権利を行使することができない。

C　債権者は、被代位権利を行使する場合において、被代位権利が金銭の支払を目的とするものであるときは、相手方に対し、金銭の支払を自己に対してすることを求めることができない。

D　債権者が被代位権利を行使した場合であっても、債務者は、被代位権利について、自ら取立てその他の処分をすることを妨げられず、この場合においては、相手方も、被代位権利について、債務者に対して履行をすることを妨げられない。

1　A　B
2　A　C
3　A　D
4　B　C
5　B　D

正解 3

B、Cを✕と判定することは容易と思われます。それによって正解は**3**に絞られますので、基本的な問題といっていいでしょう。確実に正解したいですね。

A 〇 3

条文どおりで正しい記述です（423条３項）。

B ✕ 保存行為であれば行使可能 3

債権者は、その債権（被保全債権）の期限が到来しない間は、保存行為を除き、被代位権利を行使することができません（423条２項）。被保全債権の期限が到来しない間でも**保存行為であれば被代位権利の行使は可能**であり、裁判上の代位である必要はありません。

C ✕ 金銭の支払いは自己に対してするよう求められる 

被代位権利が金銭の支払いまたは動産の引渡しを目的とするものであるときは、相手方に対し、その支払いまたは引渡しを**自己に対してすることを求めることができます**（423条の３前段）。

D 〇 5

条文どおりで正しい記述です（423条の５）。

難易度 A

詐害行為取消権

第1章第3節

問題 71 詐害行為取消権に関する**ア～オ**の記述のうち、妥当なもののみを全て挙げているのはどれか。

国家専門職2021

ア 債権者は、その債権が強制執行により実現することのできないものであるときは、詐害行為取消請求をすることができない。

イ 詐害行為取消請求に係る訴えは、債務者が債権者を害することを知って行為をしたことを債権者が知った時から１年を経過したときは提起することができず、その行為の時から20年を経過したときも同様である。

ウ 詐害行為取消請求を認容する確定判決は、債務者及びその全ての債権者に対してもその効力を有する。

エ 詐害行為取消請求に係る訴えは、受益者又は転得者を被告として提起しなければならないが、その際、債務者に対して訴訟告知をする必要はない。

オ 債権者は、詐害行為取消請求をする場合において、債務者がした行為の目的が可分であるときであっても、総債権者のために、自己の債権の額の限度を超えて、その行為の取消しを請求することができる。

1 **ア、イ**
2 **ア、ウ**
3 **イ、エ**
4 **ウ、オ**
5 **エ、オ**

正　解 **2**

イ、**オ**を**✕**と判定することは基本知識で可能です。それができれば正解できますので、易しい問題といえます。

ア　〇 2

条文どおりで正しい記述です（424条４項）。

イ　✕　知った時から「２年」、行為の時から「10年」 4

詐害行為取消請求についての訴えを提起できるのは、❶債務者が詐害行為をしたことを**債権者が知った時から２年間**、または、❷**行為の時から10年間**となっています（426条）。

ウ　〇 4

条文どおりで正しい記述です（425条）。

エ　✕　訴訟告知の必要あり 

詐害行為取消請求に係る訴えは、**受益者または転得者を被告として提起しなければならない**ので（424条の７第１項）、前半は正しい記述です。しかし、債権者は、詐害行為取消請求に係る訴えを提起したときは、遅滞なく、**債務者に対し、訴訟告知をしなければならない**ので（424条の７第２項）、後半は誤っています。

オ　✕　自己の債権の額が限度 

債権者は、詐害行為取消請求をする場合において、債務者がした行為の目的物が**可分であるときは、自己の債権の額の限度においてのみ**、その行為の取消しを請求することができます（424条の８第１項）。

難易度 B

詐害行為取消権

第1章第3節

問題 72　詐害行為取消権に関する次の**ア**～**オ**の記述のうち、適当なもののみを全て挙げているものはどれか（争いのあるときは、判例の見解による。）。

裁判所2016

ア　詐害行為取消権は、訴えによって行使しなければならないから、反訴で行使することはできるが、抗弁によって行使することはできない。

イ　詐害行為取消権を行使しようとする債権者の債務者に対する債権は、詐害行為の時点までに発生していることを要し、取消権行使の時点で弁済期が到来している必要がある。

ウ　詐害行為取消権を行使しようとする債権者は、受益者のほかに、債務者をも被告として訴えを提起する必要がある。

エ　詐害行為取消権を行使して債務者の受益者に対する弁済を取り消そうとする債権者は、受益者に対し、自己に対して直接金銭を支払うよう請求することができる。

オ　債権者は、不動産の引渡債権を保全するために詐害行為取消権を行使することができ、債務者・受益者間の不動産売買契約を取り消した上、所有権移転登記を備えていた受益者に対し、自己に対する所有権移転登記を求めることができる。

1　**ア**、**イ**
2　**ア**、**エ**
3　**イ**、**ウ**
4　**ウ**、**オ**
5　**エ**、**オ**

正　解　2

アは難しいです。**イ**、**オ**を✖としっかり判定できるようにしておきましょう。標準的なレベルの問題です。

ア　○ Skip

詐害行為取消権は裁判上で行使しなければなりませんので、訴えによる必要がありますが（424条1項）、その「訴え」に「反訴」は含まれます。一方、「抗弁」は訴えではないので含まれません（判例）。

反訴は、訴えられた者が訴えた相手に対して対抗手段として新たに提起する訴えです。抗弁は、訴訟の中で主張される相手方に対する反論です。

イ　✖　発生原因が詐害行為の前であればよい　2

被保全債権は詐害行為の時点までに発生している必要はなく、**発生原因（契約等）が詐害行為の前に生じていれば足ります**（424条3項）。また、被保全債権は、取消権行使の時点で**弁済期が到来している必要はありません**。

ウ　✖　債務者は被告とならず　3

詐害行為取消請求についての訴えは、**受益者**を被告として訴えを提起するものであり（424条の7第1項）、**債務者は被告となりません**。

エ　○　3

金銭の返還や価額償還を請求する場合、**債権者は直接自己に対して支払うように請求できます**（424条の9）。

オ　✖　自己に対する所有権移転登記を求めることは不可　3

詐害行為取消請求により取り戻されるのが**不動産の場合、自己に対する所有権移転登記を求めることはできません**。あくまでも債務者の名義に登記を移転するよう請求できるだけです。

難易度 A

債権者代位権・詐害行為取消権

第1章第3節

問題 73　債権者代位権及び詐害行為取消権に関する次の**ア**〜**オ**の記述のうち、妥当なもののみを全て挙げているものはどれか（争いのあるときは、判例の見解による。）。

裁判所2021

ア　債権者代位権は、債務者の責任財産の保全のためのものであるから、被保全債権が300万円の金銭債権、被代位権利が500万円の金銭債権である場合、債権者は被代位権利全額について代位をした上で、これを債務者に返還することができる。

イ　債権者代位権は、自己の債権を保全する必要性がある場合に認められるものであるから、債権者代位権を行使するためには、常に債務者が無資力であることが必要である。

ウ　被代位権利が不法行為に基づく慰謝料請求権である場合は、具体的な金額の請求権が当事者間で客観的に確定する前の段階では、代位行使の対象とならない。

エ　詐害行為取消権は、債務者の責任財産の保全のためのものであるから、取消債権者は、受益者から返還を受ける物が動産である場合、直接自己への引渡しを請求することはできず、債務者への返還を請求することができるにとどまる。

オ　詐害行為となる債務者の行為の目的物が、不可分な一棟の建物であり、その価額が債権者の被保全債権額を超える場合において、債権者は、詐害行為の全部を取り消すことができる。

1　**ア、イ**
2　**ア、エ**
3　**イ、ウ**
4　**ウ、オ**
5　**エ、オ**

正　解　**4**

ア、**イ**、**ウ**は債権者代位権、**エ**、**オ**が詐害行為取消権からの出題です。**ウ**が少し細かい判例知識を問うていますが、他は基本的な記述です。**イ**、**エ**を✕と判定できれば正解は**4**に絞れますので、簡単な問題といえるでしょう。

ア　✕　目的が可分なときは自己の債権額が限度　第2節 4

被代位権利の目的が**可分であるときは、債権者は、自己の債権の額の限度においてのみ**、被代位権利を行使することができます（423条の2）。したがって、代位できるのは300万円の限度においてのみです。

イ　✕　転用事例では無資力が不要　第2節 6

債権者代位権を行使するためには、原則として、債務者が無資力であることが必要です。しかし、登記請求権等の特定債権保全のための債権者代位権の行使（転用事例）では、**債務者が無資力であることは不要**となっています。

ウ　〇　第2節 3

判例どおりで正しい記述です。

エ　✕　動産の場合は直接自己への引渡しを請求可　3

詐害行為取消請求により受益者から返還を受ける物が**動産である場合、債権者は、直接自己への引渡しを請求することができます**（424条の9）。

オ　〇　3

詐害行為取消請求により受益者から返還を受ける物が一棟の建物など**不可分な場合、債権者は、自己の債権の額に限定されず、詐害行為の全部を取り消すことができます**。

第2編　第1章　債権総論

弁　済

第1章第4節

問題 74　弁済に関する次の**ア～オ**の記述のうち、妥当なもののみを全て挙げているものはどれか（争いのあるときは、判例の見解による。）。

裁判所2020改題

ア　弁済の提供によって債権は消滅し、債務者は一切の債務不履行責任を免れる。

イ　債権者が弁済を受領しない意思が明確と認められる場合であっても、債務者は口頭の提供をしなければ債務不履行責任を免れない。

ウ　物上保証人は、主債務者のために第三者弁済をすることができる。

エ　債権者の代理人を詐称する者も、受領権者としての外観を有する者に当たる。

オ　代物弁済により債権が消滅するためには、権利の移転があれば足り、第三者に対する対抗要件の具備は必要ではない。

1　**ア、イ**
2　**ア、オ**
3　**イ、エ**
4　**ウ、エ**
5　**ウ、オ**

正　解　**4**

オが少し細かい知識を要するため、**ウ**、**エ**を**〇**と判定するのが正解への早道となります。

ア　✕　履行遅滞責任は免れるが債権は消滅せず

債務者が弁済の提供を行ったとしても、**債権者が受領しない限り、弁済は完了せず、債権は消滅しません**。

ただし、債務者は、弁済の提供をすれば、その時から債務を履行しないことによって生ずべき責任（履行遅滞による責任）を免れることができます（492条）。

イ　✕　口頭の提供すら不要

債権者が弁済を受領しない意思が明確と認められる場合には、口頭の提供すらしなくてよいとするのが判例です。

ウ　〇

物上保証人は、正当な利益を有する第三者として、たとえ主たる債務者の意思に反しても第三者弁済をすることができます。

エ　〇

債権者の代理人を詐称する者も「受領権者としての外観を有する者」（478条）に該当します（判例）。

オ　✕　対抗要件具備が必要

代物弁済により債権が消滅するには、第三者に対する対抗要件の具備が必要です。例えば代物として給付する物が不動産であった場合、単に所有権移転がされただけでは本来の債務は消滅せず、**所有権の移転登記手続が完了した時に、代物弁済による債権が消滅の効果が生じます**（判例）。

弁　済

第1章第4節

問題 75　弁済に関する次の**ア〜エ**の記述のうち、妥当なもののみを全て挙げているものはどれか（争いのあるときは、判例の見解による。）。

裁判所2021改題

ア　債権の債権者Aが、債権をBに譲渡したことを当該債権の債務者Cに通知した場合において、CのBに対する弁済は、AとBとの間の債権譲渡が無効であった場合においても、Cが、当該債権譲渡が無効であったことにつき善意無過失であれば、効力を有する。

イ　債権の本来の内容である給付に代えて、これとは異なる給付を行うことも可能であるから、金銭債務を負う債務者が、債権者に対し、債権者の承諾を得ることなく自己所有の自動車を引き渡した場合、当該金銭債務は消滅する。

ウ　債務の弁済をなすべき者は、原則は債務者であるが、債務者以外の第三者も弁済をすることができるから、芸術家が絵画を創作する債務についても、第三者が弁済をすることはできる。

エ　債権者Aが債務者Bに甲債権を有し、甲債権についてCが保証人となり、甲債権の担保のために抵当権が設定されていた場合において、CがAに弁済をすると、甲債権は抵当権とともにCに当然に移転する。

1　**ア、イ**
2　**ア、ウ**
3　**ア、エ**
4　**イ、ウ**
5　**ウ、エ**

正　解 **3**

イ、**ウ**を**✕**と判定できるようにしておきましょう。記述が４つしかないので正解を絞り込むのは難しくありません。

ア　○ Skip ▶|

無効な債権譲渡の譲受人は、「受領権者としての外観を有する者」に該当します。したがって、無効な債権譲渡の譲受人（B）に対する弁済（478条）は、弁済をした者（C）が善意かつ無過失であれば有効な弁済になります。

イ　✕　代物弁済には債権者の承諾が必要 3

本記述は代物弁済（482条）についての記述ですが、代物弁済は、債権者と債務者の同意に基づき行われるものなので、**債権者の承諾を得ずに行うことはできません**。

ウ　✕　債務の性質上第三者弁済不可 2

前半は正しい記述です。しかし、芸術家が絵画を創作する債務は、当事者の意思としてその芸術家本人がなすことに意味があり、**債務としての性質上、第三者の弁済が許されないもの**と考えられます。したがって、第三者が弁済することはできません。

エ　○ 2

保証人は弁済をするについて正当な利益を有する者に該当するので、弁済をした保証人Cは、**当然に債権者に代位できます**（499条）。この代位の効果として、甲債権とそれを被担保債権とする抵当権はともにCに対して**当然に移転します**。

弁済

第1章第4節

問題 76 民法に規定する弁済に関する**A**～**D**の記述のうち、判例、通説に照らして、妥当なものを選んだ組合せはどれか。 特別区Ⅰ類2019改題

A 弁済の提供は、債務の本旨に従って現実にしなければならないが、債権者があらかじめ債務の受領を拒んだときに限り、弁済の準備をしたことを通知してその受領の催告をすれば足りる。

B 弁済の費用について別段の意思表示がないときは、その費用は、債務者の負担とするが、債権者が住所の移転その他の行為によって弁済の費用を増加させたときは、その増加額は、債権者の負担とする。

C 借地上の建物の賃借人と土地賃貸人との間には直接の契約関係はないものの、当該建物賃借人は、敷地の地代を弁済し、敷地の賃借権が消滅することを防止することに正当な利益を有するとした。

D 債権者の代理人と称して債権を行使する者も受領権者としての外観を有する者にあたると解すべきであり、受領権者としての外観を有する者に対する弁済が有効とされるには、弁済者が善意であればよく、無過失である必要はないとした。

1 A B
2 A C
3 A D
4 B C
5 B D

正　解　4

A、Dを✕と判定するのは難しくありません。標準的なレベルの問題です。

A　✕　口頭の提供で足りる場合はほかにもあり

弁済の準備をしたことを通知してその受領の催告をする弁済の提供方法を口頭の提供といいます。口頭の提供でも足りる場合として、❶債権者があらかじめ債務の受領を拒んでいる場合のほか、❷**債務の履行について債権者の行為を要する場合**があります（493条ただし書）。

B　〇

条文どおりで正しい記述です（485条）。

C　〇

建物賃貸人が支払うべき借地（敷地）の地代の支払いについて、借地上の建物賃借人は、借地（敷地）の地代の支払いがされない場合、立退きを迫られる可能性があるため、**弁済をするについて正当な利益を有する者に該当します**（判例）。

D　✕　弁済者は善意かつ無過失である必要あり 

債権者の代理人と称して債権を行使する者も「受領権者としての外観を有する者」に当たります。そして、受領権者としての外観を有する者に対する弁済が有効とされるには、弁済者が**善意かつ無過失である必要があります**（478条）。

□□□

相　殺

第1章第5節

問題 77　民法に規定する相殺に関する記述として、妥当なのはどれか。

特別区Ⅰ類2018改題

1　相殺をするためには、相対立する債権が相殺適状にあることが必要であるが、当事者が相殺禁止の意思表示をした場合は、相殺は適用されず、その意思表示は、善意であって、かつ重過失のない第三者にも対抗することができる。

2　相殺は、当事者の一方から相手方に対する意思表示によって効力を生じるが、その相殺の効力発生時期は、実際に相殺の意思表示をした時期であり、双方の債権が相殺適状になった時に遡及して効力を生じることはない。

3　時効によって消滅した債権がその消滅以前に相殺適状にあったときは、その債権者は、時効消滅した債権を自働債権として、その時点に遡及して相殺することはできない。

4　悪意による不法行為によって生じた損害賠償債権の債務者は、不法行為による損害賠償債権を受働債権として、不法行為による損害賠償債権以外の債権と相殺することはできない。

5　第三債務者が差押えによって支払を差し止められた場合において、その後に締結された契約に基づき発生した反対債権を自働債権として相殺したときは、これをもって差押債権者に対抗することができる。

正　解　4

4は重要知識ですから、○とストレートに断定できるようにして、消去法ではなく正解したい問題です。

1　×　善意かつ無重過失の第三者に対抗不可

相殺禁止の意思表示（相殺禁止特約）は、**善意かつ無重過失の第三者には対抗できません**（505条２項ただし書）。

2　×　相殺適状時にさかのぼって効力を生じる 

相殺の意思表示がされると、**相殺適状が生じた時（相殺適状時）にさかのぼって**双方の債権が対当額（同じ金額）で消滅したことになります。

3　×　消滅以前に相殺適状になっていれば相殺可 

一方の債権の消滅時効が完成していた場合でも、時効によって消滅した債権がその**消滅以前に相殺適状になっていた場合**には、債権者は、その債権を自働債権として相殺をすることができます（508条）。

4　○ 

悪意の不法行為による損害賠償債権を受働債権とする相殺は禁止されています（509条１号）。したがって、悪意の不法行為による損害賠償債権の債務者は、その債権を受働債権として、他の債権と相殺することはできません。

5　×　Skip▶|　差押え前の契約に基づき発生した債権なら対抗可

支払いの差止めを受けた第三債務者は、その後に締結された契約に基づき発生した債権を自働債権とする相殺を差押債権者に対抗することはできません（511条）。

プラスone　差押債権者に対して、相殺を対抗するためには、支払いの差止め（差押え）前に締結された契約に基づき発生した債権を自働債権とする必要があります。

相　殺

第1章第5節

問題78　相殺に関する**ア～オ**の記述のうち、妥当なもののみを全て挙げているのはどれか。ただし、争いのあるものは判例の見解による。

国家専門職2015改題

ア　債務が悪意による不法行為によって生じたときは、その債務者は相殺によって債権者に対抗することは認められない。

イ　相殺は、相殺適状にある債権の債権者にとって担保的な機能を有し、当該担保的機能への期待は尊重されるべきであることから、民法上、差押禁止債権を受働債権として相殺を行うことも認められる。

ウ　相殺を行うには当事者双方の債務が弁済期にあることが要件とされているから、自働債権が弁済期にある場合であっても、受働債権が弁済期にないときには、受働債権の期限の利益を放棄して相殺を行うことも認められない。

エ　相殺が認められるためには、当事者相互が同種の目的を有する債務を負担することが必要であり、当事者双方の債務の履行地が同じであることが必要である。

オ　時効によって消滅した債権を自働債権とする相殺をするためには、消滅時効が援用された自働債権は、その消滅時効期間が経過する以前に受働債権と相殺適状にあったことが必要である。

1　**ア、イ**
2　**ア、オ**
3　**イ、ウ**
4　**ウ、エ**
5　**エ、オ**

正　解　2

各記述とも、相殺に関わる基本的な知識で正誤判断できる易しい問題です。

ア　○ 

悪意の不法行為による損害賠償債権を受働債権とする相殺は禁止されています。つまり、**悪意の不法行為の加害者（債務者）は、被害者（債権者）に対して相殺で対抗することはできません**（509条1号）。

イ　×　差押禁止債権を受働債権とする相殺は禁止 

差押禁止債権を受働債権とする相殺は禁止されています（510条）。

ウ　×　自働債権の弁済期が到来していれば相殺可 

条文上は、相殺の要件として、双方の債権が弁済期にあることが求められています（505条1項）。しかし、相殺をしようとする者にとって受働債権は債務であり、期限の利益を放棄することが可能です。したがって、**受働債権の弁済期がまだ到来していなくても、自働債権の弁済期が到来していれば、相殺は可能**です。

エ　×　履行地が同じであることは不要 

同種の目的を有する債権（同じものを対象とする債権）でないと対当額で消滅させるのに困難を生じますので、**金銭債権のように同種の目的を有する債権である必要があります**が（505条1項）、**履行地が異なる場合でも相殺は可能**です（507条）。

オ　○ 1

一方の債権の消滅時効が完成していた場合でも、時効によって消滅した債権がその**消滅以前に相殺適状になっていた場合**には、債権者は、その債権を自働債権として相殺をすることができます（508条）。

債権の消滅

第1章第5節

問題 79　債権の消滅事由に関する記述として最も妥当なものはどれか（争いのあるときは、判例の見解による。）。　裁判所2020

1　更改とは、当事者がもとの債務を存続させつつ、当該債務に新たな債務を付加する契約である。

2　不法行為の被害者は、不法行為による損害賠償債権を自働債権とし、不法行為による損害賠償債権以外の債権を受働債権として相殺することができる。

3　賃貸人が賃借人に土地を賃貸し、同賃借人（転貸人）が転借人に同土地を転貸した後に、転借人が賃貸人から同土地を購入した場合、賃貸借及び転貸借は混同により消滅する。

4　債権者は、債務者の意思に反して債務を免除することができない。

5　相殺は、その意思表示のときから効力を生ずる。

正　解 **2**

債権の消滅事由についての総合問題です。細かい知識も問われていますが、正解である**2**は相殺の基本知識で**○**とわかります。正解を出すのは容易な問題です。

1　✕　更改は従前の債務を消滅させる

更改とは、当事者が従前の債務に代えて新たな債務を発生させる契約をすることで、従前の債務を消滅させる契約です（513条）。したがって、**元の債務は消滅します**。

2　○ 

不法行為の被害者から相殺をすることは特に制限されていません。相殺が禁止されるのは、悪意による不法行為に基づく損害賠償債権や人の生命や身体の損害による損害賠償債権を受働債権とする加害者からの相殺です（509条）。

3　✕　Skip ▶I　混同により消滅しない

賃貸人の地位と転借人の地位とが同一人に帰したとしても、それにより賃貸借関係および転貸借関係が消滅してしまうのでは賃借人（転貸人）が害されてしまいます。したがって、賃借人（転貸人）との合意もないまま、当然に賃貸借関係および転貸借関係は混同によって消滅しません。

4　✕　免除に債務者の承諾は不要 

債権者が債務者に対して債務の免除をする場合、**債務者の承諾は不要**です。

5　✕　相殺適状時にさかのぼって効力を生じる 

相殺の意思表示がされると、**相殺適状が生じた時（相殺適状時）にさかのぼって**効力が生じ（506条２項）、双方の債権が対当額（同じ金額）で消滅したことになります。

難易度 B 債権の消滅

第1章第5節

問題 80 債権の消滅原因に関する記述として最も妥当なものはどれか（争いのあるときは、判例の見解による。）。

裁判所2018改題

1 双方の過失による同一交通事故によってA、B双方とも怪我を負ったとき、AのBに対する不法行為に基づく損害賠償請求権（債権１）とBのAに対する不法行為に基づく損害賠償請求権（債権２）が発生した場合、Aが債権２を受働債権として、また、Bが債権１を受働債権として相殺をすることは、いずれもできない。

2 相殺の意思表示は、条件及び期限をつけることはできないから、相殺合意をする場合であっても、相殺合意の効力発生に条件及び期限をつけることはできない。

3 対立する双方の債務の弁済期がいずれも到来していない限り、相殺をすることはできない。

4 債権者Aが、債務者Bに対して、自己の有する債権を免除する旨の意思表示をした場合、債務者Bの同意がなければ、債権は消滅しない。

5 AがBに対して債権（甲債権）を有していたところ、AがBを相続した場合、甲債権に債権質権が設定されていた場合であっても、甲債権は混同により消滅する。

正　解 **1**

債権の消滅原因全般を問う問題ですが、**1**、**2**、**3**は相殺からの出題となっており、正解するのは難しくないですね。標準的なレベルの問題といえます。

1　○ ①

人の生命または身体の侵害による損害賠償の債務の債務者は、相殺をもって債権者に対抗できません（506条2号）。債権1・債権2の双方ともこの債務に該当するので、Aが債権2を受働債権として、また、Bが債権1を受働債権として相殺をすることは、いずれもできません。

2　×　相殺合意の効力発生には条件・期限を付けられる ①

前半は正しい記述です。（506条1項）。しかし、相殺の合意については特に民法は規律を設けていないので、**当事者間で合意すれば条件や期限を付けることも可能**です。

3　×　自働債権の弁済期が到来していれば相殺可 ①

相殺の要件として、条文上は、双方の債権が弁済期にあることが必要とされていますが（505条1項）、**受働債権は、相殺者が期限の利益を放棄できるので、弁済期にある必要はありません**。

4　×　免除に債務者の承諾は不要 ②

債権者が債務者に対して債務の免除をする場合、**債務者の同意は不要**です。

5　×　第三者の権利の目的となっている債権は消滅せず ②

債権と債務とが同一人に帰属すれば、混同により、債権は原則として消滅しますが、その債権が**第三者の権利の目的になっている場合は、例外的に債権は消滅しません**（520条）。甲債権には債権質権が設定されており、第三者の権利の目的になっているので、甲債権は消滅しません。

債権譲渡

第1章第6節

問題 81　債権譲渡に関する**ア～エ**の記述のうち、妥当なもののみを全て挙げているのはどれか。ただし、争いのあるものは判例の見解による。

国家専門職2020

ア　債務者は、譲渡制限の意思表示がされた金銭債権が譲渡されたときは、譲受人が当該意思表示につき善意であるか悪意であるかにかかわらず、その債権の全額に相当する金銭を供託することができる。

イ　債権差押えの通知と確定日付のある債権譲渡の通知とが第三債務者に到達したが、その到達の先後関係が不明であるために、その相互間の優劣を決することができない場合には、当該各通知が同時に第三債務者に到達した場合と同様に取り扱われる。

ウ　債権の譲渡は、譲渡人でなく譲受人が債務者に通知を行ったときであっても、債務者に対抗することができる。

エ　譲渡人が債権譲渡の通知をしたときは、債務者は、当該通知を受けるまでに譲渡人に対して生じた事由をもって譲受人に対抗することができない。

1　**ア、イ**
2　**ア、エ**
3　**イ、ウ**
4　**イ、エ**
5　**ウ、エ**

正　解 1

ア、**イ**は少し難しいですが、**ウ**、**エ**を✕と判定することはそれほど難しくありません。それができれば正解は**1**と絞れますので、標準的なレベルの問題です。

ア　〇　②

譲渡制限特約が付された金銭債権が譲渡された場合、譲受人の善意・悪意にかかわらず、債務者は、その**債権の全額に相当する金銭を供託することができます**（466条の2第1項）。

イ　〇 Skip

債権の差押えの通知と確定日付のある債権譲渡の通知の第三債務者への到達について、その先後関係が不明である場合は、同時到達と同様に扱われます。

同時到達と同様に扱われる結果、双方とも債務者に対しては、全額弁済を請求することが可能であり、債務者はいずれかに弁済をすれば債務を免れることになります。

ウ　✕　譲受人からの通知では対抗不可　

債務者に対する対抗要件としての通知は譲渡人が行う必要があり、**譲受人からの通知では有効な対抗要件とはなりません**（467条1項）。

エ　✕　対抗要件具備時までに生じた事由をもって対抗可　

譲渡人が行う債権譲渡の通知は、債務者に対する債権譲渡の対抗要件になります。そして、対抗要件を備える時（債権譲渡の通知を受ける時）までに譲渡人に対して生じた事由があれば、**債務者はそれを譲受人にも対抗することができます**（468条1項）。

難易度 **B**

債権譲渡

第1章第6節

問題 82　民法に規定する債権の譲渡に関する**A**～**D**の記述のうち、通説に照らして、妥当なものを選んだ組合せはどれか。　特別区Ⅰ類2022

A　債権譲渡は、従前の債権が消滅して同一性のない新債権が成立する更改と異なり、債権の同一性を変えることなく、債権を譲渡人から譲受人に移転する契約である。

B　譲渡を禁止する旨の意思表示がされた金銭の給付を目的とする債権が譲渡され、その債権の全額に相当する金銭を債務の履行地の供託所に供託した場合には、供託をした債務者は、譲渡人に供託の通知をする必要はない。

C　債権が譲渡された場合において、その意思表示の時に債権が現に発生していないときは、譲受人は、債権が発生した後に債務者が承諾をしなければ、当該債権を取得することができない。

D　現に発生していない債権を含む債権の譲渡は、確定日付のある証書によって、譲渡人が債務者に通知をし、又は債務者が承諾をしなければ、債務者以外の第三者に対抗することができない。

1　A　B
2　A　C
3　A　D
4　B　C
5　B　D

正解 3

Aは第５節で学習した更改に関する問題です。**B**は細かい知識を求めていますが、**C**、**D**はきちんと正誤判定ができるようにしましょう。

A ○ 第5節 2 第6節 1

債権譲渡、更改（513条）の説明ともに正しい内容です。

B ✕ 譲渡人・譲受人に通知が必要 2

譲渡制限特約が付された金銭債権が譲渡された場合、譲受人の善意・悪意にかかわらず、債務者は、その債権の全額に相当する金銭を債務の履行地の供託所に供託することができます。そして、**供託をした債務者は、遅滞なく、譲渡人および譲受人に供託の通知をする必要があります**（466条の２）。

C ✕ 債務者の承諾は不要であり、当然に債権を取得 2

譲渡の意思表示の時に現に発生していない債権、つまり**将来発生する債権（将来債権）も譲渡することができます**（466条の６第１項）。その場合、その債権が現実に発生したときは、譲受人は、**債務者の承諾なども必要とせず、当然にその債権を取得することになります**（466条の６第２項）。

D ○ 3

条文どおりで正しい記述です（467条１項）。

難易度 B

債権譲渡

第1章第6節

問題 83　債権譲渡に関する次の記述のうち、妥当なのはどれか。ただし、争いのあるものは判例の見解による。

国家一般職2020改題

1　Aは、自らの肖像を画家Bに描かせる債権を、Cに譲渡することができる。

2　債権者Aと債務者Bが預貯金債権ではない金銭債権の譲渡を禁止し、又は制限する旨の意思表示をしていたにもかかわらず、AがCにその債権を譲渡した場合には、その譲渡の効力は生じない。

3　医師Aが、社会保険診療報酬支払基金から将来支払を受けるべき診療報酬債権をBに譲渡したとしても、その譲渡の効力が生じることはない。

4　債権者Aは、債務者Bに対して有する債権をCに譲渡し、その旨を2020年5月1日の確定日付のある証書によってBに通知したところ、この通知は、同月7日にBに到達した。また、Aは、同じ債権をDにも譲渡し、その旨を2020年5月2日の確定日付のある証書によってBに通知したところ、この通知は、同月5日にBに到達した。この場合、Bは、Cから債務の履行を求められたときは、これに応じなければならない。

5　債権者Aは、債務者Bに対して有する債権をCに譲渡し、その旨を確定日付のある証書によってBに通知したが、Bは、その通知がなされる前にAに対する債権を取得していた。この場合、Bは、Cから債務の履行を求められたときは、Aに対する債権による相殺をもってCに対抗することができる。

正解 **5**

4、**5**は記述が長く事例になっているので読みにくいですが、**5**をストレートに○と判定できるようにしましょう。難易度は高めの問題です。

1 ✕ 性質上譲渡を許さない債権は譲渡不可 2

債権の性質上、譲渡を許さない債権は譲渡できません（466条１項ただし書）。自分の肖像画を描かせる債権のように、債権者が代わると給付内容が全く変わってしまう債権は譲渡性がないとされています。

2 ✕ Skip 特約に反しても譲渡自体は有効

預貯金債権ではない金銭債権に譲渡制限特約が付されており、その債権が譲渡されたときでも、譲渡自体は有効です（466条２項）。

譲渡制限特約について、譲受人Cが悪意または（善意ではあるものの）重過失があったとしても、債権譲渡自体は有効であり、BがCへの履行を拒絶できるだけです。

3 ✕ 将来債権の譲渡も有効 2

将来支払いを受けるべき債権（将来債権）の譲渡も有効です（466条の６）。

4 ✕ 通知到達の先後で優劣が決する 

債権の二重譲渡の双方とも確定日付のある証書による通知がされた場合、その優劣は**到達の先後で決します**（判例：到達時説）。Dへの譲渡の通知が先に到着しているのでDが優先し、BはDに履行しなければなりません。

5 ○ 

債務者は、**対抗要件を備える時までに譲渡人に対して生じた事由をもって譲受人に対抗することができます**（469条１項）。この対抗できる事由には相殺の主張も含まれます。Bは債権譲渡の通知がなされる前にAに対する債権を取得しており、相殺適状が生じています。したがって、債務者Bは、譲渡人Aに対する債権による相殺をもってCに対抗することができます。

難易度B　連帯債務　第1章第7節

問題 84　連帯債務に関する次の記述のうち、妥当なのはどれか。

国家一般職2022

1　債務の目的がその性質上可分である場合において、法令の規定又は当事者の意思表示によって数人が連帯して債務を負担するときは、債権者は、その連帯債務者の一人に対し、又は同時に若しくは順次に全ての連帯債務者に対し、全部又は一部の履行を請求することができる。

2　連帯債務者の一人について、法律行為の無効又は取消しの原因がある場合、他の連帯債務者の債務は、その効力を失う。

3　連帯債務者の一人に対する履行の請求は、債権者及び他の連帯債務者の一人が別段の意思を表示したときを除き、他の連帯債務者に対しても、その効力を生ずる。

4　連帯債務者の一人が債権者に対して債権を有する場合において、当該債権を有する連帯債務者が相殺を援用しない間は、その連帯債務者の負担部分についてのみ、他の連帯債務者は相殺を援用することができる。

5　連帯債務者の一人に対して債務の免除がされた場合には、免除の絶対的効力により、他の連帯債務者は、その一人の連帯債務者に対し、求償権を行使することはできない。

正　解　1

1は読みにくかったと思いますが、条文をそのまま使っています。**4**、**5**が少し難しいので、**1**をストレートに○と判定できるようにしておきたい問題です。

1　○　❶

436条の条文のままです。前半の表現は連帯債務のことを表しています。連帯債務においては、本記述のような形で、債権者は連帯債務者に請求が可能です。

2　×　無効、取消しは他の連帯債務者に影響せず　❷

連帯債務者の１人について**無効や取消し原因があったとしても、他の連帯債務者には影響しない**ので、他の連帯債務者の債務は効力を失いません（437条）。

3　×　履行の請求は相対効　❷

履行の請求には相対効しかありませんので、連帯債務者の１人に対する履行の請求は、**他の連帯債務者に対しては効力を生じません**。

4　×　債務の履行を拒絶することができる　❷

反対債権を有する連帯債務者が相殺をしない場合、他の連帯債務者は**反対債権を有する連帯債務者の負担部分の限度で債務の履行を拒絶できます**（439条２項）。

5　×　免除は相対効　❷

免除には相対効しかないので、連帯債務者の１人に対して**債務の免除がされても、他の連帯債務者には影響しません**。一方、弁済等を行った他の連帯債務者が、免除を受けた連帯債務者に対して**求償権を行使することはできます**（445条）。

難易度 A

連帯債務

第1章第7節

問題 85　民法に規定する連帯債務に関する記述として、通説に照らして、妥当なのはどれか。

特別区Ⅰ類2022

1　連帯債務者の１人について生じた事由には、絶対的効力が認められるのが原則であるが、連帯債務者の１人と債権者の間に更改があったときには、例外として相対的効力が認められる。

2　数人が連帯債務を負担するときには、債権者は、全ての連帯債務者に対して、順次に債務の履行を請求することができるが、同時に全部の債務の履行を請求することはできない。

3　連帯債務者の１人が債権者に対して債権を有する場合において、当該債権を有する連帯債務者が相殺を援用しない間は、その連帯債務者の負担部分の限度において、他の連帯債務者は、債権者に対して債務の履行を拒むことができる。

4　連帯債務者の１人が弁済をし、共同の免責を得たときには、その連帯債務者は、他の連帯債務者に対し求償権を有するが、その求償には、弁済をした日以後の法定利息は含まれない。

5　不真正連帯債務の各債務者は、同一の内容の給付について全部を履行すべき義務を負うが、債務者間に主観的な関連がないため、１人の債務者が弁済をしても他の債務者は弁済を免れない。

正　解　3

5は無視していいでしょう。**3**は条文どおりの記述なので、〇と確実に判断できるようにしておきましょう。

1　✕　原則は相対効、更改は例外的に絶対効　②

連帯債務者の１人について生じた事由には、**相対効が認められるのが原則**であり（441条）、例外的に絶対効が認められています。**更改は絶対効が認められている事由の１つ**です（438条）。

2　✕　同時に全部の債務の履行を請求可　①

債権者は、**すべての連帯債務者に対して、順次に債務の履行を請求することも、同時に全部の債務の履行を請求することもできます**（436条）。

3　〇　②

条文どおりで正しい記述です（439条２項）。

4　✕　弁済をした日以後の法定利息も含まれる　③

前半は条文どおりで正しい記述です（442条１項）。そして、その求償には、**弁済をした日以後の法定利息**はもちろんのこと、**避けることができなかった費用その他の損害の賠償も含まれます**（442条２項）。

5　✕　Skip ▶|　不真正連帯債務でも弁済は絶対効

不真正連帯債務とは、絶対効が生じる事由を弁済等に限定する連帯債務を指す概念です。絶対効をほとんど認めない不真正連帯債務においても弁済に当たる行為は絶対効が生じます。

難易度A 連帯債務

第1章第7節

問題 86 民法に規定する連帯債務に関する記述として、妥当なのはどれか。

特別区Ⅰ類2019改題

1 数人が連帯債務を負担するとき、債権者は、その連帯債務者の１人に対し、全部又は一部の履行を請求することができるが、同時にすべての連帯債務者に対し、全部又は一部の履行を請求することはできない。

2 連帯債務者の１人について生じた事由については、民法に規定する場合を除き、相対的効力しか認められないのが原則であるが、連帯債務者の１人に対する履行の請求は、他の連帯債務者に対して、その効力を生じる。

3 連帯債務者の１人に対してした債務の免除は、他の連帯債務者に対して、その効力を生じないが、連帯債務者の１人が債権者に対してした債務の承認は、他の連帯債務者に対しても、その効力を生ずる。

4 連帯債務者の１人が債権者に対して債権を有する場合において、当該債権を有する連帯債務者が相殺を援用しない間は、その連帯債務者の負担部分についてのみ他の連帯債務者が債務の履行を拒むことができる。

5 連帯債務者の１人が弁済をし、その他自己の財産をもって共同の免責を得たとき、その連帯債務者は、他の連帯債務者に対し各自の負担部分について求償権を有するが、当該求償権には、免責のあった日以後の法定利息は含まれない。

正　解　4

各記述とも連帯債務についての基本的知識で正誤の判定が可能です。いずれも重要な知識なのできちんと押さえておきましょう。

1　✕　同時にすべての連帯債務者に対し請求可　❶

連帯債務において、債権者は、**同時にすべての連帯債務者に対し、全部または一部の履行を請求**することも、**順次にすべての連帯債務者に対し、全部または一部の履行を請求**することもできます（436条）。

2　✕　履行の請求は相対効　❷

相対効が原則であり（441条）、前半は正しい記述です。**履行の請求も相対効しかなく、他の連帯債務者に対しては効力を生じません**。

3　✕　債務の承認は相対効　❷

免除も債務の承認も相対効しか有しません。したがって、連帯債務者の１人が債権者に対してした債務の承認は、他の連帯債務者に対して、効力を生じません。

相対効が原則なので、例外的に絶対効を有する事由以外は相対効、と把握しておきましょう。

4　〇　❷

条文どおりで正しい記述です（439条２項）。

5　✕　免責のあった日以後の法定利息も含まれる　❸

弁済等をした連帯債務者は、各自の負担部分について他の連帯債務者に求償権を有します。そして、この求償には、**免責のあった日（弁済等をした日）以後の法定利息も含まれます**。

保　証

第1章第8節

問題 87　保証に関する次の**ア～エ**の記述の正誤の組合せとして最も妥当なものはどれか（争いのあるときは、判例の見解による。）。　裁判所2021

ア　保証人は、主たる債務の消滅時効を援用できる。

イ　保証債務と主たる債務は別個の債務であるから、主たる債務に係る債権が債権譲渡その他の原因により移転しても、主たる債務に係る債権の譲受人が保証債権の債権者となることはない。

ウ　特定物の売買における売主のための保証人は、特に反対の意思表示のないかぎり、売主の債務不履行により契約が解除された場合における原状回復義務についても、保証の責に任ぜられる。

エ　委託を受けた保証人に事前の求償権が認められていることと同様に、委託を受けた物上保証人にも事前の求償権が認められる。

	ア	イ	ウ	エ
1	正	誤	正	誤
2	誤	正	正	正
3	誤	誤	正	誤
4	正	誤	誤	正
5	誤	誤	誤	正

正 解 **1**

ウは少し難しい判例知識ですが、**ア**、**イ**、**エ**の正誤がきちんと判断できれば、正解は**1**と絞れます。基本的な問題です。

ア ○

保証人は、主たる債務の消滅時効についての援用権者として条文に明記されています（145条）。

イ × 随伴性により債権の譲受人が保証債権の債権者となる 

保証債権には随伴性がありますので、主たる債務に係る債権が債権譲渡により移転した場合、それに伴う形で、保証債権は主たる債務に係る債権の譲受人に移転します。したがって、**主たる債務に係る債権の譲受人が保証債権の債権者となります**。

ウ ○ 

特定物の売買における売主のための保証人は、特に反対の意思表示のない限り、売主の債務不履行により契約が解除された場合における**原状回復義務についても、保証人としての責任を負う**とするのが判例です。

エ × 委託を受けた物上保証人には事前の求償権なし 

確かに委託を受けた保証人には事前の求償権が認められています。しかし、**委託を受けた物上保証人には、明文の規定がないことから、事前の求償権が認められません**（判例）。

□□□

難易度B 保　証

第1章第8節

問題 88　保証に関する次の**ア**～**オ**の記述のうち、妥当なもののみを全て挙げているものはどれか（争いのあるときは、判例の見解による。）。

裁判所2020改題

ア　主債務者が取消原因のある意思表示を取り消さない場合、保証人は、主債務者の取消権を行使してその意思表示を取り消すことができる。

イ　保証契約は、口頭の合意によりその効力を生じる。

ウ　主債務者が主債務を承認すると保証債務の時効も更新されるが、保証人が保証債務を承認しても主債務の時効は更新されない。

エ　特定物の売主の保証人は、特に反対の意思表示がない限り、債務不履行により売買契約が解除された場合に売主が負う代金返還債務についても責任を負う。

オ　保証債務の履行を請求された場合、連帯保証人は、債権者に対し、催告の抗弁及び検索の抗弁を主張することができる。

1　**ア、イ**
2　**ア、ウ**
3　**イ、オ**
4　**ウ、エ**
5　**ウ、オ**

正解 4

イ、**オ**は基本知識なので確実に誤りであるとわかるでしょう。ただ、それだと２択までしか絞れません。正解するためには、**ア**が✕とわかるか、**エ**が〇とわかるかが必要ですので少し難しい出題です。

ア ✕ 取消権により債務を免れる限度で履行拒絶できるにとどまる 4

主たる債務者が取消し原因のある意思表示を取り消さない場合、**仮に取消権を行使したとすると主債務者が債務を免れる限度で、保証人は、債権者に対して債務の履行を拒むことができます**（457条３項）。保証人が取消権を行使できるわけではありません。

イ ✕ 口頭の合意では効力なし 1

保証契約は、**書面また電磁的記録でしなければ、その効力を生じません**（446条２項、３項）。

ウ 〇 5

主たる債務者が債務の承認をしたことにより時効の更新が生じた場合、**その効力は保証人にも及び、保証債務の時効も更新します**（457条１項）。一方、**保証人が保証債務の承認をしたとしても、それには相対効しかなく**、主たる債務の時効は更新しません。

エ 〇 3

判例により正しい記述です。特定物の売主のための保証人は、特に反対の意思表示のない限り、**売主の債務不履行により契約が解除された場合における原状回復義務についても、保証人としての責任を負う**とするのが判例です。

オ ✕ 連帯保証には補充性なし 6

連帯保証人には、**催告の抗弁権、検索の抗弁権がありません**（454条）。

難易度 B　保　証

第1章第8節

問題 89　民法に規定する保証債務に関する記述として、判例、通説に照らして、妥当なのはどれか。

特別区Ⅰ類2020

1　保証債務は、保証人と主たる債務者との間の保証契約によって成立し、保証人は、主たる債務者がその債務を履行しないときに、その履行をする責任を負うが、保証契約がその内容を記録した書面又は電磁的記録によってされなければ、その効力を生じない。

2　債権者が指名した保証人が弁済をする資力を有することの要件を欠くに至ったときは、当該債権者は、弁済をする資力を有することの要件を具備する者をもってこれに代えることを常に債務者に請求することができる。

3　債権者が保証人に債務の履行を請求したとき、保証人は、主たる債務者が破産手続開始の決定を受けた場合は、まず主たる債務者に催告すべき旨を請求できるが、主たる債務者の行方が知れない場合は、その旨を請求できない。

4　最高裁判所の判例では、特定物の売買契約における売主のための保証人は、債務不履行により売主が買主に対し負担する損害賠償義務についてはもちろん、特に反対の意思表示のない限り、売主の債務不履行により契約が解除された場合における原状回復義務についても保証の責に任ずるものとした。

5　最高裁判所の判例では、継続的売買取引について将来負担すべき債務についてした責任の限度額並びに期間の定めのない連帯保証契約における保証人たる地位は、特段の事由のない限り、当事者その人と終始するものではなく、保証人の死亡後生じた債務については、その相続人が保証債務を負担するとした。

正解 **4**

4、**5**は判例からの出題です。**5**は細かいですが**4**は十分正解できる内容の判例知識であり、標準的なレベルの出題といえます。

1 ✕ 保証人と債権者との間で締結 1

保証契約は、**保証人と債権者の間で締結**されるものです。他は正しい記述です。

2 ✕ 債権者が保証人を指名した場合は請求不可 

債務者が保証人を立てる義務を負う場合、弁済をする資力を有する保証人を立てる必要があり、**保証人が弁済する資力を失った場合には、債権者は別の保証人を立てるように請求できます**（450条１項、２項)。しかし、この規定は、**債権者が保証人を指名した場合には適用されない**ので（450条３項)、債権者は保証人を代えることを債務者に請求することができません。

3 ✕ 破産手続開始の決定を受けた場合は催告の抗弁権を行使できず 2

主たる債務者が**破産手続開始の決定を受けた場合**も主たる債務者の行方が知れない場合も、保証人は、まず主たる債務者に催告すべき旨を請求できません（452条)。つまり、**催告の抗弁権は行使できません**。

4 ○ 3

判例どおりで正しい記述です。

5 ✕ Skip ▶| 相続人は保証債務を負担しない

本来は保証人の地位も相続の対象となることから、相続人が保証債務を承継することになります。しかし、判例は、本記述のような内容の連帯保証契約については、連帯保証人の相続人には、保証債務は承継されないとしています。

同時履行の抗弁権

第2章第1節

問題 90 同時履行の抗弁に関する次の**ア～オ**の記述のうち、妥当なもののみを全て挙げているものはどれか（争いのあるときは、判例の見解による。）。

裁判所2021

ア 不動産の売買契約において、売主の移転登記の協力義務と買主の代金支払義務は同時履行の関係に立つ。

イ 動産の売買契約において、代金の支払につき割賦払いとされている場合、売主の目的物引渡義務と買主の代金支払義務は同時履行の関係に立つ。

ウ 建物の賃貸借契約における賃借人から造作買取請求権が行使された場合において、造作買取代金の支払と建物の明渡しは同時履行の関係に立つ。

エ 建物の賃貸借契約が終了した場合において、賃借人の建物の明渡義務と賃貸人の敷金返還義務は同時履行の関係に立つ。

オ 請負契約が締結されている場合において、物の引渡しを要しないときを除き、請負人の目的物引渡債務と注文者の報酬支払債務は同時履行の関係に立つ。

1 ア、イ
2 ア、オ
3 イ、エ
4 ウ、エ
5 ウ、オ

正　解　2

ウ、**エ**は第３節、**オ**は第４節で詳しく学習しますが、**イ**を除いて、同時履行の関係であるか否かについては覚えておくとよいでしょう。

ア　〇　③

売買契約の対象が不動産の場合、**売主の移転登記の協力義務と買主の代金支払義務は同時履行の関係**に立ちます（判例）。

イ　✕　　**引渡しが先履行**

代金の支払いが割賦払い（分割払い）になっている場合、売主の目的物引渡義務が先に履行する義務（先履行義務）になります。したがって、売主の目的物引渡義務と買主の代金支払義務は同時履行の関係に立ちません。

ウ　✕　建物の明渡しが先履行　③

造作買取代金の支払いと建物の明渡しは同時履行の関係ではありません（判例）。

エ　✕　建物の明渡しが先履行　③

敷金の返還義務は賃借人が建物を明け渡した後に発生します（622条の２）。つまり、**賃借人の建物の明渡義務が先に履行する義務**（先履行義務）になります。

オ　〇　③

条文どおりで正しい記述です（633条）。

同時履行の抗弁権

第2章第1節

問題 91　同時履行の抗弁権に関する**ア**～**オ**の記述のうち、妥当なもののみを全て挙げているのはどれか。ただし、争いのあるものは判例の見解による。

国家専門職2015改題

ア　目的物がAからB、BからCへと転売され、BがAに対して当該目的物の売買契約に基づく金銭債務を履行しない場合、Aは同時履行の抗弁権に基づき、Cからの目的物の引渡請求を拒むことができる。

イ　建物買取請求権を行使したときの代金債務と建物収去土地明渡義務は、同一の双務契約から生じたものではないから、同時履行の関係には立たない。

ウ　家屋の賃貸借終了に伴う賃借人の家屋明渡債務と賃貸人の敷金返還債務とは、同時履行の関係に立つ。

エ　契約の解除に基づく原状回復義務は、民法第546条により相互に同時履行の関係に立つ。また、契約が取り消されたり無効となる場合において、給付された物を返還する義務が相互に生じるときも、当該義務は同時履行の関係に立つ。

オ　贈与契約は片務契約であるため同時履行の抗弁権は認められないが、負担付贈与は、その性質に反しない限り、双務契約に関する規定が準用されることから、同時履行の抗弁権の規定の適用がある。

1　**ア、オ**
2　**イ、ウ**
3　**エ、オ**
4　**ア、イ、ウ**
5　**ウ、エ、オ**

正　解　**3**

先で学習する項目が多く出ていますが、**ア**、**ウ**が**✕**とわかれば正解は**3**に絞れます。現時点では難易度が高い問題です。

ア　✕　第三者には同時履行の抗弁権を主張できず 

同時履行の抗弁権は、双務契約から生じる権利であって債権的な権利です。したがって、物権である留置権と異なり、**第三者には主張できません**。

イ　✕　代金支払いと土地明渡しは同時履行 

建物買取請求権を行使したときの代金債務と建物収去土地明渡義務は**同時履行の関係**に立ちます（判例）。

ウ　✕　建物の明渡しが先履行

敷金の返還義務は賃借人が建物を明け渡した後に発生します（622条の２）。つまり、**賃借人の建物の明渡義務が先に履行する義務**（先履行義務）になります。

エ　〇 

前半は条文どおりで正しい記述です（546条、533条）。また、**契約の無効・取消しにより発生する当事者の原状回復義務（121条の２）は同時履行の関係に立つ**ので（判例）、後半も正しい記述です。

オ　〇 

負担付贈与にはその性質に反しない限りで**双務契約に関する規定が準用**されます（553条）。したがって、双務契約に適用される同時履行の抗弁権の規定（533条）が適用されます。

難易度 A　解　除

第2章第1節

問題 92　債務不履行を理由とする契約の解除に関する次の**ア〜オ**の記述のうち、妥当なもののみを全て挙げているものはどれか（争いのあるときは、判例の見解による。）。

裁判所2022

ア　債務の全部の履行が不能である場合、債権者が契約を解除するためには催告をする必要がある。

イ　催告をして契約を解除する場合に相当期間を定めないでした催告は、催告時から客観的にみて相当期間が経過したとしても無効である。

ウ　催告をして契約を解除する場合、相当期間経過時における債務の不履行がその契約及び取引上の社会通念に照らして軽微であるときは、債権者は、契約を解除することができない。

エ　解除の意思表示は、解除の理由を示す必要がある。

オ　債務者の帰責事由は、契約を解除するための要件とされていない。

1　**ア、イ**
2　**ア、オ**
3　**イ、エ**
4　**ウ、エ**
5　**ウ、オ**

正解 5

各記述ともに解除についての基本事項なので、きちんと正誤判定ができるようにしておきましょう。確実に正解したい問題です。

ア ✕ 履行不能の場合は無催告解除可 4

債務の全部の履行が不能である場合、債権者が契約を解除するためには、**催告は不要**です（542条1項1号）。履行不能である以上、催告をすることは無意味だからです。

イ ✕ 相当期間経過後は解除可 4

原則として、解除をするためには相当期間を定めた催告が必要ですが、相当期間を定めないでした催告も無効となるわけではなく、**催告時から客観的に見て相当期間が経過したときは、解除が可能**となります（判例）。

ウ ○ 4

債務不履行を理由として契約を解除するためには、債務の不履行がその**契約および取引上の社会通念に照らして軽微でないこと**が必要です（541条ただし書）。したがって、軽微な場合は解除できません。

エ ✕ 理由を示す必要なし 4

解除の意思表示の際に、その理由を示すことは特に求められていません。

オ ○ 4

債務不履行を理由として契約を解除するためには、債務者に帰責事由があることは求められていません。したがって、**債務者に帰責事由がなくても債務不履行があれば解除できます**。

解　除

第2章第1節

問題 93　契約の解除に関する**ア〜オ**の記述のうち、妥当なもののみを全て挙げているのはどれか。ただし、争いのあるものは判例の見解による。

国家一般職2019

ア　当事者の一方が数人ある場合には、契約の解除は、その一人から又はその一人に対してすることができ、また、解除権が当事者のうちの一人について消滅しても、他の者については消滅しない。

イ　契約又は法律の規定により当事者の一方が解除権を有する場合は、その解除は、相手方に対する意思表示によってするが、解除に条件を付けることは認められないことから、当事者の一方がその債務を履行しないときに、履行の催告をすると同時に、相当の期間内に履行しないならば解除する旨の意思表示を行うことはできない。

ウ　解除権の行使について期間の定めがない場合は、相手方は、解除権を有する者に対し、相当の期間を定めて、その期間内に解除するかどうかを確答すべき旨の催告をすることができ、その期間内に解除の通知を受けないときは、解除権は消滅する。

エ　当事者の一方がその解除権を行使した場合は、各当事者は、その相手方を原状に復させる義務を負う。また、解除前の第三者に対しては、原状回復義務を理由としてその権利を害することはできないが、当該第三者が解除原因を知っているときは保護されない。

オ　不動産を目的とする売買契約に基づき買主に移転した所有権が解除によって遡及的に売主に復帰した場合において、売主は、その所有権取得の登記を了しなければ、その契約解除後に買主から不動産を取得した第三者に対し、所有権の取得を対抗することができない。

1　**ア、イ**　　**2**　**ア、エ**　　**3**　**イ、ウ**
4　**ウ、オ**　　**5**　**エ、オ**

正　解 **4**

エ、**オ**はすでに第１編第２章で学習している内容です。**イ**、**ウ**が多少細かく、少し難易度の高い問題です。

ア　✕　全員から全員に対してする必要あり　4

当事者が複数の場合の契約の解除は**全員からまたはその全員に対して**のみすることができます（544条１項）。したがって、１人からまたは１人に対してした解除は効力を生じません。また、解除権が**当事者のうちの１人について消滅したときは、他の者についても解除権は消滅します**（544条２項）。

イ　✕　相当期間内に履行しなければ解除する旨の意思表示は可　4

解除に条件を付けることはできません。しかし、「**相当の期間内に履行しないならば解除する旨の意思表示**」については、民法が相当期間を定めた催告を解除の要件としており、その際の催告はこのような内容にならざるを得ないこと、および相手方を不利益にする条件でもないことから**許されています**（判例）。

ウ　〇　4

催告による解除権の消滅を定めた547条どおりの記述です。

エ　✕　善意・悪意を問わず登記が必要　第1編第2章第2節　2

解除がされた場合、各当事者は**原状回復義務を負います**（545条１項）。ただし、**解除前の第三者が登記を備えていれば、原状回復義務を理由としてその権利を害することはできません**（545条１項ただし書、判例）。知っているか否か、つまり善意か悪意かは関係ありません。

オ　〇　第1編第2章第2節　2

解除者と解除後の第三者は対抗関係に立ちます。したがって、解除をした売主は、**所有権の登記がなければ、解除後の第三者に対し所有権の取得を対抗できません**。

解　除

第2章第1節

問題 94　民法に規定する契約の解除に関する記述として、通説に照らして、妥当なのはどれか。

特別区Ⅰ類2018改題

1　契約又は法律の規定により当事者の一方が解除権を有するときは、その解除は、相手方に対する意思表示によってするが、当該意思表示は、任意に撤回することができる。

2　当事者の一方がその債務を履行しない場合において、相手方は、相当の期間を定めてその履行の催告をすることで契約を解除することができるが、期間を明示しない催告は、催告後相当期間を経過しても解除権は発生しない。

3　契約の性質により、特定の日時に履行をしなければ目的を達することができない契約において、当事者の一方が履行をしないでその時期を経過したときは、相手方は、催告をすることなく、直ちにその契約を解除することができる。

4　履行の全部又は一部が不能となったときは、その債務の不履行が債務者の責めに帰することができない事由によるものでなければ、債権者は、契約の解除をすることができない。

5　当事者の一方が解除権を行使したときは、契約の効力を遡及的に消滅させ、各当事者は相手方を原状に復させる義務を負うが、相手方の債務不履行を理由に契約を解除した者は、相手方に対して損害賠償を請求することができない。

正 解 3

3をストレートに○と判断できるように、催告なしで解除できるケースは覚えておきましょう。標準的なレベルの問題です。

1 ✕ 解除は撤回できず 4

前半は条文どおりで正しい記述です（540条1項）。しかし、**解除の意思表示は撤回することができません**（同条2項）。

2 ✕ 相当期間経過後は解除可 4

原則として、解除をするためには相当期間を定めた催告が必要ですが、期間を明示しない催告も無効となるわけではなく、**催告時から客観的に見て相当期間が経過したときには、解除権が発生**します（判例）。

3 ○ 4

「契約の性質により、特定の日時に履行をしなければ目的を達することができない契約」を定期行為といいます。**定期行為**については、履行がないままその特定の時期を経過したときは、**催告することなく直ちに契約を解除することができます**（542条1項4号）。

4 ✕ 債務者に帰責事由がなくても解除可 4

債務不履行を理由として契約の解除をするのに、**債務者の帰責事由は必要ありません**。したがって、債務者の責めに帰すことができない事由によるものであっても（つまり債務者に帰責事由がない場合でも）、債権者は契約を解除することができます。

5 ✕ 損害賠償を請求することもできる 

債務不履行を理由に契約を解除した者は、損害があれば、**相手方に対して損害賠償を請求することもできます**（545条4項）。なお、解除は契約の効力を遡及的に消滅させるものと一般に考えられています。また、解除がされた場合の各当事者は原状回復義務を負います（同条1項）。

売買

第2章第2節

問題 95 手付に関する記述として最も妥当なものはどれか（争いのあるときは、判例の見解による。）。

裁判所2020

1 買主が売主に手付を交付したときは、売主がその倍額を口頭で提供して、契約の解除をすることができる。

2 売買契約における手付は、反対の意思表示がない限り、解約手付の性質を有するものと解釈される。

3 １つの手付が解約手付と違約手付の両者を兼ねることはできない。

4 不動産売買契約において、買主が売主に手付を交付したとき、買主は、第三者所有の不動産の売主が第三者から当該不動産の所有権を取得し、その所有権移転登記を受けた場合であっても、手付を放棄して契約を解除することができる。

5 不動産売買契約において、買主が売主に手付を交付したとき、買主が売主に対して明渡しを求め、それが実行されればいつでも代金を支払われる状態にあった場合、買主は、売主が履行に着手していないときでも、手付を放棄して契約を解除することができない。

正解 **2**

正解の**2**は手付の分野における基本知識です。確実に正解したい、平易な問題です。

1 ✕ 口頭の提供ではなく現実の提供が必要 2

手付の交付を受けた売主が手付による解除をするためには、買主に対して**手付の倍額を現実に提供する必要があります**（557条１項）。

2 ○ 2

手付の交付があった場合、その手付は**解約手付の性質を有するものと推定される**ので、当事者の反対の意思表示がない限り、解約手付と解釈されます（判例）。

3 ✕ 解約手付と違約手付を兼ねることもできる 2

解約手付と違約手付は性質の異なるものですが、１つの手付が**両者の性質を兼ねることも可能**とされています（判例）。

4 ✕ 他人物売買において履行の着手があったと認められる 

本記述の場合、売主に**履行の着手がある**と判断されるので、買主はもはや**手付を放棄して契約を解除することはできません**。

5 ✕ 相手方が履行に着手していなければ解除可能 

相手方（売主）に履行の着手がないので、買主は、手付を放棄して**契約を解除することができます**。

難易度A　売　買　第2章第2節

問題 96　売買に関する次の記述のうち、妥当なのはどれか。ただし、争いのあるものは判例の見解による。　国家一般職2022

1　売買契約において、買主が売主に手付を交付した場合、その交付に当たって当事者が手付の趣旨を明らかにしていなかったときは、交付された手付は、違約手付と推定される。

2　売買契約の目的物である土地の一部が他人の所有に属していた場合のように、権利の一部が他人に属する場合であっても、売買契約は有効である。そのため、他人の権利を売買の目的とした売主は、その権利を取得して買主に移転する義務を負う。

3　売買契約において、引き渡された目的物が種類、品質又は数量に関して契約の内容に適合しないものであり、その不適合が買主の責めに帰すべき事由によるものでない場合、買主は、売主に対し、目的物の修補、代替物の引渡し又は不足分の引渡しによる履行の追完を請求することができる。その際、売主は、買主が請求した方法によらなければ履行の追完をしたことにはならない。

4　売買契約において、引き渡された目的物が種類、品質又は数量に関して契約の内容に適合しないものであり、その不適合が買主の責めに帰すべき事由によるものでない場合、買主は、売主に対し、その不適合の程度に応じて代金の減額を請求することができる。その際、買主は、売主が代金全額を受け取る機会を与えるため、必ず相当の期間を定めた履行の追完の催告をしなければならない。

5　売買契約において、引き渡された目的物が種類、品質又は数量に関して契約の内容に適合しないものである場合に、買主の救済手段として、一定の要件の下に、追完請求権や代金減額請求権が認められる。これらは紛争の早期解決を目的とする民法上の特則であるため、買主は、追完請求権や代金減額請求権を行使することができるときは、民法第415条の規定による損害賠償の請求や同法第541条の規定による解除権の行使をすることはできない。

正解 **2**

2をストレートに◯と判断することは十分可能であり、正解するのは簡単な問題です。ただし、内容的には、**3**、**4**、**5**の契約不適合責任に関する問いが重要です。

1 ✕ 解約手付と推定される ②

当事者の反対の意思表示が明らかでない限り、**解約手付と推定**されます（判例）。

2 ◯ ①

権利の一部が他人に属する場合の売買契約（一部他人物売買）であっても契約は有効です。この場合、売主はその権利を取得して買主に移転する義務を負います（561条）。

3 ✕ 買主に不相当な負担がなければ異なる方法も可 ③

前半は条文に照らして正しい記述です（562条１項）。しかし、**買主に不相当な負担を課すものでない場合**は、売主は、**買主が請求した方法と異なる方法による履行の追完をすることができます**（同条同項ただし書）。

4 ✕ 無催告でよい場合あり ③

前半は条文に照らして正しい記述です（563条１項）。しかし、履行の追完が不能な場合など**履行の追完の催告をしなくてもよい場合がある**ので（同条２項）、必ず履行の追完の催告をしなければならないわけではありません。

5 ✕  **損害賠償請求や解除権の行使も可能** ③

前半は条文に照らして正しい記述です（562条１項、563条１項）。しかし、追完請求権や代金減額請求権の行使が可能な場合であっても、**要件を満たせば損害賠償請求（415条）や解除権の行使（541条）も可能**です（564条）。したがって、後半は誤った記述です。

第2編 第2章 契約

難易度 B　売　買

第2章第2節

問題 97　売買契約に関する次の**ア**～**オ**の記述のうち、妥当なもののみを全て挙げているものはどれか（争いのあるときは、判例の見解による。）。

裁判所2021

ア　売買契約はある財産権を他人に移転することを目的とする契約であるから、契約が有効に成立するためには、当該契約時点において、その財産権が売主に帰属していることが必要である。

イ　売主は、目的物引渡債務の履行期後も、買主が代金を支払うまでは目的物の引渡しを拒むことができるが、履行期を徒過したことについての履行遅滞の責任は負う。

ウ　売主は、目的物の品質が契約の内容に適合せず、買主から代替物の引渡しの方法による履行追完の請求を受けた場合、買主の負担の有無にかかわらず、売主の側で目的物の補修又は代替物の引渡しのいずれかの方法を選択して履行の追完をすることができる。

エ　買主が代金を現実に提供して目的物の受取を求めた後であっても、買主は手付を放棄して契約を解除することができる。

オ　特定物売買において売主が負担する債務は、当該目的物を引き渡すことに尽きるものではないから、目的物に瑕疵があった場合には、売主は債務不履行責任を負う。

1　**ア、イ**
2　**ア、オ**
3　**イ、ウ**
4　**ウ、エ**
5　**エ、オ**

正解 **5**

ア、**ウ**が**×**とわかれば正解は**5**に絞れます。**ア**は基本事項なので、**ウ**の正誤がきちんと判定できたかが決め手になったでしょう。標準的なレベルの問題です。

ア × 他人物売買の契約も有効 1

他人が所有する財産を売買（他人物売買）する契約も有効に成立しますので、契約時点において、財産権が売主に帰属していることは不要です。他人物売買の売主は、契約成立後、その権利を取得して買主に移転する義務を負います（561条）。

イ × 同時履行の抗弁権を行使すれば履行遅滞の責任を負わず 第1節 3

売主には同時履行の抗弁権がありますので、前半は正しい記述です。そして、**同時履行の抗弁権を行使している場合**、たとえ自己の債務の履行期を徒過したとしても**履行遅滞の責任は負いません**ので、後半は誤っています。

ウ × 買主に不相当な負担がないことが必要 3

買主が請求した方法によらない履行の追完をすることが売主に認められるのは、**買主に不相当な負担を課すものでない場合**です（562条１項）。

エ ○ 2

手付による解除ができなくなるのは、相手方に履行の着手があった場合です（557条１項）。**自分（買主）が履行の着手をしていても、相手方（売主）に履行の着手がなければ、買主は手付を放棄して契約を解除することができます**。

オ ○ 1

特定物売買における売主も当該目的物を引き渡せばよいというわけではなく、契約内容に適合した瑕疵のない目的物を引き渡す義務を負っています。そして、目的物に瑕疵があった場合には、**契約不適合責任とともに、債務不履行責任も負います**（564条、415条）。

第2編 第2章 契約

難易度 A　賃貸借

第2章第3節

問題 98　賃貸借契約に関する次の**ア～オ**の記述のうち、妥当なもののみを全て挙げているものはどれか（争いのあるときは、判例の見解による。）。

裁判所2021

ア　土地の賃借人は、当該土地上に自己名義の登記のされた建物を所有している場合には、当該土地の譲受人に対し、当該土地の賃借権を対抗することができる。

イ　賃借人が適法に賃借物を転貸した場合、転借人は、賃貸人に対し、直接、賃貸目的物を使用収益させることを求めることができる。

ウ　賃借人は、賃貸目的物である建物の雨漏りを修繕するための費用を支出したときは、賃貸人に対し、直ちに、その償還を請求することができる。

エ　建物の賃貸借契約において、賃貸人が未払賃料の支払を求めた場合、賃借人は、既に差し入れている敷金をもって充当することを主張して、その支払を免れることができる。

オ　AB間の建物の賃貸借契約が解除された場合、賃借人として当該建物に居住していたBは、従前の賃貸借契約の期間中、賃貸目的物を不法に占有していたことになる。

1　**ア、ウ**
2　**ア、オ**
3　**イ、エ**
4　**イ、オ**
5　**ウ、エ**

正　解　1

各記述ともに基本的な内容を問うており、確実に正解したい問題です。

ア　○　4

土地の賃借人が当該土地上に自己名義の登記のされた建物を所有している場合、**建物の所有権の登記が土地の賃借権の対抗要件**になります（借地借家法10条1項）。

イ　×　賃貸人は転借人に直接義務を負わず　

転借人は賃貸人に対して直接に義務を負いますが（613条1項）、**賃貸人は転借人に対して直接に義務を負いません**。したがって、転借人は、賃貸人に対し、直接、賃貸目的物を使用・収益させることを求めることができません。

ウ　○　2

建物の雨漏りを修繕するための費用は必要費です。必要費を支出した賃借人は、賃貸人に対して**直ちにその償還を請求することができます**（608条1項）。

エ　×　賃借人から敷金の充当を主張することは不可　

賃借人のほうから未払賃料に敷金を充当するように請求することはできません（622条の2第2項）。あくまでも**充当ができるのは賃貸人**です。

オ　×　賃貸借契約の解除は将来効　

賃貸借契約の解除は、**将来に向かってのみその効力を生じます**（620条）。したがって、解除された時までの従前の賃貸借契約の期間は、適法な賃借人として居住していたのであり、賃貸目的物を不法占有していたわけでありません。

□□□

難易度 B　賃貸借　第2章第3節

問題 99　賃貸借に関する**ア～オ**の記述のうち、妥当なもののみを全て挙げているのはどれか。ただし、争いのあるものは判例の見解による。

国家専門職2021

ア　土地の賃借人は、当該土地上に同居する家族名義で保存登記をした建物を所有している場合であっても、その後当該土地の所有権を取得した第三者に対し、借地借家法第10条第１項により当該土地の賃借権を対抗することはできない。

イ　建物の賃貸借契約終了に伴う賃借人の建物明渡債務と賃貸人の敷金返還債務とは、敷金返還に対する賃借人の期待を保護する観点から、同時履行の関係に立つ。

ウ　民法、借地借家法その他の法令の規定による賃貸借の対抗要件を備えた不動産の賃借人は、当該不動産の占有を第三者が妨害しているときは、当該第三者に対して妨害の停止の請求をすることができる。

エ　土地の賃貸借契約において、適法な転貸借関係が存在する場合、賃貸人が賃料の不払を理由として賃貸借契約を解除するには、特段の事情のない限り、転借人に通知等をして賃料の代払の機会を与えることが信義則上必要である。

オ　賃貸人は、賃借人が賃貸借に基づいて生じた金銭の給付を目的とする債務を履行しないときは、敷金をその債務の弁済に充てることができる。また、賃借人も、賃貸人に対し、敷金をその債務の弁済に充てることを請求することができる。

1　ア、ウ　　2　ア、オ　　3　イ、エ　　4　イ、オ　　5　ウ、エ

(参考) 借地借家法

（借地権の対抗力）

第10条　借地権は、その登記がなくても、土地の上に借地権者が登記されている建物を所有するときは、これをもって第三者に対抗することができる。

2 （略）

正解 1

アが少し細かい知識を問うていますが、**エ**、**オ**が**×**と確定できれば正解は**1**に絞り込めるので、難易度はそれほど高くありません。

ア ○

土地の賃借人が当該土地上に自己名義の登記のされた建物を所有している場合、**建物の所有権の登記が土地の賃借権の対抗要件になります**（借地借家法10条1項）。これは、土地の賃借人が「自己名義」で建物の所有権登記を有している場合に認められる対抗要件であり、建物の所有権登記が**家族名義であっても別人の名義では、第三者に対する対抗力は認められません**。

イ × 建物の明渡しが先履行

賃借人の建物明渡債務と賃貸人の敷金返還債務は、賃借人の建物明渡債務が先に履行する義務（先履行義務）となっており、**同時履行の関係に立ちません**（622条の２）。

ウ ○

賃借権についての対抗要件を備えた不動産賃借人は、不法占有者に対して賃借権に基づく**妨害排除請求をすることが可能**です。そして、その内容として、当該第三者に対する妨害の停止請求をすることが認められています（622条の４第１号）。

エ × 賃貸人は転借人に催告することなく解除を対抗可

賃貸人が賃料の不払いを理由として賃貸借契約を解除する場合、**転借人に通知等をして賃料の代払いの機会を与えることは不要**です（判例）。

オ × 賃借人から敷金の充当を主張することは不可

賃貸人が敷金を弁済に充てることはできますが、**賃借人のほうから弁済に充てることを請求することはできません**（622条の２第２項）。

難易度 B 賃貸借

第2章第3節

問題100　賃貸借に関する**ア～オ**の記述のうち、妥当なもののみを全て挙げているのはどれか。

国家一般職2020

ア　賃貸人が賃借人の意思に反して保存行為をしようとする場合において、そのために賃借人が賃借をした目的を達することができなくなるときは、賃借人は、当該行為を拒むことができる。

イ　賃借人は、賃借物について有益費を支出したときは、賃貸人に対し、直ちにその償還を請求することができる。

ウ　賃借物の全部が滅失その他の事由により使用及び収益をすることができなくなった場合には、賃貸借は、これによって終了する。

エ　当事者が賃貸借の期間を定めなかったときは、各当事者は、いつでも解約の申入れをすることができるところ、動産の賃貸借については、解約の申入れの日から３か月を経過することによって終了する。

オ　賃借人が賃貸借に基づいて生じた金銭の給付を目的とする債務を履行しないときは、賃貸人は敷金をその債務の弁済に充てることができるが、賃借人が、賃貸人に対し、敷金をその債務の弁済に充てることを請求することはできない。

1　**ア、ウ**
2　**ア、オ**
3　**イ、ウ**
4　**イ、エ**
5　**ウ、オ**

正解 **5**

ア、**イ**が**×**とわかれば正解は**5**に絞れます。**イ**は基本事項なので、**ア**の正誤がきちんと判定できたかが決め手になったでしょう。標準的なレベルの問題です。

ア ×　賃貸人の保存行為を賃借人は拒めず 2

賃貸人が賃貸物の保存行為をしようとする場合、**賃借人が拒むことはできません**（606条２項）。本記述のケースにおいて、賃借人ができるのは、契約を解除することです（607条）。

イ ×　有益費の償還請求は契約終了後 

有益費の償還請求ができるのは**賃貸借契約終了後**です（608条２項）。ただし、**償還請求が認められるのは、価格の増加が現存する場合**に限られます。

本記述が必要費についての記述であれば正しい内容になりますね。

ウ ○ 

条文どおりで正しい記述です（616条の２）。

エ ×　「３か月」ではなく、「１日」の経過で終了 

当事者が賃貸借の期間を定めなかったとき（期間の定めのない賃貸借）は、各当事者は、いつでも解約の申入れをすることができます。**動産の賃貸借は、申入れから１日の経過で終了**します（617条１項）。

３か月の経過で終了するのは、建物の賃貸借です。

オ ○ 

条文どおりで正しい記述です（622条の２第２項）。

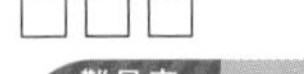

賃貸借

第2章第3節

問題 101　賃貸借契約に関する次の**ア**〜**オ**の記述のうち、適当なもののみを全て挙げているものはどれか（争いのあるときは、判例の見解による。）。

裁判所2017

ア　賃貸人は、賃借人に賃貸物の使用及び収益をさせる義務を負うとともに、それに必要な修繕をする義務を負う。

イ　不動産の賃借人は、賃貸人に対し、特約がなくても、賃借権の登記をするように請求することができる。

ウ　不動産の賃借人は、不動産の不法占拠者に対し、賃借権の対抗要件を具備していなくても、賃借権に基づき、不動産の明渡しを請求することができる。

エ　建物の賃貸借契約の終了時において、賃貸人の敷金返還債務と賃借人の建物明渡債務は同時履行の関係にあり、賃借人は、敷金の返還を受けるまで、建物の使用を継続することができる。

オ　賃借人は、賃貸物について賃貸人の負担に属する必要費を支出したときは、賃貸人に対し、直ちにその償還を請求することができる。

1　**ア、イ**
2　**ア、オ**
3　**イ、ウ**
4　**ウ、エ**
5　**エ、オ**

正解 2

特段難しい記述はなく、どの記述もきちんと正誤判定できるようにしておく必要があります。基本的な問題といえるでしょう。

ア ○ 2

条文どおりで正しい記述です（601条、606条１項）。

イ ×　賃貸人に賃借権登記への協力義務なし 

賃貸借契約の内容として、**賃貸人に賃借権の登記に協力する義務はない**と考えられています。したがって、不動産の賃借人は、賃貸人に対し、特約がなければ、賃借権の登記をするように請求することはできません。

ウ ×　賃借権の対抗要件がなければ請求不可 

不動産の賃借人が、不法占有者（占拠者）に対して賃借権に基づき不動産の明渡しが請求できるのは、**賃借権の対抗要件を備えた場合**です（605条の４第２号）。

エ ×　建物の明渡しが先履行 

賃貸人の敷金返還債務と賃借人の建物明渡債務は、賃借人の建物明渡債務が先に履行する義務（先履行義務）となっており、**同時履行の関係にはありません**（622条の２）。したがって、賃借人は、敷金の返還を受けるまで、建物の使用を継続することはできません。

オ ○ 2

条文どおりで正しい記述です（608条１項）。

□□□

難易度 B　請　負

第2章第4節

問題 102　請負に関する**ア～オ**の記述のうち、妥当なもののみを全て挙げているのはどれか。

国家一般職2021

ア　注文者Aと請負人Bが完成後に建物を引き渡す旨の約定で建物建築工事の請負契約を締結した場合には、AB間で特約がない限り、Aは、その建物の引渡しと同時にBに報酬を支払わなければならない。

イ　建物建築工事の請負契約の注文者Aの責めに帰することができない事由によって請負人Bが仕事を完成することができなくなった場合には、Bが既にした仕事の結果のうち可分な部分の給付によってAが利益を受けるときであっても、BはAに対して報酬を請求することができない。

ウ　建物建築工事の請負契約の目的物として請負人Bから引渡しを受けた建物に欠陥があった場合において、注文者Aがその欠陥があることを知った時から1年以内にその旨をBに通知しなかったときは、建物をAに引き渡した時に、Bがその欠陥の存在を知り、又は重大な過失によって知らなかったときを除き、Aは、その欠陥の存在を理由としてBに建物の修補を求めることができない。

エ　建物建築工事の請負契約において、注文者Aは、請負人Bがその工事を完成しない間は、損害を賠償することなく、いつでもその契約を解除することができる。

オ　注文者Aと請負人Bが、契約が中途で解除された際の出来形部分の所有権はAに帰属する旨の約定で建物建築工事の請負契約を締結した後に、Bがその工事を下請負人Cに一括して請け負わせた場合において、その契約が中途で解除されたときであっても、Cが自ら材料を提供して出来形部分を築造したのであれば、AC間に格別の合意があるなど特段の事情のない限り、その出来形部分の所有権はCに帰属するとするのが判例である。

1　**ア、イ**　　**2**　**ア、ウ**　　**3**　**イ、エ**
4　**ウ、オ**　　**5**　**エ、オ**

正　解　**2**

各記述の文章が長く読みにくいですが、丁寧に読めばそれほど難しくはありません。**オ**以外はきちんと正誤を判定できるようにしましょう。

ア　○　1

完成物の引渡しと報酬の支払いは**同時履行の関係**にあります（633条）。

イ　×　注文者が受ける利益に応じて請求可　2

注文者（A）の責めに帰することができない事由によって仕事を完成することができなくなった場合において、請負人（B）がすでにした仕事の結果のうち**可分な部分の給付によって注文者（A）が利益を受けるとき**は、その部分は仕事の完成とみなされます。そして、この場合、請負人（B）は、**注文者（A）が受ける利益の割合に応じて報酬を請求することができます**（634条1号）。

ウ　○　2

引き渡された請負契約の目的物に欠陥があった場合、注文者（A）は**その欠陥を知ってから1年以内に請負人（B）に通知をしなければ、契約不適合責任が追及できなくなります**。ただし、引渡し時にすでに**請負人が不適合を知り、または重大な過失によって知らなかったとき**は、通知の必要性はないので、1年以内に通知をしていなくても、契約不適合責任の追及が可能です（637条）。

エ　×　損害賠償は必要　3

請負人（B）が仕事を完成しない間は、注文者（A）は、いつでも**損害を賠償して契約の解除をすることができます**（641条）。

オ　×　Skip　注文者と請負人との合意が優先

本記述のケースで、判例は、注文者と請負人間の特約を優先させ、出来形部分の所有権はAに帰属するとしています。

請　負

第2章第4節

問題 103　請負に関する**ア**～**オ**の記述のうち、妥当なもののみを全て挙げているのはどれか。

国家専門職2020

ア　請負代金の支払時期は、仕事の目的物の引渡しを要しない場合には、請負人を保護する観点から、先払いとされている。

イ　注文者の責めに帰することができない事由によって仕事を完成することができなくなった場合において、請負人が既にした仕事の結果のうち可分な部分の給付によって注文者が利益を受けるときは、その部分は仕事の完成とみなされ、請負人は、注文者が受ける利益の割合に応じて報酬を請求することができる。

ウ　建物建築工事を元請負人から一括下請負の形で請け負った下請負人は、注文者との関係では、元請負人の履行補助者的立場に立つものにすぎず、注文者のためにする当該工事に関して元請負人と異なる権利関係を主張し得る立場にはないとするのが判例である。

エ　注文者が破産手続開始の決定を受けたときは、請負人は、仕事の完成後であっても、請負契約を解除することができる。

オ　請負人が仕事を完成しない間は、注文者は、正当な理由があるときに限り、損害を賠償して請負契約を解除することができる。

1　**ア、イ**
2　**ア、オ**
3　**イ、ウ**
4　**ウ、エ**
5　**エ、オ**

正　解　3

ウ、**エ**は少し難しいので、**ア**、**オ**を✕、**イ**を○と判定することで正解にたどり着きましょう。少し難易度の高い問題です。

ア　✕　引渡しを要しない仕事の報酬は後払い　1

仕事の目的物の引渡しを要する場合は、報酬の支払いは引渡しと同時に行う必要がありますが（633条）、**目的物の引渡しを要しない場合**は、雇用契約の規定（624条1項）を準用して、「**後払い**」となっています。

イ　○　2

条文どおりで正しい記述です（634条1号）。

ウ　○　Skip ▶|

判例は本記述と同様の判断をしています。

エ　✕　仕事の完成後は解除不可 

仕事の完成前であれば、注文者が破産手続開始の決定を受けた場合、請負人は、契約の解除をすることができます。

ひとこと　仕事完成後に請負人に解除権を認めても意味がないからです。

オ　✕　正当な理由があるときでなくても解除可 

請負人が仕事を完成しない間は、注文者は、**いつでも損害を賠償して契約の解除をすることができます**（641条）。その際、正当な理由がなくても解除はできます。

請　負

第2章第4節

問題 104　民法上の請負に関する次の**ア**～**エ**の記述の正誤の組合せとして最も妥当なものはどれか（争いのあるときは、判例の見解による）。　裁判所2019

ア　仕事の目的物の引渡しを要しない場合には、請負人は、仕事の完成前であっても、注文者に対し、報酬の支払を請求することができる。

イ　注文者が仕事の完成前に代金の全額を支払っていた場合には、材料の主要部分を提供したのが注文者か請負人かにかかわらず、原則として、仕事の完成と同時に注文者が目的物の所有権を原始的に取得する。

ウ　請負人が、請け負った仕事の全部又は一部を下請負人に請け負わせた場合には、下請負人は、注文者に対して直接に義務を負う。

エ　請負人に債務不履行がない場合であっても、注文者は、請負人が仕事を完成しない間は、損害を賠償すれば請負契約を解除することができる。

	ア	イ	ウ	エ
1	正	誤	誤	正
2	正	誤	正	誤
3	誤	誤	正	正
4	誤	正	正	誤
5	誤	正	誤	正

正　解　**5**

イは細かい判例であり、**ウ**は正誤判定しにくいので、少し難易度の高い問題です。**ア**、**イ**、**エ**をきちんと判定することで正解にたどり着けるようにしておきましょう。

ア　×　引渡しを要しない仕事の報酬は後払い　1

仕事の目的物の引渡しを要する場合は、報酬の支払いは引渡しと同時に行う必要があります（633条）。一方、**目的物の引渡しを要しない場合**は、雇用契約の規定（624条１項）を準用して、「**後払い**」となっています。したがって、仕事の完成前に報酬の支払いを請求できません。

イ　○　2

判例どおりで正しい記述です。

ウ　×　Skip　下請負人は注文者に直接義務を負わず

下請負人と注文者の間には何らの契約も締結されておらず、義務を負わせる法律の規定も特にないことから、下請負人は注文者に対して直接義務を負うものではありません。

エ　○　3

条文どおりで正しい記述です（641条）。

委　任

第2章第5節

問題105　委任に関する記述として最も妥当なものはどれか（争いのあるときは、判例の見解による。）。　裁判所2020

1　受任者は、委任事務の処理をするにあたって、自己の財産に対するのと同一の注意をもって行うことで足りる。

2　受任者は、委任事務を処理するについて費用を要するときでも、その前払を請求することはできない。

3　受任者は、委任事務を処理するのに必要な費用を支出したときは、委任者に対し、その費用及びその支出の日以後における利息の償還を請求できる。

4　受任者が報酬を受ける場合、期間によって報酬を定めたときであっても、委任事務を履行した後でなければ、報酬を請求することができない。

5　委任は、原則として、委任者の死亡によっては終了しない。

正　解 3

各記述ともに委任に関する基本的な条文知識が問われており、標準的なレベルの問題です。

1　✕　受任者は善管注意義務を負う　②

受任者は、委任の本旨に従い、**善良な管理者の注意をもって、委任事務を処理する義務**を負っています（644条）。

2　✕　前払いを請求可　③

委任者は、受任者の請求により、委任事務を処理するについての費用の前払いをしなければならない（649条）と規定されていますので、受任者が費用の**前払いを請求することは可能**です。

3　○　③

条文どおりで正しい記述です（650条１項）。

4　✕　定めた期間経過後に請求可　③

報酬は後払いが原則ですが、期間によって報酬を定めたときは、**その期間を経過した後に請求することが可能**です（648条２項、624条２項）。

5　✕　当事者の死亡は終了原因　④

委任契約は信頼関係に基づく契約なので、**当事者の一方の死亡は終了原因**となっています（653条１号）。

委　任

第2章第5節

問題 106　委任に関する**ア～オ**の記述のうち、妥当なもののみを全て挙げているのはどれか。

国家専門職2019

ア　受任者は、委任者の請求があるときは、いつでも委任事務の処理の状況を報告し、委任が終了した後は、遅滞なくその経過及び結果を委任者に報告しなければならない。

イ　委任は無償契約であり、受任者は、自己の財産におけるのと同一の注意をもって、委任事務を処理する義務を負う。

ウ　本人・代理人間で委任契約が締結され、代理人・復代理人間で復委任契約が締結された場合において、復代理人が委任事務を処理するに当たり受領した物を代理人に引き渡したとしても、復代理人の本人に対する受領物引渡義務は消滅しないとするのが判例である。

エ　委任事務を処理するについて費用を要するときは、委任者は、受任者の請求により、その前払をしなければならない。

オ　受任者は、委任事務を処理するため自己に過失なく損害を受けた場合、委任者に当該損害の発生について過失があるときに限り、委任者に対して当該損害の賠償を請求することができる。

1　**ア、イ**
2　**ア、ウ**
3　**ア、エ**
4　**イ、エ、オ**
5　**ウ、エ、オ**

正解 3

ア、**ウ**が細かい知識なので、正解するためには**イ**、**エ**、**オ**の正誤判定が必要で、難易度が高めの問題です。

ア ○ 2

条文どおりで正しい記述です（645条）。

イ × 受任者は善管注意義務を負う 2

委任契約は原則無償であり、特約があると有償になりますが、有償であるか無償であるかに関係なく、受任者は、**善良な管理者の注意をもって委任事務を処理する義務（善管注意義務）を負っています**（644条）。

ウ × Skip ▶| 受領物引渡義務は消滅する

復代理人が委任事務処理に当たって受領した物を代理人に引き渡した場合、それによって復代理人はこの点における義務を果たしたことになり、本人に対する引渡義務は消滅します（判例）。

エ ○ 3

条文どおりで正しい記述です（649条）。

オ × 損害賠償は無過失責任 3

「受任者は、委任事務を処理するため自己に過失なく損害を受けたときは、委任者に対し、その賠償を請求することができる」とする規定（650条３項）は、**委任者に過失がなくとも負う責任（無過失責任）を規定したもの**と考えられています。

第2編
第2章
契約

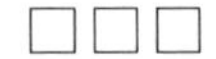

委任

第2章第5節

問題 107　委任に関する記述として最も妥当なものはどれか（争いのあるときは、判例の見解による。）。

裁判所2018

1　委任契約の成立には、報酬の支払について合意することが必要である。

2　委任事務について費用が必要な場合、受任者は、委任者に対し、事務を行った後でなければ、その費用を請求できない。

3　委任は、委任者はいつでもその解除をすることができるが、受任者は、委任者に不利な時期には解除をすることができない。

4　受任者は、委任の本旨に従い、善良な管理者の注意をもって、委任事務を処理する義務を負う。

5　受任者が、委任事務の処理に際して自己の名をもって取得した権利については、委任者のために取得したものだとしても、委任者に移転する義務を負わない。

正解 4

5が少し難しいですが、**4**が○であることが明らかなので、正解するのは容易な問題です。

1 ✕ 委任契約は原則無償 ①

委任契約は原則無償であり、特約があると報酬が発生します（648条1項）。したがって、**報酬の合意は委任契約の成立の要件ではありません**。

2 ✕ 前払いを請求可 ③

委任事務の処理に費用がかかる場合、受任者はその**前払いを委任者に請求できます**（649条）。

3 ✕ 解除はいつでも可能 ④

委任契約は信頼関係に基づく契約なので、特に正当な理由が要求されることもなく、**委任者・受任者ともにいつでも解除をすることができます**（651条1項）。ただし、相手方に不利な時期に解除した場合、原則として相手方に損害の賠償をすることが必要です（651条2項）。

4 ○ ②

条文どおりで正しい記述です（644条）。

5 ✕ 委任者に移転する義務を負う ②

受任者は、委任者のために**自己の名で取得した権利を委任者に移転**しなければなりません（646条2項）。

難易度A 不法行為 第3章第1節

問題108 不法行為に関する次の**ア～オ**の記述のうち、妥当なもののみを全て挙げているものはどれか（争いのあるときは、判例の見解による。）。

裁判所2020

ア 不法行為による生命侵害の慰謝料請求権は、被害者が生前に請求の意思を表明していなければ、相続人には承継されない。

イ 固有の慰謝料請求ができる近親者として民法第711条に列挙されていない者でも、同条の類推適用により、加害者に対して固有の慰謝料を請求できる場合がある。

ウ 被害者が幼児である場合、その保護者に過失があったとしても過失相殺をすることはできない。

エ 被害者が未成年の場合、過失相殺においてその過失をしんしゃくするには、被害者たる未成年者に行為の責任を弁識する能力が必要である。

オ 自らは不法行為を実行していないが、他人を唆して不法行為をなす意思を決定させた者や、直接の不法行為の実行を補助し容易にした者も、不法行為責任を負う。

1 **ア、イ**
2 **ア、ウ**
3 **イ、オ**
4 **ウ、エ**
5 **ウ、オ**

正　解　3

ア、**ウ**を✕と確定できれば簡単に**3**が正解と絞り込めます。標準的なレベルの問題です。

ア　✕　慰謝料請求権は当然に相続人に承継される ③

慰謝料請求権も**当然に相続の対象となります**。本人が生前に請求する意思を示していたか否かは関係がありません。

イ　○ ③

711条に規定されている「父母、配偶者及び子」以外の者であっても、**それに同視できる者は、711条を類推適用して請求可能な場合があります**（判例）。

ウ　✕　幼児の保護者は「被害者側」に該当 ④

被害者が幼児である場合、その保護者の過失は「被害者側の過失」として過失相殺の対象となり得ます（判例）。

エ　✕　責任能力は不要、事理弁識能力で足りる ④

過失相殺を行うためには、**被害者が責任を弁識する能力（責任能力）を有している必要はありません**が、**事理を弁識する能力（事理弁識能力）を有することが必要**とされています（判例）。

オ　○ ⑥

不法行為者をそそのかしてその不法行為を行うように仕向けた者（教唆者）や手助けした者（幇助者）も**共同不法行為者になります**（719条２項）。

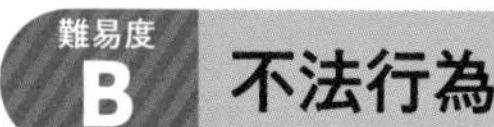

不法行為

第3章第1節

問題 109　不法行為に関する次の**ア〜オ**の記述のうち、妥当なもののみを全て挙げているものはどれか（争いのあるときは、判例の見解による。）。

裁判所2021

ア　人の生命又は身体を害する不法行為による損害賠償請求権の消滅時効期間は、被害者又はその法定代理人が損害及び加害者を知った時から５年間である。

イ　不法行為と同一の原因によって、被害者が第三者に対して損害と同質性を有する利益を内容とする債権を取得し、当該債権が現実に履行された場合、これを加害者の賠償すべき損害額から控除することができる。

ウ　被害者が不法行為によって即死した場合、被害者が不法行為者に対して有する不法行為に基づく損害賠償請求権は、被害者の死亡によって相続人に承継されない。

エ　会社員が、勤務時間外に、自己が勤務する会社所有に係る自動車を運転していた際、同自動車を第三者に衝突させた場合、当該会社が損害賠償責任を負うことはない。

オ　未成年者は、他人に損害を加えた場合において、自己の行為の責任を弁識するに足りる知能を備えていなかったとしても、その行為について賠償の責任を負う。

1　**ア、イ**
2　**ア、オ**
3　**イ、ウ**
4　**ウ、エ**
5　**エ、オ**

正　解　1

イは完全に無視してよい記述です。他の記述はきちんと正誤判定ができるようにしておきましょう。**ウ、オ**が✕と確定できれば正解はできますので、難易度はそれほど高くありません。

ア　〇 5

条文どおりで正しい記述です（724条、724条の２）。

イ　〇 Skip

いわゆる損益相殺といわれる仕組みについて判例が言及した部分です。

ウ　✕　慰謝料請求権は当然に相続人に承継される 3

精神的損害に関する損害賠償請求権（慰謝料請求権）も**当然に相続の対象となります**。本人即死の場合でも**死亡の瞬間に慰謝料請求権が発生し、相続人が承継します**（判例）。

エ　✕　外形から事業執行中と見えるか否かで判断 6

使用者責任（715条）は、**被用者が「事業の執行につき」行った行為**であることが要件となります。そして、この「事業の執行につき」とは、**行為の外形から見て事業執行と見えるか否かで客観的に判断**されます。したがって、本記述の場合、たとえ勤務時間外とはいえ、外形から見て事業執行中と見えれば、使用者責任が成立します。

オ　✕　加害者に責任能力が必要 2

不法行為責任が成立するためには**加害者に責任能力（責任を弁識するに足りる知能）が必要**です。したがって、その能力を備えていない未成年者は、不法行為に基づく損害賠償の責任を負いません。

□□□

難易度 B

不法行為

第3章第1節

問題 110　不法行為に関する次の記述のうち、妥当なのはどれか。

国家専門職2022

1　悪意による不法行為により生じた損害賠償請求権の債務者は、被害者に対する債権との相殺によって賠償債務を免れることはできず、被害者が損害賠償請求権を第三者に譲渡した場合においても、当該第三者に対する債権との相殺によって賠償債務を免れることはできない。

2　土地の工作物の設置又は保存に瑕疵があることによって他人に損害を生じた場合、その工作物の占有者は、その損害の発生を防止するのに必要な注意をしたことを証明したときは、損害賠償責任を免れる。また、この場合において、その工作物の所有者も、その損害の発生を防止するのに必要な注意をしたことを証明したときは、損害賠償責任を免れる。

3　不法行為による損害賠償請求権は、人の生命又は身体を害する不法行為によるものを含め、被害者又はその法定代理人が損害及び加害者を知った時から３年間行使しない場合又は不法行為の時から20年間行使しない場合に、時効によって消滅する。

4　民法第711条が生命を害された者の近親者の慰謝料請求権を明文で規定しているのは、これをもって直ちに生命侵害以外の場合はいかなる事情があってもその近親者の慰謝料請求権が全て否定されていると解すべきものではなく、したがって、不法行為により身体を害された者の母は、そのために被害者が生命を害されたときにも比肩すべき精神上の苦痛を受けた場合、自己の権利として慰謝料を請求し得るとするのが判例である。

5　責任能力のある未成年者が加害事件を起こした場合、当該未成年者自身が民法第709条に基づく不法行為責任を負うため、当該未成年者の監督義務者は、民法第714条に基づく監督者責任を負うことはなく、また、監督義務者の義務違反と当該未成年者の不法行為によって生じた結果との間に相当因果関係が認められたとしても、民法第709条に基づく不法行為責任も負わないとするのが判例である。

正　解 **4**

1は相殺を交えた出題ですが、無視してよいでしょう。他の記述をしっかり押さえることが大切です。難易度は少し高めの問題です。

1　✕ Skip ▶|　**譲渡された損害賠償請求債権とは相殺可**

悪意による不法行為により生じた損害賠償請求権を受働債権とする相殺は禁止されているので（509条1号）、債務者（加害者）からの相殺は本来許されていません。しかし、被害者が当該債権を第三者に譲渡した場合については、この規定は適用されません（509条ただし書）。

2　✕　**所有者の責任は無過失責任**　6

前半は条文どおりで正しい記述です（717条1項本文）。しかし、**所有者は免責される余地がない**ので、後半は誤っています（同条同項ただし書）。

3　✕　**債務不履行に基づく損害賠償請求権と同じく「5年」**　

人の生命または身体の侵害を理由とする不法行為に基づく損害賠償請求権は、**❶被害者が損害および加害者を知った時から5年**、**❷不法行為の時から20年**のいずれか早いほうが経過すると時効により消滅します（724条の2、724条）。

4　○　3

被害者が死亡に至らなくても**死亡したのと比肩し得るような精神的苦痛を受けた場合**には、近親者は、709条、710条（通常の不法行為に基づく損害賠償請求権の根拠条文）に基づいて自己の権利として慰謝料請求権が可能とするのが判例です。

5　✕　**監督義務者は709条に基づく不法行為責任を負う**　

前半は正しい記述ですが、判例に照らして後半は誤っています。本記述の後半については、**監督義務者に709条に基づく不法行為責任の成立を認める**のが判例です。

難易度 A

不法行為

第3章第1節

問題 111　不法行為に関する次の**ア〜エ**の記述の正誤の組合せとして最も妥当なものはどれか（争いのあるときは、判例の見解による。）。　裁判所2019

ア　生命を侵害された被害者の父母、配偶者及び子以外の親族には、固有の慰謝料請求権は認められない。

イ　未成年者が他人に損害を加えた場合において、未成年者が責任能力を有する場合であっても、監督義務者の義務違反と未成年者の不法行為によって生じた結果との間に相当因果関係が認められるときは、監督義務者について民法第709条に基づく不法行為が成立する。

ウ　不法行為による損害賠償債務は、請求を受けた日の翌日から履行遅滞に陥る。

エ　不法行為による損害賠償請求権の消滅時効の期間は、権利を行使することができることとなった時から10年である。

	ア	イ	ウ	エ
1	正	誤	正	誤
2	誤	正	誤	誤
3	正	正	正	誤
4	正	誤	正	正
5	誤	正	誤	正

正　解 **2**

イが少し難しい判例知識からの出題ですが、それを除いても正解を出すことはできます。平均的なレベルの出題です。

ア　×　類推適用できる場合あり ③

711条に規定されている「父母、配偶者及び子」以外の者であっても、**それに同視できる者は、711条を類推適用して請求可能な場合があります**（判例）。

イ　○ ⑥

監督義務者の義務違反と未成年者の不法行為によって生じた結果との間に**相当因果関係が認められるときは、監督義務者につき709条に基づく不法行為が成立する**とするのが判例です。

ウ　×　　**不法行為時から履行遅滞に陥る** ⑤

不法行為に基づく損害賠償請求権は、**不法行為時（事件・事故の発生時）に生じます**。したがって、たとえ**被害者からの請求がなくても、加害者は、不法行為時より履行遅滞**に陥っていることになります（判例）。

エ　×　知った時から３年、不法行為時から20年 

不法行為に基づく損害賠償請求権は、原則として、**被害者が損害および加害者を知った時から３年、不法行為の時から20年で消滅**します（724条）。

難易度 B 不当利得

第3章第2節

問題 112 民法に規定する不当利得に関する記述として、判例、通説に照らして、妥当なのはどれか。

特別区Ⅰ類2022

1 善意で法律上の原因なく他人の財産又は労務によって利益を受け、そのために他人に損失を及ぼした者は、その受けた利益に利息を付して返還しなければならない。

2 債務の弁済として給付をした者は、その時において、債務の存在しないことを過失によって知らなかったときには、その給付したものの返還を請求することができる。

3 債務者が、錯誤によって、期限前の債務の弁済として給付をしたときには、不当利得とはならず、債権者に対し、債権者が給付により得た利益の返還を請求することができない。

4 債務者でない者が、錯誤によって、債務の弁済をした場合において、債権者が善意で時効によってその債権を失ったときには、その弁済をした者は、返還の請求をすることができる。

5 不法原因給付をした者は、その給付したものの返還を請求することができず、また、給付を受けた不法原因契約を合意の上解除し、その給付を返還する特約をすることは、無効である。

正解 2

2は特殊不当利得の中でもマイナー知識であるため、確実に○と判定することは難しいですが、近年はよく出題されているので覚えておきましょう。

1 × 善意の受益者は現存利益のみ返還 1

受益者が法律上の原因がないことを知らなかった場合（善意の場合）は、**利益の存する限度（現存利益）で返還すればよい**とされています（703条）。

2 ○ 2

過失があったとしても債務がないことを知って（悪意で）弁済したわけではないので、債務の不存在を知ってした弁済（705条）には該当しません。したがって、**給付したものの返還を請求できます**。

3 × 錯誤による期限前の弁済の場合、利益の返還を請求可 2

前半は正しい記述です（706条本文）。しかし、錯誤によって期限前に弁済した場合、**債権者はこれによって得た利益を返還しなければなりません**（706条ただし書）。したがって、後半が誤りです。

4 × 債権者を保護するため返還請求不可 2

債務者でない者が、錯誤により（他人の）債務を自己の債務として弁済をした場合で、弁済を受けた**債権者が善意で、時効でその債権が消滅した場合**には、弁済者はもはや**返還を請求することはできません**（707条）。

5 × 返還する特約は有効 2

確かに不法原因給付をした者は、給付したものの返還を請求できません（708条）。しかし、**当事者間の合意により給付されたものを返還する特約がされた場合、特約自体は有効**です（判例）。

不当利得

第3章第2節

問題 113　不当利得に関する次の**ア～オ**の記述のうち、妥当なもののみを全て挙げているものはどれか（争いのあるときは、判例の見解による。）。

裁判所2020

ア　不当利得における悪意の受益者は、その受けた利益に利息を付して返還しなければならず、なお損害があるときはその賠償の責任も負う。

イ　債務が存在しないにもかかわらず、その事実を知り、又は過失により知らないで、債務の弁済として給付をした者は、その給付したものの返還を請求することができない。

ウ　不法な原因のために給付をした場合であっても、その不法な原因が受益者についてのみ存する場合には、給付者の返還請求は妨げられない。

エ　妻子ある男が不倫関係を維持するために、その所有する不動産を愛人に贈与した場合でも、男は愛人に対してその贈与不動産の返還を請求することができる。

オ　債務者が、錯誤により弁済期にあると誤信して、弁済期にない自己の債務の弁済として給付をした場合には、その給付の返還を請求することができる。

1　**ア、イ**
2　**イ、エ**
3　**ア、ウ**
4　**ウ、エ**
5　**ウ、オ**

正解 3

ア、**ウ**は確実に正誤判定できるようにしておきたい記述です。標準的なレベルの出題といえるでしょう。

ア ○ 1

条文どおりで正しい記述です（704条）。

イ ✕ 知らないことに過失があっても返還請求可 2

債務の不存在を知ってした弁済（705条）として給付したものの返還を請求できなくなるのは、あくまでも給付者が債務がないことを知って（悪意で）弁済した場合です。したがって、**過失により知らないで（善意かつ有過失で）弁済した者は、給付したものの返還を請求できます**。

ウ ○ 2

条文どおりで正しい記述です（708条ただし書）。

エ ✕ 不法原因給付に該当し返還請求不可 2

本記述は不法原因給付（708条）の典型的な事例に該当し、給付したもの（不動産）の返還請求ができなくなります。

オ ✕ 期限前に弁済したものの返還請求は不可 2

弁済の期限より前に弁済をした場合、たとえそれが錯誤によるものであったとしても、もはや**弁済として給付したもの自体の返還を求めることはできません**（706条）。

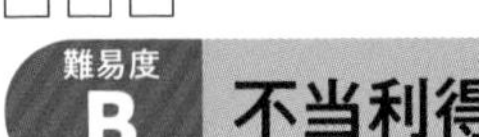

難易度B 不当利得

第3章第2節

問題 114 不当利得に関する次の記述のうち、妥当なのはどれか。

国家一般職2017

1 法律上の原因なく他人の財産又は労務によって利益を受け、そのために他人に損失を及ぼした者（受益者）は、善意であっても、その受けた利益につき、利息を付して返還する義務を負う。

2 債務の弁済として給付をした者は、債務の存在しないことを知っていて弁済したときにおいても、その給付したものの返還を請求することができる。

3 債務者は、弁済期にない債務の弁済として給付をしたときであっても、弁済期が到来するまでは、その給付したものの返還を請求することができる。

4 債務者でない者が錯誤によって債務の弁済をした場合において、債権者が善意で証書を滅失させたときは、その弁済をした者は、返還の請求をすることができない。

5 不法な原因のために給付をした者は、不法な原因が受益者のみにあるときであっても、その給付したものの返還を請求することができない。

正解 4

4は特殊不当利得の中でもマイナー知識であるため、確実に**〇**と判定することは難しいですが、近年は出題される頻度が上がっているので覚えておきましょう。

1 ✕ 善意の受益者は、利息を付して返還する義務なし 1

利益に利息を付けて返還する必要があるのは、受益者が悪意の場合です（704条）。**受益者が善意の場合は、利益の存する限度での返還**で足ります（703条）。

2 ✕ 債務の不存在を知って弁済したものの返済請求は不可 2

債務が存在しないと知って弁済をした場合、弁済として**給付したものの返還を請求することができなくなります**（705条）。

3 ✕ 期限前に弁済したものの返還請求は不可 2

弁済の期限より前に弁済をした場合、たとえ弁済期が到来するまでであっても、もはや**弁済として給付したものの返還を求めることはできません**（706条本文）。

4 〇 2

条文どおりで正しい記述です（707条1項）。

5 ✕ 不法な原因が受益者のみにあれば返還請求可 2

不法な原因が**受益者にのみ存在する場合、返還請求は可能**です（708条ただし書）。

夫　婦

第4章第1節

問題 115　婚姻に関する**ア〜オ**の記述のうち、妥当なもののみを全て挙げているのはどれか。

国家専門職2022

ア　配偶者のある者が重ねて婚姻をした場合において、後婚が離婚によって解消されたときは、特段の事情がない限り、後婚が重婚に当たることを理由として、その取消しを請求することは許されないとするのが判例である。

イ　事実上の夫婦の一方が他方の意思に基づかないで婚姻届を作成・提出した場合において、その当時、両名に夫婦としての実質的生活関係が存在しており、かつ、後に他方の配偶者が届出の事実を知ってこれを追認したとしても、無効な行為は追認によってもその効力を生じないため、当該婚姻の届出は無効であるとするのが判例である。

ウ　詐欺又は強迫による婚姻の取消権は、当事者が、詐欺を発見し、若しくは強迫を免れた後３か月を経過し、又は追認をしたときは、消滅する。

エ　成年被後見人が婚姻をするには、その成年後見人の同意が必要である。

オ　婚姻が取り消された場合には、婚姻の当時、取消しの原因があることを知らなかった当事者であっても、婚姻によって得た利益の全部を返還しなければならない。

1　**ア、イ**
2　**ア、ウ**
3　**イ、オ**
4　**ウ、エ**
5　**エ、オ**

正　解　**2**

アは無視してもよい判例知識です。**イ**、**エ**を**✕**と判定することで正解できるようにしておきたい問題です。

ア　〇　Skip ▶|

判例は本記述のように判示しています。

イ　✕　追認により有効となる　2

本記述と同様のケースにおいて、判例は、**婚姻届は追認により届出時にさかのぼって有効になる**としています。

ウ　〇　2

詐欺・強迫によって婚姻をした者も、その取消しを家庭裁判所に請求することができます。ただし、当事者が、詐欺を発見し、または強迫を免れた後**3か月を経過した場合や追認があった場合は、もはや取消しはできなくなります**(747条)。

エ　✕　同意なしで婚姻可能　2

成年被後見人も婚姻届を作成する時点で意思能力を有していれば、有効に婚姻をすることが可能であり、婚姻をする際に**成年後見人の同意は不要**です。

オ　✕　現に利益の存する限度の返還で足りる　2

婚姻によって財産を得た者が利益の全部を返還しなければならないのは、**婚姻時に取消しの原因があることを知っていた場合**（悪意の場合）です（748条2項、3項)。

夫　婦

第4章第1節

問題 116　民法に規定する婚姻に関するA～Dの記述のうち、妥当なものを選んだ組合せはどれか。

特別区Ⅰ類2020

A　養子若しくはその配偶者又は養子の直系卑属若しくはその配偶者と養親又はその直系尊属との間では、離縁により親族関係が終了した後であれば、婚姻をすることができる。

B　近親者間の婚姻の禁止の規定に違反した婚姻は、各当事者、その親族又は検察官から、その取消しを家庭裁判所に請求することができるが、検察官は、当事者の一方が死亡した後は、これを請求することができない。

C　婚姻の時においてその取消しの原因があることを知っていた当事者は、婚姻によって得た利益の全部を返還しなければならず、この場合において、相手方が善意であったときは、これに対して損害を賠償する責任を負う。

D　離婚の届出は、当事者双方及び成年の証人２人以上が署名した書面で、又はこれらの者から口頭でしなければならず、この規定に違反して当該届出が受理されたときは、離婚の効力を生じない。

1　A　B
2　A　C
3　A　D
4　B　C
5　B　D

正　解　4

いずれの記述も確実に正誤の判定をするのは難しく、難易度が高めの問題といえます。

A　✕　親族関係終了後も禁止規定が及ぶ　2

近親婚の禁止規定は、生物学的見地および倫理的観点から規定されたものとされています。以前法律上の親子だった者どうしが、親族関係がなくなった後に夫婦になることを倫理的観点から問題視しており、この禁止規定は、**親族関係が終了した後にも及びます**（736条）。

B　○　2

近親婚の禁止等の婚姻障害に違反した婚姻の取消しは、各当事者、その親族および検察官が請求権者です。しかし、**検察官は当事者の一方が死亡した後は請求権者ではなくなる**ので、請求ができなくなります（744条１項）。

C　○　2

条文どおりで正しい記述です（748条３項）。

D　✕　Skip ▶|　規定違反でも受理されれば有効

前半は正しい記述ですが（765条１項、739条２項）、後半が誤っています。この規定に違反していても、離婚の届出が受理されれば、離婚の効力は生じます（765条２項）。

難易度 B

親　族

第4章第1節

問題 117　親族に関する次の記述のうち、妥当なのはどれか。

国家一般職2017

1　親族は、６親等内の血族及び３親等内の姻族とされており、配偶者は１親等の姻族として親族に含まれる。

2　血族関係は、死亡、離縁及び縁組の取消しにより終了するため、養子と養親の血族との血族関係は、養親の死亡により終了する。

3　養子は、養子縁組の日から養親の嫡出子の身分を取得し、養子縁組以前に生まれた養子の子は、養子縁組の日から当該養親と法定血族の関係が生じる。

4　自然血族は、出生による血縁の関係にある者をいうが、婚姻関係のない男女から生まれた子については、認知がなければ父や父の血族との血族関係は生じない。

5　姻族関係は、婚姻により発生し、離婚、婚姻の取消し及び夫婦の一方の死亡により当然に終了する。

正　解 4

4をストレートに○と判定できれば難しい問題ではないでしょう。それができない場合、消去法で正解を導くのはやっかいな問題です。

1　×　配偶者は姻族に含まれず

法律上親族とされる範囲は、❶配偶者、❷6親等内の血族、❸3親等内の姻族です。姻族とは配偶者の血族ですが、配偶者自身はこれに含まれません。よって、**配偶者は、親等という扱いはされず、また、親族ですが、姻族には含まれません**。

2　×　Skip　養親の死亡によって終了せず

養子と養親の血族との親族関係は、養親が死亡したからといって終了するものではありません。終了させるためには、別途離縁の手続が必要です。

3　×　Skip　法定血族の関係は生じない

養子縁組以前に生まれた養子の子と養親との間には、法定血族の関係は生じません。一方、養子縁組後に生まれた養子の子と養親との間には、法定血族の関係が生じます。

4　○

「婚姻関係のない男女から生まれた子」を非嫡出子といいます。認知は、**父が非嫡出子である子との間に、法律上の親子関係（血族関係）を発生させる行為**なので、認知がない以上、非嫡出子と、父や父の血族との間に、血族関係は生じません。

5　×　姻族関係終了の意思表示が必要

姻族関係は離婚（もしくは婚姻の取消し）によって当然に終了します（728条1項）。しかし、**夫婦の一方が死亡した場合、姻族関係は当然には終了しません**。姻族関係を終了させるためには、**生存配偶者の姻族関係終了の意思表示**を必要とします（728条2項）。

相　続

第4章第2節

問題 118　相続の放棄に関する**ア～エ**の記述のうち、妥当なもののみを全て挙げているのはどれか。

国家一般職2020

ア　相続の放棄をしようとする者は、相続の開始前においては、その旨を家庭裁判所に申述しなければならないが、相続の開始後においては、その意思を外部に表示するだけで足りる。

イ　相続の放棄をした者は、その放棄によって相続人となった者が相続財産の管理を始めることができるまで、善良な管理者の注意をもって、その財産の管理を継続しなければならない。

ウ　被相続人の子が相続の放棄をしたときは、その者の子がこれを代襲して相続人となることはない。

エ　一旦行った相続の放棄は、自己のために相続の開始があったことを知った時から3か月以内であっても、撤回することができない。

1　**ア、イ**
2　**ア、ウ**
3　**イ、ウ**
4　**イ、エ**
5　**ウ、エ**

正　解 **5**

ウ、**エ**は基本知識であり、確実に正誤を判断できるようにしておきましょう。

ア　✕　**相続開始後、家庭裁判所への申述を要する**　②

相続の放棄をするためには、熟慮期間内に**家庭裁判所へ申述**する必要があります（938条）。また、**相続開始前に相続の放棄をすることはできません**。

イ　✕　Skip　**自己の財産におけるのと同一の注意で足りる**

相続の放棄をした者は、相続人が相続財産の管理を始めることができるまで、財産の管理を継続する必要があります。その際に課されているのは、善良な管理者の注意義務（善管注意義務）ではなく、「自己の財産におけるのと同一の注意」義務です（940条１項）。

ウ　〇　③

相続の放棄は代襲原因ではないので、**相続の放棄をした者の子が代襲して相続人になることはありません**。

エ　〇　②

いったん相続の放棄を行うと、たとえそれが熟慮期間内（自己のために相続の開始があったことを知った時から３か月以内）だったとしても、**撤回をすることはできません**（919条１項）。

相　続

第4章第2節

問題 119　民法に規定する相続に関する記述として、妥当なのはどれか。

特別区Ⅰ類2017

1　被相続人の子が、相続開始以前に死亡したとき、又は相続の放棄若しくは廃除によって、その相続権を失ったときは、その者の子が代襲して相続人となる。

2　相続財産の管理に関する費用は、相続人の過失により生じさせた費用も含めて相続人全体の負担となり、その相続財産の中から支弁しなければならない。

3　相続人は、自己のために相続の開始があったことを知った時から３箇月以内に、単純又は限定の承認をしなかったときは、相続を放棄したものとみなす。

4　相続の承認は、自己のために相続の開始があったことを知った時から３箇月以内であれば、撤回することができる。

5　相続人が数人あるときは、限定承認は、共同相続人の全員が共同してのみこれをすることができる。

正　解 **5**

2は細かい知識を問うものになっていますが、他の記述は基本的な内容を問うています。**5**が○であることは確実に判断できるようにしておきましょう。

1 × 放棄は代襲原因とならず ③

代襲相続が生じる原因となるのは**相続の放棄ではなく欠格**です（887条２項）。

2 × Skip 相続人の過失により生じさせた費用は除く

相続財産に関する費用は、その財産の中から支弁（支払うこと）しますが、相続人の過失によってかかった費用は、相続財産から支払うのではなく、その相続人の負担になります（885条１項）。

3 × 放棄も限定承認もしなければ「単純承認」とみなされる ②

相続人は、自己のために相続の開始があったことを知った時から３か月以内に、**限定承認または相続の放棄をしなかったときは、単純承認したものとみなされます**（921条２号）。

4 × 熟慮期間内でも撤回不可 ②

いったん相続の承認を行うと、たとえそれが熟慮期間内（自己のために相続の開始があったことを知った時から３か月以内）だったとしても、**撤回をすることはできません**（919条１項）。

5 ○ ②

条文どおりで正しい記述です（923条）。

難易度A　相　続

第4章第2節

問題 120　自筆証書遺言に関する**ア～エ**の記述のうち、妥当なもののみを全て挙げているのはどれか。ただし、争いのあるものは判例の見解による。

国家一般職2022

ア　自筆証書遺言は、押印によって遺言者の同一性及びその意思の真意性が担保されているため、必ずしも手書きで作成する必要はなく、パソコンで作成した遺言書も押印があれば有効である。

イ　一般に、封筒の封じ目の押印は、無断の開封を禁止するという遺言者の意思を外部に表示する意味を有するもので、遺言者の同一性及びその意思の真意性を担保する趣旨のものではないから、遺言書の本文には押印がなく、遺言書を入れる封筒の封じ目に押印のある自筆証書遺言は無効である。

ウ　自筆証書遺言の日付は、作成時の遺言能力の有無や内容の抵触する複数の遺言の先後を確定するために要求されることから、日付が「令和４年３月吉日」と記載された自筆証書遺言は、日付の記載を欠くものとして無効である。

エ　カーボン紙を用いて複写の方法によって記載された自筆証書遺言は、民法が要求する自書の要件に欠けるところはなく、その他の要件を満たす限り、有効である。

1　**ア、イ**
2　**ア、ウ**
3　**イ、ウ**
4　**イ、エ**
5　**ウ、エ**

正　解 **5**

イは細かい判例知識ですので無視してかまいません。**ア**、**ウ**、**エ**をきちんと正誤判定できるようにしておきましょう。

ア　✕　財産目録以外は手書きで作成　4

自筆証書遺言の場合、遺言者は、**財産目録を除いて、全文、日付、氏名を自書（手書き）する必要があります**（968条1項、2項）。したがって、パソコンで作成した遺言書は、無効となります。

イ　✕　Skip ▶I　このような自筆証書遺言も有効

判例は、本記述のような押印のされた自筆証書遺言も有効と判断しています。

ウ　〇 

「令和4年3月吉日」と記載された自筆証書遺言は、**日付の記載を欠くものとして無効**と判断されています（判例）。

エ　〇 

カーボン紙を用いて複写する方法も**自書として認められています**（判例）。